Грабовой Григорий Петрович

ЧИСЛОВЫЕ РЯДЫ ПСИХОЛОГИЧЕСКОГО НОРМИРОВАНИЯ

ТРУД «ЧИСЛОВЫЕ РЯДЫ ПСИХОЛОГИЧЕСКОГО НОРМИРОВАНИЯ» СОЗДАН ГРАБОВЫМ ГРИГОРИЕМ ПЕТРОВИЧЕМ В 2003 ГОДУ
ДОПОЛНЕН ГРАБОВЫМ Г. П.

2012

Jelezky Publishing, Hamburg
www.jelezky-publishing.eu

Г. П. Грабовой

ЧИСЛОВЫЕ РЯДЫ ПСИХОЛОГИЧЕСКОГО НОРМИРОВАНИЯ.

Издатель SVET UG, Гамбург, Германия 2012. - 588 с.
www.svet-centre.eu

©2012 SVET UG

Все права защищены. Никакая часть данной книги не может быть воспроизведена в какой бы то ни было форме без письменного разрешения владельца авторских прав.

Подписано в печать 01.11.2012

ISBN: 978-3-943110-22-7   © Г. П. Грабовой, 2003

Данная книга не является учебником по медицине, все рекомендации, приведенные в ней, использовать только после согласования с лечащим врачом.

Jelezky Publishing, Hamburg

Введение

Произведение содержит разделы по психодиагностике, психотерапии, психологии социальной, психологии труда, патопсихологии, психофизике, дефектологии, психологии восприятия, психологии личности, психоанализу, психологии мотивов, психологии мышления, психологии памяти, психологии эмоций, чувств и ощущений.

В произведении посредством числовых рядов, соотнесённых к терминам или понятиям, используемым в психологии, даны способы нормирования событий в процессе вечного развития человека.

В случае когда термин обозначает отклонение от нормы, тогда посредством числового ряда, соответствующего этому термину, достигается норма, организующая вечное развитие в общепринятом созидательном направлении. Если термин обозначает описание процесса, тогда числовые ряды могут использоваться для использования этого описания в направлении вечного развития. Описанный процесс посредством числового ряда можно применить для обеспечения вечного развития.

Психология вечного развития отличается тем, что методами психологии реализуются основные законы вечного развития, которые включают в себя неумирание живущих, воскрешение и обеспечение этого в сфере жизнедеятельности человека. Этот психологический аспект, при котором форма конечных отношений меняется на вечную, направляет психологию на организацию этого перехода и функционирование при выполнении законов вечного развития.

Психология вечного развития формирует социальные связи общества и законы, обеспечивающие реальное вечное развитие человека и человечества.

© Грабовой Г.П., 2003

Способы нормирования в направлении вечного развития следующие:

1. Числовые ряды, находящиеся после термина или понятия, можно читать, мысленно проговаривать или мысленно напевать таким образом, что звук напева Вы воспринимаете на некотором отдалении от Вашего физического тела. Мелодия напева может быть любой или Вы можете просто знать, что производится напев, но не воспринимать какую-либо конкретную мелодию. Область Вашего мышления при этом может иметь различную форму сфероидальных структур.

Желательно воспринимать форму Вашей управляющей мысли, соответствующей термину, где-либо возле Вашего физического тела и усилием воли перемещать эту форму, или видоизменять её для получения результата. Вы можете ощущать и воспринимать, что какая-либо форма означает результат вечного развития.

Методы психологии вечного развития позволяют получать события достижимости вечного развития уже в процессе познания технологий вечного развития. Проводя действия с такими формами, нужно учитывать, что они могут применяться для оздоровления и спасения, если возле них представлять себя или человека, которого нужно оздоровить или спасти. Представляя себя между указанными формами, Вы омолаживаете себя. Чем больше управляющих форм Вы можете удержать в сознании во время применения числовых рядов психологического нормирования, тем быстрее омолаживание.

Представляя, что мыслеформы вечного развития прикасаются к другому человеку, Вы омолаживаете этого человека. Переход от восприятия себя к восприятию другого в психологии вечного развития может занимать определённое время, насыщенное знанием большого объёма информации, так как при вечном развитии происходит постоянное увеличение объёма информации об окружающем. Поэтому необходимо уметь воспринимать информацию без напряжения, зафиксировав для этого мысль.

Можно число считать мыслью – тогда при таком осознании числовой ряд уравнивает в Вашем восприятии время вашего действия по восприятию реальности с любым объёмом информации. Такой тренинг получения из мысли числа позволяет переводить события в понимаемую с точки зрения вечного развития форму. Сконцентрировав внимание, Вы можете рассмотреть, какие события можно сжать в число. При этом Вы можете осознать, что образ человека нельзя сжать в число, человеку не соответствует число.

Такое развитие своего восприятия может привести к мысли, что человек вне любой реальности, обладающей конечными свойствами, то есть человек вечен. В этом моменте рассуждения нужно чётко представить числовой ряд 888, затем 898, далее число 1, следующее число 2 и на числе 3 понять, что есть область информации, через которую можно делать реальность вечной посредством числа. Эта реальность вечности берёт начало от человека и, наоборот, вечность окружающей среды способствует осознанию человеком своей вечности.

Такое понимание помогает осознать, что при восстановлении человека числовыми концентрациями человек меняет своей волей Мир в направлении вечного развития, раскрывая при этом свою изначальную вечную сущность, способную создавать вечное тело. Таким образом, через знание, полученное с использованием числа, Вы приходите к духовному состоянию, означающему Вашу вечность. Затем из такого духовного состояния можно получать подобные так же в тех случаях, когда Вы не используете число.

На логике от множества чисел и их сочетаний Вы воспринимаете знак бесконечности, который отделен от конкретного числа. Знаковая форма, определённая в психологии нормирования посредством чисел, позволяет распознать варианты будущих событий, ведущих к вечности в любом случае. Фаза управляющего прогнозирования при применении числовых рядов психологического нормирования должна совпадать с информацией свершённого в будущем события, все элементы которого вечные.

В технологиях вечного развития формы мыслей могут меняться очень быстро или мгновенно. То есть Вы можете воспринимать уже изменённую форму, а первичную форму воспринять позже. Принцип построения физической материи человека в направлении вечного развития также основывается на том, что события будущего времени материи воспринимаются быстрее, чем события прошлого времени.

Психологическая основа этого принципа состоит в том, что для реализации внутренней, исходящей от души, задачи вечного развития нужно уметь управлять физической материей в будущем. При этом период времени для принятия решения бывает ограничен. В то же время в отношении информации прошлого можно не торопясь создать направление специальных действий с требуемым временем. В отношении событий будущего целесообразно заблаговременно производить нормирующее управление и при необходимости корректировать ситуацию в реальном времени.

Создателя действия объединяют временные интервалы в событии достигнутой цели. Вы можете подобным образом – посредством применения числовых рядов психологического нормирования

– запомнить духовное состояние, соответствующее достигнутому результату. Применять такое духовное состояние можно в соответствии с термином, или обобщать для нормирования событий и направления их в область вечного развития.

Для комплексного восприятия, усиливающего управление вечной жизни, можно прочитать всю книгу. Знание терминологии в области психологии позволяет многое оценивать с точки зрения установленных понятий, что упрощает достижение объективных форм вечного развития и расширяет область, используемую для управляющего понимания, при котором нужно стремиться понимать так происходящее, чтобы достичь фактологии, подтверждающей владение методиками вечного развития.

2. При наличии пробелов в ряде чисел можно для достижения результата по одной цели сначала применить весь ряд, а затем части ряда, разделенные пробелом. Можно делать небольшие паузы в местах пробелов при мысленном произнесении чисел ряда. Если пробелов в ряде нет, тогда можно, представляя, что пробел между числами есть через каждые три цифры, производить те же действия, что и с рядами, имеющими пробелы.

3. Числа ряда расположить над числами текущей даты и концентрироваться сразу на двух рядах.

4. Сопоставляя числовые ряды, соответствующие разным терминам или понятиям, можно по совпадению чисел определять взаимосвязь и возможность взаимной коррекции в направлении вечного развития между различными объектами и событиями, описанными в этих терминах или понятиях.

5. Числа ряда можно представлять таким образом, что из образа числа в ладонях рук проявляются, например, яблоки, причём разным

числам и их сочетаниям соответствуют разные яблоки одного сорта. Затем надо сделать волевое усилие и воспринять через числа находящуюся под Вашим управлением вечного развития объективную реальность, включая конкретные образы.

6. Процесс омолаживания можно производить следующим образом:

6.1. Представить, что числа соответствующие одному термину, находятся от плеча до кисти правой руки.

6.2. Представить, что числа соответствующие термину, следующему за термином, описанному в пункте 6.1, находятся на коже левой руки.

6.3. Ощутить, как от чисел левой руки свет перетекает к числам правой руки. В момент протекания этого света через область грудной клетки воспринять, как Вы разрешили лично для себя и затем для всех окружающих психологический аспект вечного развития.

7. Технологии воскрешения доводятся до обязательной реализации посредством быстрого сочетания и перебирания в памяти или в зрительном восприятии числовых рядов, соответствующих различным терминам и понятиям. В этом действии главное – держать в памяти основную цель и по возможности не отвлекаться от неё при быстром сочетании числовых рядов. Со временем Вы можете достичь такого уровня совершенства, при котором концентрация на находящейся в Вашей памяти цели превращает её в реальность.

8. Принципы и практика неумирания реализуются следующим образом:

8.1. Принцип неумирания рассматривается во взаимосвязи с практикой и следует за логикой произошедших событий. Так как Ваше восприятие всегда содержит информацию о каком-либо событии, то можно считать, что принцип вечности в самом событии, а практика – в Вашем дальнейшем мышлении. Связывая таким образом числовым рядом прошлое событие с возможным или психологически желаемым будущим, Вы получаете психологическое состояние нахождения в осознанной вечности. Это психологическое состояние переносите на всё бесконечное будущее. Когда Вы научитесь делать это достаточно легко, тогда Вы будете иметь состояние, контролирующее вечное развитие. Это состояние воспроизводит то свойство духа, которое Вы можете отнести к духовному самообучению вечной жизни в повседневной жизни.

8.2. Для неумирания Вы можете представлять перед каждым рядом, который применяете, три восьмерки, девятку и числа один и девять, написанные словами.

9. Оздоровление можно производить, добавляя после применяемого Вами числового ряда психологического нормирования числа 319 и числа текущей даты, расположенные в порядке: год, месяц, число.

А

АБАЗИЯ 814817 914212 31 – Нарушение способности ходить при сохранении способности выполнения движений, составляющих ходьбу.

АБСАНС 518916 319717 81 – Кратковременное затемнение, блокировка сознания.

АБСТИНЕНЦИЯ 528419 319718 23 – Состояние, возникающее от прекращения действия алкоголя или наркотиков при внезапном перерыве в их приеме.

АБСТИНЕНЦИЯ СЕКСУАЛЬНАЯ 298714 318922 51 (воздержание от половой жизни) – Состояние субъекта, лишенного возможности вести половую жизнь.

АБСТРАКЦИЯ 819314 919814 312 – процесс когнитивный – одна из основных операций мышления; состоит в выделении определенных признаков изучаемого целостного объекта и отвлечении от остальных.

АБУЛИЯ 419316 019817 311 – Патологическое нарушение психической регуляции действий – синдром психопатологический, выражаемый вялостью, нарушением волевого импульса, отсутствием желаний и побуждений к деятельности, неспособностью принять решение и выполнить правильное действие, хотя необходимость его осознается.

АВОКАЛИЯ 518 514 318912 512 – Форма амузии моторной, при которой теряется возможность воспроизведения мелодий голосом или на музыкальных инструментах.

АВТОАГРЕССИЯ 5148 714 318 912 81 – (аутоагрессия) – Вид поведения агрессивного – агрессивные действия, направляемые субъектом на самого себя. Проявляется в самообвинениях, самоунижении, нанесении себе телесных повреждений, поведении суицидном.

АВТОГИПНОЗ 512 319 419817 47 – (аутогипноз, самогипноз) – Самогипноз – гипноз, вызванный самовнушением, – в противоположность гетерогипнозу, вызванному воздействием другого человека.

АВТОКРАТИЧНОСТЬ 514 317 814918 9 – Социально-психологическая характеристика личности, отражающая ее властность, склонность к использованию недемократических способов воздействия на людей – в форме приказов, указаний, наказаний и другое.

АВТОМАТИЗАЦИЯ 498714 319814 914 – Переход отрабатываемого действия на уровень неосознаваемого контроля, когда основная роль переходит к восприятиям и ощущениям, особенно кинестетическим.

АВТОМАТИЗМ 589318 714917 31 – (автоматизм неосознаваемый) – Действия, реализуемые без непосредственного участия сознания – происходящие «сами собой», без сознательного контроля.

АВТОРИТАРНОСТЬ 514901609 – (автократичность) – Социально-психологическая характеристика личности, отражающая ее стремление максимально подчинить своему влиянию партнеров по взаимодействию и общению.

АВТОРИТАРНЫЙ 518 396 749810 – (властный, директивный) – Личностная характеристика субъекта или его поведения относительно других людей, отмечающая склонность утвердить свою власть и авторитет.

АВТОРИТЕТ 59481737 – 1. Влияние, влиятельность индивида, основанные на занимаемом им положении, должности, статусе и прочее. В этом значении в психологии социальной понятие нередко соотносится с представлением о власти. 2. Признание за индивидом права на принятие решения в условиях деятельности совместной. В этом значении понятие может не совпадать с властью: авторитетом может пользоваться человек, не наделенный соответственными полномочиями, но служащий своего рода нравственным эталоном и потому обладающий высокой степенью референтности для окружающих.

АВТОРИТЕТНОСТЬ 914 881712 – Способность иметь определенный вес среди других людей, быть для них источником идей, пользоваться их уважением и признанием.

АВТОСКОПИЯ 594 899 706541 (хеаутускопия) – Парапсихологический термин, означающий появление у индивида ощущения, будто он видит самого себя как бы со стороны. Этот феномен, может наступать при чрезмерном утомлении, могущим наступать у индивидов без психических отклонений.

АВТОСУГГЕСТИЯ 519 311 (аутосуггестия) – Суггестия, внушение, производимое человеком на самого себя (самовнушение). Предполагает объединение в одном лице суггестора и суггеренда.

АВТОТРЕНИНГ 498 017 999067 (аутотренинг) – тренировка автогенная.

АВТОЭРОТИЗМ 538744898712 (аутоэротизм) – термин, означающий первую фазу детской сексуальной жизни, в течение которой используются различные способы полового удовлетворения с помощью частей собственного тела, а посторонний объект совершенно отсутствует.

АГГЛЮТИНАЦИЯ 519048 71042819 – одна из существенных характеристик слов, используемых в речи внутренней. Один из способов создания образов воображения. В одном образе соединяются любые качества, свойства, части. Результатом может стать весьма причудливый образ, порой далекий от реальности.

АГГРАВАЦИЯ 316718916888 – Преувеличение индивидом тяжести симптомов действительно существующей болезни, ее симптомов или болезненности своего состояния.

АГЕНТ 599047889310 – В экспериментах по экстрасенсорике – субъект, который должен передать, сообщить нечто перципиенту.

АГНОЗИЯ 599806719 319 – Состояние, при котором мозг не может расшифровать информацию, поступающую от нормально функционирующих рецепторов.

АГНОЗИЯ ЗРИТЕЛЬНАЯ 488901 317 489 – Нейропсихологическое нарушение. Характерно потерей способности к восприятию зрительному предметов (или их изображений) и явлений действительности, хотя сохраняется достаточная острота зрения.

АГНОЗИЯ СЛУХОВАЯ 589477918371 – Нейропсихологическое нарушение, характерное потерей способности опознания звуков, фонем и шумов.

АГНОЗИЯ СОЦИАЛЬНАЯ 598428317489 – отношение человека к собственной жизни, при котором он не воспринимает позитивные стороны жизни и не способен организовать свою деятельность так, чтобы она приносила удовлетворение.

АГНОЗИЯ ТАКТИЛЬНАЯ 5994780798 – Нейропсихологическое нарушение, характерное потерей способности к адекватному восприятию предметов на ощупь при достаточной адекватности отдельных ощущений тактильных – ощущений формы, массы, температуры.

АГОРАФОБИЯ 909841319 8049 – Вид невроза, характерный патологической боязнью открытого пространства, площадей и прочее.

АГРАММАТИЗМ 9014089184778 – Нейропсихологическое нарушение, характерное потерей способности к анализу грамматического строя речи и грамматически правильному применению речи.

АГРАФИЯ 317488918710 – Нарушения письма, возникающие при различных расстройствах речи. Проявляются либо как полная утрата способности писать, либо как грубое искажение слов, пропуски слогов и букв, как неспособность соединить буквы и слоги в слова, и прочее.

АГРЕССИВНОСТЬ 519061 718910 – одна из врожденных установок, коренящаяся в садистической фазе либидо. Выражается в стремлении к наступательным или насильственным действиям, направленным на нанесение ущерба или на уничтожение объекта наступления.

АГРЕССИЯ 528471 228911 – Индивидуальное или коллективное поведение или действие, направленное на нанесение физического или психического вреда либо даже на уничтожение другого человека или группы.

АГРЕССИЯ ВЕРБАЛЬНАЯ 978316918 71 – Форма агрессивного поведения, в которой используется отреагирование своих отрицательных эмоций как посредством соответственных интонаций и других невербальных компонент речи, так и посредством угрожающего содержания высказываний.

АГРЕССИЯ ИНСТРУМЕНТАЛЬНАЯ 598777 888999016 – Поведение агрессивное, в котором агрессивные действия не являются выражением состояний эмоциональных: цель действий субъекта, проявляющего агрессию, нейтральна, и агрессия применяется лишь как средство достижения этой цели.

© Грабовой Г.П., 2003

АГРЕССИЯ КОСВЕННАЯ 513718 91388901 – Поведение агрессивное, направленность которого против некоего лица или предмета самим субъектом агрессии скрывается или не осознается.

АГРЕССИЯ ПРЯМАЯ 00598714 318 914 – Поведение агрессивное намеренного характера, цель которого не скрывается.

АГРЕССИЯ РЕАКТИВНАЯ 489713519616 – Возникает как реакции субъекта на фрустрацию и сопровождается эмоциональными состояниями гнева, враждебности, ненависти и прочее.

АГРЕССИЯ ФИЗИЧЕСКАЯ 598755898055 – Поведение агрессивное с использование физической силы, направленное против другого субъекта или объекта.

АДАПТАЦИЯ 519487917917 – 1. Приспособление строения и функций организма, его органов и клеток к условиям среды, направленное на сохранение гомеостаза. 2. Приспособление органов чувств к особенностям воздействующих стимулов для их оптимального восприятия и предохранения рецепторов от перегрузки.

АДАПТАЦИЯ ПСИХОЛОГИЧЕСКАЯ 591478918988912 – Приспособление человека к существующим в обществе требованиям и критериям оценок за счет присвоения норм и ценностей данного общества.

АДАПТАЦИЯ СЕНСОРНАЯ 498016 714213 – Изменение чувствительности анализатора, служащее для его подстройки к интенсивности раздражителя; вообще приспособительное изменение чувствительности к интенсивности раздражителя. Проявляется и в разнообразных субъективных эффектах. Может достигаться за счет увеличения или уменьшения общей чувствительности. Характеризуется диапазоном изменения чувствительности, скоростью этого изменения и избирательностью (селективностью) изменений относительно адаптирующего воздействия. Физиологические изменения, лежащие в основе адаптации, затрагивают и периферические, и центральные звенья анализатора. Для исследований механизмов адаптации сенсорной и процессов восприятия вообще большое значение имеет сочетание нейрофизиологических и психофизических методов.

АДАПТАЦИЯ СОЦИАЛЬНАЯ 548321819911 – Постоянный процесс интеграции индивида в общество, процесс активного приспособления индивида к условиям среды социальной, а также результат этого процесса. Соотношение этих компонент, определяющее характер поведения, зависит от целей и ориентации ценностных индивида и от возможностей их достижения в среде социальной. В результате достигается формирование самосознания и поведения ролевого, способности самоконтроля и самообслуживания, способности адекватных связей с окружающими.

АДАПТИВНОСТЬ 319016 819728 – Тенденции функционирования системы целеустремленной, определяемые соответствием или несоответствием ее целей и достигаемых в ходе деятельности результатов. Адаптивность выражается в их согласованности.

АДАПТИРОВАННОСТЬ СОЦИОКУЛЬТУРНАЯ 891488319 712 – применительно тестов означает соответствие заданий тестовых и оценок тестовых, по ним получаемых, особенностям культуры, сложившимся в обществе, где тест применяется. Включает в себя как изменение самих заданий тестовых, так и уточнение норм тестовых. Это требование важно при заимствовании теста из другой страны.

АДДИТИВНОСТЬ 591 668 889 319 – свойство величин, состоящее в том, что величина или свойство, соответственная целому объекту, всегда равна сумме величин или свойств, соответственных его частям, как бы ни был объект разделен на части.

АДРЕНАЛИН 591 814 848 321 – гормон, вырабатываемый мозговым веществом надпочечников. Его активирующее действие на организм сравнимо с действием системы нервной симпатической.

АЖИТАЦИЯ 291 814 888917 312 – аффективная реакция, возникающая в ответ на угрозу жизни, аварийную ситуацию и прочие психогенные факторы. Проявляется в форме сильного беспокойства, тревоги, потери целенаправленности действий. Человек суетится и становится способен выполнять лишь простые автоматизированные действия. Возникает ощущение пустоты и отсутствия мыслей, нарушается возможность рассуждать, устанавливать сложные связи между явлениями. Это сопровождается явными вегетативными нарушениями: появляется бледность, учащенное дыхание, сердцебиение, дрожание рук и пр.

АКАЛЬКУЛИЯ 284061 718 329 488 – нейропсихологический симптом, характерный нарушением счета и счетных операций вследствие поражения различных областей коры мозга головного.

АККОМОДАЦИЯ 298 388014712 – 1. Механизм, состоящий в изменении существующей схемы для приспособления ее к новому объекту или ситуации. В частности – изменение кривизны хрусталика глаза для точной фокусировки изображения на сетчатке. 2. Изменение уже сложившихся знаний, умений и навыков соответственно появлению новых условий.

АКСЕЛЕРАЦИЯ 598069 788 061 – ускорение соматического развития и физиологического созревания детей и подростков; проявляется в увеличении веса и размеров тела (в том числе у новорожденных), в ускоренном половом созревании.

АКТ АППЕРЦЕПЦИИ 188917319871 – процесс организации единицы более высокого порядка: сознание способно почти беспредельно насыщаться некоторым содержанием, если оно активно объединяется во все более крупные единицы. Способность к укрупнению единиц обнаруживается не только в простейших перцептивных процессах, но и в мышлении.

АКТ ИДЕОМОТОРНЫЙ 918714319848 – переход представления о движении мышц в реальное выполнение этого движения; иначе, появление нервных импульсов, обеспечивающих движение, как только возникает представление о нем. Эти акты непроизвольны, неосознаваемы и обычно имеют слабо выраженные пространственные характеристики.

АКТИВАЦИЯ 594887319827 – состояние системы нервной, характеризующее уровень ее возбуждения и реактивности. Определяется модулирующими влияниями, исходящими из части системы нервной, охватывающей систему лимбическую и структуры системы ретикулярной мозга головного. С изменением баланса этих влияний меняются интенсивность и качественное своеобразие активации, фиксируемые в вегетативных показателях – частоте сердцебиения, сопротивлении кожном, давлении артериальном, изменении дыхания и пр.

АКТИВАЦИЯ:УРОВЕНЬ ИНДИВИДУАЛЬНЫЙ 891488918917 – привычный для каждого человека уровень активации, на фоне которого преимущественно реализуется деятельность. Этот уровень – природная детерминанта индивидуальности.

АКТИВАЦИЯ:УРОВЕНЬ ОПТИМАЛЬНЫЙ 591788 319488 – уровень максимального соответствия состояния системы нервной поведенческому акту, вследствие чего достигается высокая эффективность его исполнения.

АКТИВАЦИЯ ПСИХОЛОГИЧЕСКАЯ 81972888998217 – продолжение активации физиологической. Связана с расшифровкой внешних сигналов, зависимой от уровня бодрствования и от состояния сознания, а также от потребностей, вкусов, интересов и планов человека.

АКТИВАЦИЯ ФИЗИОЛОГИЧЕСКАЯ 598789988481 – связана с функцией центров, находящихся у основания мозга головного. В этих центрах заключены механизмы пробуждения; именно на этом уровне собираются и классифицируются сигналы, идущие от мира внешнего и от самого организма, прежде чем они – при их достаточной важности – отправляются в кору мозга большого. Происходящая в результате этого активация высших центров позволяет организму бодрствовать и внимательно следить за сигналами от окружения, что обеспечивает ему сохранение физиологического и психического равновесия.

АКТИВИРОВАННОСТЬ 519788919489 – свойство системы нервной, определяющееся безусловно-рефлекторным балансом процессов нервных возбуждения и торможения и тесно связанное с уровнем неспецифической активации мозга головного. Трактуется как интегральное свойство системы нервной.

АКТИВНОСТЬ 589398719888 – понятие, выражающее способность живых существ, производить движения произвольные и изменяться под воздействием внешних или внутренних стимулов-раздражителей, – всеобщую характеристику живых существ, их собственную динамику как источник преобразования или поддержания жизненно значимых связей со средой. В психологии выступает в соотнесении с деятельностью, обнаруживаясь как динамическое условие ее становления, выполнения и видоизменения, как свойство ее собственного движения.

АКТИВНОСТЬ НАДСИТУАТИВНАЯ 298481718 318 – способность подниматься над уровнем требований ситуации, ставить цели, избыточные с позиций исходной задачи. Ее посредством преодолеваются внешние и внутренние ограничения – барьеры деятельности. Она выступает в явлениях творчества, активности познавательной, «бескорыстного» риска, активности сверхнормативной.

АКТИВНОСТЬ ОБЩАЯ 84197918712814 – одна из сфер проявления темперамента. Определяется интенсивностью и объемом взаимодействия человека со средой – физической и социальной. По этому параметру можно быть инертным, пассивным, спокойным, инициативным, активным, стремительным.

АКТИВНОСТЬ ОТЧУЖДЕННАЯ 598881488012 – определенная нейтрализация человеческой активности, когда действие совершается над ним внешними или внутренними силами, отчего происходит отделение человека от результатов его деятельности. Пример – постгипнотическое поведение.

АКТИВНОСТЬ ПОИСКОВАЯ 566890789 128 – поведение, направленное на изменение ситуации или отношения к ней при отсутствии определенного прогноза его результатов, но при постоянном учете степени его эффективности. У животных сюда относятся все разновидности активно-оборонительного поведения, самостимуляции, а также поведение ориентировочное. У человека психические проявления активности поисковой – важная составная часть процессов планирования, фантазирования и пр.

АКТИВНОСТЬ ПСИХИЧЕСКАЯ: БИОРИТМ 319817919227 (биоритмы психической активности человека) – периодическое чередование состояния напряжения и расслабления в психической деятельности человека

АКТИВНОСТЬ СВЕРХНОРМАТИВНАЯ 2489067180 1987 – одна их форм проявления активности надситуативной. Выражается в стремлении индивида или группы повысить официально предъявляемые обществом требования к некоему виду деятельности. Активность сверхнормативная – один из важнейших показателей высокой эффективности группы; характеризует группу как подлинный коллектив.

АКТУАЛИЗАЦИЯ 498712 888 189 – действие, состоящее в извлечении усвоенного материала из памяти долговременной или кратковременной для последующего использования его при узнавании, припоминании, воспоминании или при непосредственном воспроизведении. Характеризуется различной степенью трудности или легкости – в зависимости от уровня сохранения или забывания извлекаемого материала.

АКТУАЛИЗОВАТЬ 591 488 611 098 71 – Перевести из состояния потенциального в состояние реальное, актуальное.

АКТУАЛЬНОСТЬ ИСТОРИЧЕСКАЯ 591 398 719 411 – способность индивида к максимальному соучастию в социокультурных процессах при минимальном ущербе для собственной личности и деятельности ее механизмов защитных. Преодолевает и исключает примитивистские представления о некой всеобщей необходимости постоянной или эпизодической жертвенности людей и людьми во имя общественного прогресса.

АКУСТИКА ПСИХОЛОГИЧЕСКАЯ 591 489319718 – раздел психологии экспериментальной, посвященный исследованию ощущений в ответ на раздражители звуковые.

АКУСТИКА ФИЗИОЛОГИЧЕСКАЯ 519 317 819 481 – раздел физиологии органов чувств. Посвящена изучению закономерностей процесса восприятия звуков и построения речи.

АКЦЕНТИРОВАНИЕ 519 317 918 – один из способов создания образов воображения. Выделяется некая деталь или часть целого и делается доминирующей, несущей основную нагрузку. Пример – карикатуры и шаржи.

АКЦЕНТУАЦИЯ 598421 – выделение, подчеркивание некоего свойства или признака на фоне прочих, его особенное развитие. В психологии – несколько преувеличенное, но в рамках психологической нормы развитие некоторых психологических черт или особенностей субъекта.

АКЦЕНТУАЦИЯ АСТЕНИЧЕСКАЯ 5980912 488 916 – характерны быстрая утомляемость, раздражительность, склонность к депрессиям и ипохондрии.

АКЦЕНТУАЦИЯ ГИПЕРТИМНАЯ 599048 – характерны постоянно приподнятое настроение, повышенная психическая активность с жаждой деятельности и тенденцией разбрасываться, не доводить дело до конца.

АКЦЕНТУАЦИЯ ДИСТИМНАЯ 918749318612 – характерны преобладание пониженного настроения, склонность к депрессии, сосредоточенность на мрачных и печальных сторонах жизни.

АКЦЕНТУАЦИЯ ИСТЕРОИДНАЯ 498748916318 (акцентуация демонстративная) – характерна выраженная тенденция к вытеснению неприятных для субъекта фактов и событий, к лживости, фантазированию и притворству, используемым для привлечения к себе внимания; авантюристичность, тщеславие, «бегство в болезнь» при неудовлетворенной потребности в признании.

© Грабовой Г.П., 2003

АКЦЕНТУАЦИЯ КОНФОРМНАЯ 89131488 99 00 1 – характерны чрезмерная подчиненность и зависимость от мнения других, недостаток критичности и инициативности, склонность к консерватизму.

АКЦЕНТУАЦИЯ ЛАБИЛЬНАЯ 489 216 – характерны резкая смена настроения в зависимости от ситуации.

АКЦЕНТУАЦИЯ НЕУСТОЙЧИВАЯ 459 5178 – характерны склонность легко поддаваться влиянию окружающих, постоянный поиск новых впечатлений, компаний, умение легко устанавливать контакты поверхностного характера.

АКЦЕНТУАЦИЯ ПАРАНОЙЯЛЬНАЯ 319 008 6197 (акцентуация застревающая) – характерны повышенная подозрительность и болезненная обидчивость, стойкость отрицательных аффектов, стремление к доминированию, неприятие мнения других; как следствие – высокая конфликтность.

АКЦЕНТУАЦИЯ ПСИХАСТЕНИЧЕСКАЯ 5948917214 – характерны высокая тревожность, мнительность, нерешительность, склонность к самоанализу, постоянным сомнениям и рассуждательству, тенденция к образованию обсессий и ритуальных действий.

АКЦЕНТУАЦИЯ СЕНСИТИВНАЯ 598412688914 – характерны повышенная впечатлительность, боязливость, обостренное чувство собственной неполноценности.

АКЦЕНТУАЦИЯ ЦИКЛОИДНАЯ 918016718717 – характерны чередование фаз хорошего и плохого настроения с различным периодом.

АКЦЕНТУАЦИЯ ШИЗОИДНАЯ 519 311899216 – характерны отгороженность, замкнутость, интроверсия, эмоциональная холодность, проявляемая в отсутствии сопереживания, в трудностях при установлении эмоциональных контактов; недостаток интуиции в процессе общения.

АКЦЕНТУАЦИЯ ЭПИЛЕПТОИДНАЯ 219317919817 – характерны склонность к злобно-тоскливому настроению с накапливающейся агрессией, проявляемой в виде приступов ярости и гнева (иногда с элементами жестокости); конфликтность, вязкость мышления, скрупулезная педантичность.

АКЦЕПТОР ДЕЙСТВИЯ 594817994317 8 (акцептор результатов действия) – гипотетический психофизиологический аппарат – психологический механизм предвидения и оценки результатов действия в системах функциональных. Обусловливает организацию двигательной активности организма в поведенческом акте и являет собой модель будущего результата действия – «информационный эквивалент результата».

АЛАЛИЯ 519319 018716314 – нейропсихологический симптом, характеризующийся отсутствием или недоразвитием у детей речи при нормальном слухе и достаточном уровне интеллекта. Алалия обусловлена повреждениями речевых зон коры мозга головного при родах, заболеваниями или травмами мозга в доречевой период жизни.

АЛГОРИТМ 514312 – предписание, задающее на базе системы правил последовательность операций, точное выполнение которых позволяет решать задачи определенного класса. В психологии – при изучении процессов управления и процедур выполнения предписаний в различных видах деятельности. Включает указание на необходимые для решения задачи исходные данные и критерий или правило, по которому процесс нахождения результата признается законченным. Умение решить задачу в общем виде – владение некими общими приемами решения задач определенного класса – означает владение некоторым алгоритмом.

АЛЕКСИТИМИЯ 519318 814 317 – неспособность субъекта называть эмоции, переживаемые им самим или другими, то есть переводить их в вербальный план.

АЛЕКСИЯ 299481319711 – нарушение чтения, расстройство способности чтения – неумение прочесть текст, несмотря на грамотность; или неспособность овладеть процессом чтения. Возникают при поражении различных отделов коры полушария левого (у правшей).

АЛКОГОЛИЗМ 148543292 – злоупотребление алкоголем.

АЛКОГОЛИЗМ И НАРКОМАНИЯ: ПРОФИЛАКТИКА ПСИХОЛОГИЧЕСКАЯ 148543292 5194 5194 (психологическая профилактика алкоголизма и наркомании) – методы психологические профилактики алкоголизма и наркомании.

АЛКОГОЛИЗМ ВТОРИЧНЫЙ 148543292 228 (алкоголизм симптоматический) – развитие алкоголизма на фоне иного заболевания психического – например, шизофрении.

АЛКОГОЛИЗМ ХРОНИЧЕСКИЙ 148543292317 914 – При алкоголизме хроническом по мере привыкания к алкоголю усугубляются проявления абстиненции, возникает психическая и физическая зависимость от приема алкоголя (болезненная потребность в алкоголизации с целью избежать явлений психического и физического дискомфорта, возникающих при воздержании от алкоголя), постепенно появляются патологические изменения во внутренних органах, нарушения обмена веществ, поражения периферических нервов, функциональные органические изменения в системе нервной центральной. Параллельно нарастает деградация социальная и психическая, появляются эпилепсия алкогольная и психозы алкогольные.

АЛКОГОЛИКИ АНОНИМНЫЕ 489411319811 – общественная организация, объединяющая алкоголиков, выразивших готовность самостоятельно излечиться от алкоголизма и помочь в этом другим, и их родственников.

АЛЬБИНИЗМ 519317 819 887421 – наследственная аномалия у человека и животных, характерная частичным или полным отсутствием пигментации кожи, радужной оболочки глаз и волос, перьев или шерсти. Обусловлен отсутствием фермента тирозиназы, участвующего в синтезе пигмента меланина.

АЛЬТРУИЗМ 498717319887 – система ориентации ценностей личности, при которой центральный мотив и критерий нравственной оценки – это интересы другого человека или социальной общности. Центральная идея альтруизма – идея бескорыстия как непрагматически ориентированной деятельности, выполняемой в интересах других людей и не предполагающей реального вознаграждения.

АЛЬФА-РИТМ 519 314 – ритм энцефалограммы в состоянии относительного покоя. Имеет частоту 8 – 13 Гц и среднюю амплитуду 30 – 70 мкВ – с периодическим усилением и ослаблением (альфа-веретена). Возбуждается таламокортикальными и интракортикальными процессами. Анализ характеристик альфа-ритма важен при изучении процессов когнитивных, возрастной динамики и индивидуальных особенностей.

АЛЬФА-ТРЕНИНГ 498799009611 – психотерапевтический прием, основанный на связи обратной биологической. Заключается в обучении – по схеме обусловливания инструментального – регулированию таких психофизиологических процессов, что прежде считались недоступными сознательному контролю. Применяется приборное отведение сигналов не только от мозга головного, но и от других органов: сосудистой системы и сердца, мышц и пр. Кроме того, альфа-тренинг применяется как элемент медитативных техник), в которых ставится цель достижения глубокого расслабления и вхождения в состояния сознания особые, связанные с замедлением частоты электрической деятельности мозга.

АМБИВАЛЕНТНОСТЬ 319814819311 (двойственность, двусмысленность) – двойственность, двузначность, иногда противоречивость. В психологии чувств означает двойственное переживание, совместное присутствие в душе двух противоположных, как будто несовместимых стремлений касательно одного объекта – например, симпатии и антипатии.

АМБИВАЛЕНТНОСТЬ ЧУВСТВ 591489 718 14 – Несогласованность, противоречивость нескольких одновременно испытываемых чувств по отношению к некоему объекту; противоречивое отношение субъекта к объекту – одновременная направленность на один и тот же объект противоположных чувств. Комплекс состояний эмоциональных, связанных с двойственностью отношений – с одновременным принятием и отвержением.

АМБИДЕКСТРИЯ 391814919007 – врожденное или выработанное тренировкой равное развитие функций обеих рук – без выделения ведущей руки.

АМБИЦИЯ НАРУШЕНИЕ ДЕЯТЕЛЬНОСТИ СОЗНАНИЯ 41809819178 – состояние его бессвязности, – характерное: 1) полной утратой ориентировки во внешнем мире – когда утрачивается осознание самого себя и нарушается запоминание новой информации; 2) двигательным возбуждением; 3) галлюцинациями; 4) отсутствием воспоминаний об этом состоянии, когда оно проходит.

АМИМИЯ 419317819917 – ослабление или торможение мимики, возникающее при заболеваниях системы нервной и некоторых заболеваниях психических. Амимия, возникающая при поражении экстрапирамидной системы, является проявлением нарушения моторных компонент реакций эмоциональных и входит в синдром общей акинезии. При поражении долей лобных мозга головного амимия обусловливается нарушениями сферы эмоциональной и входит в синдром лобный.

АМНЕЗИЯ 41854328 – нарушения памяти, выражаемые частичной утратой способности сохранять в памяти вновь проступающую информацию. Охватывают периоды от нескольких минут до нескольких лет. Возникают при различных локальных поражениях мозга головного.

АМНЕЗИЯ АНТЕРЕТРОГРАДНАЯ 418543298 – нарушение памяти на события, происходившие после начала заболевания или после момента травмы. При этом мозг утрачивает способность передавать информации из памяти краткосрочной в долговременную. Может охватывать различные по длительности периоды.

АМНЕЗИЯ ЗАЩИТНАЯ 4185432319 – нарушения памяти, проявляемые в виде забывания (вытеснения) неприятного, травмирующего прошлого опыта.

АМНЕЗИЯ ИНФАНТИЛЬНАЯ 418543252 1 – своеобразная форма амнезии; у большинства людей охватывает первые годы детства-до шестого или восьмого года жизни.

АМНЕЗИЯ ИСТЕРИЧЕСКАЯ 4984185432 – своеобразная форма амнезии у невротиков, источник которой – амнезия инфантильная.

АМНЕЗИЯ ПОСТГИПНОТИЧЕСКАЯ 41854321 (амнезия послегипнотическая) – нарушения памяти, проявляемые как забывание событий, происходивших в ходе гипнотического сеанса.

АМНЕЗИЯ РЕТРОГРАДНАЯ 4185432418 – проявляется в виде нарушения памяти на события, предшествующие заболеванию или травме; забываются события, происходившие в течение нескольких часов, дней, а иногда и лет до заболевания.

АМНЕЗИЯ ЭКСПЕРИМЕНТАЛЬНАЯ 94185432 – метод для проверки различных гипотез о функционировании памяти, где в качестве амнестических средств применяются фармакологические препараты, гипоксия, электросудорожный шок. За счет их действия прерывается электрическая активность, обеспечивающая сохранение следа в памяти кратковременной, и предотвращается его переход в память долговременную.

АМОК 9184819 – этноспецифический термин, означающий синдром психопатологический, характерный внезапным возникновением панического состояния (паника) с изменением сознания по типу сумеречного (помрачение сознания сумеречное) и неконтролируемым стремлением двигаться в одном направлении, круша и ломая все, что стоит на пути, и убивая тех, кто этому мешает. Продолжается, пока больного не остановят или пока он не упадет от бессилия.

АМУЗИЯ 498017 – утрата способности понимать или исполнять музыку, писать и читать ноты. Возникает при поражении височных отделов коры полушария правого (у правшей) мозга головного из-за нарушения слуха музыкального. Проявляется в неузнавании известных мелодий, в затруднении восприятия и воспроизведения ритмических звукосочетаний (аритмия). Часто сочетается с агнозией слуховой, при которой перестают различаться обычные звуки или шумы.

АНАКЛИЗИЯ 498317814218 – понятие, означающее чрезмерную эмоциональную зависимость индивида от других людей. У него появляется ощущение, что его мысли, чувства и побуждения возникают одновременно с появлением тех же состояний у людей, с которыми он состоит в аналитической связи. Этот феномен интерпретируется как регрессия поведения до стадии единства ребенка с матерью, когда такая связь была естественной.

АНАЛИЗ 3198 – процесс расчленения целого предмета или явления на составные части – в плане мысленных представлений или материального моделирования. Анализ неразрывно связан с синтезом.

АНАЛИЗ АКТИВНЫЙ 31978 – метод психотерапии объединяет элементы психоанализа (прежде всего метод ассоциативный) и других психотерапевтических методик.

АНАЛИЗ БИОЭНЕРГЕТИЧЕСКИЙ 898317418 – форма телесно-ориентированной психотерапии. При проведении анализа биоэнергетического сначала ставится задача определить тип характера, то есть отыскать в телесной организации клиента такие участки, где из-за мышечных напряжений не происходит нормальное движение «энергии психической». После этого работа переходит к «формированию нового тела» за счет упражнений, основанных на напряжении и расслаблении определенных мышц; освобождения дыхания; телесного выражения эмоций. Предполагается, что связанная прежде мышечным напряжением энергия психическая может вновь поступить в распоряжение клиента.

АНАЛИЗ ГРАФОЛОГИЧЕСКИЙ 598421918411 – выявление индивидуально-психологической вариативности почерка. Применяется для идентификации рукописей (например, подписей) и для определения состояний психических или характерологических особенностей автора рукописи.

АНАЛИЗ ДИСПЕРСИОННЫЙ 419 4118 – в психологии – метод статистический, позволяющий анализировать влияние различных факторов (признаков) на исследуемую (зависимую) переменную. Суть анализа дисперсионного состоит в разложении (дисперсии) измеряемого признака на независимые слагаемые, каждое из которых характеризует влияние некоего фактора или их взаимодействия. Последующее сравнение таких слагаемых позволяет оценить значимость каждого фактора и их комбинаций.

АНАЛИЗ КАТЕГОРИАЛЬНЫЙ 214217814318 – в психологии – способ изучения развития психологического познания как деятельности, элементы которой – конкретно-научные категории, воспроизводящие различные стороны психической реальности: образ, действие, мотив и пр.

АНАЛИЗ КАУЗАЛЬНО-ДИНАМИЧЕСКИЙ 918317418978 – методологическая стратегия - предназначена для выделения единицы психического: отлично от обычного анализа, разлагающего целое на составные элементы, причем теряется качество целостности, в анализе каузально-динамическом рассматривается такой минимальный элемент, в котором еще явлено целое.

АНАЛИЗ КАЧЕСТВЕННЫЙ 419718918912 – метод исследований психологических, не использующий количественные показатели, но делающий выводы лишь на базе логических рассуждений над полученными фактами.

АНАЛИЗ КЛАСТЕРНЫЙ 498 311 819217 – математическая процедура анализа многомерного, позволяющая на основе множества показателей, характеризующих ряд объектов, сгруппировать их в классы – кластеры – так, чтобы объекты внутри класса были более однородными и сходными, чем объекты разных классов. На основе численных параметров объектов вычисляются расстояния между ними, выражаемые в евклидовой метрике (самой употребимой) или в других. Метод широко применяется в психолингвистике.

АНАЛИЗ КОНТРОЛЬНЫЙ 91891791987 – психоаналитическая процедура, служащая целям профессиональной подготовки психоаналитиков, в которой будущий психоаналитик участвует в качестве стажера на втором году обучения. При этом он самостоятельно проводит психоаналитические сеансы с клиентом, но после каждого сеанса обсуждает его со своим преподавателем, для чего использует стенографические записи, где фиксируется диалог с клиентом и собственные комментарии стажера.

АНАЛИЗ КОРОТКИЙ 519515819891 – форма психоанализа, характерная ориентацией только на локальные темы, актуальность которых была определена на стадии предварительной психодиагностики. Основными процедурами его проведения являются анализ ассоциаций свободных и перенос. Применение анализа короткого особенно эффективно при достаточно легких формах симптомов невротических и при актуальных психологических конфликтах.

АНАЛИЗ КОРРЕЛЯЦИОННЫЙ 319317819817 – метод статистический оценки формы, знака и тесноты связи исследуемых признаков или факторов. Позволяет за очень короткое время получить множество данных для значительного числа испытуемых. Применим в ряде особых случаев, когда экспериментальный подход затруднителен или даже невозможен – например, по этическим соображениям. Позволяет получать информацию, основанную на более разнообразных выборках и более близкую к существующей в обществе реальности – в отличие от лабораторных экспериментов.

АНАЛИЗ ОСОБЕННОСТЕЙ ОБЩЕНИЯ РЕЧЕВОГО

491874319887 – одна из методик проективных, относящаяся к группе методик изучения экспрессии.

АНАЛИЗ ПОЧЕРКА 4193179198 – одна из методик проективных, относящаяся к группе методик изучения экспрессии.

АНАЛИЗ ПРЯМОЙ 914 318901008 – метод психотерапии. Является формой психоанализа, специально ориентированной на лечение шизофрении. Характерная особенность метода-стремление психоаналитически истолковать не только сны клиента, но и все его действия: наблюдаемое поведение; внезапно приходящие в голову мысли; различные причуды и странности.

АНАЛИЗ РЕГРЕССИОННЫЙ 5193179182279 – метод статистический, позволяющий изучать зависимость значения среднего некоей величины от вариации другой величины или нескольких величин (в этом случае применяется множественный анализ регрессионный). Анализ регрессионный применяется преимущественно в исследованиях эмпирических при решении задач, связанных с оценкой некоторых влияний (например, влияния одаренности интеллектуальной на успеваемость, мотивов – на поведение), при конструировании тестов психологических и пр.

АНАЛИЗ СИСТЕМНЫЙ 319814 918217 – подход к изучению объектов и явлений, выражаемый в их рассмотрении как развивающихся систем – с выделением структуры системы и законов преобразования и развития системы в целом.

АНАЛИЗ ТРАНСАКЦИОННЫЙ 598411 818 711 (анализ трансактный, анализ взаимодействия) – Психоаналитически ориентированное направление психологии. Метод исследования и лечения эмоциональных расстройств, направленный на коррекцию взаимоотношений с людьми и преодоление трудностей.

АНАЛИЗ УЧЕБНЫЙ 519 5173198 – психоаналитическая процедура, служащая целям образования высококвалифицированных психоаналитиков. Будущий психоаналитик участвует в консультировании своего преподавателя как клиент.

АНАЛИЗ ФАКТОРНЫЙ 531488 918 – метод многомерной статистики математической, применяемый при исследовании статистически связанных признаков с целью выявления определенного числа скрытых от непосредственного наблюдения факторов. С помощью анализа факторного не только устанавливается связь изменения одной переменной с изменением другой, но определяется мера этой связи и обнаруживаются основные факторы, лежащие в основе указанных изменений.

АНАЛИЗ ЭКЗИСТЕНЦИАЛЬНЫЙ 319314819 008 – одно из направлений современного психоанализа - направлено на исследование личности во всей полноте и уникальности ее существования – экзистенции. Анализ экзистенциальный исходит из философской посылки о том, что подлинно личностное в человеке раскрывается только тогда, когда он освобождается от причинных связей с миром, средой социальной. Человеческое существование трактуется в контексте трех временных модусов – прошлого, настоящего и будущего; симптомы невротического расстройства возникают, когда из-за преобладания одного из этих модусов происходит сужение внутреннего мира личности и ограничение горизонта ее экзистенциального видения.

АНАЛИЗАТОР 498 614 33019 – обозначение функциональной единицы, ответственной за прием и анализ сенсорной информации какой-либо одной модальности. Анализатор – часть рефлекторного аппарата, в который входят также: механизм исполнительный – со-

© Грабовой Г.П., 2003

вокупность нейронов командных, мотонейронов и двигательных единиц; и специальные нейроны – модуляторы, меняющие степень возбуждения других нейронов.

АНАЛИЗАТОР ВКУСОВОЙ 890 319718471 – нейрофизиологическая система, работа которой обеспечивает своеобразный анализ химических веществ, поступающих в полость рта.

АНАЛИЗАТОР ДВИГАТЕЛЬНЫЙ 234891718411 – нейрофизиологическая система, за счет работы которой ведется анализ и синтез сигналов, идущих от органов движения. Принимает участие в поддержании постоянного тонуса мышц тела и координации движений.

АНАЛОГИЯ 498712 8901 – Сходство между объектами в некотором отношении. Использование аналогии в познании – основа для выдвижения предположений, догадок, гипотез. Задания на установление аналогии входят в содержание психодиагностических обследований. Затруднения в нахождении сходства между объектами по абстрактному признаку могут быть показателем недостаточного развития мышления или его нарушений.

АНАЛЬГЕЗИЯ 219014 8901 519 – Снижение или полное устранение болевой чувствительности.

АНАНКЕ 891714 219 372 (ананка) – реальная нужда, природная необходимость.

АНДРОГЕН 498 071 319807 – Мужские половые гормоны, вырабатываемые преимущественно в семенниках. Самый активный – тестостерон – играет важную роль в развитии мужских половых органов.

АНДРОГИНИЯ 989014 319788 – Понятие для обозначения людей, успешно сочетающих в себе и традиционно мужские, и традиционно женские психологические качества. Андрогиния – важная психологическая характеристика человека, определяющая способность менять свое поведение в зависимости от ситуации. Она способствует формированию устойчивости к стрессам, в достижении успехов в различных сферах жизнедеятельности.

АНЕСТЕТИК 59189171 481 – Вещество, используемое для подавления чувствительности к боли.

АНИМА 591048 789371 – женское начало.

АНИМИЗМ 898 319781 489087 – Мировоззренческие представления, при котором одушевленными полагаются практически все объекты, находящиеся в некой связи с человеческой деятельностью.

АНИМИЗМ ДЕТСКИЙ 219014 319811 – Представления детей, согласно которым даже неживые объекты являются одушевленными. Это особенно характерно для детей пятилетнего возраста и пропадает по мере дальнейшего социально-когнитивного развития.

АНИМУС 214318819715 – мужское начало.

АНОМИЯ 598712 819 301 – Понятие для объяснения поведения отклоняющегося: самоубийств, апатии, разочарования и пр. Выражает собой исторически обусловленный процесс разрушения базовых элементов культуры – прежде всего в плане норм этических – при достаточно резкой смене общественных идеалов и морали.

АНТИЛОКАЛИЗАЦИОНИЗМ 891041519719 091 – Нейропсихологическое направление, в котором признавалось, что головной мозг являет собой единое и недифференцированное целое, работа которого обуславливает функционирование всех процессов психических в равной степени. Считалось, что при поражении любой области мозга происходит общее снижение функций психических, степень которого зависит от объема пораженного участка.

АНТИПСИХИАТРИЯ 391489 011 989 – Психологическая доктрина и идейное учение, направленные на демифологизацию, разоблачение и радикальную перестройку современной психиатрии как массовой формы насилия.

АНТИЦИПАЦИЯ 2193178 – Способность системы в некоторой форме предвидеть развитие событий, явлений, результатов действий. В психологии различаются два смысловых аспекта этого понятия: 1) способность представить себе возможный результат действия до его выполнения, а также представить способ решения проблемы прежде, чем она реально будет решена (интуиция); 2) способность организма подготовиться к реакции на некоторое событие до его наступления; это ожидание (или отражение опережающее) обычно выражается в определенной позе или движении и обеспечивается механизмом акцептора действия.

АНТРОПОГЕНЕЗ 219214 8179101 – Процесс происхождения человека (homo sapiens), происхождение и развитие всех видов рода Человек (Homo), рассмотренный в биологическом и психическом плане.

АНТРОПОЛОГИЯ 248318719 417 – Биологическая наука о происхождении и эволюции физической организации человека и человеческих рас. Иногда термин понимается расширительно – как совокупность наук о человеке.

АНТРОПОМОРФИЗМ 918417 489217 – Представление о наличии у животных психических свойств и способностей, присущих только человеку.

АНТРОПОФОБИЯ 498716 019811 – Вид невроза, характерный патологической боязнью людей и толпы.

АНЭРОЗИЯ 888017 918 341 – Отсутствие влечения полового.

АНЭСТЕТИЧНЫЙ 514 317 988 277 – Лишенный чувственности.

АПАТИЯ 938 781 411 8779801 – Состояние, характерное эмоциональной пассивностью, безразличием, упрощением чувств, равнодушием к окружающим событиям и ослаблением побуждений и интересов. Протекает на фоне сниженной физической и психологической активности. Формируется в результате длительно протекающего расстройства психики, иногда возникает при некоторых органических поражениях мозга головного. Может наблюдаться при слабоумии, бывает следствием продолжительного заболевания соматического.

АПНОЭ 841900 191 891 – Более или менее продолжительное подавление дыхания.

АППАРАТ ВЕСТИБУЛЯРНЫЙ 219 398 481 711 – часть ушного лабиринта, включающая полукружные каналы и две полости – саккулюс и утрикулюс; ответственна за восприятие положения и движений головы.

АППАРАТ ДВИГАТЕЛЬНЫЙ 914 718 019 487 – физиологическая система, за счет работы которой строятся и выполняются движения. Состоит из скелета, мышц, сухожилий, нервных центров и проводящих путей – афферентных и эфферентных.

АППАРАТУРА ПСИХОЛОГИЧЕСКАЯ 914 318 7190973214598 – приборы, устройства и оборудование, применяемые для регистрации и измерения психических процессов, функций и состояний.

АППЕРЦЕПЦИЯ 981 0191 38923109 – свойство восприятия, существующее на уровне сознания и характеризующее личностный уровень восприятия. Отражает зависимость восприятия от прошлого опыта и установок индивида, от общего содержания деятельности психической человека и его индивидуальных особенностей.

АПРАКСИЯ 419 891 39980319 (апрактоагнозия) – нарушение

произвольных целенаправленных движений и действий, невозможность совершать целенаправленные движения при нормальном функционировании интеллекта и систем двигательной и сенсорной.

АРТЕФАКТ 5194 3918019 99801 – Феномен или эффект, привнесенный в эксперимент исследователем.

АРТЕФАКТ КЛИНИКИ 594 7128918 019 – особые поведенческие нарушения, возникающие у пациентов психиатрических клиник как реакция на новую, стрессогенную ситуацию, куда они попадают: принудительная госпитализация, отсутствие осмысленных занятий, ограничение социальных контактов и пр.

АРХЕТИП 541 318 016 – термин психологии аналитической означает суть, форму и способ связи наследуемых бессознательных первообразов и структур психики, переходящих из поколения в поколение. Архетипы обеспечивают основу поведения, структурирования личности, понимание мира, внутреннее единство и взаимосвязь культуры и взаимопонимания.

АРХИВИЗАЦИЯ 891001 89819 – структурирование и организация информации в памяти долговременной.

АСИММЕТРИЯ 519064 08918 – отсутствие или нарушение симметрии.

АСИММЕТРИЯ МЕЖПОЛУШАРНАЯ 418718391 488 – характеристика распределения функций психических между полушариями левым и правым: при выполнении одних функции психических ведущим является полушарие левое, других – правое.

АСИНХРОННОСТЬ 519718314 812 – характеристика процессов, не совпадающих во времени.

АСКЕЗА 498714 819 – античное понятие, означающее подготовку атлетов к спортивным состязаниям. В дальнейшем получило расширенное толкование и стало означать борьбу с пороками и стремление к добродетельной жизни.

АССИМИЛЯЦИЯ 419712 819 – механизм, обеспечивающий использование в новых условиях ранее приобретенных умений и навыков без их существенного изменения: его посредством новый предмет или ситуация объединяется с совокупностью предметов или другой ситуацией, для которой уже существует схема.

АССОЦИАНИЗМ 548714 3198 01 – Одно из основных направлений мировой психологической мысли, объясняющее динамику процессов психических принципом ассоциации.

АССОЦИАЦИЯ 591 482 891098 – Связь между психическими явлениями, образуемая при определенных условиях, при которой актуализация (восприятие, представление) одного из них влечет за собой появление другого. Психофизиологическая основа ассоциации – рефлекс условный. В психологии социальной – группа, где отсутствуют объединяющая ее деятельность совместная, организация и управление, а ценностные ориентации, опосредующие межличностные отношения, проявляются в условиях общения группового.

АСТАЗИЯ 918008 969314 – нарушение способности стоять, вызванное нарушением координации мышц тела при обширных поражений долей лобных и тела мозолистого мозга головного.

АСТЕНИК 555 8910198 45 – индивид, имеющий следующие особенности телосложения: худощавость, узкие плечи и грудная клетка, длинные ноги, вытянутое лицо, длинный и тонкий нос. Астеник имеет, как правило, шизоидный или шизотимический темперамент, характерный замкнутостью, уходом в себя, несоответствием ответных реакций внешним стимулам, повышенной ранимостью при эмоциональной холодности, переживанием чувств астенических.

© Грабовой Г.П., 2003

АСТЕНИЯ 456 891 01 2139 – 1. Слабость нервно-психическая; проявляется в повышенной утомляемости и истощаемости, сниженном пороге восприятия, крайней неустойчивости настроения, нарушениях сна. Возникает в результате различных заболеваний, при чрезмерных умственных и физических перенапряжениях, длительных отрицательных переживаниях и конфликтах. 2. Определяющее свойство характера. К астенической группе относятся две разновидности – астеники и психастеники (психастения). Их общие свойства – повышенная чувствительность и быстрая истощаемость. Они возбудимы и истощаемы в нервно-психическом смысле.

АСТЕРЕОГНОЗИЯ 531 488914 019 – вид агнозии тактильной; проявляется в невозможности опознания знакомых предметов при их ощупывании с закрытыми глазами. Обусловлена поражением вторичных корковых полей теменной области мозга головного, приводящих к расстройству анализа и синтеза различных кожно-кинестетических ощущений, поступающих в кору теменной области мозга при ощупывании предмета, и ослаблению тактильных образов предметов.

АСТРОЛОГИЯ 489717 319481 – Древнее учение о влиянии небесных тел на земную жизнь, в том числе на судьбу и поведение человека.

АТАВИЗМ 891012 31978014 – проявление организмом в ходе его роста неких признаков, унаследованных от его далеких предков, причем ранее эти признаки выполняли важную приспособительную роль, позднее утраченную.

АТАКА МОЗГОВАЯ 318319 489 061 (брейнсторминг) – методика стимуляции творческой активности и продуктивности.

АТРИБУЦИЯ 918919 818 714 – приписывание социальным объектам (человеку, группе, социальной общности) характеристик, не представленных в поле восприятия. Атрибуция – основной способ «достраивания» непосредственно воспринимаемой информации. В отечественной психологии социальной атрибуция рассматривается как механизм многих социальных процессов; показана ее роль в межгрупповом взаимодействии, в регуляции супружеских отношений, в появлении конфликтов производственных и пр.

АТРИБУЦИЯ КАУЗАЛЬНАЯ 498714318712 – интерпретация человеком восприятия межличностного причин и мотивов поведения других людей.

АТРОФИЯ 314812 819714 – дегенерация органической структуры. В психологии употребляется в смысле дегенерации некоей функции психической от неупражнения или от неблагоприятных, травмирующих воздействий – продолжительного стресса, конфликтов, фрустрации, наркотиков, интоксикации и пр.

АТТРАКЦИЯ 314819 719 579 – понятие, означающее появление при восприятии человека человеком привлекательности одного из них для другого.

АУДИТОРИЯ 319481919241. В психологии – группа, воспринимающая речь. Обычно – пространственно размещенная группа малая, объединенная взаимодействием с коммуникатором в ходе восприятия речевого сообщения.

АУТИЗМ 428 516 319017 – понятие, означающее крайнюю форму и состояние отчуждения психологического, выражаемую в отстранении, «уходе», «бегстве» индивида от контактов с действительностью и погружении в замкнутый мир собственных переживаний, когда произвольная организация мышления нарушается из-за ее подчинения аффективным потребностям.

АУТИЗМ ДЕТСКИЙ 428 516 3190 – свойство ребенка или подростка, развитие которого характерно резким снижением контактов с окружающими, слабо развитой речью и своеобразной реакцией на изменения в окружении.

АУТИЗМ ДЕТСКИЙ РАННИЙ 428 516 319017 491 – клинический синдром, основные признаки которого: врожденная неспособность ребенка к установлению аффективного контакта посредством взгляда, мимики и жестов, причем не обусловленная низким интеллектуальным уровнем; стереотипность поведения; необычные реакции на раздражители; нарушения развития речевого; раннее проявление (до 30-го месяца жизни).

АФАЗИЯ 491819 319 812 – полная или частичная утрата способности речи; нарушение речевое, возникающее при локальных поражениях коры полушария левого мозга головного (у правшей). Представляет собой системное расстройство различных видов деятельности речевой. Проявляется в нарушениях фонематической, морфологической и синтаксической структур речи и понимания речи при сохранности движений речевого аппарата и элементарных форм слуха.

АФОНИЯ 519 317 919 064819 – потеря голоса при сохранении целостной речи. Возникает из-за органических или функциональных нарушений в гортани (голосовых связках, гортанных мышцах). В частности, бывает: при перенапряжении голосовых связок у лекторов; при внезапных и сильных волнениях; при истерии.

АФФЕКТ 598071 319498 – сильное и относительно кратковременное нервно-психическое возбуждение – эмоциональное состояние, связанное с резким изменением важных для субъекта жизненных обстоятельств. Сопровождается резко выраженными двигательными проявлениями и изменениями в функциях внутренних органов, утратой волевого контроля и бурным выражением эмоциональных переживаний. Возникает в ответ на уже происшедшее событие и как бы сдвинуто к его концу. Аффект развивается в критических условиях при неспособности субъекта найти адекватный выход из опасных, чаще всего неожиданных ситуаций.

АФФЕКТ: АККУМУЛЯЦИЯ 8071 319498 918 – процесс продолжительного накопления отрицательных эмоций небольшой силы с последующей разрядкой в виде бурного и мало управляемого аффективного взрыва, наступающей без видимых причин.

АФФЕКТ НЕАДЕКВАТНОСТИ 071 319498 489 – отрицательное эмоциональное состояние, возникающее в ответ на неуспех, неудачу. Характерно или отрицанием самого факта неуспеха, или переложением ответственности за него на других. Может проявляться в повышенной обидчивости, недоверчивости, подозрительности, агрессивности и негативизме.

АФФЕКТИВНЫЙ 319 814518017 – относящийся к состояниям удовольствия или неудовольствия; связанный с ощущениями, эмоциями, страстями, чувствами, мыслями.

АФФЕРЕНТАЦИЯ 459 714 899 081 – постоянный поток нервных импульсов, поступающих в систему нервную центральную от органов чувств, воспринимающих информацию как от раздражителей внешних (экстерорецепция), так и от внутренних органов (интерорецепция). Находится в прямой зависимости от силы раздражителей и насыщенности ими среды, а также от состояния – активности или пассивности – индивида.

АФФЕРЕНТАЦИЯ ИЗМЕНЕННАЯ 314571089384 – специфическое реагирование организма при резко измененных, непривычных условиях существования. Особенно отчетливо проявляется при воздействии невесомости, когда резко изменяется афферентация от отолитового прибора, опорно-двигательного аппарата, сердечно-сосудистой и других систем. У испытуемых, впервые испытывающих невесомость, возникают ощущения падения, проваливания, сопровождаемые отрицательными эмоциями.

АФФЕРЕНТНЫЙ 498741 818 299 – характеристика центростремительности процессов нервного возбуждения – их направленности по системе нервной от периферии к центру, в частности, к мозгу головному.

АФФИЛИАЦИЯ 591 394 818 544 – стремление быть в обществе других людей, потребность в общении, в осуществлении эмоциональных контактов, в проявлениях дружбы и любви.

Б

БАРБИТУРОМАНИЯ 498714 319888 – род токсикомании. Характерен потребностью в постоянном приеме барбитуратов.

БАРЬЕР ПСИХОЛОГИЧЕСКИЙ 498714 889057 – психическое состояние, проявляемое как неадекватная пассивность, препятствующая выполнению тех или иных действий, – внутреннее препятствие психологической природы: нежелание, боязнь, неуверенность и пр. В социальном поведении барьеры психологические представлены барьерами коммуникативными (барьерами общения), проявляющимися в отсутствии эмпатии, в жесткости межличностных установок социальных и прочем; а также барьерами смысловыми.

БАРЬЕР СМЫСЛОВОЙ 598 069 49812 – взаимное непонимание между людьми возникающее при общении, – следствие того, что участники общения приписывают одним и тем же событиям разный смысл и видят в их глубине разную мотивацию.

БЕГСТВО В БОЛЕЗНЬ 591398 712 889 – понятие и концепция, фиксирующие и объясняющие причины и механизм ряда заболеваний психических, особенно неврозов, характерных наличием неосознаваемого стремления человека к заболеванию и погружению в болезнь как средство и способ защиты от конфликта и реальности.

БЕГСТВО ОТ СВОБОДЫ 498881019781 – понятие и концепция, фиксирующие и объясняющие причины и механизмы действия динамических факторов психики, побуждающих человека к добровольному отказу от свободы.

БЕСЕДА 519317919 891 – в психологии – метод получения информации на основе вербальной коммуникации; относится к методам опроса.

БЕСЕДА КЛИНИЧЕСКАЯ 51931791419 018 – метод получения информации посредством устного опроса клиента и проведения терапевтической беседы при оказании психологической, психиатрической и медицинской помощи.

БЕСПОМОЩНОСТЬ ВЫУЧЕННАЯ 519371 818911 – состояние, возникающее у человека и животных после достаточно длительного аверсивного воздействия, избежать которого не удается. У животных беспомощность выученная проявляется торможением моторного поведения, ослаблением биологических мотиваций, нарушением способности к обучению новым навыкам, а также появлением разнообразных соматических расстройств – выпадение волос, повышение артериального давления, изъязвление слизистой оболочки желудочно-кишечного, тракта, снижение общей сопротивляемости организма и пр. У человека беспомощность выученная проявляется

© Грабовой Г.П., 2003

эмоциональными расстройствами (депрессия или невротическая тревога); возможно появление расстройств психосоматических.

БЕСПОМОЩНОСТЬ КОГНИТИВНАЯ 519891319488 – психологическое состояние или ситуация, при которой индивид, имея нужные знания, навыки и умения для решения поставленной задачи, в силу ряда причин когнитивного характера оказывается неспособным ее решить.

БЕССОЗНАТЕЛЬНОЕ 591008 719311 – 1. Совокупность психических процессов актов и состояний, обусловленных явлениями действительности, в отношении которых отсутствует субъективный, сознательный контроль, и во влиянии которых субъект не отдает себе отчета. Бессознательным оказывается все то, что не становится предметом особых действий по осознанию. 2. Форма отражения психического, в которой образ действительности и отношение к ней субъекта не выступают как предмет специальной рефлексии и составляют нераздельное целое.

БЕССОЗНАТЕЛЬНОЕ ВЫСШЕЕ 519 377898 997 (сверхсознание) – высшие чувства и способности, интуиция, вдохновение.

БЕССОЗНАТЕЛЬНОЕ КОЛЛЕКТИВНОЕ 7898 898 742 – особая форма общественного существования бессознательного как накопителя, хранителя и носителя генетически наследуемого опыта филогенетического развития человечества. Особый класс явлений психических, которые в отличие от бессознательного индивидуального (личного) являются носителями опыта филогенетического развития человечества.

БЕССОЗНАТЕЛЬНОЕ ЛИЧНОЕ 318 482 55946192 – формируется в развитии индивидуального опыта человека и являет собой содержания, им вытесняемые, – комплексы.

БЕССОЗНАТЕЛЬНОЕ НИЗШЕЕ 598 484 558 7191 – инстинктивные побуждения, страсти, примитивные желания и пр.

БЕССОЗНАТЕЛЬНОЕ СОЦИАЛЬНОЕ 428 01916 559 89014213 – бессознательное, свойственное большинству людей, – вытесненные элементы, содержание которых – то, что данное общество не может позволить своим членам довести до сознания, если оно собирается и впредь успешно действовать на основе собственных противоречий.

БЕССОЗНАТЕЛЬНОЕ СРЕДНЕЕ 8819905191714213 – мысли и чувства, которые могут легко осознаться.

БЕССОЗНАТЕЛЬНОСТЬ 489 091319611 – один из признаков психического, не являющейся, однако, характеризующим.

БИЛО 591319 811 799 – этноспецифический термин, означающий форму психотерапии, практикуемую в народной медицине Мадагаскара, направленную на гармонизацию самооценки больного, мучимого симптомами невротическими (раздражительность, беспокойство, тревожность).

БИОЛОГИЗМ 429 312 918 542 – одна из причин, на которую не без оснований ссылался бихевиоризм, отказываясь изучать сознание, – недостаток сведений о соответственных нервных механизмах; тогдашнее состояние науки не позволяло объективно подойти к изучению роли мозга головного в феноменах сознания.

БИОПСИХИЗМ 489712 819 32281 – теория в естествознании, согласно которой психика приписывается всему живому, включая растения.

БИОПСИХОЛОГИЯ ЭВОЛЮЦИОННАЯ 891498 719 422 – иногда под этим названием объединяются психология сравнительная и зоопсихология.

БИОФИЛ 319 415888 78219 (биофильный) – личность и тип личности, ориентированные на любовь к живому и на созидание. Противоположное понятие – некрофил.

БИОФИЛИЯ 498 889 317428 (ориентирование биофильное) – один из видов всеобщего, основополагающего ориентирования, определяющий образ жизни и проявляющийся во влечении к жизни и всему живому, в стремлении любить, творить добро и созидать.

БИОЭНЕРГЕТИКА 918714 – основная цель терапии – возвращение человека к его «первичной природе» – к состоянию искреннего удовольствия, свободы телодвижений, раскрепощению тела, включению его в жизнь. «Возвращение к телу» реализуется посредством специальных упражнений, основанных на напряжении и расслаблении определенных мышечных групп, а также на вербальных способах высвобождения задержанных эмоций.

БИСЕКСУАЛЬНОСТЬ 591488989784 (предрасположение бисексуальное) – «двойная сексуальность» – понятие, отражающее двойственную природу сексуальности, обусловленную наличием в каждом индивиде мужских и женских элементов, в зависимости от развития и соотношения которых формируется соответственный тип сексуальных предпочтений и поведения.

БИХЕВИОРИЗМ 918491519 318 – направление в американской психологии XX в. Бихевиоризм складывался как направление с явным естественнонаучным уклоном, и его основатели пытались найти формы объективного подхода к психической жизни. Согласно бихевиористам, такие понятия, как осознание, переживание, страдание и прочее не могут считаться научными, ибо они как продукт самонаблюдения субъективны и не поддаются фиксации объективными, научными средствами. Предметом изучения может быть поведение, активность. Активность, внешняя и внутренняя, описывается через понятие реакции, к которой относятся те изменения в организме, что могли быть зафиксированы объективно.

БЛИЗНЕЦЫ ДВУЯЙЦЕВЫЕ 591848 – близнецы, развивающиеся из двух разных яйцеклеток от одновременного оплодотворения двумя разными сперматозоидами. Бывают одного или разного пола и обнаруживают те же различия, что и обычные братья и сестры.

БЛИЗОСТЬ 399016488 917 – тип ситуации, включающий двоих и предоставляющий возможности для утверждения личных ценностей на основе сотрудничества, которое порождается взаимно приспособительным поведением, направленным на достижение возрастающего взаимного удовлетворения и чувства безопасности своего положения.

БЛОКИ МОЗГА 489 718916314 – структурно-функциональная модель мозговой локализации функций, психических высших человека.

БОВАРИЗМ 591 318 719488 – термин, означающий клиническое состояние, характерное потерей способности проводить четкую грань между действительностью и фантазией, склонность подменять реальное воображаемым. При этом воображаемый мир может иметь как положительную валентность («грезы желаний»), так и отрицательную («фантазии страхов»).

БОДРСТВОВАНИЕ 48931748519 – иначе – активное состояние. В психологии западной традиционно рассматривается как состояние активации всего организма, позволяющей ему улавливать, отбирать и интерпретировать сигналы внешнего мира, отправлять некоторые из них в память или же реагировать на них адекватным или неадекватным поведением – в зависимости от предшествующего опыта и навыков.

© Грабовой Г.П., 2003

БОЛЕЗНЬ 548764319 017 – чисто практическое суммарное понятие, означающее порог суммации предрасположения и переживания, вследствие чего многие люди переходят из разряда здоровых в разряд нервнобольных, или наоборот.

БОЛЕЗНЬ ДАУНА 519517819 31 (трисомия 21) – Врожденная аномалия, обусловленная наличием добавочной, третьей хромосомы 21 (отсюда – другое название). Больные отличаются монголоидностью черт лица и легкой дебильностью.

БОЛЬ 498712891319 – психическое состояние, возникающее в результате сверхсильных или разрушительных воздействий на организм при угрозе его существованию или целостности.

БОЯЗНЬ 891 019 4918808 – состояние ожидания опасности и подготовки к ней.

БРЕД 8142351 (явление бредовое) – Образуемая вследствие болезни совокупность разнообразных представлений, идей, суждений и умозаключений, несоответственных действительности, в которых человека невозможно разуверить.

БЮРОКРАТИЗМ 498712 818914 – в психологическом аспекте – явление, возникающее в условиях внеэкономических связей между обезличенным аппаратом управления и социальным объектом, исключающее воздействие на этот аппарат со стороны народа. Аппарат управления, превращаясь в сплоченную элиту, противодействует любым социальным изменениям либо стремится адаптироваться к ним, сохраняя имеющиеся рычаги власти. Может проявляться на любом уровне функционирования общественного устройства: на уровне организаций, первичных подразделений. Его важнейшие черты – жесткая регламентация поведения и способов передачи информации на всех уровнях управления и исполнения, авторитарность сознания, конформизм. Бюрократизм требует от личности непререкаемого принятия существующего порядка вещей, отсутствия собственных позиций, некритического следования предписанному образцу, сохранения «психологической дистанции» между руководящей элитой и подчиненными. Социально-психологически он проявляется также в сопротивлении инновациям, личной инициативе, творческому поиску, в культивировании некомпетентности и карьеризма.

В

ВАЛИДНОСТЬ 519317418 914 – одна из важнейших характеристик психодиагностических методик и тестов, один из основных критериев их качества. Это понятие близко к понятию достоверности, но не вполне тождественно. Валидность указывает, что именно тест или методика измеряет и насколько хорошо это делает; чем они валиднее, тем лучше отображается в них то качество (свойство), ради измерения которого они создавались.

ВАЛИДНОСТЬ: КРИТЕРИЙ 317418 914498 – применительно методик означает независимые показатели и признаки, по которым можно судить о ее валидности. По этим критериям оцениваются результаты, получаемые при практическом применении методики. Критерии могут быть таковы: поведенческие показатели – реакции, действия и поступки испытуемого в различных ситуациях жизни; достижения испытуемого в различных видах деятельности – учебной, трудовой и пр.; данные о выполнении различных контрольных проб и заданий; данные, получаемые из других методик, валидность или же связь которых с проверяемой методикой считается твердо установленной.

ВАЛИДНОСТЬ ВНЕШНЯЯ 418914498 5941 – применительно методик психодиагностических означает соответствие результатов психодиагностики, проводимой посредством данной методики, независимым от методики внешним признакам, относимым к субъекту обследования. Означает примерно то же самое, что валидность эмпирическая, – с тою разницей, что здесь речь идет о связи между показателями методики и самыми важными, ключевыми внешними признаками, относимыми к поведению испытуемого. Методика психодиагностическая считается внешне валидной, если, например, ее посредством оцениваются черты характера индивида и его внешне наблюдаемое поведение согласуется с результатами проведенного тестирования.

ВАЛИДНОСТЬ ВНУТРЕННЯЯ 319481 5941 418 – применительно методик психодиагностических означает соответствие содержащихся в ней заданий, субтестов и прочего общим цели и замыслу методики; соответствие результатов психодиагностики, проводимой посредством данной методики, определению оцениваемого психологического свойства, использованному в самой методике. Методика считается внутренне невалидной или недостаточно валидной, когда все или часть включенных в нее вопросов, заданий или субтестов измеряют не то, что требуется данной методикой.

ВАЛИДНОСТЬ КОНЦЕПТУАЛЬНАЯ 4184498 59 41 819 – понимается как обоснование с позиции соответствия авторским представлениям об особенностях диагностируемых свойств, как мера соответствия заданий теста авторской концепции этих свойств.

ВАЛИДНОСТЬ КРИТЕРИАЛЬНАЯ 4198914498 31 (валидность по критерию) – Понимается как обоснование корреляции между результатами теста и эмпирическим критерием. На возможную валидность теста по отношению к этому критерию указывает корреляция с ним теста; чем выше коэффициент корреляции, тем выше валидность. Развитие анализа факторного позволило создавать тесты, валидные по отношению к идентифицируемому фактору.

ВАЛИДНОСТЬ ТЕОРЕТИЧЕСКАЯ 419898914498 (валидность конструктивная, валидность понятийная) – применительно методик психодиагностических означает соответствие результатов психодиагностики, проводимой посредством данной методики, показателям тех психологических качеств, которые теоретически связаны с оцениваемым свойством. Определяется по соответствию показателей качеств, получаемых данной методикой, показателям, получаемым посредством других методик – при их теоретически обоснованной зависимости.

ВАЛИДНОСТЬ ЭМПИРИЧЕСКАЯ 891419898914498 (валидность практическая) – применительно методик психодиагностических означает соответствие результатов психодиагностики, проводимой посредством данной методики, опыту человека, его реальному поведению, а также наблюдаемым действиям и реакциям испытуемого. Определяется сравнением ее показателей с реальным жизненным поведением или результатами практической деятельности людей.

ВАМПИР 519418 719 314 – образ мертвеца, сосущего кровь у спящих людей. Преследуя воображение пациента, довольно часто встречается в клинической и психоаналитической практике и выражает визуализацию пациентом ощущений, будто все его психические силы отбираются кем-то другим.

ВДОХНОВЕНИЕ 891498314 719 – состояние своеобразного напряжения и подъема духовных сил, творческого волнения человека, ведущее к появлению или реализации замысла и идеи произведения науки, искусства, техники. Характерно повышенной общей активностью, необычайной продуктивностью деятельности, сознанием легкости творчества, переживанием «одержимости» и эмоционального погружения в творчество.

ВЕГЕТОТЕРАПИЯ 591061718 489 – вид терапии телесно-ориентированной. Основные приемы вегетотерапии связаны с массажем и дыханием, а также с двигательными и голосовыми упражнениями разного типа.

ВЕРА 598 888 998 617 – 1. Особое состояние человеческой психики, состоящее в полном и безоговорочном принятии некоторых сведений, текстов, явлений, событии или собственных представлений и умозаключений, которые в дальнейшем могут выступать основой его Я, определять некоторые из его поступков, суждений, норм поведения и отношений. 2. Признание чего-либо истинным с такой решительностью, которая превышает силу внешних фактических и формально-логических доказательств.

ВЕРБАЛЬНЫЙ 514381 914 811 – в психологии – термин для обозначения форм знакового материала, а также процессов оперирования с этим материалом.

ВЕРИФИКАЦИЯ 519481 719 311 – при проверке научных понятий – доказательство или иная убедительная демонстрация того, что явления, включенные в объем и содержание данного понятия, действительно существуют и соответствуют определению понятия. Это же предполагает наличие методики опытной проверки явления, описываемого понятием. Проверка выполняется посредством соответственной психодиагностической процедуры.

ВЕЩЕСТВО 5193618901 – нейромодулятор, служащий для передачи в системе нервной болевых сигналов.

ВЗАИМОДЕЙСТВИЕ 589017942891 – в психологии – процесс непосредственного или опосредованного воздействия объектов (субъектов) друг на друга, порождающий их взаимную обусловленность и связь. Выступает как интегрирующий фактор, способствующий образованию структур.

ВЗАИМОДЕЙСТВИЕ АНАЛИЗАТОРОВ 7942891489 – одно из проявлений единства сферы сенсорной. Взаимодействие анализаторов проявляется также в совместной работе анализаторов, дающих субъекту информацию о сторонах внешнего мира, о которых ни один из анализаторов сам по себе информации не дает (например, бинокулярная оценка удаленности объекта при совместной работе зрительного и проприоцептивного анализаторов).

ВЗАИМОДЕЙСТВИЕ ГРУППОВОЕ 51431458948189 – процесс непосредственного или опосредованного воздействия множественных объектов (субъектов) друг на друга, порождающий их взаимную обусловленность и связь; происходит и между частями групп, и между целыми группами. Выступает как интегрирующий фактор, способствующий образованию структур. Структурированность группы проявляется в статусных отношениях, в действии признаваемых всеми членами группы нормах поведения и взаимодействия, в групповых целях и ценностях.

ВЗАИМОДЕЙСТВИЕ МЕЖЛИЧНОСТНОЕ 458948194831798 – 1. В широком смысле – случайный или преднамеренный, частный или публичный, длительный или кратковременный, вербальный или невербальный личный контакт двух и более человек, влекущий взаимные изменения их поведения, деятельности, отношений и установок. Такая трактовка обычно используется для указания

© Грабовой Г.П., 2003

на непосредственную взаимосвязь как-либо взаимно воздействующих индивидов. 2. В узком смысле – система взаимно обусловленных индивидуальных действий, связанных циклической причинной зависимостью, при которой поведение каждого из участников выступает одновременно и стимулом, и реакцией на поведение остальных.

ВЗАИМОДЕЙСТВИЕ ПСИХОФИЗИЧЕСКОЕ 591489 316 – с позиций материализма – идеалистический подход к проблеме психофизической, согласно которому сознание и его нервный (телесный) субстрат – два взаимно влияющих самостоятельных начала.

ВЗАИМООЦЕНКА ЭКСПЕРТНАЯ ВНУТРИГРУППОВАЯ 398716914 816 – (внутригрупповая экспертная взаимооценка) метод социально-психологический, основанный на оценках разнообразных личностных и межличностных характеристик путем взаимного опроса членов группы, которые выступают в роли экспертов, оценивающих поведение друг друга в значимых ситуациях общения и деятельности совместной.

ВЗАИМОПОНИМАНИЕ: МЕХАНИЗМ 314821069 711 – к таковым относятся идентификация, рефлексия, стереотипизация, а также механизм связи обратной.

ВИВАЦИЯ 914891319 (вайвейшн) – Модификация ребефинга - характерна центрацией на работу с переживаниями, возникающими при состояниях сознания измененных. Выполняется на базе пяти элементов: первый элемент – детально разработанная техника дыхания; второй элемент – техника достижения полного расслабления; третий элемент объединяет в себе приемы полной, глубокой рефлексии, ориентированной на любые внутренние состояния (физические ощущения, эмоции, образы); четвертый элемент базируется на поиске такого контекста, в котором негативные переживания уже не подавлялись бы, но принимались бы с радостью и благодарностью; пятый элемент – это доверие к себе и терапевту.

ВИВАЦИЯ: ТИП ДЫХАНИЯ 9144891319 317 (тип дыхания в вивации; тип дыхания в вайвэйшн) – специальные дыхательные упражнения, способствующие достижению состояний сознания измененных и работе при этих состояниях с внутренней реальностью.

ВИД БИОЛОГИЧЕСКИЙ 519519 – совокупность генетически сходных особей, способных скрещиваться между собой и давать плодовитое потомство.

ВИНА: ИСТОЧНИК 23940191967 1 (два источника вины) – источником чувства вины является страх, который позднее трансформируется в совесть.

ВКУС 498756714 217 – один из видов хеморецепции, представляющий собой чувствительность рецепторов полости рта относительно раздражителей химических. Субъективно проявляется в виде ощущений вкусовых – горького, кислого, сладкого, соленого и их комплексов. При чередовании ряда химических веществ может возникать вкусовой контраст (например, после соленого пресная вода кажется сладкой). Целостной образ вкусовой возникает в результате взаимодействия рецепторов вкусовых, тактильных, температурных и обонятельных.

ВЛЕЧЕНИЕ 219317 919 89 – инстинктивное желание, побуждающее индивида действовать в направлении удовлетворения этого желания. Психическое состояние, выражающее недифференцированную, неосознанную или недостаточно осознанную потребность субъекта, – уже имеющее эмоциональную окраску, но еще не связанное в выдвижением сознательных целей.

ВЛЕЧЕНИЕ: ИСТОЧНИК 231489 487 51 – тот соматический

процесс в некотором органе или части тела, раздражение которого в душевной жизни воплощается во влечении.

ВЛЕЧЕНИЕ: ОГРАНИЧЕНИЕ 918 817 – обусловленный обществом процесс определения условий и границ проявления сопряженных агрессивных и эротических влечений.

ВЛЕЧЕНИЕ: ФИКСАЦИЯ 489136019 – остановка и закрепление влечения, в особенности частного, на каком-то уровне, ступени, фазе, периоде развития.

ВЛЕЧЕНИЕ ЗАДЕРЖАННОЕ 48719 31917 – влечения, задержавшиеся на пути к удовлетворению активной или пассивной цели, в результате чего появляется длительная привязанность к объекту и устойчивое стремление. Пример – отношение нежности.

ВЛЕЧЕНИЕ К ЖИЗНИ 888999 719 421 (инстинкт жизни) – обеспечивают сохранение, поддержание и развитие жизни во всех ее аспектах.

ВЛЕЧЕНИЕ К СМЕРТИ 319 460 6169 (танатос) – своеобразный антисоциальный противовес влечения к жизни. Под ним понимаются тенденции к саморазрушению и возврату в неорганическое состояние, которые проявляются в агрессии по отношению к лицам и предметам. Противодействие вечному развитию может явно или скрыто осуществляться индивидами имеющими влечение к смерти.

ВЛЕЧЕНИЕ ПЕРВИЧНОЕ 515 519 814913 – неразложимые, элементарные влечения.

ВЛЕЧЕНИЕ ПОЛОВОЕ 498516719 311 – многозначный термин, означающий и сексуальное желание вообще, и стремление к телесному сближению с определенным человеком, и мотивационный аспект сексуальности.

ВЛЕЧЕНИЕ СЕКСУАЛЬНОЕ 548711 918 211 (инстинкт сексуальный; эрос) – происходящая из внутреннего источников раздражающая сила, направленная на устранение сексуального возбуждения путем непосредственного или опосредованного удовлетворения первичных позывов. Предопределяет и соответствует потребности в любви и выступает как влечение к жизни.

ВЛИЯНИЕ 598417 398 411 – в психологии – процесс и результат изменения индивидом поведения другого человека, его установок, намерений, представлений, оценок и прочего в ходе взаимодействия с ним.

ВЛИЯНИЕ ИНДИВИДУАЛЬНО-СПЕЦИФИЧЕСКОЕ 319481 919811 – форма персонализации, реализуемая благодаря трансляции другим людям своих личностных характеристик в виде еще не освоенных ими образцов личностной активности. Приводит к постепенному преобразованию смыслов личностных, поведения и мотивационной сферы других людей, проявляясь в значимом изменении их деятельности в момент актуализации в их сознании образа индивида – субъекта влияния. Влияние индивидуально-специфическое – объясняющий принцип ряда феноменов фацилитации социальной и реализуется как в целенаправленной деятельности (обучение, воспитательные мероприятия и пр.), так и в любых иных случаях взаимодействия личности – субъекта влияния с окружающими людьми.

ВЛИЯНИЕ ФУНКЦИОНАЛЬНО-РОЛЕВОЕ 317 814891444 – вид влияния, характер, интенсивность и направленность которого определяются не личностными особенностями партнеров по взаимодействию, а их ролевыми позициями.

ВЛЮБЛЕННОСТЬ 515889 – чувство и состояние, которое зиждется на основе одновременно и прямых и заторможенных (в смысле цели) сексуальных стремлений, причем объект влюбленности перетягивает на себя часть нарциссического либидо Я. Суть влюбленности – в изменении нарциссического либидо на либидо к объекту. Ее сила достаточна, чтобы уничтожить вытеснения и восстановить перверсии. Она поднимает сексуальный объект до степени сексуального идеала.

ВНИМАНИЕ 391118918714 – сосредоточенность деятельности субъекта в данный момент времени на некотором реальном или идеальном объекте – предмете, событии, образе, рассуждении и пр. Внимание – динамическая сторона сознания, характеризующая степень его направленности на объект и сосредоточения на нем с целью обеспечения его адекватного отражения в течение времени, нужного для выполнения определенного акта деятельности или общения. Проявляется в избирательном отражении объектов соответственно потребностям субъекта и целям и задачам его деятельности.

ВНИМАНИЕ: ОБЪЕМ 505641719 317 – одна из характеристик внимания, показывающая, какое количество предметов может восприниматься, или же какое количество действий может совершаться единовременно. Самая привычная экспериментальная модель для исследования объема внимания – это определение объема восприятия, который зависит от времени экспозиции, характера стимульного материала и навыков индивида. Так, при экспозиции зрительных стимулов длительностью в 0.1 с. объем внимания в среднем равен 7 +/– 2 предметам. При возможности смыслового обобщения воспринимаемых предметов объем внимания заметно возрастает.

ВНИМАНИЕ ВНЕШНЕЕ 598716 319811 (внимание сенсорно-перцептивное) – обращено на объекты внешнего мира. Необходимое условие познания и преобразования внешнего мира.

ВНИМАНИЕ ВНУТРЕННЕЕ 498716319817 (внимание интеллектуальное) – обращено на объекты субъективного мира человека. Необходимое условие самопознания и самовоспитания.

ВНИМАНИЕ НЕПРОИЗВОЛЬНОЕ 519489 319716 – самое простое и генетически исходное. Имеет пассивный характер, ибо навязывается субъекту внешними по отношению к целям его деятельности событиями. Возникает и поддерживается независимо от сознательных намерений, в силу особенностей объекта – новизны, силы воздействия, соответствия актуальной потребности и пр. Физиологическое проявление этого вида внимания – реакция ориентировочная.

ВНИМАНИЕ ПОСЛЕПРОИЗВОЛЬНОЕ 519310219611 (внимание постпроизвольное) – возникает на основе внимания произвольного и заключается в сосредоточении на объекте в силу его ценности, значимости или интереса для личности. Его появление возможно по мере развития операционально-технической стороны деятельности в связи с ее автоматизацией и с переходом действий в операции, а также в результате изменений мотивации (например, сдвиг мотива на цель). При этом снимается психическое напряжение и сохраняется сознательная целенаправленность внимания, соответствие направленности деятельности принятым целям, но ее выполнение уже не требует специальных умственных усилий и ограничено во времени лишь утомлением и истощением ресурсов организма.

ВНИМАНИЕ ПРОИЗВОЛЬНОЕ 879491488711 – направляется и поддерживается сознательно поставленной целью, а потому неразрывно связано с речью. О внимании произвольном говорят, если деятельность выполняется в русле сознательных намерений и требует со стороны субъекта волевых усилий. Оно отличается активным характером, сложной структурой, опосредованной социально выработанными способами организации поведения и коммуникации; по происхождению связано с трудовой деятельностью.

ВНУШАЕМОСТЬ 594321714 811 – мера или степень восприимчивости к внушению, – повышенная податливость по отношению к побуждениям, спровоцированных другими людьми, определяемая и ограничиваемая рядом факторов, в основном субъективной готовностью подвергнуться и подчиниться внушающему воздействию. Некритичное принятие чужой точки зрения и готовность подчиниться (повиноваться), когда человек изменяет свое поведение в соответствии с прямым указанием законного авторитета. Склонность заражаться чужими настроениями и перенимать чужие привычки. Характеристика индивида, зависящая от ситуативных и личностных факторов.

ВНУШЕНИЕ 598712814314 (суггестия) – целенаправленный процесс прямого или косвенного воздействия на сферу психическую человека, ориентированный на специфическое программирование человека и на осуществление им внушаемого содержания. Связано со снижением сознательности и критичности при восприятии и реализации внушаемого содержания, а также с отсутствием целенаправленного активного понимания, развернутого логического анализа и оценки в соотношении с прошлым опытом и данным состоянием субъекта.

ВНУШЕНИЕ ПОСТГИПНОТИЧЕСКОЕ 319481 918 (внушение послегипнотическое) – феномен поведения, когда заданная в гипнотическом состоянии задача затем беспрекословно исполняется в нормальном состоянии, причем сам факт наличия задачи не осознается.

ВОЗБУДИМОСТЬ 548 312688 7 – свойство живых существ приходить в состояние возбуждения под влиянием раздражителей или стимулов – с сохранением его следов на некоторое время.

ВОЗБУЖДЕНИЕ 591 016 718 – свойство живых организмов – активный ответ возбудимой ткани на раздражение. Основная функция для нервной системы. Клетки, образующие ее, обладают свойством проведения возбуждения из участка, где оно возникло, в другие участки и на соседние клетки: Благодаря этому нервные клетки способны передавать сигналы от одних структур организма к другим, тем самым возбуждение стало носителем информации о свойствах поступающих извне раздражений и, вместе с торможением, – регулятором активности всех органов и систем организма.

ВОЗБУЖДЕНИЕ ТРАВМАТИЧЕСКОЕ 591489 318 716 – внешние возбуждения (внешние травмы), достаточно сильные, чтобы поломать защиту от раздражения и переполнить психический аппарат большим количеством раздражений, травмирующее действующих на психику.

ВОЗДЕЙСТВИЕ 519617489 – в психологии – целенаправленный перенос движения и информации от одного участника взаимодействия к другому.

ВОЗДЕЙСТВИЕ АБИОТИЧЕСКОЕ 319 (воздействие биологически нейтральное) – те виды энергии или свойства предметов, которые не участвуют непосредственно в обмене веществ. Сами, по себе они не полезны и не вредны.

ВОЗРАСТ 489712618488 – в психологии – категория, означающая качественно специфическую ступень развития онтогенетического – временные характеристики индивидуального развития (возраст хронологический; возраст психологический).

ВОЗРАСТ ДОШКОЛЬНЫЙ 5487123196 18 – этап развития

психического от 3 до 6-7 лет. Характерен тем, что деятельностью ведущей является игра. Весьма важен для формирования личности ребенка.

ВОЗРАСТ МЛАДЕНЧЕСКИЙ 5419 – период жизни ребенка между его рождением и достижением годовалого возраста.

ВОЗРАСТ ПОДРОСТКОВЫЙ 5289149 316 (отрочество) – Период онтогенеза (от 10-11 до 15 лет), соответственный переходу от детства к юности.

ВОЗРАСТ ПСИХОЛОГИЧЕСКИЙ 81842171482631 – в отличие от возраста хронологического это понятие означает определенную, качественно своеобразную ступень развития онтогенетического, обусловливаемую закономерностями формирования организма, условиями жизни, обучения и воспитания и имеющую конкретно-историческое происхождение (детство).

ВОЗРАСТ РАННИЙ 408 712 – стадия развития психического ребенка от одного года до трех лет, характерная качественными изменениями в развитии функций коры больших полушарий мозга головного.

ВОЗРАСТ УМСТВЕННЫЙ 319 744 818 914 – понятие характеризации развития интеллектуального на основе его сравнения с уровнем интеллекта других людей того же возраста. Количественно выражается возраст, в котором – по среднестатистическим данным – решаются такие тестовые задания, что доступны испытуемому.

ВОЗРАСТ ХРОНОЛОГИЧЕСКИЙ 488 728 913 – выражает длительность существования индивида с момента его рождения.

ВОЗРАСТ ШКОЛЬНЫЙ МЛАДШИЙ 513489614 – период жизни ребенка от 6-7 до 10 лет, когда он проходит обучение в начальных классах (1-й – 4-й классы) школы.

ВОЗРАСТ ЮНОШЕСКИЙ 489 712 814 212 – стадия развития онтогенетического между возрастом подростковым и взрослостью. У юношей охватывает период от 17 до 21 года, у девушек – от 16 до 20. В этом возрасте завершается физическое, в том числе половое, созревание организма. В психологическом плане главная особенность возраста – это вступление в самостоятельную жизнь, когда происходит выбор профессии, резко меняется позиция социальная.

ВОЛЮНТАРИЗМ 598716 917481 – течение в психологии и философии, признающее волю особой, надприродной силой, лежащей в основании психики и бытия в целом. Волюнтаризм в психологии проявляется как утверждение воли в качестве первичной способности, обусловленной только субъектом и определяющей все другие психические процессы и явления. Присущую человеку способность к самостоятельному выбору цели и способов ее достижения, и способность принятия решений, выражающих его личностные установки и собственные убеждения, волюнтаризм истолковывает как эффект действия стоящей над этими актами особой иррациональной духовной сущности.

ВОЛЯ 513964 818 91 – сторона сознания, его деятельное и регулирующее начало, призванное создать усилие и удерживать его так долго, как это надобно. Способность человека достигать поставленных целей в условиях преодоления препятствий, проявляемая в самодетерминации и саморегуляции своей деятельности и различных процессов психических. Благодаря ей человек может по собственной инициативе, исходя из осознанной необходимости, выполнять действия в заранее спланированном направлении и с заранее предусмотренной силой.

ВОЛЯ ИРРАЦИОНАЛЬНАЯ 898716 074819 – иррациональные

страсти и побуждения, захватывающие и подчиняющие человека, рабски реализующего неконтролируемые порывы.

ВОЛЯ РАЦИОНАЛЬНАЯ 519317919 817 – целеустремленное, реалистическое, дисциплинированное поведение и энергичные усилия, направленные на достижение рациональной цели.

ВООБРАЖЕНИЕ 348716814916 – способность человека к построению новых образов путем переработки психических компонент, обретенных в прошлом опыте; процесс психический создания образа предмета или ситуации путем перестройки наличных представлений. Часть сознания личности, один из процессов познавательных, характерный высокой степенью наглядности и конкретности. В воображении своеобразно и неповторимо отражается внешний мир, происходит образное предвосхищение результатов, могущих достигаться посредством тех или иных действий; оно позволяет программировать не только будущее поведение, но и представлять возможные условия, в которых это поведение будет реализоваться.

ВООБРАЖЕНИЕ АКТИВНОЕ 31705689 9889 – есть два вида его: воображение творческое; воображение воссоздающее.

ВООБРАЖЕНИЕ ВОССОЗДАЮЩЕЕ 531784911674 – развертывается на основе описания, рассказа, чертежа, схемы, символа или знака. Имеет в основе создание тех или иных образов, соответственных описанию. Человек наполняет исходный материал имеющимися у него образами.

ВООБРАЖЕНИЕ ПАССИВНОЕ 314812488712 – характерно созданием образов, которые не воплощаются в жизнь; программ, которые не выполняются или вообще не могут быть выполнены. Воображение выступает при этом как замена деятельности, ее суррогат, из-за которого человек отказывается от необходимости действовать.

ВООБРАЖЕНИЕ ТВОРЧЕСКОЕ 52196107074312 – предполагает самостоятельное создание образа, вещи, признака, не имеющих аналогов, новых; реализуемых в оригинальных и ценных продуктах деятельности.

ВОСПИТАНИЕ 548712684212 – деятельность по передаче новым поколениям общественно-исторического опыта; планомерное и целенаправленное воздействие на сознание и поведение человека с целью формирования определенных установок, понятий, принципов, ценностных ориентации, обеспечивающих условия для его развития, подготовки к общественной жизни и труду.

ВОСПОМИНАНИЕ 518471818211 – извлечение из памяти долговременной образов прошлого, воспроизведение событий из жизни, мысленно локализуемых во времени и пространстве.

ВОСПОМИНАНИЕ ПОКРЫВАЮЩЕЕ 51831791848 – второстепенные детские воспоминания, которые при вспоминании выступают вместо первостепенных, создавая видимость меньшей значимости последних. Воспоминания покрывающие образуются вследствие сдвига в репродукции и замещают влечение, вытесненное в бессознательное, с которым ассоциативно связаны и как бы его прикрывают.

ВОСПОМИНАНИЕ ПРОИЗВОЛЬНОЕ 534961784421 – при воспоминании произвольном некоторого события сознательно восстанавливается отношение к нему, что может сопровождаться сопутствующими этому эпизоду эмоциями.

ВОСПРИЯТИЕ 519714984217 – целостное отражение предметов, явлений, ситуаций и событий в их чувственно доступных временных и пространственных связях и отношениях; процесс формирования – посредством активных действий – субъективного образа целостного предмета, непосредственно воздействующего на анализаторы. Детерминировано предметностью мира явлений. Возникает при непосредственном воздействии раздражителей физических на рецепторные поверхности органов чувств. Вместе с процессами ощущения обеспечивает непосредственно-чувственную ориентировку во внешнем мире.

ВОСПРИЯТИЕ: ЕДИНИЦА ОПЕРАТИВНАЯ 319488801691812 (оперативная единица восприятия) – единицам, восприятия оперативным соответствует некоторое выделение в поле перцептивном единичных предметов. В ходе развития деятельности содержание этих единиц меняется. Так, при изучении телеграфного кода вначале как самостоятельная единица восприятия воспринимается каждая отдельная – точка или тире, но затем – все более длинные последовательности телеграфных знаков – буквы, слова «даже словосочетания». Переход ко все более крупным единицам восприятия оперативным, основанный на смысловом объединении, обобщении и перекодировании информационных элементов, позволяет повысить скорость восприятия.

ВОСПРИЯТИЕ: ПРОЦЕСС: ОНТОГЕНЕЗ 519488 (онтогенез процессов восприятия) – структурные изменения, происходящие в восприятии по мере индивидуального развития. Основным фактором, обусловливающим построение адекватных действий перцептивных, являются практические действия – деятельность – по преобразованию предметов внешнего мира.

ВОСПРИЯТИЕ: РАЗВИТИЕ 59148871931 2189 – качественное видоизменение процессов восприятия по мере роста организма и накопления индивидуального опыта – его процесс и результат.

ВОСПРИЯТИЕ ТИП 514817914997 – Тип восприятия, характеризует преимущественно интровертивные или экстравертивные тенденции личности. Типы восприятия коррелируют с определенными компонентами интеллекта, динамикой аффективной, чертами характера и видами патологии психической.

ВОСПРИЯТИЕ ЗРИТЕЛЬНОЕ 6386617189118 – совокупность процессов построения образа зрительного внешнего мира.

ВОСПРИЯТИЕ ЗРИТЕЛЬНОЕ: МИКРОГЕНЕЗ 514919314999 (микрогенез зрительного восприятия) – последовательные фазы построения образа зрительного объекта, начиная с пространственной и временной локализации предмета восприятия до выделения в нем частных особенностей.

ВОСПРИЯТИЕ МЕЖГРУППОВОЕ 548712612777 – процессы перцепции социальной, в которых субъектом и объектом восприятия выступают группы или общности социальные. Характерно стереотипностью, большой слитностью когнитивных и эмоциональных компонент, яркой аффективной окрашенностью и резко выраженной оценочной направленностью.

ВОСПРИЯТИЕ МЕЖЛИЧНОСТНОЕ 549316999816 – восприятие, понимание и оценка человека человеком.

ВОСПРИЯТИЕ ПОДПОРОГОВОЕ 598516019711 (восприятие бессознательное) – предметное восприятие, реализуемое без контроля сознания: феномен, когда информация преодолевает порог физиологический, но не достигает порога осознанного восприятия. Она все же воздействует на организм и способна вызвать ответные реакции.

ВОСПРИЯТИЕ СУБСЕНСОРНОЕ 531718914 – форма непосредственного отражения психического действительности, обусловливаемая такими раздражителями, влияние которых на субъекта

© Грабовой Г.П., 2003

безотчетно; одно из проявлений бессознательного. Неосознанное восприятие и переработка сигналов, поступающих через органы чувств и не достигающих пороговой величины.

ВОСПРИЯТИЕ ХАПТИЧЕСКОЕ 219481719311 (восприятие гаптическое) – одна из форм механорецепции. Система сенсорная, ответственная за построение образа осязательного при восприятии хаптическом, состоит из анализатора кожного (тактильный, температурный) и кинестетического. Само же построение образа осязательного обусловлено ощупывающими движениями рук, благодаря которым воспроизводится контур предмета.

ВОСПРОИЗВЕДЕНИЕ 489406918766 – процесс извлечения информации, хранящейся в памяти долговременной, – актуализация ранее сформированного психологического содержания (мыслей, образов, чувств, движений) в условиях отсутствия внешних актуально воспринимаемых указателей.

ВОСПРОИЗВЕДЕНИЕ НЕПРОИЗВОЛЬНОЕ 498714819317 – наблюдается в ситуации, когда мысль или образ всплывает в памяти без намерения личности; когда нет специально поставленной задачи воспроизведения и оно возникает под влиянием представлений, мыслей и чувств, вызванных либо восприятием некоторого объекта или ситуации, либо деятельностью, выполняемой в данный момент – чтения книги, просмотра кинофильма и пр.

ВОСПРОИЗВЕДЕНИЕ ПРОИЗВОЛЬНОЕ 319716064817 – вызывается задачей воспроизведения чего-либо, хранящегося в памяти долговременной, которая ставится либо самому себе, либо другими людьми. Может протекать на уровне узнавания.

ВОССТАНОВЛЕНИЕ 319712419888891 (восстановление рефлекса) – растормаживание – частичное или полное восстановление рефлекса условного после его угасания – либо после временного перерыва (спонтанное восстановление), либо в результате появлений вновь безусловных стимулов или подкрепляющих агентов этого рефлекса.

ВПЕЧАТЛИТЕЛЬНОСТЬ 498714816 – способность иметь представления, различные по яркости и по связи с внешним миром, с различной степенью выраженности в них чувств. Это качество личности производно от представлений.

ВРАБАТЫВАНИЕ 598712488212 – процесс адаптации к актуально выполняемой деятельности, во время которого происходит настройка всех психофизиологических функций за счет актуализации динамического стереотипа. При этом возрастает возбудимость и функциональная подвижность системы нервной, усиливается концентрация возбуждения процессов нервных. Такая настройка приводит к уменьшению времени выполнения операций, к повышению ритмичности работы и ее производительности. Врабатывание обычно завершается в первый час работы, после чего наступает устойчивое рабочее состояние.

ВРЕМЯ 519641888910219 – в психологии – предмет многочисленных теоретических и экспериментальных исследований, основные аспекты которого: 1) психофизический – поиск механизмов отражения психического топологических (последовательность, одновременность) и метрических (длительность) характеристик «физического» времени; 2) психофизиологический – исследование влияния разноуровневых биологических ритмов и закономерностей организации «биологического» времени на динамику процессов психических; 3) социально-психологический – рассмотрение особенностей отражения человеком «социальною» времени, специфики этого отражения в различных общностях и культурно-исторических условиях; 4) личностно-психологический – изучение временной организации индивидуального жизненного пути, структуры психологического времени личности.

ВРЕМЯ: ВОСПРИЯТИЕ 591489317899 12 – образное отражение таких характеристик явлений и процессов внешней действительности, как длительность, скорость протекания и последовательность. В построении временных аспектов картины мира участвуют различные анализаторы, из которых самую важную роль при точном различении промежутков времени играют ощущения кинестетические и слуховые. Индивидуальное восприятие длительности временных периодов существенно зависит от интенсивности деятельности, совершаемой в это время, и от состояний эмоциональных, порождаемых в ходе деятельности.

ВРЕМЯ: ВОСПРИЯТИЕ: НАРУШЕНИЕ 516788918 317 (нарушения восприятия времени) – потеря способности к временной ориентировке.

ВРЕМЯ ПСИХОЛОГИЧЕСКОЕ 521489 317989 – отражение в психике системы временных отношений между событиями жизненного пути.

ВРЕМЯ РЕАКЦИИ 4897163197668 – временной интервал между предъявлением раздражителя – некоего сигнала (оптического, акустического, тактильного и пр.) – и началом обусловленного инструкцией ответа испытуемого на этот сигнал.

ВСПОМИНАНИЕ 498712819 3 – процесс извлечения информации из памяти.

ВУАЙЕРИЗМ 591489 319611 – Отклонение сексуальное – замещение половой жизни тайным подглядыванием за сексуальным актом или половыми органами.

ВЫБОР МЕЖЛИЧНОСТНЫЙ: МОТИВАЦИЯ 517914817214 (ядро выборов мотивационное) – система мотивов, образующая психологическую основу индивидуальной предпочтительности. Анализ мотивации выборов межличностных позволяет определить психологические причины, по которым индивид готов осуществить эмоциональный и деловой контакт с одними членами группы и отвергает других.

ВЫБОРКА 498712688522 – группа испытуемых, представляющих определенную популяцию и отобранных для эксперимента или исследования. Противоположное понятие – совокупность генеральная. Выборка есть часть совокупности генеральной.

ВЫБОРКА ЗАВИСИМАЯ 534981 914891 – выборки, состоящие из результатов одних и тех же испытуемых после двух или более различных воздействий.

ВЫБОРКА ПРЕДСТАВИТЕЛЬНАЯ 591644311814 891 (выборка репрезентативная) – выборка, произведенная по правилам, – то есть так, что она отражает специфику совокупности генеральной и по составу, и по индивидуальным характеристикам включаемых субъектов.

ВЫГОДА ВТОРИЧНАЯ 498716519388 – от болезни: 1) использование инстинктом самосохранения и «Я» ситуации болезни для обретения определенных преимуществ, материальных или психологических; 2) реальные иди предполагаемые преимущества и привилегии, обретаемые больным вследствие патогенных симптомов или болезни.

ВЫМЕЩЕНИЕ 498716388517 – специфическая форма проекции – бессознательная реориентация импульса или чувства на более доступный объект.

ВЫТЕСНЕНИЕ 59871798139 (подавление; репрессия) – один из видов защиты психологической – процесс, в результате которого неприемлемые для индивида мысли, воспоминания, влечения, переживания изгоняются из сознания и переводятся в сферу бессознательного, продолжая влиять на поведение индивида и переживаясь им как тревоги, страхи и пр.

ВЫТЕСНЕНИЕ: СТУПЕНЬ 519617 918421 (две ступени вытеснения) – Имеются две ступени: 1) вытеснение первичное; 2) вытеснение вторичное.

ВЫТЕСНЕНИЕ ВТОРИЧНОЕ 599871319611 – собственно вытеснение, касается психических дериватов (производных, происшедших из чего-либо ранее существовавшего) вытесненного представления, связанного с влечением, или же мыслей, происходящих из других источников, но ассоциативно связанных с этими представлениями.

ВЫТЕСНЕНИЕ ПЕРВИЧНОЕ 598712689317 – первая фаза вытеснения, состоящая в недопущении в сознание психическое представительство влечения.

ВЫТЕСНЕНИЕ СЕКСУАЛЬНОЕ 519514819 314 – одна из существенных черт истерического характера, состоящая в выходе за пределы нормального повышения сопротивлений против влечения сексуального – таких, как стыд, отвращение, мораль и как бы инстинктивное избегание интеллектуальных занятий сексуальной проблемой, в ярких случаях доходящее до полного незнакомства с сексуальным вплоть до достижения половой зрелости.

Г

ГАЛЛЮЦИНАЦИЯ 49871600989 – восприятия, переживаемые при отсутствии какой бы то ни было внешней стимуляции; восприятие реально отсутствующих предметов, субъективно признаваемое реальными. Патологическое нарушение перцептивной деятельности, состоящее в восприятии объектов, которые в данный момент не воздействуют на соответственные органы чувств. Возникает обычно при различных психических расстройствах, в стрессовых ситуациях, а также во время длительной сенсорной изоляции.

ГЕДОНИЗМ 498714898 – античное понятие, означающее веселье и удовольствие в этике древнегреческой философии киренаиков оно лежало в основе учения, признававшего смыслом жизни наслаждение – не только телесное, но и духовное.

ГЕМЕРАЛОПИЯ 5142842 – ухудшение восприятия зрительного при слабом освещении.

ГЕМИАНОПСИЯ 519481 319711 – потеря способности воспринимать левую или правую половину поля зрительного. Обусловлена поражением нервных путей анализатора зрительного в области хиазмы мозга головного или выше. При поражении внутренних отделов хиазмы возникает частичная слепота во внешнем поле зрительном. При поражении нервных путей коркового отдела анализатора зрительного одного из полушарии мозга возникает частичная слепота в противоположных полях зрительных.

ГЕН 488713918 913 – дискретная структурная единица, локализованная в хромосоме и отвечающая за передачу наследственных признаков. У разных видов количество генов колеблется от 50 до 100000.

ГЕН ДОМИНАНТНЫЙ 514891419311 – ген, присутствие которого обеспечивает проявление определяемого им признака независимо от того, является ли другой ген той же пары доминантным либо рецессивным.

ГЕН РЕЦЕССИВНЫЙ 519 016 89 – ген, способный обеспечить проявление определяемого им признака, только когда он не находится в паре с соответственным геном доминантным.

ГЕНЕРАЛИЗАЦИЯ 319891418 – процесс, в результате которого субъект воспроизводит поведенческую реакцию в ответ на все раздражители или ситуации, сходные с раздражителем безусловным или с ситуацией, в которой производилось подкрепление.

ГЕНЕРАТИВНОСТЬ 491814 718314 – интерес к следующему поколению и его воспитанию, проявляемый в продуктивности и созидательности в различных сферах жизни у человека, достигшего 40 лет и положительно переживающего свойственный этому возрасту кризис.

ГЕНЕТИКА 219716 818717 – раздел биологии, изучающий законы наследования признаков. Генетику не следует путать с психологией генетической, изучающей развитие поведения от момента рождения до смерти.

ГЕНЕТИКА ПОВЕДЕНИЯ 514312 819 718 216 – раздел генетики, посвященный исследованию закономерностей наследственной обусловленности функциональных проявлений деятельности системы нервной. Основной задачей ставит описание механизмов реализации генов в поведенческих признаках и выделение влияния среды на этот процесс.

ГЕНИАЛЬНОСТЬ 519 007 918 788 – высший уровень развития способностей – и общих, интеллектуальных, и специальных. О ее наличии можно говорить лишь при достижении личностью таких результатов творческой деятельности, которые составляют эпоху в жизни общества, в развитии культуры, личности гения характерны такие черты, как творческая продуктивность, владение определенной методологией, готовность к преодолению стереотипов и конвенциональных установлений.

ГЕНИТАЛИИ 489791698 – половые, детородные органы.

ГЕНОТИП 319681719311 – генетическая конституция, совокупность генов данного организма, полученная от родителей.

ГЕРМАФРОДИТИЗМ 519518619710 – Двуполость – наличие признаков мужского и женского пола у одного и того же организма.

ГЕРМЕНЕВТИКА 428714317918 – 1. Искусство, теория, традиция и способы толкования текстов многозначных или не поддающихся уточнению. 2. Искусство понимания, толкования, интерпретации иносказаний, многозначных символов и пр.

ГЕРМЕНЕВТИКА ПСИХОАНАЛИТИЧЕСКАЯ 548712328 412 – одно из психоаналитически ориентированных течений современной философии. В герменевтике психоаналитической исследуются проблемы лингвистической коммуникации и процессы социализации, в которых, как предполагается, формируется символика.

ГЕРОНТОПСИХОЛОГИЯ 494711918991 – психология пожилого возраста и старости (психология возрастная).

ГЕТЕРОГЕННОСТЬ 914811718911 – свойство выборки статистической, данные которой в значительной степени разбросаны по шкале распределения, что проявляется большим отклонением стандартным и свидетельствует о сильном отличии данных друг от друга.

ГЕТЕРОГИПНОЗ 489317619 817 – гипноз, вызванный воздействием другого человека.

© Грабовой Г.П., 2003

ГЕТЕРОСУГГЕСТИЯ 819488719318 – внушение, воздействие со стороны. Объектом гетеросуггестии – суггерендом – может быть как отдельный человек, так и группа, социальный слой и прочее (феномен массового внушения); источником внушения – суггестором – индивид, группа, средства массовой информации.

ГЕШТАЛЬТ 819317918217 8 – функциональная структура, по присущим ей законам упорядочивающая многообразие отдельных явлений. Он означает целостные, несводимые к сумме своих частей, образования сознания: движение кажущееся, озарение, восприятие мелодии, и пр.

ГЕШТАЛЬТ-ГРУППА 498716818 – группы, образуемые с целью психотерапевтического воздействия при гештальт-терапии.

ГЕШТАЛЬТ-ПСИХОЛОГИЯ 318714918514 – Направление в психологии, выдвинувшее программу изучения психики с точки зрения целостных структур – гештальтов, первичных по отношению к своим компонентам.

ГЕШТАЛЬТ-ТЕРАПИЯ 514 788 918 312 – Как подход к коррекции психологической – одно из самых влиятельных направлений современной психологии.

ГИДРОФОБИЯ 548712 618317 – вид невроза, характерный патологической боязнью воды (фобия).

ГИПЕРАКТИВНОСТЬ ДЕТСКАЯ 519488 71631 – отклонение от возрастных норм развития онтогенетического, характерное невнимательностью, отвлекаемостью, импульсивностью в поведении социальном и деятельности интеллектуальной, повышенной активностью при нормальном уровне развития интеллектуального. Все это приводит к слабой успеваемость в школе и низкой самооценке.

ГИПЕРМНЕЗИЯ 591061319 811 – гипертрофированная способность – как правило, врожденная – запоминать информацию (наглядную, символическую) в большом объеме или на очень продолжительное время.

ГИПЕРПАТИЯ 598715 918065 – повышение чувствительности, характерное появлением боли или других неприятных ощущений (зуд, тяжесть) в ответ на обычно безвредные раздражители.

ГИПЕРЭСТЕЗИЯ 598716318917 – повышение чувствительности к действующим на органы чувств физическим стимулам, проявляемое в появлении излишне сильных субъективных ощущений без изменения их модальности.

ГИПНОАНАЛИЗ 598764 988 314 – диагностическая процедура, в которой составление анамнеза или выявление содержания эмоциональных переживаний в жизни клиента производится при его погружении в гипнотическое состояние (гипноз).

ГИПНОЗ 498 712688001 – 1. Техника, воздействия на индивида путем фокализации (концентрации) его внимания с целью сузить поле сознания и подчинить его влиянию, контролю внешнего агента – гипнотизера, внушения которого гипнотизируемый будет выполнять. 2. Процесс и временное сноподобное состояние психики, характерное резким сужением и снятием объема сознания и самосознания и резкой фокусировкой на содержании внушения, что связано с изменением функции индивидуального контроля и самосознания. Возникает в результате специальных воздействий гипнотизера (гипнотизация) или целенаправленного самовнушения (автогипноз).

ГИПНОЗ АБЛЯЦИОННЫЙ 49178909 1069 – гипнотический метод, характерный тем, что клиент вводится в состояние гипноза без непосредственного присутствия психотерапевта, сеанс которого записан на аудиокассету или видеокассету. При этом клиент может быть у себя дома.

ГИПНОЗ СТУПЕНЧАТЫЙ АКТИВНЫЙ 498716 318719 – гипнотический метод, основанный на сознательном управлении расслаблением.

ГИПНОПЕДИЯ 818742 319622 – явление ввода и закрепления в памяти информации во время естественного сна, а также метод обучения и воспитания во время сна, основанный на этом явлении. Особенно эффективен для закрепления однородной информации: иностранные слова, формулы, азбука Морзе и пр. Отмечается выраженное утомление испытуемых после сеанса гипнопедии.

ГИПНОТИЗАЦИЯ 317814219887 18 – возбуждение гипнотического состояния, выполняемое гипнотизером или самим субъектом (автогипноз) с помощью вербальных и невербальных воздействий.

ГИПНОТИЗМ 489714 719317 – общее обозначение совокупности явлений, возникающих при гипнозе. Иногда – синоним понятия гипноз.

ГИПОМНЕЗИЯ 489317918 – ослабление памяти – врожденное либо приобретенное в результате различных заболеваний.

ГИПОТАЛАМУС 918 671 818 971 – структура мозга промежуточного, расположенная под таламусом. Содержит 12 пар ядер – важнейших центров вегетативных функций. Сверх того, он тесно связан с гипофизом, активность которого регулирует.

ГИПОТЕЗА 498716 319818 – научное предположение, выдвигаемое для объяснения некоего явления, подлежащее опытной проверке и теоретическому обоснованию для приобретения статуса научной теории. В психологии – предположение об отдельных свойствах реальности, выдвигаемое для ориентировки деятельности и обусловленное существующей у индивида субъективной картиной мира.

ГИПОТЕЗА АЛЬТЕРНАТИВНАЯ 314817 818 91 – гипотеза, согласно которой различия между выборками статистическими являются значимыми – отражают соответственное различие внутри популяции или между популяциями, откуда взяты эти выборки. Обычно она соответствует рабочей гипотезе исследователя.

ГИПОТЕЗА ИНТЕРФЕРЕНЦИИ ЗАПОМИНАНИЯ 488716 918 917 (гипотеза интерференции запоминаемого материла) – объяснительная модель, согласно которой процесс забывания обусловлен тем, что вновь поступающий материал как бы накладывается на уже существующий, приводя к разрушению его ассоциативных связей.

ГИПОТЕЗА КОНЦЕПТУАЛЬНО-ПРОПОЗИЦИОНАЛЬНАЯ 59871639816 – предположение, сформулированное в концепции ассоциативной памяти – о том, что в памяти долговременной хранятся не образные или речевые отображения ситуаций, но некие интерпретации событий, формируемые в виде концептов и высказываний, или пропозиций.

ГИПОТЕЗА НАУЧНАЯ 498714318 218 – предположение, выдвигаемое как временное на основе наличных наблюдений и уточняемое последующими экспериментами.

ГИПОТЕЗА ОТНОСИТЕЛЬНОСТИ ЛИНГВИСТИЧЕСКОЙ 519817419 – гипотеза об обусловленности восприятия и мышления этноспецифическими структурами языка. Согласно ей, языковые навыки и нормы бессознательно определяют образы, «картины» мира, присущие носителям конкретного языка. Языковые конструкции и словарные связки, действуя на бессознательном уровне, приводят к созданию типичной картины мира, присущей носителям данного языка и выступающей в качестве схемы для каталогизации индивидуального опыта.

ГИПОТЕЗА СТЕРЕОХИМИЧЕСКАЯ 489171 918 (стереохимическая гипотеза обоняния) – обоняние зависит от взаимодействия молекул пахучего вещества с мембраной обонятельной клетки, зависимого и от формы молекул, и от наличия в ней определенных функциональных групп. Молекула обонятельного пигмента обонятельной клетки приходит в возбужденное состояние под действием колеблющейся молекулы пахучего вещества, попадающей в определенную рецепторную лунку на мембране обонятельной клетки. В этой теории выделяется семь первичных запахов: камфароподобный, цветочный, мускусный, мятный, эфирный, гнилостный и острый. Все остальные запахи являются сложными и складываются из нескольких первичных.

ГИППОКАМП 214 317 814 218 – структура, расположенная в глубинных слоях доли височной мозга головного. В разрезе формой напоминает морского конька, откуда и возникло название. Принадлежит к системе лимбической и, видимо, играет важную роль в запоминании и воспроизведении информации.

ГИСОФОБИЯ 594816 009 – вид невроза, характерный патологической боязнью высоты.

ГИСТОГРАММА 594817 319 778 – один из способов графического представления количественных данных – в виде прямоугольных «столбиков», примыкающих друг к другу и соответственных частоте каждого класса данных.

ГЛАЗ: ДВИЖЕНИЕ 598 617 918 312 – вращения глаз в орбитах, выполняющие разнообразные функции в построении образа зрительного, прежде всего – в восприятии зрительном пространства. Обеспечивают измерение и анализ пространственных свойств предметов – форму, положение, величину, удаленность, скорость движения. Самая важная функция этих движений – центрация изображения объекта на сетчатке, что обеспечивает наибольшую остроту восприятия зрительного.

ГЛАЗ: МАКРОДВИЖЕНИЕ 418 713 818 914 – движения глаз, совершаемые с амплитудой более нескольких десятков угловых минут: к ним относятся движения вергентные и версионные.

ГЛАЗ: МИКРОДВИЖЕНИЕ 498 714 818 316 – движения глаз с амплитудой до 20 – 30 при фиксации взора, не обусловленные задачами распознания. Среди них выделяются: тремор, дрейф и микросаккады.

ГЛАЗ: ЧУВСТВИТЕЛЬНОСТЬ СВЕТОВАЯ 519 317 818 266 – способность глаза к формированию ощущений зрительных в ответ на электромагнитные излучения с определенной длиной волны (от 350 до 750 нм).

ГОМЕОСТАЗ 498716 319 816 – подвижное равновесное состояние некоей системы, сохраняемое путем ее противодействия нарушающим равновесие внешним и внутренним факторам. Поддержание постоянства различных физиологических параметров организма.

ГОМЕОСТАТ 219317 818 91481 – техническая модель, устройство, поддерживающее некую величину или совокупность величин на заданном уровне. Имитирует гомеостаз, адаптацию живых организмов к изменяющейся среде.

ГОМОГЕННОСТЬ 514321819311 – свойство выборки статистической, данные которой сосредоточены вокруг средней арифметической величины или медианы, что проявляется небольшим значением стандартного отклонения и свидетельствует о малом отличии данных друг от друга.

ГОМОСЕКСУАЛИЗМ 598 016 649081 – понятие, означающее половое влечение индивида к лицам одного с ним пола и сексуальные связи между ними. Мужской гомосексуализм также называется мужеложством, женский – лесбиянством.

ГОМОФОБИЯ 481 398019 644 – нерефлексируемая, иррациональная неприязнь и даже ненависть к гомосексуалистам. На уровне индивидуального сознания часто – средство психологической самозащиты против собственных неосознаваемых гомоэротических чувств, фантазий и побуждений.

ГОСПИТАЛИЗМ 498716 3987210 69 – синдром патологии детского психического и личностного развития – результат отделения младенца от матери и его ранней институционализации. Глубокая психическая и физическая отсталость, обусловленная дефицитом общения со взрослыми в первый год жизни ребенка. Накладывает негативный отпечаток на все сферы формирующейся личности, тормозя интеллектуальное и эмоциональное развитие, искажая Я-концепцию, разрушая физическое благополучие и пр.

ГОТОВНОСТЬ К ДЕЙСТВИЮ 519384 919284 – установка, направленная на выполнение некоторого действия.

ГРАДИЕНТ 548719 814 316 – закономерное количественное изменение, отражающее убывание или возрастание некоторого свойства или показателя, – например, градиент раздражителя.

ГРАДИЕНТ ЦЕЛЕВОЙ 519 006078916 (градиент цели) – изменение силы мотивации деятельности в зависимости от «психологического расстояния» до цели, характерное возрастанием мотивации и активности по мере приближения желанной цели.

ГРАФОЛОГИЯ 548712 818 912 – учение о почерке как разновидности движений выразительных, отражающих психологические свойства и состояния психические субъекта.

ГРАФОМАНИЯ 319481519 006 – непреодолимая страсть к сочинительству у человека, лишенного соответственных способностей.

ГРЕЗА 219817 318887 – фантазия, мечта, рисующая воображению приятные, желанные образы будущей или чисто вымышленной «настоящей» жизни.

ГРОМКОСТЬ 498714 319844 – субъективная мера восприятия силы звуков. Фон, единица измерения громкости численно соответствует уровню звукового давления тона 1000 Гц: так, уровень громкости в 20 фон соответствует тону 1000 Гц с интенсивностью 20 дБ выше порога слухового. Субъективная громкость звуков определяется не только интенсивностью сигнала, но и его частотой.

ГРУППА 451 689319 87 – ограниченная размером общность людей, выделяющаяся или выделяемая из социального целого по определенным признакам: характеру деятельности, социальной или классовой принадлежности, структуре, композиции, уровню развития и пр.

ГРУППА БОЛЬШАЯ 519316 919 817 90 – 1. Количественно не ограничиваемая условная общность людей, выделяемая на основе определенных социальных признаков: классовой принадлежности, пола, возраста, национальности и пр. 2. Реальная, значительная по размерам, сложно организованная общность людей, вовлеченных в некую общественную деятельность (например, коллектив школы или вуза, предприятия или учреждения). В группах больших вырабатываются нормы поведения (норма групповая), общественные и культурные ценности и традиции, общественное мнение и Массовые движения, которые через посредство групп малых доводятся до сознания каждого человека.

ГРУППА ВОЗРАСТНАЯ 598716 318711 – одна из разновидностей условной группы большой людей, объединяемых по признаку возраста.

ГРУППА ВСТРЕЧ 519317 418981 – специальные группы малые, применяемые в практике тренинга социально-психологического с соответственным названием. Цель тренинга встреч состоит в обнаружении и использовании скрытых резервов саморазвития личности через специальные приемы, помогающие клиентам осознать свои возможности, избавиться от комплексов и барьеров психологических.

ГРУППА ДИФФУЗНАЯ 819481 919 317 – общность, в которой нет сплоченности как ценностно-ориентационного единства, и нет деятельности совместной, способной опосредовать отношения ее участников.

ГРУППА КОНТРОЛЬНАЯ 514 517 814319 – группа испытуемых, с которой сравниваются результаты, полученные в ходе исследования в группе экспериментальной, – с целью получения выводов, подтвердилась ли проверяемая исследованием гипотеза.

ГРУППА МАЛАЯ 419317819448 – относительно небольшое число непосредственно контактирующих индивидов, объединенных общими целями или задачами.

ГРУППА НЕФОРМАЛЬНАЯ 5914 714819061 (группа неофициальная) – реальная социальная общность, не имеющая юридически фиксированного статуса, добровольно объединенная на основе интересов, дружбы и симпатий либо на основе прагматической пользы. Группы неформальные могут выступать как изолированные общности или складываться внутри групп официальных.

ГРУППА ПСИХОДРАМЫ 591489 711 316 – специальные группы малые, в которых через ролевое поведение клиенты лучше осознают и эффективнее решают свои проблемы. Усваиваемые в ходе тренинга роли позволяют успешнее адаптироваться к жизни.

ГРУППА РЕАЛЬНАЯ 598712319 884 – в психологии социальной – ограниченная в размерах общность людей, существующая в общем пространстве и времени и объединенная реальными отношениями – школьный класс, рабочая бригада, воинское подразделение, семья и пр. Наименьшая группа реальная – диада, два взаимодействующих индивида.

ГРУППА РЕФЕРЕНТНАЯ 498716 319007 – группа, цели, мнения и ценности которой в большей или меньшей мере разделяет данный человек. Реальная или условная социальная общность, с которой индивид соотносит себя как с эталоном и на чьи нормы, мнения, ценности и оценки он ориентируется в поведении и самооценке.

ГРУППА ТЕРАПИИ ТЕЛЕСНОЙ 598716 389764 – группы, где в ходе терапевтической работы большое значение придается прямым телесным контактам клиентов – как средству избавления от психологических проблем.

ГРУППА ТРЕНИНГА УМЕНИЙ 594817798064 – группы, рассчитанные на выработку участниками жизненно полезных умений и навыков, в частности – коммуникативных. Благодаря выработанным умениям клиенты могут избавиться от тревожности, неуверенности, агрессивности и других привычных форм негативного поведения.

ГРУППА УСЛОВНАЯ 918719069319 – объединенная по определенному признаку – роду деятельности, полу, возрасту, уровню образования, национальности и прочим – общность людей, включающая субъектов, не имеющих прямых или косвенных объективных взаимоотношений друг с другом. Люди, составляющие эту общность, могут не только никогда не встречаться, но и не знать ничего друг о друге, хотя при этом они находятся в определенных, более или менее одинаковых отношениях с другими членами своих групп реальных.

ГРУППА ФОРМАЛЬНАЯ 548700 984317 (группа официальная) – реальная или условная социальная общность, имеющая юридически фиксированный статус, члены которой в условиях общественного разделения труда объединены социально, заданной деятельностью. Группы официальные всегда имеют определенную нормативно закрепленную структуру, назначенное или избранное руководство, нормативно закрепленные права и обязанности ее членов. Примеры условных групп официальных – различные комиссии, группы референтов, консультантов и пр.

ГРУППА ЭКСПЕРИМЕНТАЛЬНАЯ 518740989 600 – группа испытуемых, на которой проводится исследование с целью проверки некоторой гипотезы.

ГРУППИРОВКА 528714 308967 – структура логики. Группировка считается связующим звеном между логическими и психологическими структурами.

ГРУППООБРАЗОВАНИЕ 519687918 422 – превращение в ходе совместной деятельности реальной и первоначально диффузной человеческой общности в объединение взаимодействующих и взаимозависимых лиц – группу определенного уровня развития. Разновидность группообразования – коллективообразование – превращение группы в коллектив, когда она проходит в развитии ряд стадий, характерных не только внешними изменениями (временем существования, количеством коммуникаций, отношениями власти и подчинения, количеством социометрических выборов и пр.), но и определенными феноменами отношений межличностных (единство ценностно-ориентационное, самоопределение коллективные и идентификация коллективная, мотивация выборов межличностных, референтность и пр.), возникающих на базе деятельности совместной, социально ценной и личностно значимой для всех членов группы.

ГУМАНИЗМ 519 888 009 611 – Проявляется в глубоком уважении к человеку и его достоинству, в активной борьбе против всех форм человеконенавистничества. Как свойство личности включает в себя знание жизни, позитивное отношение к людям, их жизни и деятельности, человеколюбие и душевную теплоту.

ГУМАННОСТЬ 519 618 887 998 – обусловленная нравственными нормами и ценностями система установок личности на социальные объекты (человека, группу, живое существо), явленная в сознании переживаниями сострадания и реализуемая в общении и деятельности – в актах содействия, соучастия и помощи.

Д

ДАВЛЕНИЕ 897489 712 698 – отличается от потребности лишь своей направленностью: если потребность – динамическая сила, исходящая от организма, то давление – сила, действующая на организм.

ДАЛЬТОНИЗМ 598671 889 001 98 – наследственная аномалия зрения цветового, выражаемая в недостаточном или даже полном неразличении некоторых цветов.

ДАННОЕ: ОБРАБОТКА СТАТИСТИЧЕСКАЯ 598067 998 7102 – каковы бы ни были цели и методы исследований психологических, получаемые в итоге данные можно рассматривать как результаты измерений различных психологических явлений и пр. Под измерением здесь понимается процедура приписывания числовых значений изучаемым объектам согласно определенным правилам.

ДАННОЕ ПЕРВИЧНОЕ 598064 018 712 – информация об изучаемых явлениях, получаемая в начале исследования и подлежащая дальнейшей обработке, дабы на ее основе стали возможны достоверные выводы об этих явлениях.

ДВИЖЕНИЕ 688071 981 069 – структурная единица деятельности – результат работы психофизиологического аппарата по реализации акта двигательного, посредством которого происходит взаимодействие живого существа с внешней средой. В движении проявляется физиологическая активность организма.

ДВИЖЕНИЕ: КООРДИНАЦИЯ 510609 499 012 – управление работой отдельных мышечных групп, выполняемое при решении определенной задачи в реальном времени и пространстве.

ДВИЖЕНИЕ: ОРГАНИЗАЦИЯ: МЕХАНИЗМ 519765 819355 (механизм организации движений) – здесь объектом изучения были естественные движения нормального организма, в основном человека.

ДВИЖЕНИЕ: ПОСТРОЕНИЕ 598761 029311 – основное понятие теории функционирования моторики человека. Построение движений реализуется за счет работы нескольких уровней, каждый из которых порождает целый спектр полноценных движений, а не отдельные качества одного движения.

ДВИЖЕНИЕ: РЕГУЛЯЦИЯ ПСИХИЧЕСКАЯ 598741 228 011 (психическая регуляция движений) – корректировка процесса построения движения на основе потребностного состояния и связи обратной, обеспечивающей контроль, за его достижением.

ДВИЖЕНИЕ ВЕРГЕНТНОЕ 529 161 789 019 – Макродвижения глаз, приводящие к изменению угла между зрительными осями левого и правого глаза.

ДВИЖЕНИЕ ВЕРСИОННОЕ 529061 789071 2 – Макродвижения глаз, дополняющие движения вергентные. Среди них выделяются: 1) быстрые саккадические – с помощью которых обеспечивается коррекция положения глаз; 2) медленные следящие движения – с помощью которых корректируются скорости движения глаз относительно целей, находящихся на константном расстоянии от наблюдателя; 3) компенсаторные движения глаз (вестибулярного происхождения) – обеспечивают сохранение направления осей зрительных при изменениях положения и скорости движения головы.

ДВИЖЕНИЕ ВЫРАЗИТЕЛЬНОЕ 298061789011 – внешнее выражение состояний психических, особенно эмоциональных; проявление эмоциональных переживаний и намерений индивида. Проявляется в мимике (движения выразительные мышц лица: выражение лица, улыбка, движения глаз), пантомимике (движения выразительные всего тела: движения тела, осанка, жесты) и «вокальной мимике» – динамической стороне речи (интонация, тембр, ритм, вибрато голоса). Движения выразительные часто сопровождаются изменениями пульса, дыхания, функционирования эндокринных желез и пр.

ДВИЖЕНИЕ ЖИВОЕ: ГЕТЕРОГЕННОСТЬ 598716 018 914 – функциональная, структурная и морфологическая сложность акта двигательного. Каждая компонента движения (когнитивная, программная, оценочная, аффективная и эффекторная) может изменяться в реальных условиях поведения двигательного в ответ на изменения двигательной задачи, ситуации, внутренних ресурсов моторики и состояний функциональных индивида.

ДВИЖЕНИЕ КАЖУЩЕЕСЯ 897128 89812129 – иллюзия, характерная субъективным восприятием движения при последовательном предъявлении неподвижных стимулов, находящихся в разных точках пространства. Может возникать и в системе зрительной, и в слуховой или тактильной. На использовании этой иллюзии был основан кинематограф.

ДВИЖЕНИЕ НЕПРОИЗВОЛЬНОЕ 948 049 817 217 – импульсивные или рефлекторные двигательные акты, выполняемые без контроля сознания. Могут носить адаптивный характер, как мигание, отдергивание руки при воздействии раздражителя болевого, и неадаптивный, как хаотичные движения в ситуациях помрачения сознания.

ДВИЖЕНИЕ ПОСЛЕПРОИЗВОЛЬНОЕ 489 716 318 717 (движение постпроизвольное) – образуются как движения произвольные, но при последующем свертывании ориентировочной основы в ходе их формирования выводятся из сознания, автоматизируются и становятся движениями непроизвольными. Они могут вновь сделаться произвольными без специальной формирующей работы.

ДВИЖЕНИЕ ПРОИЗВОЛЬНОЕ 8898 891 319 189 – внешние и внутренние телесные двигательные акты (процессы), сознательно регулируемые субъектом на основе потребности в достижении цели как образа предвосхищаемого результата. Предполагают сознательную ориентировку по отношению к цели, как в речевом плане, так и в плане воображения. Могут выполняться посредством как скелетной мускулатуры, реализуя пространственные движения тела, так и гладкой мускулатуры внутренних органов (например, кровеносных сосудов), реализуя вегетативные функции.

ДВИЖЕНИЕ ПРОИЗВОЛЬНОЕ: ФОРМИРОВАНИЕ 988 319 817 89908 – передача управления при построении движений сознательному контролю.

ДЕАВТОМАТИЗАЦИЯ 899019 23 517 — потеря способности выполнять без актуального сознательного контроля ранее автоматизированные навыки двигательные. Может обусловливаться сбивающим влиянием внешних воздействий, или же происходящим со временем естественным забыванием элементов навыка. Также может свидетельствовать о нейрофизиологических нарушениях при поражениях премоторных отделов коры мозга головного.

ДЕБИЛЬНОСТЬ 8980 719 88 091 — легкая степень отсталости умственной.

ДЕДУКЦИЯ 519712 819 06489 — движение знания от более общего к менее общему, частному; выведение следствия из посылок. Тесно связана с индукцией. Логика рассматривает дедукцию как вид умозаключения. Психология изучает развитие и нарушение дедуктивных рассуждений. Движение знания от более к менее общему анализируется в его обусловленности всеми психическими процессами, строением мыслительной деятельности в целом.

ДЕЙСТВИЕ 598712 684367 — произвольная преднамеренная опосредованная активность, направленная на достижение осознаваемой цели.

ДЕЙСТВИЕ И ОПЕРАЦИЯ 598712 684367 88 — Всякое сложное действие состоит из слоя действий и слоя подлежащих им операций. Граница слоев действий и операций подвижна: ее движение вверх означает превращение некоторых действий, в основном элементарных, в операции: происходит укрупнение единиц деятельности. Движение границы вниз означает превращение операций в действия: происходит дробление деятельности на более мелкие единицы.

ДЕЙСТВИЕ: ОСНОВА ОРИЕНТИРОВОЧНА 9 58712 68436 491 — система представлений о цели, плане и средствах осуществления предстоящего или выполняемого действия.

ДЕЙСТВИЕ: СОСТАВ ДВИГАТЕЛЬНЫЙ 712 684367 4719 811 – являет собой систему двигательных операций, выполняемых соответственно задаче двигательной, окончательное формирование которой возможно лишь в ходе практической отработки, ведущей к уточнению индивидуального стиля движений.

ДЕЙСТВИЕ АВТОМАТИЧЕСКОЕ 519489 68 998 (автоматизм первичный) – в эту группу входят либо врожденные акты, либо те, что формируются очень рано, часто в течение первого года жизни ребенка. Сюда относятся сосательные движения, мигание, схватывание предметов, конвергенция глаз и многие пр. Действия автоматические не осознаются и не поддаются осознанию. Более того, попытки осознать их обычно расстраивают эти действия.

ДЕЙСТВИЕ ВОЛЕВОЕ 591814 391882 – связаны с осознанием цели действий или, по крайней мере, их ближайших возможных последствий.

ДЕЙСТВИЕ ИМПУЛЬСИВНОЕ 5498713916 7809 – возникают неожиданно для самого человека, провоцируются эмоциями, и осознание их последствий приходит лишь после совершения действия. Здесь срабатывает более древний и быстрый способ реагирования.

ДЕЙСТВИЕ ИНСТРУМЕНТАЛЬНОЕ 684367 – действие, служащее средством достижения цели, отличной от собственно результата действия.

ДЕЙСТВИЕ ИСПОЛНИТЕЛЬНОЕ 598712 8679101 – сформированный навык, имеющий заданные точность и скорость, в структуре которого используется определенный набор трудовых операций и соответственных орудий труда: инструменты, контрольно-измерительные приборы, органы управления и пр.

ДЕЙСТВИЕ НАВЯЗЧИВОЕ 59881919 711 – непроизвольные, симптоматические и патологические акты, совершаемые вопреки желанию, нередко – вопреки сдерживающим усилиям. В большинстве случаев выступают как посредник, обеспечивающий удовлетворение запретного бессознательного желания и получение облегчения.

ДЕЙСТВИЕ ОШИБОЧНОЕ 519 080 598 2188901 – общее название для целого класса действий «с дефектом», при выполнении которых обнаруживаются ошибки различного характера. Сюда относятся оговорки, описки, очитки, ослышки, забывание, затеривание, запрятывание, ошибки памяти и ошибки-заблуждения – выражение борьбы двух несовместимых бессознательных стремлений (намерений и сопротивлений), в результате которой нарушается задуманное действие и возникает ошибочный поступок.

ДЕЙСТВИЕ ПЕРЦЕПТИВНОЕ 914 8901 4819 – основные структурные единицы процесса восприятия. Обеспечивают сознательное выделение некоего аспекта чувственно заданной ситуации, а также преобразование информации, сенсорной, приводящее к построению образа, адекватного миру предметному и задачам деятельности.

ДЕЙСТВИЕ ПЕРЦЕПТИВНОЕ ВИКАРНОЕ 419316 819 013 98 (викарные перцептивные действия) – действия перцептивные системы зрительной. Направлены на анализ информации, представленной следом от возбуждения рецепторов сетчатки, и совершаются посредством малоамплитудных движений глаз (дрейф, быстрые скачки), ведущих к избирательным изменениям чувствительности отдельных участков сетчатки. Субъективно осознаются как перемещение внимания в пределах стабилизированного образа зрительного.

ДЕЙСТВИЕ ПРЕДМЕТНОЕ 891316719 891 – более сложные

психологические образования, чем собственно действия. Непосредственно связаны с целью деятельности, имеют определенное предметное содержание. В них проявляется отношение к действительности. Сложившиеся действия предметные, став личным достоянием, выступают как навыки и умения – способы поведения и деятельности.

ДЕЙСТВИЕ СИМПТОМАТИЧЕСКОЕ 594 892 007 314 – действия, кажущиеся случайными, бесцельными (напевание про себя мелодий, «перебирание» вещей и пр.

ДЕЙСТВИЕ СЛУЧАЙНОЕ 891016 319078 (случайные и симптоматические действия) – разнообразные, незаметные и незначительные излишние действия, выглядящие случайными, но в действительности являющие собой полноценные психические акты и, вместе с тем, знаки других, более важных душевных процессов.

ДЕЙСТВИЕ УМСТВЕННОЕ 519 317989411 – система операций интеллектуальных, направленных на выявление признаков предметов, не данных в перцептивном плане, – от математических преобразований до оценки поведения другого человека, выполняемые во внутреннем плане сознания, без опоры на внешние средства, в том числе речь слышимую.

ДЕЙТЕРАНОПИЯ 919716 319817 – нарушение восприятия отдельных цветов, чаще всего зеленой части спектра, обычно обусловленное врожденными факторами. Светло-зеленый Цвет не отличим от темно-красного, фиолетовый – от голубого, пурпурный – от серого. При этом точка наибольшей воспринимаемой светлости оказывается несколько сдвинутой в сторону красной части спектра и располагается в его оранжевой части; нейтральная точка соответствует длине волны 500 нм.

ДЕЛИНКВЕНТ 519 671 3190841 – субъект, чье поведение девиантное в крайних проявлениях являет собой уголовно наказуемые действия.

ДЕЛИРИЙ 519481719 379 – нарушение сознания, искаженное отражение действительности; сопровождается галлюцинациями, бредом, двигательным возбуждением, нарушением ориентировки во временен пространстве. Может чередоваться с периодами ясного сознания и критического отношения к болезненным проявлениям. Возникает чаще всего на высшей стадии некоторых инфекционных заболеваний и после травм, вызывающих органические поражения мозга головного.

ДЕМЕНЦИЯ 591899016791 89 – приобретенная форма слабоумия – слабоумие как следствие недоразвития или атрофии функций психических высших. Связана с ослаблением способностей интеллектуальных, эмоциональным обеднением, затруднением использования прошлого опыта.

ДЕМЕНЦИЯ БОКСЕРСКАЯ 548 791398761 5118 – термин, означающий клиническое состояние боксеров-профессионалов, характерное процессом прогрессирующего слабоумия как результата частых ударов по голове. Начинаясь с легких психических и психофизиологических нарушений, далее приводит к резко выраженным характерологическим и психомоторным дефектам.

ДЕПЕРСОНАЛИЗАЦИЯ 319 488 891728 (обезличивание) – 1. Изменение самосознания индивида, для которого характерны утрата психологических и поведенческих особенностей, характерных для него как личности, ощущение потери своего Я и мучительное переживание отсутствия эмоциональной вовлеченности в отношения к близким, к работе и пр. Возможна при заболеваниях психических и состояниях пограничных. В легкой форме наблюдается у психически здоровых людей при эмоциональных перегрузках, заболеваниях соматических и пр. 2. Выраженная в большей или меньшей мере объективная утрата индивидом возможности быть идеально представленным в жизнедеятельности других людей, обнаружить способность быть личностью.

ДЕПРЕССИЯ 519514 319891 – в психологии – аффективное состояние, характерное отрицательным эмоциональным фоном, изменениями сферы мотивационной, когнитивных представлений и общей пассивностью поведения. Субъективно человек испытывает прежде всего тяжелые, мучительные эмоции и переживания – подавленность, тоску, отчаяние. Влечения, мотивы, волевая активность резко снижены.

ДЕПРИВАЦИЯ СЕНСОРНАЯ 891671 319 064 – продолжительное, более или менее полное лишение человека сенсорных впечатлений, реализуемое с экспериментальными целями.

ДЕРЕАЛИЗАЦИЯ 489719 016891 – нарушение восприятия, при котором внешний мир воспринимается как нереальный или отдаленный, лишенный своих красок, и происходят нарушения памяти. Часто сопровождается состояниями уже виденного или никогда не виденного. Может возникать при поражениях мозга головного (особенно глубинных отделов височной области), в состояниях просоночных и при заболеваниях психических.

ДЕРЕФЛЕКСИЯ 5193718 919890619 – психотерапевтический прием, который состоит в том, что клиент, страдающий от некоего симптома функционального, формулирует для себя цель: 1) смириться с ним, воспринимая его как неустранимое зло; 2) в тех ситуациях, что вызывают его проявления, переключать свое внимание с нарушенной функции на другую деятельность, тем самым придавая ситуации иной смысл. Благодаря чему ситуация перестает восприниматься как еще одна попытка избавиться от симптома, но рассматривается, например, как возможность полноценного общения с людьми.

ДЕРМАТОГЛИФИКА 917 31861988 89 – недавно возникшая новая отрасль знания, изучающая развитие пальцевых узоров в связи с наследственностью.

ДЕСТРУКТИВНОСТЬ 419 688 789 0179481 – основой самой злокачественной деструктивности и бесчеловечности, и вместе самым тяжелым патологическим состоянием является синдром распада.

ДЕСТРУКЦИЯ 589761669 31 – разрушение, нарушение нормальной структуры чего-либо, уничтожение.

ДЕТЕКТОР 489 37188997691 – устройство для обнаружения определенного типа сигналов. Детекторы входят в состав анализаторов.

ДЕТЕРМИНАЦИЯ 559 3178890619 – причинное обусловливание явлений и процессов.

ДЕТЕРМИНИЗМ 598061890619 89 – концепция, согласно которой действия людей детерминируются – определяются и ограничиваются наследственностью и предшествующими событиями их жизни. В психологии – закономерная и необходимая зависимость явлений психических от порождающих их факторов.

ДЕТЕРМИНИРОВАНА ДВОЙНОЕ 598 761319841 – намерений и фантазий; оправдание сознательными доводами таких поступков, в мотивировке которых наибольшее участие принимало вытесненное.

ДЕТИ: РАЗВИТИЕ ВОЗРАСТНОЕ 59148901739 8 – при развитии можно выделить ряд возрастных периодов: возраст младенческий, возраст ранний, возраст дошкольный, возраст школьный младший, возраст подростковый, возраст юношеский ранний.

ДЕТИ: РАЗВИТИЕ ДВИГАТЕЛЬНОЕ 591 489 016 7 (развитие движений ребенка, двигательное развитие ребенка) – процесс качественного видоизменения системы движений ребенка по мере его роста и накопления индивидуального опыта. Основной набор универсальных реакций двигательных окончательно оформляется к 11-14 годам.

ДЕТИ АФФЕКТИВНЫЕ 591 068 398716 – дети, имеющие устойчивые отрицательные эмоциональные переживания и поведение деструктивное, обусловленные неудовлетворением важных для них потребностей. Формы поведения деструктивного бывают различными. Для одних детей в ситуации неуспеха характерно его неприятие, что может проявляться в браваде, заносчивости, поведении агрессивном. Для других характерно снижение уровня притязаний, сопровождаемое неуверенностью в себе, боязнью разочарования, обидчивостью, ранимостью. При постоянном воспроизведении неадекватные реакции на неуспех обретают форму устойчивых черт характера.

ДЕТИ ОДАРЕННЫЕ 489761 398063 – дети, обнаруживающие общую или специальную одаренность – к музыке, рисованию, технике и пр. Детскую одаренность принято диагностировать по темпу развития умственного – степени опережения, при прочих равных условиях, своих ровесников; на этом основаны тесты одаренности умственной и коэффициент интеллектуальности.

ДЕТСТВО 489067 319227 – термин, означающий начальные периоды онтогенеза – от рождения до возраста подросткового (в расширенном смысле – до появления возможности включения во взрослую жизнь).

ДЕФЕКТОЛОГИЯ 598 063714 0 – наука, изучающая закономерности и особенности развития детей с физическими и психическими недостатками, а также вопросы их обучения и воспитания (психология специальная).

ДЕЦЕНТРАЦИЯ 51906421 9712 – механизм преодоления эгоцентризма личности, заключающийся в изменении позиций субъекта в результате столкновения, сопоставления и интеграции с позициями, отличными от собственной.

ДЕЯНИЕ 891719 014 314 – форма проявления активности субъекта, определяемая ее социально значимыми результатами, ответственность за которые несет сам субъект, – даже когда они выходят за рамки его намерений. Персональная ответственность субъекта деяния определяется на основании конкретных общественно-исторических критериев оценки его потенций предвидеть последствия своей активности. Деяние являет собой конкретную форму единства психологического и социологического описания активности субъекта, и его можно использовать как единицу психологического анализа личности. Посредством деяний обеспечивается персонализация индивида в системе отношений межличностных.

ДЕЯТЕЛЬНОСТЬ 598741 998 241 – динамическая система активных взаимодействий субъекта с внешним миром, в ходе которых субъект целенаправленно воздействует на объект, за счет чего удовлетворяет свои потребности; происходит появление и воплощение в объекте психического образа и реализация опосредованных им отношений субъекта в предметной действительности.

ДЕЯТЕЛЬНОСТЬ И ОБЩЕНИЕ 518741228231 – В ходе деятельности раскрываются отношения типа субъект-объект – мир предметный человеческого бытия, а в ходе общения – отношения типа субъект-субъект – межличностные отношения людей, отношения человека к обществу. В психологии социальной есть постулат о единстве общения и деятельности - с одной стороны, общение рассматривается как сторона деятельности; с другой, деятельность и общение полагаются двумя сторонами человеческого бытия и образа жизни.

ДЕЯТЕЛЬНОСТЬ: СТИЛЬ ИНДИВИДУАЛЬНЫЙ 598041788 918 – устойчивая индивидуально-специфическая система психологических средств, приемов, навыков, методов, способов выполнения некоторой деятельности.

ДЕЯТЕЛЬНОСТЬ: СТРОЕНИЕ 598714 318 (макроструктура) – с позиции структуры в деятельности принято выделять движения и действия.

ДЕЯТЕЛЬНОСТЬ ВЕДУЩАЯ 548769 018 998 – с позиций подхода деятельностного к изучению психики – та деятельность, с которой на данном этапе развития связано появление важнейших психических новообразований, в русле которой развиваются другие виды деятельности и закладываются основы для перехода к новой деятельности ведущей.

ДЕЯТЕЛЬНОСТЬ ВНУТРЕННЯЯ 519 891 419 31891 – всякая умственная работа – не обязательно собственно мыслительный процесс, но и мысленное воспроизведение предстоящих действий, планирование. Оно имеет очень важную функцию: действия внутренние подготавливают действия внешние и экономизуют усилия по выбору нужных действий, а также позволяют избегать грубых и даже роковых ошибок.

ДЕЯТЕЛЬНОСТЬ ДЕТСКАЯ 488719 816 098 – активное взаимодействие ребенка с внешним миром, в ходе которого происходит онтогенетическое формирование его психики.

ДЕЯТЕЛЬНОСТЬ КООПЕРАТИВНАЯ 519317 914899 – в социально-психологический аспекте – разновидность деятельности совместной, основанной на групповой собственности на средства производства и конечный продукт труда.

ДЕЯТЕЛЬНОСТЬ ОПЕРАТОРА 599061 899072 – управление техническими устройствами, непосредственное воздействующими на объект деятельности вместо человека.

ДЕЯТЕЛЬНОСТЬ ОРИЕНТИРОВОЧНАЯ 598761 019311 – поведение, основанное на обследовании окружающих предметов в целью формирования образа того пространства, где должно выполняться действие предметное; совокупность действий субъекта, направленных на активную ориентировку в ситуации, ее обследование и планирование поведения.

ДЕЯТЕЛЬНОСТЬ ОСОБЕННАЯ 517 488091499 (вид деятельности особенный) – совокупность действий, вызываемых одним мотивом.

ДЕЯТЕЛЬНОСТЬ ПРЕДМЕТНАЯ 981814319 01 – деятельность, подчиненная особенностям предметов материальной и духовной культуры; практические действия с реальными предметами материальной и духовной культуры соответственно их функциональному и культурно обусловленному назначению. Направлена на усвоение способов правильного употребления этих предметов и на развитие способностей, умений и навыков.

ДЕЯТЕЛЬНОСТЬ ПСИХИЧЕСКАЯ 598 061719081 – психологический анализ позволяет классифицировать ее с позиции фун-

© Грабовой Г.П., 2003

кций, выполняемых в ходе взаимодействия человека с миром и другими людьми. Здесь можно говорить о функциях ориентировочной, исполнительской и функции сличения и контроля.

ДЕЯТЕЛЬНОСТЬ ПСИХИЧЕСКАЯ: ДЕТЕРМИНАЦИЯ 519617 019488 89 – Классическая формула психоанализа: в психическом вообще нет произвола.

ДЕЯТЕЛЬНОСТЬ РАССУДОЧНАЯ 519171 819 311 – ее проявление намечается у примитивных млекопитающих, далее возрастает, резко – на ступени высших приматов и достигает максимума у человека.

ДЕЯТЕЛЬНОСТЬ СВЕРХНОРМАТИВНАЯ 518 141988 051 – добровольная, за пределами установленных норм социальных, деятельность субъекта или группы, направленная на оказание помощи другим людям.

ДЕЯТЕЛЬНОСТЬ СНА 548 0668 917 398 – процесс перехода скрытого содержания сна в явное – один из целого ряда родственных процессов психических, обусловливающих также происхождение истерических симптомов, идей навязчивых и бредовых и патологических страхов.

ДЕЯТЕЛЬНОСТЬ СОВМЕСТНАЯ 514 966963 019 – в психологии социальной – организованная система активности взаимодействующих индивидов, направленная на целесообразное производство, воспроизводство объектов материальной и духовной культуры.

ДЕЯТЕЛЬНОСТЬ ТРУДОВАЯ 514518 19898 – играет определяющую роль в человеческой жизни, в какой бы форме эта деятельность не совершалась. Именно от нее прежде всего зависит существование человека и общества.

ДЕЯТЕЛЬНОСТЬ УЧЕБНАЯ 514 889 0167891 – деятельность ведущая возраста школьного младшего, в которой происходит контролируемое присвоение основ опыта социального и когнитивного, прежде всего в виде основных операций интеллектуальных и понятий теоретических.

ДИАГНОЗ 519006 319789 – определение существа болезни и состояния больного на базе его всестороннего медицинского обследования.

ДИАГНОЗ ПСИХОЛОГИЧЕСКИЙ 588016 079 891 23 – основная цель психодиагностики; конечный результат деятельности психолога, направленной на описание и выяснение сущности индивидуально-психологических особенностей личности с целью оценки их актуального состояния, прогноза дальнейшего развития и разработки рекомендаций, определяемых задачей обследования. Предмет диагноза психологического – установление различий индивидуально-психологических как в норме, так и в патологии.

ДИАГНОСТИКА 598 561988079 – раздел медицины (в том числе в психиатрии и психотерапии), изучающий признаки болезней, методы исследования пациентов и принципы установления диагноза.

ДИАГНОСТИКА ПСИХОЛОГИЧЕСКАЯ 599061718918 971 – психодиагностика диалог – попеременный обмен репликами двух и более людей. В широком смысле репликой считается также ответ в виде действия, жеста, молчания. Каждая реплика диалога – высказывание – как единица речи индивида имеет предметную отнесенность (реплика о чем-то) и социальный характер (обращена к партнеру, регулируется микросоциальными отношениями между партнерами). Диалог, онтогенетически предшествуя речи внутренней, накладывает отпечаток на ее структуру и функционирование, а тем самым и на сознание в целом.

ДИАПАЗОН РАСПРЕДЕЛЕНИЯ 589061 318 (размах вариаций) – разность между максимальным и минимальным значениями в данном распределении.

ДИДАКТОГЕНИЯ 598716 389718 – вызванное нарушением педагогического такта со стороны воспитателя, педагога, тренера, руководителя и прочих негативное психическое состояние учащегося (угнетенное настроение, страх и пр.), отрицательно сказывающееся на его деятельности и отношениях межличностных. Может быть причиной неврозов.

ДИНАМИКА ГРУППОВАЯ 891 488 311489 – совокупность внутригрупповых социально-психологических процессов и явлений, характеризующих весь цикл жизнедеятельности группы малой и его этапы: образование, функционирование, развитие, стагнацию, регресс, распад.

ДИПЛОПИЯ 5948 581619 7198 – явление раздвоения видимого образа при отклонении в сторону направления зрительной оси одного из глаз: образ от одного глаза совпадает с предметом, а образ от другого (с отклоненной осью) выходит за пределы предмета и располагается рядом. После коррекции зрительной оси глаза изображение вновь совпадет с предметом.

ДИППОЛЬДИЗМ 418716388 917 – особый вид садизма, при котором сексуальное наслаждение достигается субъектом при истязании своих воспитанников.

ДИСГРАФИЯ 598718 419 399 – нарушение письма, сопровождаемое заменой букв, пропусками, перестановками букв и слогов, слиянием слов. Обусловлено нарушением системы речевой в целом. Рассматривается как симптом при алалии, при разных формах афазий, при недоразвитии речи.

ДИСКРИМИНАЦИЯ 518417 398678 – Способность раздельно воспринимать два одинаковых раздражения, воздействующих одновременно в двух близко расположенных участках кожи. В обобщенно-расширенном смысле – различение, способность различения.

ДИСКРИМИНАЦИЯ МЕЖГРУППОВАЯ 591489 019681 – установление различий между собственной и другой группами.

ДИСМОРФОФОБИЯ 801 061 988 – вид невроза, характерный патологической боязнью выглядеть уродом.

ДИСПЕРСИЯ 591848 17019 (варианса) – показатель разброса данных, соответственный среднему квадрату отклонения этих данных от средней арифметической. Равна квадрату стандартного отклонения.

ДИСПОЗИЦИЯ 591 619 081 9 (предиспозиция) – готовность, предрасположенность субъекта к поведенческому акту, действию, поступку или их последовательности. В психологии персоналистической (персонализм) означает причинно не обусловленную склонность к действиям. В отечественной психологии термин используется преимущественно для обозначения осознанных готовностей личности к оценкам ситуации и поведению, обусловленных ее предшествующим опытом (концепция диспозиционная).

ДИССИМУЛЯЦИЯ 519 068719 331 – поведение, противоположное симуляции – связанное с установкой на сокрытие, затушевывание болезни, ее симптомов или отдельных проявлений.

ДИССОНАНС 518411 718906 – отсутствие гармонии в чем-либо; несоответствие, противоречие, разлад.

ДИССОНАНС КОГНИТИВНЫЙ 598061318 719 – противоречие в системе знаний, порождающее у субъекта неприятные переживания и побуждающее к действиям, направленным на устранение этого противоречия.

ДИССОЦИАЦИЯ 899061 718917 – в психологии – нарушение связности процессов психических. Противоположное понятие – ассоциация.

ДИССОЦИАЦИЯ ИСТЕРИЧЕСКАЯ 519488 719317 – феномен расщепления сознания при истерии.

ДИСТРЕСС 598761489891 – отрицательное влияние стрессов и стрессовых ситуаций на деятельность – вплоть до ее полного разрушения.

ДИСФОРИЯ 5987610 8912 – пониженное настроение с раздражительностью, озлобленностью, мрачностью, повышенной чувствительностью к действиям окружающих, со склонностью к вспышкам агрессии. Изредка может проявляться атипично, в виде приподнятого или экзальтированного настроения с раздражительностью, напряженностью, агрессивностью. Особенно характерна при органических заболеваниях мозга головного, эпилепсии, а также при некоторых формах психопатий (психопатия эксплозивная, эпилептоидная).

ДИСФУНКЦИЯ 511 019489 48 – нарушение, расстройство функций некоего органа, системы и пр. – преимущественно качественного характера.

ДИСФУНКЦИЯ МОЗГОВАЯ МИНИМАЛЬНАЯ 918415 9189016 (минимальные мозговые дисфункции) – легкие расстройства поведения и обучения без выраженных интеллектуальных нарушений, возникающие от недостаточности функций системы нервной центральной; чаще всего имеют резидуально-органическую природу.

ДИФФЕРЕНЦИАЦИЯ 59806 18719 41 – как внутригрупповой

процесс – положение, статус членов данной общности (группы, коллектива и пр.). Каждый член ее занимает определенное положение – с позиций авторитета, занимаемого поста и пр. Для выявления статуса индивида в группе применяются методики социометрические.

ДИФФЕРЕНЦИАЦИЯ ПОЛОВАЯ 514312 848741 – совокупность генетических, морфологических и физиологических признаков, на основании которых различаются мужской и женский пол. Фундаментальное и универсальное свойство живого, связанное с функцией воспроизведения себе подобных. У человека обусловлена социокультурно. С момента определения паспортного пола новорожденного начинается процесс его социализации половой – передачи ему устойчивых форм поведения социального соответственно роли половой.

ДИФФЕРЕНЦИРОВКА 598612781319 – 1. Процесс, в результате которого индивидуум перестает реагировать на те варианты стимула, после которых не предъявляются раздражители безусловные или подкрепляющие агенты, и воспроизводит поведенческие реакции лишь на те раздражители, которые продолжают подкрепляться. 2. Процесс точного различения, разграничения некоторых стимулов или объектов иного рода; определение отличий одних из них от других.

ДОГМА 519 4887193178 – элемент некоей доктрины или религии, считающийся абсолютной истиной, не подлежащей сомнению.

ДОМИНАНТА 548 717519 488 – временно господствующая рефлекторная система, некий очаг физиологического возбуждения в системе нервной центральной, на который происходит переключение раздражителей, обычно индифферентных относительно этого очага. Обусловливает работу нервных центров в данный момент и

© Грабовой Г.П., 2003

тем самым придает поведению определенную направленность.

ДОНЖУАНИЗМ 598061 718914 – психотическое состояние мужчины, характерное его стремлением к постоянной смене партнерш и неспособностью видеть в отношениях между мужчиной и женщиной ничего, помимо плотского, сексуального аспекта.

ДОСТОВЕРНОСТЬ 519488 718917 – Одна из характеристик психодиагностических методик и тестов. Понятие достоверности близки к понятию валидности, но не вполне тождественно ему.

ДРАЙВ 8914897163 14 – понятие, применяемое в психологии мотивации и в теории научения. Означает неосознаваемое внутреннее влечение общего характера, порожденное некоей органической потребностью.

ДРАМАТИЗИРОВАНИЕ 591489 061712 – процесс и механизм воплощения мыслей в образы зрительные.

ДРУГОЙ ЗНАЧИМЫЙ 589061 098714 – Человек, являющийся авторитетом для данного субъекта общения и деятельности. Существующие определения личностной значимости распадаются на две основные парадигмы. Первая описывает значимость другого человека через изменения, произведенные им в данном индивиде; вторая ориентирована на соотнесение и определенное совпадение характеристик другого значимого и ценностно-потребностной сферы индивида.

ДРУЖБА 8901 678 914 81 – вид устойчивых, индивидуально-избирательных отношений межличностных, характерный взаимной привязанностью участников, усилением процессов аффилиации, взаимными ожиданиями ответных чувств и предпочтительности. Развитие дружбы предполагает следование неписаному «кодексу», утверждающему необходимость взаимопонимания, взаимную откровенность и открытость, доверительность, активную взаимопомощь, взаимный интерес к делам и переживаниям другого, искренность и бескорыстие чувств.

ДУАЛИЗМ 8980 17 489417 – 1. Концепция, утверждающая сосуществование двух равноправных начал. 2. В психологии – подход дуалистический.

ДУГА РЕФЛЕКТОРНАЯ: СХЕМА 519 488 916317 – принцип дуги рефлекторной духовность – с позиций материализма – индивидуальная выраженность в системе мотивов личности двух фундаментальных потребностей: 1) идеальная потребность познания; 2) социальная потребность жить и действовать «для других».

ДУША 598061 291319 88 – понятие, отражающее исторически изменявшиеся воззрения на психику человека и животных; в религии, идеалистической философии и психологии душа – животворящее и познающее начало.

ДУШЕВНОСТЬ 591488 617381 – с позиций материализма – индивидуальная выраженность в системе мотивов личности фундаментальной социальной потребности жить и действовать «для других». Это понятие связано с понятием собственно духовности. Душевность характерна добрым отношением человека к окружающим его людям, заботой, вниманием, готовностью прийти на помощь, разделить радость и горе.

Е

Е-ВОЛНА 519481 068712 (волна ожидания) – отрицательное изменение электрического потенциала преимущественно в лобно-центральных отделах коры мозга головного, связанное с настройкой на появление стимула. Появляется во время между действием сигнала настраивающего и пускового, требующего некоторой реакции испытуемого. Свидетельствует о готовности действовать при восприятии сигнала. Е-волна возникает через 0.5 с. после действия настраивающего сигнала. Ее амплитуда прямо связана со скоростью требуемой двигательной реакции, а также с напряжением внимания или воли. Это позволяет рассматривать ее как проявление действия механизмов поведения произвольного.

ЕДИНСТВО 598761 098511 – 1. Общность, полное сходство. 2. Сплоченность, цельность. 3. Неразрывность, взаимная связь.

ЕДИНСТВО ДУАЛЬНОЕ 589062 488971 – понятие для обозначения чрезмерно близкого, невротического контакта, возникающего в некоторых любовных парах и основанного на регрессии сферы эмоциональной до тех переживаний, что сформировались в раннем детстве относительно собственной матери.

ЕДИНСТВО ЦЕННОСТНО-ОРИЕНТАЦИОННОЕ 89648 916598721 – один из основных показателей сплоченности группы, фиксирующий степень совпадения позиций и оценок ее членов по отношению к целям деятельности и ценностям, особенно значимым для группы в целом. Показателем единства служит частота совпадений позиций членов группы в отношении значимых для нее объектов оценивания. Высокая степень единства ценностно-ориентационного выступает важным источником интенсификации общения внутригруппового и повышения эффективности деятельности совместной.

Ж

ЖАЖДА КРОВИ 989061 668436166 – архаическое чувство и тип насилия, направленные на самоутверждение путем кровопролития и убийства.

ЖЕЛАНИЕ 538417 988069 – осознанное влечение, отражающее потребность; переживание, перешедшее в действенную мысль о возможности чем-либо обладать или что-либо осуществить.

ЖЕЛАНИЕ ИМПУЛЬСИВНОЕ 591814918791 068 – в психоанализе наследуемые непроизвольные, порывистые желания инцеста, каннибализма и кровожадности – жажды убийства.

ЖЕЛАТЕЛЬНОСТЬ СОЦИАЛЬНАЯ 598 061918712 – фактор, искажающий самоотчеты – в частности, ответы на пункты опросников личностных – путём увеличения частоты тех самоотчетов, что кажутся испытуемым более привлекательными, социально приемлемыми, представляющими их в выгодном свете.

ЖЕСТ 511 489317499 – элемент пантомимики, выполняемый посредством действий руками.

ЖИВОТНОЕ: ДЕЯТЕЛЬНОСТЬ КОНСТРУКТИВНАЯ 599068 909 719 – манипулирование предметами, в результате которого животное сооружает комплексный объект: гнезда некоторых улиток, рыб, лягушек и птиц; разнообразные жилища грызунов; хатки и дамбы бобров; спальные гнезда шимпанзе, и пр.

ЖИВОТНОЕ: ДЕЙСТВИЕ ОРУДИЙНОЕ 599061 298 013 – (орудийная деятельность животных, орудийные действия животных). Специфическая форма обращения животных с предметами, когда производится воздействие одним предметом – орудием – на другой предмет или животное; поведение с использованием некото-

© Грабовой Г.П., 2003

рых предметов для воздействия на другие предметы.

ЖИВОТНОЕ: ДЕЯТЕЛЬНОСТЬ ПСИХИЧЕСКАЯ 598748 319891 – целостный комплекс всех проявлений поведения и психики животных, направленных на установление жизненно необходимых связей организма со средой; процесс отражения психического действительности как продукт и проявление активности животного во внешнем мире. Изучается в зоопсихологии (этология).

ЖИВОТНОЕ: ИНТЕЛЛЕКТ 548916 319 884 – высшая форма деятельности психической животных (высших позвоночных), отличающаяся отражением не только предметных компонент среды, но их отношений и связей (ситуаций), а также нестереотипным решением сложных задач – различными способами с переносом и использованием различных операций, усвоенных в предшествующем индивидуальном опыте.

ЖИВОТНОЕ: МЫШЛЕНИЕ 599 891 048916 – процесс отражения психического внешнего мира, присущий высших позвоночным животным, особенно приматам). Характерен способностью к активному улавливанию и установлению связей между предметами на базе обобщенных психических образов. Реализуется моторно-сенсорным анализом, направленным на выявление общих признаков различных ситуаций и формирование предельно обобщенного образа среды обитания, подобного образу мира у человека.

ЖИВОТНОЕ: НАУЧЕНИЕ 388 916890819 (научение у животных) – приобретение и накопление животными в онтогенезе индивидуального опыта, совершенствование и видоизменение врожденной (инстинктивной) основы деятельности психической соответственно конкретным условиям среды обитания. Готовность к переносу индивидуального опыта из одних, уже бывших ситуаций в новые, за счет чего достигается индивидуальное приспособление живых организмов к среде обитания.

ЖИВОТНОЕ: ОБЩЕНИЕ 598061 984718 (коммуникация) – передача информации от одной особи к другой – «язык животных». Общение животных, в отличие от человека, – закрытая врожденная система сигналов (звуков, выразительных поз и телодвижений, запахов). Общение посредством языка поз и движений может принимать форму ритуалов.

ЖИВОТНОЕ: ПОВЕДЕНИЕ 598594 398714 – присущее живым существам взаимодействие со средой, опосредованное их внешней (двигательной) и внутренней (психической) активностью, внешние проявления деятельности психической.

ЖИВОТНОЕ: ПОВЕДЕНИЕ АГРЕССИВНОЕ 219 006 918782 – угроза и действия животного, направленные на представителей того же или, реже, другого вида животных; поведение, направленное на их уничтожение или устранение из сферы влияния.

ЖИВОТНОЕ: ПОВЕДЕНИЕ ГРУППОВОЕ 548 613 988 0491 – согласованные совместные действия, поведение животных (многих высших беспозвоночных и позвоночных), выполняемые при жизни в сообществах – постоянных или временных объединениях, которые в отличие от простых скоплений имеют определенную структуру взаимодействий и общения: стадах, стаях, семьях и пр.

ЖИВОТНОЕ: ПОВЕДЕНИЕ ДЕМОНСТРАЦИОННОЕ 51948191889 818 – форма коммуникаций у животных, призванная информировать другие особи о физиологическом состоянии животного. Чаще всего встречается при запугивании и ухаживании.

ЖИВОТНОЕ: ПОВЕДЕНИЕ ИНСТИНКТИВНОЕ 819 061 318941 – совокупность сформированных в ходе развития данного вида животных – в филогенезе – наследственно закрепленных, врожденных, общих всем представителям вида (видоспецифических) компонент поведения, составляющих основу жизнедеятельности животных.

ЖИВОТНОЕ: ПОВЕДЕНИЕ ИССЛЕДОВАТЕЛЬСКОЕ 591897388716 – компонента деятельности психической животных, обеспечивающая биологически адекватную ориентацию их поведения в ситуации новизны.

ЖИВОТНОЕ: ПОВЕДЕНИЕ РИТУАЛЬНОЕ 598061 789 671 – общение посредством языка поз и движений, принимающее форму ритуалов. Ритуалы у животных – сложный набор инстинктивных действий, потерявших свою первоначальную функцию и вошедших в другую сферу жизнедеятельности как сигналы или символы.

ЖИВОТНОЕ: ПОВЕДЕНИЕ ТЕРРИТОРИАЛЬНОЕ 591488 789319 – совокупность различных форм активности животных, направленных на захват и использование определенного пространства (участка, места), с которым сопряжено выполнение всех или некоторых жизненных функций – сна и отдыха, питания, размножения и пр.

ЖИВОТНОЕ: ПОДРАЖАНИЕ 5980674 819 (подражание у животных) – особая форма научения в условиях общения, когда одно животное следует примеру другого.

ЖИВОТНОЕ: ПСИХИКА: ОСОБЕННОСТЬ 48891678 9061 – имеются в виду отличия психики животных от психики человека. Обычно считается, что основа всех форм поведения животных – инстинкты, точнее, инстинктивные действия – генетически фиксированные, наследуемые элементы поведения.

ЖИВОТНОЕ: РАНГ СОЦИАЛЬНЫЙ 599 061891 67 – формы

общественных взаимоотношений у животных, образующие подобие иерархии в их сообществах.

ЖИВОТНОЕ: СООБЩЕСТВО 891641898 712 – жизнь стадами, стаями, семьями широко распространена среди животных. У животных, живущих в сообществах, наблюдаются особенно сложные формы общения. Характерная черта многих сообществ – иерархия их членов.

ЖИЗНЕДЕЯТЕЛЬНОСТЬ 498716988 079 – совокупность видов активности, объединяемых понятием жизни и свойственная живым существам.

ЖИЗНЬ 889041 3189888 – 1. Совокупность явлений, происходящих в организмах. С позиций материализма – особая форма существования и движения материи, самопроизвольно возникшая на определенной стадии ее развития. 2. Физиологическое существование живого организма. 3. Деятельность субъекта или общества в некоторых проявлениях.

ЖИЗНЬ: ЦЕЛЬ 598 041 81939178 – (цель в жизни; цели человеческой жизни) – достижение свободы, независимости, цельности и способности любить.

ЖИЗНЬ ДУШЕВНАЯ: ПОЛЯРНОСТЬ 214 2489891 889 (три полярности душевной жизни) – душевной жизнью вообще владеют три полярности, противоположности, состоящие в таких отношениях: 1) субъект, Я – объект, внешний мир; 2) удовольствие, наслаждение – неудовольствие; 3) активность – пассивность.

ЖИЗНЬ ПОЛОВАЯ 591891 068 988 (сексуальная) – совокупность соматических, психических и социальных процессов, которыми движет и посредством которых удовлетворяется половое влечение.

ЖИЗНЬ ПОЛОВАЯ НОРМАЛЬНАЯ 591488 798061 – предпосылка и условие – соответственные преобразования сексуального влечения в периоде, когда происходит переход сексуальности инфантильной в зрелые формы.

ЖИЗНЬ ПСИХИЧЕСКАЯ: ПРИНЦИП 519512 819389 – фундаментальные детерминаторы и регуляторы деятельности психики и личности. Утверждаются три неравнозначных принципа: принцип удовольствия, принцип реальности и принцип постоянства.

З

ЗАБОЛЕВАНИЕ НАРЦИССИЧЕСКОЕ 519 448 7190981 – болезни, обусловленные патогенным состоянием либидо, направленного на Я. Сюда относятся парафрения и паранойя (невроз нарциссический).

ЗАБОЛЕВАНИЕ НЕВРОТИЧЕСКОЕ 59874251 898016 – расстройство психики; происходит от конфликта между двумя стремлениями: сексуальной потребностью и лишением и вытеснением.

ЗАБОЛЕВАНИЕ НЕВРОТИЧЕСКОЕ 519481 71931791 (сущность и тенденция невротических заболеваний) – люди заболевают, если не могут реально удовлетворить эротическую потребность из-за внешних препятствий или внутреннего недостатка в приспособляемости.

ЗАБОЛЕВАНИЕ ПСИХИЧЕСКОЕ 8345444 (болезнь психическая) – заболевания, характерные преимущественно расстройствами психики.

ЗАБОЛЕВАНИЕ ПСИХОСОМАТИЧЕСКОЕ 819488 7193881 (психосоматоз) – направление психологии медицинской, изучающее влияния психологических факторов на появление ряда заболеваний соматических – бронхиальной астмы, гипертонической болезни, стенокардии, язвенной болезни двенадцатиперстной кишки, язвенного колита, нейродермита, неспецифического хронического полиартрита.

ЗАБЫВАНИЕ 428 612 788910 – активный процесс, характерный постепенным уменьшением возможности припоминания и воспроизведения заученного материала – потерей доступа к запомненному ранее материалу, невозможностью воспроизвести или узнать то, что было усвоено.

ЗАВИСИМОСТЬ 898716 068 714 – от лекарственных препаратов или наркотиков. Бывает физиологической, если сам организм нуждается в данном веществе для нормального (скорее, привычного) функционирования, или психологической, если эта потребность – аффективной природы.

ЗАВИСТЬ 489714318 591 – проявление мотивации достижения, при которой чьи-то реальные или воображаемые преимущества в приобретении социальных благ – материальных ценностей, успеха, статуса, личных качеств и прочего – воспринимаются субъектом как угроза ценности Я и сопровождаются аффективными переживаниями и действиями.

ЗАДАНИЕ ЗАКРЫТОЕ 5151981489 49 (задание закрытого типа) – сюда относятся задания, задачи и вопросы, где ответ нужно выбрать из нескольких предложенных вариантов.

ЗАДАНИЕ НЕВЕРБАЛЬНОЕ 598048 319881 – задание, основанное исключительно на наблюдении, рассуждении и манипуляциях.

ЗАДАНИЕ ОБРАЗНОЕ 519 491818918 – содержит упражнения с образами – картинками, рисунками, схемами и прочим, предполагающие активное использование воображения и мысленных трансформаций образов.

ЗАДАНИЕ ОТКРЫТОЕТ 598411 71891817 (задание открытого типа) – сюда относятся задания, задачи и вопросы, где ответ дается испытуемым самостоятельно.

ЗАДАНИЕ ПРАКТИЧЕСКОЕ 319488 715988 – содержит упражнения и задачи, которые испытуемый должен выполнить наглядно-действенно – то есть практически манипулируя реальными предметами или заменителями.

ЗАДАНИЕ ТЕОРЕТИЧЕСКОЕ 514 817989716 – содержит упражнения и задачи, решение которых требует проявления способностей мышления теоретического. В этом смысле отчасти близки к заданиям тестовым вербальным, тоже имея дело с понятиями; но предполагают применение мыслительных операций более высокого уровня абстракции.

ЗАДАНИЕ ТЕСТОВОЕ 519411899716 – содержит упражнения и задачи разного рода, подлежащие решению испытуемым при выполнении теста. По результатам выполнения этих задач делаются оценки тестируемых качеств испытуемого. Многие задания носят комплексный характер, включая в себя действия и практические, и теоретические, и вербальные, и образные.

ЗАДАНИЕ ТЕСТОВОЕ: ОГРАНИЧЕННОСТЬ ВРЕМЕННАЯ 489671 298617 (ограниченность времени выполнения тестовых заданий) – требование, согласно которому полное время выполнения заданий теста не должно превышать полутора-двух часов, ибо испытуемым трудно большее время сохранять достаточно высокую работоспособность.

ЗАДАТОК 598 716 388 968 – природные предпосылки способностей; врожденные анатомо-физиологические особенности системы нервной и мозга, составляющие природную основу развития способностей.

ЗАДАЧА 598716391 898 – данная в определенных условиях (например, в ситуации проблемной) цель деятельности, которая должна достигаться преобразованием этих условий согласно определенной процедуре. Задача содержит требования (цель), условия (известное) и искомое (неизвестное), формулируемое в вопросе. Между этими элементами существуют определенные связи и зависимости, за счет которых производится поиск и определение неизвестных элементов через известные.

ЗАДАЧА: РЕШЕНИЕ 918487 319 444 – в зависимости от стиля умственной деятельности человека и доступности для него содержания задачи ее решение выполняется различными способами: 1) способ проб и ошибок – наименее типичный и наименее желательный: как правило, не приводит к накоплению опыта и не служит умственному развитию; 2) пассивное использование алгоритма; 3) целенаправленная трансформация условий задачи; 4) активное применение алгоритма; 5) эвристические способы решения.

ЗАДАЧА ДВИГАТЕЛЬНАЯ 489 44 12 89714 – мысленный образ движения, которое требуется совершить; в нем соотнесена информация о цели движения, о средствах и способах решения задачи.

ЗАДЕРЖКА 519317 898 711 – замедление или остановка развития некоего влечения или процесса.

ЗАИКАНИЕ 898071 318 42 – нарушение речи устной, при котором она становится прерывистой, происходит непроизвольное членение слова на слоги или звуки, возникают судорогоподобное напряжение мышц лица, что приводит к затруднению общения с другими людьми.

ЗАКОН НАУЧНЫЙ 48712 518 44 – Тело науки составляют законы – обнаруженные устойчивые взаимосвязи явлений, выявление которых позволяет описать, объяснить и предсказать явления действительности.

ЗАКОН БИОГЕНЕТИЧЕСКИЙ 519 489719 061 – в психологии – перенос на развитие психики ребенка соотношения между онтогенезом и филогенезом. Теоретическая модель, согласно которой в индивидуальном, прежде всего эмбриональном, развитии высших организмов происходит закономерное повторение (рекапитуляция) признаков, свойственных их биологическим предкам.

ЗАКОН БЛОХА 398417 899 011 – Состоит в том, что величина субъективной яркости короткой вспышки света зависит от произведения интенсивности светового стимула на его длительность. Но этот закон действует лишь в около пороговой области и при длительности стимула, не достигающей некоторой критической точки.

ЗАКОН БУГЕРА-ВЕБЕРА 595 718481319 (иногда – закон Вебера) – один из основных законов психофизики – установленная для случая различения одномерных раздражителей сенсорных прямо пропорциональная зависимость порога дифференциального от величины раздражителя I, к которой адаптирована данная система сенсорная: $1Л=К$ (const). Коэффициент К, получивший название отношения Вебера, различен для разных раздражителей сенсорных: 0.003 – для высоты звука; 0.02 – для видимой яркости; 0.09 – для громкости звуков и пр. Он фиксирует величину, на которую нужно увеличить или уменьшить раздражитель, чтобы получить едва заметное изменение ощущения.

ЗАКОН ВЕБЕРА-ФЕХНЕРА 591488 718841 – логарифмическая

зависимость силы ощущения Е от физической интенсивности раздражителя Р: Е = к log P + с, где k и с – некие постоянные, определяемые данной сенсорной системой.

ЗАКОН ДОНДЕРСА 8981 8781891008 – закон суммативности процесса психического (познавательного), основанный на постулате об аддитивности (или неперекрываемости) его отдельных стадий. На материалах исследований времени реакции как процесса, развертываемого в период между появлением стимула и реализацией ответной реакции, Дондерс обосновал метод вычитания, призванный обеспечить возможность определить длительности отдельных стадий.

ЗАКОНЫ ЙЕРКСА-ДОДСОНА 891619 719884 – установление зависимости качества (продуктивности) выполняемой деятельности от интенсивности (уровня) мотивации.

ЗАКОН ЙОСТА 519481 719 992 – эмпирическая закономерность, согласно которой при равной вероятности воспроизведения из памяти бессмысленной информации более старая информация медленнее забывается и требует при доучивании меньшего числа повторений. В основе этой закономерности лежит механизм перевода информации из памяти кратковременной в долговременную.

ЗАКОН МЮЛЛЕРА-ГЕККЕЛЯ 489161714 312 – закон биогенетический – Закон Пипера. Эмпирическая закономерность, согласно которой порог восприятия зрительного уменьшается пропорционально квадратному корню из площади воздействия стимула – при условии, что эта площадь превышает 1.

ЗАКОН РИБО 489 161 917 891 – закономерность, согласно которой разрушения памяти при прогрессирующей амнезии, – например, в случаях заболеваний или в пожилом возрасте, – имеют определенную последовательность. Сначала становятся недоступными воспоминания о недавних событиях, затем начинает нарушаться умственная деятельность субъекта; утрачиваются чувствования и привычки; наконец, распадается инстинктивная память. В случаях восстановления памяти те же этапы происходят в обратном порядке.

ЗАКОН РИККО 489 716 319 811 – закономерность, согласно которой такие характеристики раздражителя порогового, как яркость и угловая площадь воздействия, находятся в обратно пропорциональной зависимости. Этот закон действен для раздражителей световых небольших угловых размеров. В качестве его механизма указывается нервная суммация раздражителей, за счет которой происходит подстройка глаза к восприятию света малой интенсивности.

ЗАКОН СТИВЕНСА 489161719 881 – формула – модификация закона психофизического основного (закон Вебера – Фехнера), связывающая силу ощущения с определенной степенью физической интенсивности раздражителя. Согласно ей, между рядом ощущений и рядом раздражителей физических существует не логарифмическая, а степенная зависимость: $nY = kS$ где Y – субъективная величина, ощущение; S – стимул; n – показатель степени функции; k – константа, зависящая от единицы измерения. Иная форма записи: $nE = kP$ где E – сила ощущения; P – физическая интенсивность раздражителя; k и n – некие постоянные. При этом показатель степенной функции для разных модальностей ощущений различен: для громкости он имеет значение 0.3, для электрического удара – 3.5.

ЗАКОН ТАЛЬБОТА 519 377891481 – закономерность, согласно которой видимая яркость источника прерывистого света по достижении частоты слияния мельканий становится равной яркости непрерывного света с теми же значениями светового потока.

ЗАКОН ФЕХНЕРА 531489 069718 – Закон, согласно которому величина ощущения прямо пропорциональна логарифму интенсивности раздражителя – то есть возрастание силы раздражения в геометрической прогрессии соответствует росту ощущения в арифметической прогрессии. При этом был введен его собственный постулат о том, что едва заметный прирост ощущения является величиной постоянной и его можно применять использовать как единицу измерения ощущения.

ЗАКОН ХИКА 598741 918811 – утверждает, что время реакции при выборе из некоторого числа альтернативных сигналов зависит от их количества. Эта закономерность приобрела вид логарифмической функции: ВР = a*log(n+l), где ВР – среднее значение времени реакции по всем альтернативным сигналам; n – число равновероятных альтернативных сигналов; a – коэффициент пропорциональности. Единица введена в формулу для учета еще одной альтернативы – в виде пропуска сигнала.

ЗАКОН ЭБНЕЯ 491814 31871298 – эффект суммирования яркости нескольких спектральных цветов при их комбинации, обусловливающий восприятие нового единого цвета.

ЗАКОН ЭММЕРТА 599 068 718 213 – закономерность, согласно которой видимая величина образа последовательного прямо зависит от удаленности экрана, куда образ проецируется. В основе закона лежит механизм, обеспечивающий константность видимых размеров реально воспринимаемых объектов. Эта закономерность может не проявляться при больших расстояниях до экрана (свыше 10-15 м.), а также при эйдетизме.

ЗАКОН ЭНЕРГИЙ СПЕЦИФИЧЕСКИХ 598716 389766 – постулат как общий принцип сенсорной психофизики, согласно которому каждый орган чувств имеет специфический для него вид ощущений, независимый от характера действующего раздражителя.

ЗАМЕСТИТЕЛЬ 514718 914 312 – душевный импульс, направленный из бессознательного в сознание и являющий собой новую форму старой вытесненной идеи, связанной с несовместимым желанием.

ЗАМЕЩЕНИЕ 219618 918071 – процесс и результат замены вытесненного влечения или представления некоторой иной тенденцией или символом; механизм защитный, имеющий различные формы проявления. К результатам и показателям замещения относятся действия ошибочные, остроты, некоторые компоненты сновидений, невротические симптомы и пр.

ЗАПАХ 289716 018 034 – ощущение, обусловленное воздействием пахучих веществ на рецепторы слизистой оболочки носовой полости.

ЗАПЕЧАТЛЕНИЕ 298487 998194 (импринтинг) – Специфическая форма научения у высших позвоночных, при котором фиксируются отличительные признаки объектов некоторых врожденных поведенческих актов.

ЗАПОМИНАНИЕ 298761 519 314 – обобщенное название активных процессов, обеспечивающих удержание материала в памяти; ввод в память информации.

ЗАПОМИНАНИЕ НЕПРОИЗВОЛЬНОЕ 519 612 81488917 – запоминание без намерения запомнить материал, без использования специальных средств для лучшего сохранения материала в памяти.

ЗАПОМИНАНИЕ ПРОИЗВОЛЬНОЕ 916899 001 – специальное действие, конкретная задача и намерение которого – запомнить точно, на максимальный срок, с целью последующего воспроизведения или просто узнавания – определяет выбор способов и средств запоминания, а потому влияет на его результаты.

ЗАПРЕТ 498716 398718 – установление, предписывающее отказ в удовлетворении влечения.

ЗАРАЖЕНИЕ 598 716 019 212198 (заражение эмоциональное) – в психологии социальной – процесс передачи эмоционального состояния от одного индивида к другому на психофизиологическом уровне контакта – помимо собственно смыслового воздействия или дополнительно к нему.

ЗАТЕНЕНИЕ 591814 – методическая процедура для исследования внимания слухового. Состоит в том, что испытуемый должен повторить вслух сообщение, передаваемое по одному из нескольких каналов, причем канал особо указывается экспериментатором. Например, при слушании дихотическом требуется повторить сообщение, поступающее через правое ухо, при игнорировании поступающего через левое ухо.

ЗАУЧИВАНИЕ 398 741 988 7191 – организованное повторение информации с целью запоминания.

ЗАЩИТА 519481 979881 (защита психическая) – совокупность бессознательных процессов психических, обеспечивающих охрану психики и личности от опасных негативных и деструктивных действий внутрипсихических и внешних импульсов.

ЗАЩИТА ПСИХОЛОГИЧЕСКАЯ 591069 51 – специальная регулятивная система стабилизации личности, система механизмов, направленных на минимизацию отрицательных переживаний – на устранение или сведение к минимуму чувства тревоги, связанного с осознанием конфликта, ставящего под угрозу целостность личности. Функция защиты психологической – ограждение сферы сознания от негативных, травмирующих переживаний.

© Грабовой Г.П., 2003

ЗАЩИЩЕННОСТЬ ПСИХОЛОГИЧЕСКАЯ 598061 319781 – относительно устойчивое положительное эмоциональное переживание и осознание индивидом возможности удовлетворения основных потребностей и обеспеченности собственных прав в любой, даже неблагоприятной ситуации, и при появлении обстоятельств, могущих блокировать или затруднить их реализацию.

ЗВУК: ВЫСОТА 519381 998617 – субъективное качество звуков, обусловленное их частотой. По частоте звуки могут определяться как низкие или высокие.

ЗДОРОВЬЕ ПСИХИЧЕСКОЕ 519481913711 81 – состояние душевного благополучия, характерное отсутствием болезненных психических проявлений и обеспечивающее адекватную условиям действительности регуляцию поведения и деятельности. Содержание понятия не исчерпывается медицинскими и психологическими критериями, в нем всегда отражены общественные и групповые нормы и ценности, регламентирующие духовную жизнь человека.

ЗНАК 519688 719317 019 – предмет или явление, служащий представителем другого предмета, явления, процесса.

ЗНАНИЕ 598764 019 82 – в совокупности с навыками и умениями обеспечивают правильное отражение в представлениях и мышлении мира, законов природы и общества, взаимоотношений людей, места человека в обществе и его поведения.

ЗНАНИЕ: ПРИМЕНЕНИЕ 398781 499 511 – использования схем концептуальных для развития собственной деятельности. Для этого требуется наличие уже сформированных умений интеллектуальных, содержащих особые правила, по которым надо развертывать деятельность в новых условиях. Выработка подобных умений достигается, как правило, при обучении посредством решения ситуаций проблемных. Использования этих умений интеллектуальных достигается узнавание ранее усвоенного материала в новых ситуациях, применение знаний абстрактных.

ЗНАЧЕНИЕ 518761384871 — обобщенная форма отражения субъектом общественно-исторического опыта, приобретенного в ходе деятельности совместной и общения; существует в виде понятий, опредмеченных в схемах действия, ролях социальных, нормах и ценностях. Посредством системы значений сознанию субъекта предстает образ мира, других людей и самого себя.

ЗОНА 598 511 689071 — пространство, характерное определенными общими признаками.

ЗОНА РАЗВИТИЯ 517391 891489 ближайшего (зона развития потенциального) — 1. Возможности в развитии психическом, открываемые при минимальной помощи субъекту со стороны. 2. Расхождение в уровне трудности задач, решаемых ребенком самостоятельно (уровень актуальный развития) и под руководством взрослого. Положение о зоне развития ближайшего легло в основу разрабатываемой в отечественной психологии возрастной и психологии педагогической концепции о соотношении обучения и развития умственного ребенка.

ЗОНА ЭРОГЕННАЯ 59867106801 128 — определенные части или участки тела — генитали, полость рта, заднепроходное отверстие, выводной проток мочевого пузыря и прочие, — участвующие в развитии и функционировании инстинкта сексуального; места тела, играющие роль при получении сексуального наслаждения. Обладают особой чувствительностью и связаны с некоторыми физиологическими отправлениями; их раздражение вызывает приятное возбуждение, сексуально окрашенное.

ЗООПРАГМАТИКА 489061 968788 – дисциплина, описывающая коммуникацию, общение животных как своеобразного языка с позиций, соответственных позициям прагматики, или конкретнее – с позиций происхождения и механизмов действий, реализующих коммуникацию каналов передачи информации (оптических, химических, акустических, тактильных и пр.) и степени ритуализации этих действий.

ЗООПСИХОЛОГИЯ 398764 519812 – наука о психике животных, о проявлениях и закономерностях психического эволюции психики животных, о проявлениях и закономерностях психического отражения на этом уровне. Рассматривает проблемы развития психики в филогенезе, изучает – преимущественно в лабораторных условиях – формирование психических процессов у животных в онтогенезе, происхождении психики и ее развитие в ходе эволюции, биологические предпосылки и предысторию зарождения человеческого сознания.

ЗООСЕМАНТИКА 489671 999 481 – дисциплина, описывающая коммуникацию, общение животных как своеобразного языка с позиции семантики, конкретнее – с позиций информативного содержания коммуникативных действий, которое может относиться к сферам опознания, к мотивации поведения и к отношениям со средой.

ЗООФИЛИЯ 391517318 941. Любовь к животным, большей частью эротическая – когда либидо обращено на животных.

ЗРЕЛОСТЬ 398061 219 (взрослость), состояние, к которому приходит организм в конце периода развития. Самый продолжительный период онтогенеза, характерный тенденцией к достижению наивысшего развития духовных, интеллектуальных и физических способностей личности.

ЗРЕЛОСТЬ ПРЕЖДЕВРЕМЕННАЯ 519488 079398 – самопроизвольная, преждевременная сексуальная зрелость, которая выражается в нарушении, сокращении или прекращении инфантильного периода латентного и становится причиной заболеваний, вызывая сексуальные проявления, которые могут иметь лишь характер перверсий – вследствие и неготового состояния генитальных задержек, и неразвитой генитальной системы.

ЗРЕНИЕ 588 061 989 711 – способность к превращению в ощущения зрительные энергии электромагнитного излучения светового диапазона (в пределах от 300 до 1000 нм.). При поглощении зрительными пигментами сетчатки квантов света возникает зрительное возбуждение. Фотохимические изменения в пигментах сетчатки приводят к изменениям электрических потенциалов, которые затем распространяются по всем уровням системы зрительной.

ЗРЕНИЕ АХРОМАТИЧЕСКОЕ 518914 319 889 – потеря способности различать цвета хроматические. При этом внешний мир воспринимается в сером цвете, различаясь лишь яркостью – в зависимости от спектра воспринимаемого света. Максимально ярко воспринимается зеленый цвет, что характерно для зрения сумеречного людей с нормальным зрением цветовым.

ЗРЕНИЕ БИНОКУЛЯРНОЕ 518 617 998 227 – одновременное формирование двух изображений одного и того же предмета на сетчатках двух глаз – один из главных механизмов восприятия глубины пространства.

ЗРЕНИЕ ПРОСТРАНСТВЕННОЕ 598 061 788 610 (зрение глубинное) – восприятие зрительное трехмерности пространства. При этом выделяются два основных класса операций перцептивных, обеспечивающих константное восприятие: одни позволяют оценивать удаленность предметов на основе бинокулярного и монокулярного параллакса движения, другие – оценивать направление.

ЗРЕНИЕ МЕЗОПИЧЕСКОЕ 890 061 668 917 (зрение сумеречное) – является промежуточным между дневным и ночным.

ЗРЕНИЕ СКОТОПИЧЕСКОЕ 598 614 898 171(зрение ночное) – обеспечивается посредством палочкового аппарата; при этом воспринимаются только цвета ахроматические, зато светочувствительность весьма высока.

ЗРЕНИЕ ФОТОПИЧЕСКОЕ 598 661 310 981 (зрение дневное) – обеспечивается посредством колбочкового аппарата, за счет чего появляется возможность цветоразличения.

ЗРЕНИЕ ЦВЕТОВОЕ 558 612 091 318 – способность различать отдельные поддиапазоны электромагнитного излучения в диапазоне видимого спектра (369-760 нм.). Сигналы, поступающие от периферических отделов системы зрительной, в ее высших отделах принимаются спектрально чувствительными нервными клетками, которые возбуждаются при действии одного из цветов спектра и тормозятся при действии другого.

И

ИАТРОГЕНИЯ 518 419 31798791 (ятрогения) – возникающие в результате неправильных действий врача, оказавшего на клиента ненамеренное внушающее воздействие (например, неосторожным комментированием особенностей заболевания), неблагоприятные изменения психического состояния и психогенные реакции, способствующие появлению неврозов. Синоним – болезнь внушенная.

ИГРА 518 006 78967 – активность индивида, направленная на условное моделирование некоей развернутой деятельности. Для человека – форма деятельности в условных ситуациях, направленная на воссоздание и усвоение общественного опыта, фиксированного в социально закрепленных способах осуществления действий предметных, в предметах науки и культуры.

ИГРА: РАЗВИТИЕ / ВОЗРАСТ ДОШКОЛЬНЫЙ 519 541 889 317 – (развитие игры в дошкольном возрасте) процесс, в котором игра ребенка обретает форму научения социального.

ИГРА ДЕЛОВАЯ 598714 888 91 – форма воссоздания предметного и социального содержания профессиональной деятельности, моделирования систем отношений, характерных для данного вида практики. Проведение игры деловой – это развертывание особой (игровой) деятельности участников на модели имитационной, воссоздающей условия и динамику производства.

ИГРА ПРЕДМЕТНАЯ 598 71631 214 – игра детей с предметами материальной и духовной культуры или их заменителями, подчиняемая культурно-историческим особенностям этих предметов и их прямому назначению.

ИГРА ПРОЕКТИВНАЯ 519387 918 499 – одна из методик проективных, относящаяся к группе методик катарсиса.

ИГРА РОЛЕВАЯ 598741 389 618 – один из элементов психодрамы – исполнение ее участниками различных ролей, значимых для них в реальной жизни.

ИГРА РОЛЕВАЯ ДЕТСКАЯ 518 781984 317 (ролевая игра детей) – преобладающая у детей возраста дошкольного форма игры, в которой идет моделирование действий и взаимоотношений взрослых людей. Роль взрослого, которую берет ребенок, предполагает следование определенным, часто неявным правилам, за счет которых регулируются как игровые действия с предметами, так и взаимоотношения с другими детьми, включенными в игру.

ИГРА СИМВОЛИЧЕСКАЯ 598 748 918 3 – вид игры, где реальность воспроизводится в виде символов или знаков, а действия игровые выполняются в абстрактной символической форме.

ИГРА СЮЖЕТНАЯ 598064 318 78 – игра детей, где воспроизводятся сюжеты из событий реальной жизни, сказок и пр.

ИГРА СЮЖЕТНО-РОЛЕВАЯ 598421 319 816 – форма игры, объединяющая в себе элементы и особенности игры сюжетной и игры ролевой.

ИДЕАЛИЗАЦИЯ 819 816 917234 – стремление, создающее частное суждение, проявляемое в феномене сексуальной переоценки объекта ввиду того, что избранный объект до некоторой степени не подвергается критике и все его качества оцениваются выше, чем качества нелюбимых людей, или же чем качества того же самого объекта, пока он еще не был любим.

ИДЕАЛЬНОЕ 319448719 01 – особый способ бытия объекта, его представленности (активного отражения) в психическом мире и жизнедеятельности субъекта.

ИДЕНТИФИКАЦИЯ 51948 01 216 – это понятие рассматривается как важнейший механизм социализации, проявляющийся в принятии индивидом роли социальной при вхождении в группу, в осознании им групповой принадлежности, формировании установок социальных и пр.

ИДЕНТИФИКАЦИЯ ГРУППОВАЯ 819917 818 941 – отождествление индивидом себя с обобщенным образом члена некоей группы социальной или общности социальной, за счет чего происходит принятие ее целей и ценностей, часто некритическое.

ИДЕНТИФИКАЦИЯ КОЛЛЕКТИВНАЯ 514217 219890 (идентификация коллективистская) – возникающая в деятельности совместной форма гуманных отношений, при которой переживания одного из группы даны другим как мотивы поведения, организующие их собственную деятельность, направленную одновременно на осуществление групповой цели и на устранение фрустрирующих воздействий (фрустрация). Означает единство мотивации, формирование взаимоотношений на основе нравственных принципов. Особенно полно выражается в сочувствии и соучастии, когда каждый член группы эмоционально и деятельно откликается на удачи и неудачи каждого.

ИДЕНТИФИКАЦИЯ ЛИЧНОСТНАЯ 598 067 918804 – механизм, действие которого основано на сильной эмоциональной связи индивида с другими людьми, прежде всего с родителями, приводящий к уподоблению – чаще всего неосознанному – этим «другим значимым». Ориентация на другого человека как на образец значительно повышает показатели научения социального.

ИДЕНТИФИКАЦИЯ НАРЦИССИЧЕСКАЯ 5914 891087 019 – процесс самопроецирования на Я утраченного сексуального объекта, когда отведенное либидо ориентировано на Я, но при этом человек обходится со своим Я как с оставленным объектом и направляет на Я амбивалентные импульсы, включающие, в числе прочих, агрессивные компоненты.

ИДЕНТИФИКАЦИЯ ПОЛОРОЛЕВАЯ 519719 89049 61 – процесс и результат обретения ребенком психологических и поведенческих особенностей человека определенного пола; отождествление им себя с человеком определенного пола и обретение черт психологических и особенностей поведения человека того же или противоположного пола, включая типичное поведение ролевое.

ИДЕНТИЧНОСТЬ (идентичность Я) – чувство самотождественности, собственной истинности, полноценности, сопричастности миру и другим людям. Чувство обретения, адекватности и стабильного владения личностью собственным Я независимо от изменений последнего и ситуации; способность личности к полноценному решению задач, встающих перед ней на каждом этапе развития.

ИДЕНТИЧНОСТЬ ПОЛОВАЯ 519 488 714 317 – осознание индивидом своей половой принадлежности; переживание им своей маскулинности – фемининности; готовность играть определенную роль половую. Единство самосознания и поведения индивида, причисляющего себя к определенному полу и ориентирующегося на требования соответственной роли половой. Является одним из аспектов личностной идентичности и в большой степени основана на подражании родителям.

ИДЕЯ 54131 89 0168 – 1. Мысль, общее понятие, представление о предмете или явлении, отражающее действительность, выражающее отношение к ней. 2. Определяющее понятие, лежащее в основе теоретической системы, логического построения, мировоззрения. 3. Мысль, замысел, намерение, план. 4. Мысленный образ чего-либо, понятие о чем-либо.

ИДЕЯ СВЕРХЦЕННАЯ 591 811 01971 – суждения, идеи, представления, занимающие в сознании субъекта не соответственное их значению преобладающее положение. Сопровождаются выраженными эмоциональными переживаниями.

ИДОЛ 598061 789 12 – кумир, божок; некий предмет поклонения, почитания невысокого пошиба.

ИДОЛОПОКЛОНСТВО 5914 018 – 1. Поклонение идолам как религиозный культ. 2. Поклонение, почитание некоторых объектов, выступающих в роли «идолов», – обычно нерефлексируемое, мало осознаваемое.

ИДОЛОПОКЛОНСТВО СОВРЕМЕННОЕ 598741 219 – ныне действующая, распространенная мощная коллективная форма поклонения силе, успеху и власти рынка, включающая в себя множество скрытых элементов различных примитивных религий.

ИЗМЕРЕНИЕ 598 784 319 68 – в психологии – выявление количественных характеристик изучаемых явлений психических. В широком смысле измерение – особая процедура, посредством которой числа (или хотя бы порядковые величины) приписываются вещам по определенным правилам. Сами правила состоят в установлении соответствия между некоторыми свойствами чисел и некоторыми свойствами вещей.

ИЗОБРАЖЕНИЕ ДВОЙСТВЕННОЕ 39148 – (изображение двусмысленное) – изображение, допускающее разделение составных элементов на субъективно воспринимаемые фигуру и фон взаимно противоположным образом: то одна часть этого изображения воспринимается как фигура, другая же – как фон, то – наоборот.

ИЗОЛЯЦИЯ 498716 319 01 – Исключение индивида из обычных отношений, что может наблюдаться при особых условиях работы (космический полет, зимовки), или в клинике нервных и душевных болезней (при поражениях анализаторов, при заболеваниях психических). В подобных условиях проявляются побочные следствия изоляции – в виде появления состояний дремоты, апатии, раздражительности; происходит потеря временной ориентировки; нарушаются способности к мышлению и воспоминаниям. Могут развиться иллюзии или галлюцинации.

ИЗОЛЯЦИЯ ГРУППОВАЯ 594 781 914 1 – психологический аспект: вынужденное длительное пребывание группы людей в условиях ограниченного пространства, скудости раздражителей сенсорных и постоянного общения с одними и теми же людьми. В условиях изоляции групповой люди находятся во время космических полетов, подводного плавания, на гидрометеостанциях, маяках и пр.

ИЗОЛЯЦИЯ СЕНСОРНАЯ 391819 016918 – резкое ограничение разнообразия обычных сенсорных ощущений – зрительных, слуховых и пр.; частичное или даже полное исключение индивида из потока обычных сенсорных ощущений.

ИЗОЛЯЦИЯ СТРОГАЯ 519 816 418 – экспериментальный прием, посредством которого исследуется влияние изоляции на человека.

ИЛЛЮЗИЯ 589461 718 01 (иллюзия восприятия) – неадекватное отражение воспринимаемого предмета и его свойств; искажение восприятия частных признаков некоторых предметов или изображений.

ИЛЛЮЗИЯ АРИСТОТЕЛЯ 419 318 9164219 – состоит в том, что небольшой шарик, помещенный между скрещенными указательным и средним пальцами, воспринимается как два разных шарика. Относится к иллюзиям осязательным.

ИЛЛЮЗИЯ КОНТРАСТНАЯ 584 171916 48 – искажение восприятия частных признаков предметов, возникающее при нарушении привычных стереотипов. Проявляется в переоценке признаков, противоположных привычным, особенно часто – в ощущениях температурных и вкусовых. Так, после холодного теплое воспринимается как горячее; после кислого или соленого переоценивается степень сладости.

ИЛЛЮЗИЯ ЛУНЫ 5980614 318 – иллюзия зрительная, характерная тем, что воспринимаемый размер небесного тела (Луны, Солнца) кажется больше при его положении низко над горизонтом, чем при положении высоко в небе.

ИЛЛЮЗИЯ ОКУЛОГРАВИЧЕСКАЯ 519 48171 – зрительно воспринимаемое кажущееся движение, обусловленное влиянием аппарата вестибулярного при ускорении движения наблюдателя в направлении вертикальной оси тела. Наблюдается у пилотов во время и по окончании набора высоты или снижения: по окончании набора кажется, что объект продолжает двигаться вниз, а по выходе из пикирования – вверх. Иллюзия может выражаться в искажении формы, размеров и других пространственных характеристик объектов.

ИЛЛЮЗИЯ ОПТИКО-ГЕОМЕТРИЧЕСКАЯ 589 061 21 – различные иллюзии зрительные, проявляемые в искажении соотношений пространственных признаков видимых объектов. Считается, что они обусловлены действием механизмов, обеспечивающих константность видимых размеров и форм объектов. Большинство этих иллюзий имеют параллели в иллюзиях осязательных.

ИЛЛЮЗИЯ ТЯЖЕСТИ 591 489 019 – искажение восприятия весовых признаков предметов, обусловленное прошлым опытом: если поднимать два одинаковых по весу, но различных по объему предмета, то меньший воспринимается как более тяжелый.

ИМИДЖ 571 48 12 – сложившийся в сознании массовом и имеющий характер стереотипа эмоционально окрашенный образ кого-либо или чего-либо. Определенным имиджем может обладать политический деятель, профессия, товар и пр.

ИМПОТЕНЦИЯ 8851464 – половое бессилие. В психологии понимается расширительно – применительно психологических явлений.

ИМПОТЕНЦИЯ ПСИХИЧЕСКАЯ 8985 419 81 – разнообразные нарушения сексуальной функции, большинство которых носит характер простого торможения.

ИМПРИНТИНГ 918481 – понятие, означающее раннее запечатление у животных.

ИМПУЛЬС 519 514 819 – 1. Толчок к чему-либо, побуждение к совершению чего-либо; причина, вызывающая некое действие. 2. Импульс электрический – быстрый кратковременный скачок электрического тока или напряжения.

ИМПУЛЬС НЕРВНЫЙ 489061 09817 – быстро распространяющаяся по волокну нервному волна возбуждения, возникающая при раздражении окончания чувствительного волокна нервного, самого волокна или тела клетки нервной (нейрона). Сопровождается быстрым изменением возбудимости, проводимости и иных свойств волокна.

ИМПУЛЬС ПОСТЫДНЫЙ 981317061 – название психосексуальных феноменов, которые впоследствии были названы влечениями.

ИМПУЛЬСИВНОСТЬ 488 01678918 – черта характера, выражаемая в склонности действовать без достаточного сознательного контроля, под влиянием внешних обстоятельств или эмоциональных переживаний.

ИМПУНИТИВНОСТЬ 489 068 719 – склонность приписывать ответственность за неудачи преимущественно внешним обстоятельствам и условиям.

ИНВЕРСИЯ 489064 3197 – 1. Процесс и результат перестановки или переворачивания (замены) – вплоть до противоположности – мотивов, установок, желаний, реакций, поведенческих актов и пр.

2. Тип ориентации сексуальной мужчин и женщин, при которой в качестве объекта сексуального избираются лица своего пола.

ИНВЕРСИЯ: МЕХАНИЗМ ПСИХИЧЕСКИЙ 498711 619 8 – совокупность состояний и процессов психических, обусловливающих появление, развитие и действие инверсии.

ИНВЕРТАЦИЯ 489714 811 – явление проявленности некоторых психологических качеств, характеристик в «инверсной», «инвертированной» форме – то есть в форме, в некотором смысле или отношении противоположной их нормальному проявлению.

ИНВЕРТАЦИЯ АБСОЛЮТНАЯ 489641918 74 – феномен сексуальной ориентации на объекты своего, а не противоположного пола.

ИНВЕРТАЦИЯ АМФИГЕННАЯ 489 7163194 (гермафродитизм психосексуальный) – феномен психосексуальной ориентации одновременно на объекты своего и противоположного пола.

ИНГИБИЦИЯ 488610 914 – процесс и результат угнетения, замедления или даже прекращения некоторых реакций, процессов, некоей деятельности или активности.

ИНГИБИЦИЯ СОЦИАЛЬНАЯ 4897169184 – понижение (подавление), ухудшение продуктивности выполняемой индивидом деятельности, ее скорости и качества в присутствии посторонних людей или наблюдателей, реальных или воображаемых (без вмешательства в его действия), выступающих в качестве соперника или наблюдателя за его действиями (субъектность отраженная). Феномен, противоположный фацилитации социальной.

ИНДЕКС 488 617 01914 – указатель, реестр имен, названий и пр. В психологии – цифровой показатель для количественной оценки, характеризации явлений.

© Грабовой Г.П., 2003

ИНДЕКС СОЦИОМЕТРИЧЕСКИЙ 4890 617 319 – система условных обозначений, цифровых и буквенных, для количественной характеризации изучаемых явлений.

ИНДИВИД 48916 71913 (индивидуум) – об индивиде говорят, когда рассматривают человека как представителя hominis sapientis.

ИНДИВИДУАЛЬНОСТЬ 489712 6148 – Человек, характеризуемый со стороны своих социально значимых отличий от других людей; своеобразие психики и личности индивида, ее неповторимость. Проявляется в чертах темперамента, характера, в специфике интересов, качеств процессов перцептивных (восприятие) и интеллекта, потребностей и способностей индивида.

ИНДИВИДУАЦИЯ 499618 71809 – процесс поиска человеком душевной гармонии, интеграции, целостности, осмысленности. Понятие иидивидуации занимает в психологии аналитической центральное место.

ИНДИГО 498716 319 882 19 – этноспецифический термин, означающий синдромные проявления регрессии поведения – с внезапно наступающим изменением сознания и неконтролируемым стремлением есть человеческое мясо.

ИНДИКАЦИЯ 489 064 3191 – 1. Процесс и результат указания наличия либо отсутствия некоего состояния или процесса. 2. Процесс и результат отображения состояния или же хода процесса или иного объекта наблюдения, его качественных или количественных характеристик.

ИНДУКТОР 489614 719 – субъект, адресующий сообщение реципиенту. Синоним – коммуникатор.

ИНДУКЦИЯ 499711898418 – движение знания от единичных утверждений к общим положениям. Тесно связана с дедукцией. Логика рассматривает индукцию как вид умозаключения, различая индукцию полную и неполную. Психология изучает развитие и нарушения индуктивных рассуждений. Движение от единичного к общему знанию анализируется в его обусловленности всеми психическими процессами и строением мыслительной деятельности в целом.

ИНЕРТНОСТЬ 419517 31948 – понятие, используемое в психофизиологии для обозначения низкой подвижности системы нервной, при которой характерны трудности в переключении раздражителей условных с положительного модуса на тормозной, и наоборот. При патологических нарушениях, например, при поражении долей лобных, инертность может проявляться в виде персеверации.

ИНИЦИАТИВА 428714318 7 – проявление субъектом активности, не стимулированной извне и не определенной независимыми от него обстоятельствами.

ИНИЦИАЦИЯ 489614 7129 – комплекс действий, в основном обрядовых, посредством которых совершается и формально закрепляется смена социального статуса индивида, происходит включение его в некое замкнутое объединение, приобретение им особых знаний, а также функций или полномочий.

ИННЕРВАЦИЯ 499617 81914 – проведение нервного возбуждения в различные органы.

ИННОВАЦИЯ 51931791814 (нововведение) – в социально-психологический аспекте – создание и внедрение различного вида новшеств, порождающих значимые изменения в социальной практике. Различаются социально-экономические, организационно-управленческие и технико-технологические инновации.

ИНСТАНЦИЯ 598614 319 7 (система) – составная часть аппарата психического.

ИНСТИНКТ 588914 31914 – совокупность врожденных компонент поведения и психики животных и человека.

ИНСТИНКТ САМОСОХРАНЕНИЯ 498175 61491 – врожденные побуждения и формы поведения, направленные на приспособление к условиям жизни и на выживание. В психоанализе к элементарным инстинктам самосохранения относят голод и жажду.

ИНСТИНКТ СЕКСУАЛЬНЫЙ - 548711 918 211.

ИНТЕГРАЦИЯ 491619 881 89 – как внутригрупповой процесс – создание внутреннего единства, сплоченности, что выражается в идентификации коллективной, сплоченности группы как ее ценностно-ориентационном единстве, объективности в возложении и принятии ответственности за успехи и неудачи в деятельности совместной.

ИНТЕГРАЦИЯ ГРУППОВАЯ 918517 918 48 – 1. Состояние группы, характерное: а) упорядоченностью внутригрупповых структур; б) согласованностью основных компонент системы групповой активности; в) устойчивостью субординационных взаимосвязей между ними; г) стабильностью и преемственностью их функционирования; д) другими признаками, свидетельствующими о психологическом единстве и целостности социальной общности. 2. Иерархически организованная совокупность внутригрупповых процессов, обеспечивающих достижение названного состояния. Проявляется в относительно непрерывном и автономном существовании группы, что предполагает наличие процессов, препятствующих нарушению психологической сохранности группы. Отсутствие интегративных свойств неизбежно ведет к распаду любой общности.

ИНТЕЛЛЕКТ 419886 7198 – это понятие определяется достаточно разнородно, но в общем виде имеются в виду индивидуальные особенности, относимые к сфере познавательной, прежде всего – к мышлению, памяти, восприятию, вниманию и пр. Подразумевается определенный уровень развития мыслительной деятельности личности, обеспечивающий возможность приобретать все новые знания и эффективно использовать их в ходе жизнедеятельности, – способность к осуществлению процесса познания и к эффективному решению проблем, в частности – при овладении новым кругом жизненных задач.

ИНТЕЛЛЕКТ: СТРУКТУРА 459618 71949 – структуру интеллекта описывает факторно-аналитическая теория, в которой выделяется два вида интеллекта: 1) текучий <fluid> – который существенно зависит от наследственности и фигурирует в задачах, где требуется приспособление к новым ситуациям; 2) кристаллизованный <cristallized> – в котором отражен прошлый опыт.

ИНТЕЛЛЕКТ ИСКУССТВЕННЫЙ 498716 319 808 – 1. Условное обозначение кибернетических систем и их логико-математического обеспечения, предназначенных для решения некоторых задач, обычно требующих использования способностей интеллектуальных человека. 2. Совокупность функциональных возможностей электронно-вычислительной машины – компьютера – решать задачи, ранее требовавшие обязательного участия человека.

ИНТЕЛЛЕКТ ПРАКТИЧЕСКИЙ 498016 719 78 (интеллект сенсомоторный) – Понятие для обозначения стадии развития интеллекта в период от рождения до 2 лет, предшествующей периоду интенсивного овладения речью, в течение которой достигается координация восприятия и движения. На этой стадии ребенок взаимодействует с объектами, их перцептивными и моторными сигналами, – но не со знаками, символами и схемами, репрезентирующими объект.

ИНТЕЛЛЕКТУАЛИЗАЦИЯ 598716 3194 – механизм защитный, действие которого проявляется в специфическом способе анализа стоящих перед личностью проблем, характерном чрезмерным преувеличением роли рассудочной компоненты при полном игнорировании эмоциональных, аффективных, чувственных составляющих анализа.

ИНТЕЛЛИГЕНТНОСТЬ 599617319 8 – совокупность личностных качеств индивида, отвечающих социальным ожиданиям, предъявляемым обществом преимущественно к лицам, занятым умственным трудом и художественным творчеством, в более широком аспекте – к людям, считающимся носителями культуры.

ИНТЕНСИВНОСТЬ 598614319 819 – 1. Качественная характеристика, выражающая высокую меру, степень силы, напряженности, насыщенности некоего проявления или процесса. 2. Качественная или количественная характеристика меры силы, напряженности, производительности некоего процесса или явления.

ИНТЕНСИВНОСТЬ: ПЕРЕМЕЩЕНИЕ 498619 718 519 – один из психических процессов сна. Во время деятельности сна происходит перемещение психической интенсивности, состоящее в том, что некоторые важные представления и мысли лишаются господствующего значения, а на первый план выступают другие, по видимости того не заслуживающие. Перемещение интенсивности можно бы назвать переоценкой психических ценностей.

ИНТЕНЦИЯ 599 061 898719 (интенциональность) – устремленность, направленность сознания, мышления на некий объект.

ИНТЕНЦИЯ ПАРАДОКСАЛЬНАЯ 489648 719 31 – психотерапевтический прием. Состоит в том, что клиент, мучимый страхом ожидания, получает от логотерапевта инструкцию: в критической ситуации или непосредственно перед ее наступлением хотя бы на несколько минут захотеть (при фобиях), или же самому осуществить (при неврозах навязчивости) то, чего он опасается.

ИНТЕРАКЦИОНИЗМ 59488 44 71931 – направление в современной западной психологии социальной. Под социальным взаимодействием в интеракционизме понимается непосредственная межличностная коммуникация («обмен символами»), важнейшей особенностью которой признается способность человека «принимать роль другого», представлять, как его воспринимает партнер по общению или группа («генерализованный другой»), и соответственно интерпретировать ситуацию и конструировать собственные действия.

ИНТЕРАКЦИЯ 489 067 319 80078 – взаимодействие, воздействие друг на друга.

ИНТЕРВЬЮ 488617 389016 – в психологии – способ получения социально-психологической информации с помощью устного опроса.

ИНТЕРВЬЮ ДИАГНОСТИЧЕСКОЕ 489061 71931 – метод получения информации о свойствах личности, используемый на ранних этапах психотерапии. Служит особым средством установления тесного личного контакта с собеседником. Во многих ситуациях клинической работы оказывается важным способом проникновения во внутренний мир клиента и понимания его затруднений.

ИНТЕРВЬЮ КЛИНИЧЕСКОЕ 519488 061714 089 – метод терапевтической беседы при оказании психологической помощи.

ИНТЕРИОРИЗАЦИЯ 548 316 719 888 – процесс формирования внутренних структур психики, обусловливаемый усвоением структур и символов внешней социальной деятельности.

© Грабовой Г.П., 2003

ИНТЕРОЦЕПТОР 498617 319881 (интерорецептор) – чувствительные нервные окончания – рецепторы, воспринимающие некие механические, химические и прочие сдвиги во внутренней среде организма. Расположены в мышцах, сухожилиях, сосудах, внутренних органах и пр.

ИНТЕРОЦЕПЦИЯ 519 814 319 889 (интерорецепция) – чувствительность внутренних органов.

ИНТЕРПСИХОЛОГИЧЕСКИЙ 591698 718 4 – межличностный, происходящий в психике нескольких субъектов, при взаимодействии психик.

ИНТЕРФЕРЕНЦИЯ 498617 889 511 – 1. Взаимоподавление одновременно выполняемых процессов (прежде всего относящихся к познавательной сфере), обусловленное ограниченным объемом распределяемого внимания. 2. Ухудшение сохранения запоминаемого материала в результате воздействия (наложения) другого материала, с которым оперирует субъект.

ИНТЕРФЕРЕНЦИЯ НАВЫКОВ 918488 712 81 – перенос уже выработанных частных навыков на вновь формируемое действие на основании их частичного, чисто внешнего сходства, приводящий к затруднениям усвоения нового навыка.

ИНТЕРФЕРЕНЦИЯ ПРОАКТИВНАЯ 549 316889 019 – явление деятельности мнемической, состоящее в ухудшении сохранения заучиваемого материала под влиянием предварительно заученного (интерферирующего) материала. Увеличивается при возрастании степени заучивания интерферирующего материала и увеличении его объема, а также по мере нарастания степени сходства заучиваемого и интерферирующего материала.

ИНТЕРФЕРЕНЦИЯ РЕТРОАКТИВНАЯ 898 764819 – ухудшение сохранения заученного материала, вызванное заучиванием или оперированием с последующим (интерферирующим) материалом. Относительная величина ее уменьшается по мере достижения устойчивого критерия усвоения первоначального материала. Интерференция ретроактивная возрастает по мере увеличения сходства заученного и интерферирующего материала и достигает максимума при их совпадении.

ИНТЕРФЕРЕНЦИЯ СЕЛЕКТИВНАЯ 488761 8 – явление деятельности мнемической (память), выражающееся в задержке ответа на вопрос в результате непроизвольного влияния на него значения слова. Наглядно выступает при решении задачи называния цвета букв некоего слова, особенно если само это слово – название цвета.

ИНТРАПУНИТИВНОСТЬ 916 071918 4 – склонность постоянно обвинять за все неудачи самого себя.

ИНТРОВЕРСИЯ 498601 718 14 – Обращенность сознания к самому себе, поглощенность собственными проблемами и переживаниями, сопровождаемая ослаблением внимания к окружающему. Одна из базовых черт личностных. Противоположное понятие – экстраверсия.

ИНТРОВЕРСИЯ 498601 718 14 (и экстраверсия) – характеристика различий индивидуально-психологических человека, крайние полюсы которой соответствуют преимущественной направленности личности либо на мир внешних объектов, либо на явления собственного субъективного мира.

ИНТРОЕКЦИЯ 4984 71 614 8908 – полное включение индивидом в свой мир внутренний – психику – воспринимаемых им образов, взглядов, мотивов и установок других людей, когда он уже не различает собственные и несобственные представления. Интроекция – одна из основ идентификации, психический механизм, играющий значительную роль в формировании Сверх-Я.

ИНТРОСПЕКЦИЯ 891 698061 718 – метод самонаблюдения, психологического анализа, изучения психики и ее процессов путем субъективного наблюдения за деятельностью собственной психики (самонаблюдение; моноспекция). Состоит в наблюдении собственных процессов психических, без использования инструментов или эталонов.

ИНТРОСПЕКЦИЯ АНАЛИТИЧЕСКАЯ 898716 319 68 – метод интроспективный. Характерен стремлением к полному расчленению чувственного образа на составные элементы, не редуцируемые к параметрам раздражителя.

ИНТРОСПЕКЦИЯ СИСТЕМАТИЧЕСКАЯ 519481 918917 – метод интроспективный. Характерен ориентацией на отслеживание основных стадий процесса мышления на базе ретроспективного отчета.

ИНТРОСПЕКЦИЯ ЭКСПЕРИМЕНТАЛЬНАЯ 914 891 618 378 – «самонаблюдение экспериментальное», при котором испытуемый тщательно наблюдает за динамикой переживаемых им состояний на каждой из стадий выполнения инструкции.

ИНТУИЦИЯ 489611 094 892 – отыскание, часто практически моментальное, решения задачи при недостаточности логических оснований; знание, возникающее без осознания путей и условий его получения – как результат «непосредственного усмотрения». Трактуется и как специфическая способность (например, интуиция художественная или научная), и как целостное схватывание условий ситуации проблемной (интуиция чувственная и интеллектуальная), и как механизм творческой деятельности (интуиция творческая) (творчество; воображение).

ИНФАНТИЛИЗМ 489618 719 31 – 1. Сохранение в психике и поведении взрослого человека свойств, черт, качеств и особенностей, присущих детскому возрасту. 2. Форма задержки при прохождении стадий развития онтогенетического, при которой оказываются недоразвитыми и функции физические, и психические. При этом сохраняется возможность полной компенсации развития психического в дальнейшем.

ИНФАНТИЛИЗМ ЛИЧНОСТНЫЙ 596 489 – сохранение в психике и поведении взрослого особенностей, присущих детскому возрасту. Индивид, которому свойствен инфантилизм – инфантил – при нормальном или даже ускоренном физическом и умственном развитии отличается незрелостью эмоционально-волевой сферы, что выражается в несамостоятельности решений и действий, чувстве незащищенности, в пониженной критичности по отношению к себе, повышенной требовательности к заботе других о себе, в разнообразных компенсаторных реакциях (фантазирование, замещающее реальные поступки, эгоцентризм и пр.).

ИНФОРМАНТ 591648 718 – субъект, включенный в эксперимент и информирующий экспериментатора (непосредственно или опосредованно – письменно) об особенностях своего взаимодействия с объектом.

ИНФОРМАТИКА 8918 914 319 – 1. Наука, изучающая процессы передачи и обработки информации. 2. Совокупность отраслей народного хозяйства, занимающихся процессами сбора, преобразования и потребления информации. 3. Сфера человеческой деятельности. 4. Наука, изучающая процессы обработки информации с помощью компьютеров.

ИНФОРМАЦИЯ 419 317 819 209 – 1. Некие сведения об окружающем мире и идущих в нем процессах – объект хранения, переработки и передачи – воспринимаемые человеком или специальными устройствами. 2. Сообщения о положении дел, о состоянии чего-либо.

ИНФОРМАЦИЯ: ОБРАБОТКА ПАРАЛЛЕЛЬНАЯ 498 714 318 218 9 – (параллельная обработка информации) модель обработки информации в мозге головном, согласно которой информация проходит ряд преобразований в определенных «функциональных блоках» мозга – так, что в каждый момент времени ее обработка ведется одновременно (параллельно) в нескольких «блоках». Используется в психологии когнитивной.

ИНФОРМАЦИЯ: ОБРАБОТКА ПОСЛЕДОВАТЕЛЬНАЯ 429 614 899 717 (последовательная обработка информации) – модель обработки информации в мозге головном, согласно которой информация поочередно проходит ряд преобразований в определенных «функциональных блоках» мозга – так, что в каждый момент времени ее обработка ведется лишь в одном «блоке». Используется в психологии когнитивной.

ИНЦЕСТ 348 617 (инцестуальность, инцестуозность) – сексуальные отношения (коитус) с кровными родственниками, кровосмешение. Врожденное эротическое влечение, направленное на родителей (комплекс Эдипа), – одна из компонент невроза, а также распространенная форма сексуальных отношений в первобытном обществе.

ИПОХОНДРИЯ 428 761 319 88 – болезненное состояние или заболевание, характерное чрезмерным вниманием к своему здоровью, страхом перед неизлечимыми болезнями (например, канцерофобия, кардиофобия и пр.), склонностью преувеличивать болезненные явления и приписывать себе несуществующие тяжелые недуги.

ИРРАДИАЦИЯ 498 078 319 488 9 – способность нервного процесса распространяться из места своего возникновения на другие нервные элементы.

ИСКАЖЕНИЕ АППЕРЦЕПТИВНОЕ 498 317918481 – любые индивидуальные отклонения от стандартной интерпретации стимула.

ИСКУССТВО СЦЕНИЧЕСКОЕ 498 817 019 – один из способов познания человека. Воспроизводя действия сценического персонажа в обстоятельствах, предлагаемых автором пьесы, актер переживает два типа эмоций: 1) связанные с успешностью своей профессиональной деятельности; 2) сходные с эмоциями изображаемого им лица.

ИСПУГ 498317 918 – состояние в ситуации внезапной, неожиданной опасности.

ИСПЫТУЕМЫЙ 519317418 91– субъект, над которым проводятся психологические опыты; участник исследования психологического.

ИССЛЕДОВАНИЕ 529 311 488 07 – 1. Проведение научного изучения. 2. Осмотр для выяснения, изучения чего-либо. 3. Научный труд.

ИССЛЕДОВАНИЕ: ТЕМА 318499614 – аспект некоей проблемы или отдельный вопрос, который специально изучается в данном исследовании.

ИССЛЕДОВАНИЕ ЛОНГИТЮДНОЕ 419811 918 (исследование лонгитюдиональное) – длительное и систематическое изучение одних и тех же испытуемых, позволяющее определять диапазон возрастной и индивидуальной изменчивости фаз жизненного цикла человека; изучение определенных индивидуальных особенностей одних и тех же детей на протяжении нескольких лет, в котором можно использовать методы наблюдения, эксперимента и тестирования.

ИССЛЕДОВАНИЕ ПАТОГРАФИЧЕСКОЕ 418917 2188 4 – цикл психоаналитических исследований.

ИССЛЕДОВАНИЕ ПИЛОТАЖНОЕ 481 912 – пробно-поисковый тип исследования, который проводится перед основным и является его упрощенной формой. В психологии социальной исследование пилотажное (рабочий термин – зондаж) применяется для установления требуемого объема выборки, уточнения содержания и количества вопросов анкеты, времени опроса и пр. В тестологии исследование пилотажное (рабочий термин – претест) служит средством выявления некоторых стандартов основного теста.

ИССЛЕДОВАНИЕ ПОЛЕВОЕ 319 917 81944 – тип исследования социальных явлений или поведения сообществ животных посредством изучения их в нормальных, естественных условиях.

ИССЛЕДОВАНИЕ ПСИХОДИАГНОСТИЧЕСКОЕ 488 718 918 41 – обычно на его основе проверяются гипотезы о зависимостях между различными психологическими характеристиками. Исследование психодиагностическое включает в себя: 1) разработку требований к измерительным инструментам; 2) конструирование и апробацию методик;3) выработку правил обследования; 4) обработку и интерпретацию результатов.

ИССЛЕДОВАНИЕ ПСИХОЛОГИЧЕСКОЕ 312 418 912 8 – предполагает такие этапы: 1) формулировку проблемы; 2) выдвижение гипотезы; 3) проверка гипотезы – получение данных эмпирических и обработка их; 4) интерпретация результатов проверки – соотнесение полученных результатов с исходной гипотезой, выводы о достоверности гипотезы и дальнейшее соотнесение ее с теорией, в рамках которой формировалась гипотеза; при необходимости - пересмотр определенных положений, что порождает новые проблемы, новые гипотезы – и пр.

ИССЛЕДОВАНИЕ ФАКТОРНОЕ 918 117 4889018 (исследование корреляционное) – исследования черт личности. Суть их – в том, что посредством анализа факторного на большом количестве испытуемых устанавливается, какие черты личности в среднем сильно коррелируют между собой, какие – слабо. Положительно коррелирующие черты – те, что чаще сочетаются в одном человеке.

ИССЛЕДОВАНИЕ ЭМПИРИЧЕСКОЕ 489361 819 48 – исследование, основанное на получении, анализе и обобщении опытных (эмпирических) данных.

ИСТЕРИЯ 5154891 – один из видов неврозов – патохарактерологическое нарушение, связанное с чрезмерной склонностью к внушению и самовнушению, а также слабостью сознательного контроля за поведением. Характерна многообразными нарушениями психики, сферы двигательной, чувствительности. Проявляется своеобразными истерическими характером, припадками, нарушениями сознания и функций внутренних органов.

ИСТЕРИЯ СТРАХА 891488 916 71 – самое частое и первое психоневротическое заболевание детей – «неврозы детства» – всегда развивающееся преимущественно в фобии. Психический механизм ее соответствует механизмам фобий, исключая один момент: при истерии страха либидо, освобожденное из патогенного материала путем вытеснения, не конвертируется – не переходит из сферы психики на телесную иннервацию, а остается свободным в виде страха. Истерия страха может комбинироваться с истерией конверсионной.

ИСТОРИОГРАФИЯ 498714 318 7 – 1. Наука, изучающая развитие исторических знаний, иногда – синоним истории как науки. 2. История изучения некоторой проблемы.

Й

ЙОГА 488 712 89901 – древнеиндийская религиозно-философская система личного совершенствования, связанная с системой психофизической тренировки, направленной на изменение психики за счет предельно высоких степеней концентрации внимания.

К

КАНДАВЛИЗМ 489016681 9 (кандаулезизм) – вид полового извращения, при котором мужчина получает половое наслаждение при демонстрации другим обнаженной партнерши или ее фотографий.

КАНЦЕРОФОБИЯ 209 488 6190 – вид невроза, характерный патологической боязнью заболевания раком.

КАПРИЗ 523 488719 – мелкая прихоть, причуда – без действительной потребности, надобности, необходимости.

КАПРИЗ ДЕТСКИЙ 317988 9178 (капризы детей) – стремление детей – прежде всего возраста дошкольного и младшего школьного – делать нечто вопреки предписаниям взрослых. Часто сопровождается плачем или криком. Благоприятными условиями для появления капризов служит переутомление, слабость системы нервной, повышенная эмоциональная возбудимость.

КАРТА КОГНИТИВНАЯ 488916 3194 – субъективная картина, имеющая прежде всего пространственные координаты, в которой локализованы отдельные воспринимаемые предметы; образы ситуаций знакомого пространственного окружения. Создаются и изменяются в ходе активного взаимодействия субъекта с миром.

КАРТИНА БОЛЕЗНИ ВНУТРЕННЯЯ 318914 888 01 (внутренняя картина болезни) – возникающий у больного целостный образ своего заболевания.

КАРТИНА МИРА ЭТНИЧЕСКАЯ 521485 618 – единая ориентация когнитивная, фактически – невербализованное, имплицитное выражение понимания членами каждого общества, в том числе общности этнической, «правил жизни», диктуемых социальными, природными и «сверхъестественными» силами. Представляет собой свод основных допущений и предположений, обычно не осознаваемых и не обсуждаемых, но направляющих и структурирующих поведение представителей данной общности почти так же, как грамматические правила, неосознаваемые большинством людей, структурируют и направляют их поведение лингвистическое.

КАТАЛЕПСИЯ 319 781 3194 – сноподобное состояние, характерное понижением чувствительности к внешним и внутренним стимулам, «восковой гибкостью» – непроизвольного сохранения любой позы без видимых усилий. Может возникать в гипнотическом сне, а также при некоторых заболеваниях психических (шизофрения, истерия и пр.).

КАТАРСИС 488916 319 (катарзис) – первоначально – эмоциональное потрясение, состояние внутреннего очищения, вызванное у зрителя античной трагедии в результате переживания за судьбу героя, как правило, завершавшуюся смертью. Сильное эмоциональное потрясение, вызванное не реальными событиями жизни, но их символическим отображением – например, в произведении искусства.

КАТАРТИЧЕСКИЙ 4890 19218 – вызывающий разрядку аффектов патогенных посредством катарсиса от воспоминания и повторного переживания прошедших событий.

КАТЕГОРИАЛЬНОСТЬ 319681 0198 – свойство восприятия, существующее на уровне сознания и характеризующее личностный уровень восприятия, – способность к выделению в перцептивном пространстве определенных областей, имеющих более или менее очерченные и устойчивые границы. При этом четкость данных границ тесно связана с перцептивными задачами, решаемыми индивидом.

КАТЕГОРИЗАЦИЯ 318916489 – процесс психический отнесения единичного объекта, события, переживания к некоему классу, – как вербальные и невербальные значения, символы, сенсорные и перцептивные эталоны, социальные стереотипы, стереотипы поведения и пр. Непосредственно включен в процессы восприятия, мышления, воображения, объект которых воспринимается и мыслится не как единичность, непосредственная данность, но как представитель обобщенного класса, причем на объект переносятся особенности данного класса явлений.

КАТЕКСИС 219488 0184 – «энергетический заряд», своеобразный квант психосексуальной энергии.

КАУЗОМЕТРИЯ 428911 3197 – метод исследования субъективной картины пути жизненного и времени психологического личности. Относится к методам биографическим; направлена на описание не только прошедших, но и предполагаемых будущих этапов пути жизненного.

КИНЕСТЕЗИЯ РЕЧЕВАЯ 519488 914 31 – афферентные импульсы, идущие от периферических органов речи в кору мозга головного. Возникают не только при внешней речевой активности, но и при выполнении действий умственных, когда может происходить повышение тонуса речевой мускулатуры и появление двигательной импульсации из – за скрытого проговаривания слов.

КЛАУСТРОФОБИЯ 489317918 999 – вид невроза, характерный патологической боязнью закрытых пространств и помещений.

КЛЕТКА БИПОЛЯРНАЯ 818 217 318 514 – клетки нервные, ответственные за передачу сигналов от колбочек и палочек к клеткам ганглиозным сетчатки.

КЛЕТКА ГАНГЛИОЗНАЯ 528 471 918 319 – клетки нервные сетчатки, получающие нервные сигналы от колбочек и палочек через клетки биполярные и передающие их в мозг головной по нерву зрительному, образованному их аксонами.

КЛЕТКА ГЛИАЛЬНАЯ 498 378 019 481 – вспомогательные клетки нервной ткани. По – видимому, обеспечивают питание нервных клеток; по мнению некоторых авторов, также участвуют в формировании памяти долговременной.

КЛИЕНТ 398617 891319 – человек, обратившийся за психологической помощью. Этот термин предпочтительнее термина «пациент», подчеркивающего состояние болезни.

КЛИМАТ 3918998980171 – многолетний статистический режим погоды, характерный некоторой местности в силу ее географического положения. В психологии термин применяется расширительно – метафорически.

КЛИМАТ СОЦИАЛЬНО - ПСИХОЛОГИЧЕСКИЙ 390619 001798 (климат морально – психологический; климат психологический; атмосфера психологическая) – качественная сторона отношений межличностных, проявляемая в виде совокупности психологических условий, способствующих или препятствующих продуктивной деятельности совместной и всестороннему развитию личности в группе.

КЛИШЕ 489617 318914 811 (клише поведенческое) – поверхностные способы поведения, стереотипные способы взаимодействия.

КОГНИТИВИЗМ 489061 918715 – направление в психологии (подход когнитивистский; психология: подход когнитивный, психология когнитивная, психотерапия когнитивная). Утверждает, что индивиды – не просто машины, механически реагирующие на внутренние факторы или внешние события; разуму человека доступно нечто большее, чем информация, поступающая извне. Когнитивный подход в основном заключается в стремлении понять, каким образом человек расшифровывает информацию о действительности и организует ее, чтобы принимать решения или решать насущные задачи.

«КОЛЛЕДЖ НЕЗРИМЫЙ» 319 041899 017 – объединение ученых, работающих в различных учреждениях и общающихся между собой путем использования личных контактов – устных и письменных.

КОЛЛЕКТИВ 328677 918421 – группа объединенных общими целями и задачами людей, достигшая в процессе деятельности совместной высокого уровня развития.

КОЛЛЕКТИВ: ЕДИНСТВО ПРЕДМЕТНО-ЦЕННОСТНОЕ 598 716 388901 – нормативная интеграция индивидуальных деятельностей в группе, когда каждая деятельность, будучи функционально специфична по объекту или способам его преобразования, и занимая иерархически различные места в системе внутригрупповой активности, опосредована единым ценностным содержанием предмета деятельности совместной. Такое единство – важнейшая составляющая интеграции группы социальной как совокупного субъекта деятельности.

КОЛЛЕКТИВ НАУЧНЫЙ: ПРОГРАММА ИССЛЕДОВАТЕЛЬСКАЯ 378966 819716 918 – (исследовательская программа научного коллектива) основание и способ организации индивидуальной и коллективной научной деятельности, одно из ключевых понятий психологии социальной коллектива научного. Зарождается в ситуации проблемной, обусловленной логикой развития познания, научно – социальным контекстом и уникальным жизненным путем ученого. Содержит категориальные, теоретические, операциональные, ценностно – нормативные основания научной деятельности, представления о проектируемом результате и стратегии его достижения, и пр.

КОЛЛЕКТИВИЗМ 589061 918 712 – как свойство личности – выражает уровень социального развития человека, проявляемый в личной ответственности за общественный прогресс, за коллектив, в постоянных действиях на благо общества. Коллективизм – принцип организации взаимоотношений и деятельности совместной людей, проявляемый в осознанном подчинении личных интересов общественным интересам, в товарищеском сотрудничестве, в готовности к взаимодействию и взаимопомощи, во взаимопонимании, доброжелательности и тактичности, интересе к проблемам и нуждам друг друга.

КОЛЛЕКТИВООБРАЗОВАНИЕ 588901 708961 8 – стадия группообразования, означающая переход группы в ходе совместной социально ценной деятельности от низкого к более высокому уровню развития, в конечном итоге – к коллективу.

КОМА 498716388917 – нарушение деятельности сознания, характерное отсутствием реагирования на внешние воздействия, включая раздражители болевые. При этом зрачки расширены, реакция на свет не фиксируется. Часто возникают патологические рефлексы.

КОММУНИКАЦИЯ 491689 318712 – 1. Понятие, близкое к понятию общения, но расширенное. Это – связь, в ходе которой происходит обмен информацией между системами в живой и неживой природе.

КОММУНИКАЦИЯ МАССОВАЯ 518 555 948 71 – систематическое распространение, с помощью технических средств тиражирования, специально подготовленных сообщений, представляющих социальную значимость, среди численно больших, анонимных, рассредоточенных аудиторий для оказания влияния на установки, оценки, мнения и поведение людей. Важный социальный и политический институт современного общества, выступающий как подсистема более сложной системы коммуникации, в широких масштабах выполняющий функции идеологического и политического влияния, поддержания социальной общности, организации, информирования, просвещения и развлечения. Коммуникации массовой свойственны институциональный характер источников и отсроченность связи обратной между источниками и аудиториями.

КОМПЕНСАЦИЯ 528916 388 917 – реакция организма и психики, противодействующая травматическим возбуждениям путем изъятия активной энергии у всех психических систем и созданием соответственного энергетического заполнения вокруг травмированных элементов.

КОМПЕНСАЦИЯ ФУНКЦИОНАЛЬНАЯ 488716 318914 (компенсация функций) – восстановление целостной деятельности, нарушенной после выпадения из ее структуры тех или иных функций. Происходит либо на основе сохранных функций, либо за счет перестройки частично нарушенных функций.

КОМПЕТЕНТНОСТЬ СОЦИАЛЬНО-ПСИХОЛОГИЧЕСКАЯ 589 411 399 01 – способность индивида эффективно взаимодействовать с окружающими людьми в системе отношений межличностных. Формируется в ходе освоения индивидом систем общения и включения в деятельность совместную.

КОМПЛЕКС 498764 388 91 – 1. Совокупность, сочетание предметов, действий, явлений или свойств, составляющий единое целое. 2. Соединение отдельных процессов психических в целое, отличное от суммы своих элементов. 3. Специфическая интерпретация комплекса дана в психоанализе, где он понимается как группа процессов психических, объединенная единым аффектом, сформированная на основе глубинных филогенетических структур.

КОМПЛЕКС КАСТРАЦИОННЫЙ 489068719317 (комплекс кастрации) – своеобразная детская реакция на приписываемое отцу сексуальное запугивание или подавление раннеинфантильной сексуальной деятельности. Также – страх за пенис у мальчика, зависть из – за пениса у девочки.

КОМПЛЕКС МУЖЕСТВЕННОСТИ 918617 399 814 – группа представлений, складываемая главным образом из чувства зависти, малоценности и надежды девочки обрести когда – нибудь пенис и так стать равной мужчине. Это иногда представляет большие трудности в развитии женственности. Если преодоление комплекса не удается, в душевной жизни начинается «процесс отрицания»: девочка отказывается признать факт своей «кастрации» и твердо убеждена, что обладает пенисом и потому вынуждена вести себя как мужчина.

КОМПЛЕКС НЕПОЛНОЦЕННОСТИ 498064 317 (комплекс малоценности) – ведущий к невротическим отклонениям синдром психопатологический, который заключается в стойкой уверенности человека в собственной неполноценности как личности.

КОМПЛЕКС ОЖИВЛЕНИЯ 489064 319 – понятие означает различные положительные эмоционально – двигательные реакции младенца на появление взрослого, особенно на голос матери, ее лицо, прикосновения, или на красивые игрушки, приятные звуки и пр. Выражается в замирании и зрительном сосредоточении на объекте восприятия, улыбке, издаваемых звуках, двигательном оживлении.

КОМПЛЕКС ПОЛИКРАТА 491068 7143 – понятие, введенное в рамках психоанализа классического для объяснения состояния человека, характерного чувством тревоги, возрастающим по мере того, как он достигает все больших жизненных вершин, и обусловленным нежеланием быть замеченным «завистливыми богами» и утратить все достигнутые блага.

КОМПЛЕКС ЭДИПА 488661 010 89 (комплекс Эдипов, комплекс Эдиповский) – понятие, введенное в рамках психоанализа классического, – имманентное бессознательное эротическое влечение ребенка к родителю противоположного пола и связанное с ним агрессивное чувство к родителю своего пола. Возникающий в раннем детстве комплекс представлений и чувств, преимущественно бессознательных, заключающихся в половом влечении мальчика к родителю противоположного пола и стремлении физически устранить родителя одного пола.

КОМПЛЕКС ЭЛЕКТРЫ 914 668 504 31 – понятие психоанализа классического. Бессознательное эротическое влечение девочки к отцу и связанные с этим негативные установки к матери.

КОМПЛЕКСНЫЙ 518477 39841 – представляющий собою комплекс чего – либо; охватывающий группу объектов, явлений, процессов и пр.

КОМПРОМИСС 5948981 819 47 – механизм защитный, обеспечивающий лишь частичную реализацию болезненных импульсов.

КОНВЕРГЕНЦИЯ 319489481317 – сведение осей зрительных обоих глаз на некотором объекте или одной точке пространства зрительного.

КОНВЕРСИЯ 489716319 888 – Образование нового значения слова: 1) либо при переходе его в новую парадигму словоизменения: например, «печь» – существительное, «печь» – глагол; 2) либо при употреблении его в контексте, отличном от традиционного. Бывает причиной появления барьеров смысловых при общении.

КОНВЕРСИЯ ИСТЕРИЧЕСКАЯ 489715128 – соматическое разрешение конфликта бессознательного; процесс, в ходе которого развившемуся при патогенных условиях аффекту был закрыт нормальный выход, отчего эти «защемленные аффекты» находят ненормальное выражение (применение), либо остаются как источники постоянного возбуждения, отягощая душевную жизнь.

КОНКРЕТИЗАЦИЯ 48916171891 – наполнение обобщенного, схематизированного образа когнитивного некоторого предмета или ситуации частными, конкретизованными признаками, за счет чего становится возможным продвижение о решении конкретных задач.

КОНКУРЕНЦИЯ 558477 018 917 – одна из основных форм организации взаимодействия межличностного, характерная достижением индивидуальных или групповых целей и интересов в условиях противоборства с добивающимися тех же целей и интересов другими индивидами или группами. Обычно отличается сильной персональной вовлеченностью, активизацией субъекта действия, частичной деперсонализацией представлений о «противнике».

КОНСТАНТНОСТЬ 51438891817 (константность восприятия) – закономерность восприятия, в которой просматривается связь с особенностями раздражителя и психофизиологическими закономерностями. Относительная устойчивость, независимость воспринимаемых характеристик объектов при изменении условий восприятия. Позволяет сохранить неизменными свойства предмета независимо от того, с какого расстояния, под каким углом и при каком освещении они воспринимаются.

КОНСТИТУЦИЯ 514 81291876 (конституция организма) – объединяет несколько групп свойств – морфологических, биохимических, физиологических, – которые в совокупности, но при ведущем влиянии свойств системы нервной, составляют основу и механизм темперамента.

КОНСТИТУЦИЯ СЕКСУАЛЬНАЯ 518876 3184 – тип сексуальной организации индивида, в формировании которого значительная роль принадлежит врожденным компонентам сексуальности. Многообразные феномены нормального и аномального поведения в большой мере обусловлены типом конституции сексуальной.

КОНСТРУКТ ЛИЧНОСТНЫЙ 514889 316718891 – создаваемый субъектом классификационно – оценочный эталон, посредством которого реализуется понимание объектов в их сходстве между собой и в отличии от других.

КОНСТРУКТИВИЗМ 5194886191 – когнитивное развитие – это результат постепенного процесса, состоящего из последовательных стадий. Пытаясь понять действительность, ребенок постоянно сталкивается с новыми проблемами, разрушающими уже сложившиеся представления. Это продвижение определяется совместным воздействием созревания системы нервной, опыта обращения с различными предметами и таких факторов, как язык и воспитание. Наследственно и потому присуще всем только функционирование интеллекта.

КОНСУЛЬТАЦИЯ 584716319814 – 1. Совет, разъяснение специалиста по некоторому вопросу. 2. Один из видов учебных занятий – беседа преподавателя с обучаемыми для расширения и углубления их знаний. 3. Совещание специалистов по некоторому вопросу. 4. Учреждение, оказывающее помощь – населению советами специалистов по некоторым практическим вопросам или же оказывающее медицинскую или оздоровительную помощь.

КОНСУЛЬТАЦИЯ ПРОФЕССИОНАЛЬНАЯ 5847163 59481 – стратегия психологической помощи индивиду при выборе профессии и планировании профессиональной карьеры.

КОНСУЛЬТИРОВАНИЕ ПСИХОЛОГИЧЕСКОЕ 7163489 488 101 – форма оказания практической психологической помощи в виде советов и рекомендаций – на базе предварительного изучения проблем, беспокоящих клиентов, а также изучения самих клиентов и их взаимоотношений с окружающими людьми.

КОНТАКТ - ПСИХОЛОГИЯ 588 712989614 – метод психотерапии, основанный на теории психического, в которой все межчеловеческие отношения выводились из отношений мужчины и женщины. В этом методе терапевтическое воздействие направлялось прежде всего на реализацию способности клиента к любви, часто заторможенную из – за неадекватности и поверхностности контактов.

КОНТАМИНАЦИЯ 489016 719 31 – 1. Ложное воспроизведение информации, характерное объединением в образе или понятии частей, принадлежащих к разным объектам. 2. Ошибочное воспроизведение слов, состоящее в объединении слогов, относящихся к разным словам, в одно слово; например, вместо слов «белок» и «свиток» произносится «белток». Подобные перестановки могут возникать не только внутри слов, но и при воспроизведении списков слов, когда слова из одного списка воспроизводятся в другом. Контаминации способствует смысловая и фонетическая близость слов. В основании контаминации лежат явления интерференции проективной ретроактивной. В патологии контаминация наблюдается при различных нарушениях памяти.

КОНТЕКСТ 489061 918 41 – обладающая смысловой завершенностью устная или письменная речь, позволяющая выяснить смысл и значение отдельных входящих в ее состав фрагментов – слов, выражений или отрывков текста.

КОНТЕНТ - АНАЛИЗ 319488918 71 – в психологии – метод выявления и оценки специфических характеристик текстов и других носителей информации, в которых соответственно целям исследования выделяются определенные смысловые единицы содержания и формы информации: психологические характеристики персонажей сообщений массовой коммуникации, виды взаимодействия людей, жанры сообщений и пр. Затем производится систематический замер частоты и объема упоминаний этих единиц в определенной совокупности текстов или других носителей информации. Кон – тент – анализ позволяет выявить отдельные психологические характеристики коммуникатора, аудитории, сообщения и их взаимосвязи.

КОНТР – ТРАНСФЕР 489016 014 (контртрансфер) – неосознанное перенесение на личность клиента эмоционального отношения психотерапевта, психоаналитика к значимым для него людям.

КОНТРАСТ 489 618 – резко выраженная противоположность.

КОНТРАСТ ЗРИТЕЛЬНЫЙ 48741 31948 – зрительная оценка относительной яркости или освещенности предмета, изображения или его цвета по сравнению с фоном.

КОНТРАСТ ЯРКОСТНЫЙ 491 214 718 212 – соотношение яркостей зрительных стимулов в одном поле восприятия при решении задачи на различение. Минимальная величина контраста яркостного для одновременно воспринимаемых объектов 1 – 2%, для последовательно воспринимаемых – не менее 4%. При решении практических задач, связанных с распознанием стимулов, диапазон контраста должен быть от 65 до 85%.

КОНТРОЛЬ 514 318 718 48 – один из относительно совершенных механизмов регуляции процессов познавательных.

КОНТРОЛЬ СОЦИАЛЬНЫЙ 319 719 841 21145 – система способов воздействия общества и групп социальных на личность для регуляции ее поведения и приведения его в соответствие с общепринятыми в этой общности нормами. Служит решению двуединой задачи – достижению и поддержанию стабильности социальной системы, элементом которой является контролируемый индивид, и обеспечению позитивного развития этой системы.

КОНТУР КОГНИТИВНЫЙ 518914319 812 – субъективное завершение целостной фигуры, составленной из отдельных фрагментов.

КОНФАБУЛЯЦИЯ 498716319718 – ложные воспоминания, наблюдаемые при нарушениях памяти.

КОНФЕТА ГОРЬКАЯ 919 217819314 – условное название одного из психолого-педагогических экспериментов для детей возраста дошкольного старшего и школьного младшего.

© Грабовой Г.П., 2003

КОНФЛИКТ 518716 319414 – столкновение противоположно направленных целей, интересов, позиций, мнений или взглядов оппонентов или субъектов взаимодействия.

КОНФЛИКТ: ТИПОЛОГИЯ 5889617889061 – В качестве основных побуждений деятельности рассматриваются два стремления: достичь благоприятной цели <Appetenz – притяжение> и избежать неблагоприятной ситуации <Aversion – отвращение>.

КОНФЛИКТ ВНУТРИЛИЧНОСТНЫЙ 519 588961 499 1 (конфликт внутрипсихический) – как правило – порождение амбивалентных стремлений субъекта. В психоанализе – изначальная и постоянная форма столкновения противоположных принципов, влечений, амбивалентных стремлений и прочего, в которых выражается противоречивость человеческой природы. Конфликт может выступать, например, как форма взаимодействия противоречивых импульсов бессознательного и сознательного – Оно и Сверх – Я.

КОНФЛИКТ МЕЖГРУППОВОЙ 588961 531 8 – в нем в качестве субъектов выступают группы, преследующие цели, несовместимые с целями противостоящей группы.

КОНФЛИКТ МЕЖЛИЧНОСТНЫЙ 9 588961 481 – существуют две формы его – конструктивная и неконструктивная. Неконструктивный конфликт межличностный возникает, когда один из оппонентов прибегает к нравственно осуждаемым методам борьбы, стремится психологически подавить партнера, дискредитируя и унижая его в глазах окружающих. Конструктивным конфликт межличностный бывает, лишь когда оппоненты не выходят за рамки деловых аргументов и отношений. При этом могут наблюдаться различные стратегии поведения.

КОНФЛИКТ НЕВРОТИЧЕСКИЙ 898 01731844 – противоречие между личностью и значимыми для нее сторонами действительности, непродуктивно и нерационально разрешаемое, что сопровождается появлением болезненно – тягостных переживаний неудачи, неудовлетворения потребностей, недостижимости жизненных целей, невосполнимости потери и пр. Нарушение значимых жизненных отношений человека, активизирующееся в психотравмирующих ситуациях.

КОНФЛИКТ ОРГАНИЗАЦИОННЫЙ 588 418716 49 – столкновение противоположно направленных организационных позиций индивидов или групп безотносительно целей друг друга. Обычно возникает в ситуации, когда нужно резко изменить привычный тип деятельности (инновация), перейти к новым организационным структурам, конверсии и пр.

КОНФЛИКТ ПАТОГЕННЫЙ 86 8961 419716 – болезнетворная форма конфликта психического, образуемая в результате столкновения между влечениями Я и влечениями сексуальными – между Я и сексуальностью.

КОНФЛИКТ ПРОДУКТИВНЫЙ 519 318 961 (конфликт конструктивный) – конфликт, позитивно влияющий на структуру, динамику и результативность социально – психологических процессов, служащий источником самоусовершенствования и саморазвития личности.

КОНФЛИКТ ПСИХИЧЕСКИЙ 519 688 8961318 – постоянный элемент душевной жизни, характерный беспрерывным столкновением влечений, желаний, систем психических и сфер личности. При соединении внешне – вынужденных отказов от удовлетворения либидо конфликт психический становится конфликтом патогенным.

КОНФЛИКТ ЭТНИЧЕСКИЙ 588961919 61 – форма конфликта

межгруппового, когда группы с противоречивыми интересами поляризуются по этническому признаку. Их источником обычно являются внеэтнические социально – политические и экономические противоречия.

КОНФЛИКТ Я | СВЕРХ – Я 491614 81 588961 (конфликт Я и Я – идеала; конфликт Я и Сверх – Я) – форма отражения противоречий реального и психического, мира внешнего и внутреннего.

КОНФОРМНОСТЬ 498617 91874 – податливость человека реальному или воображаемому давлению группы; проявляется в изменении его поведения и установок соответственно первоначально не разделявшейся им позицией большинства.

КОНФОРМНОСТЬ ВНЕШНЯЯ 4 617 918897 481 (конформность публичная) – демонстративное подчинение навязываемому мнению группы с целью заслужить одобрение или избежать порицания, а возможно, и более жестких санкций со стороны группы.

КОНФОРМНОСТЬ ВНУТРЕННЯЯ 179174 890101 (конформность личная) – действительное преобразование индивидуальных установок в результате внутреннего принятия позиции окружающих, оцениваемой как более обоснованная и объективная, чем собственная точка зрения.

КОНЦЕНТРАЦИЯ 519688 01971 – способность процессов нервных ограничивать сферу своего распространения исходным очагом возникновения; явление, обратное иррадиации.

КОНЦЕПТ 901 67180161 – содержание некоторого понятия.

КОНЦЕПТ ФИГУРНЫЙ 428917 0618901 – класс научных представлений – схематизированных абстракций, как геометрические фигуры, графики физических процессов и зависимостей, структурные формы химических веществ и прочие представления общие, материализованные в изображении. Название подчеркивает их образно – понятийную природу.

КОНЦЕПЦИЯ 90167 89 0619 – 1. Система взглядов, некое понимание явлений, процессов и пр. 2. Единый, определяющий замысел, ведущая мысль некоего произведения, научного труда и пр.

КОНЦЕПЦИЯ АНАЛИЗА ПОДЕТАЛЬНОГО 90167819481 – представления, развиваемые в психологии когнитивной, – о том, что распознание стимула обеспечивается за счет выделения присущих ему простейших признаков (линий, углов, кривизны), на основании которых строится целостное восприятие стимула.

КОНЦЕПЦИЯ ДВИЖЕНИЙ ВЫРАЗИТЕЛЬНЫХ 901 8954918048 – предположение, будто человеческие движения выразительные являются рудиментами инстинктивных действий живых существ, связанных с борьбой, нападением, защитой потомства и пр.

КОНЦЕПЦИЯ ДИСПОЗИЦИОННАЯ 109817 61941899 – концепция, характеризующая социальное поведение личности в зависимости от состояний ее готовности к определенному способу действий. Связывает готовность личности к поведению в данной социальной ситуации с социальными условиями предшествующей деятельности, в которых формируется устойчивая предрасположенность к реализации определенных потребностей субъекта в соответственных условиях.

КОНЦЕПЦИЯ ОПОСРЕДОВАНИЯ ДЕЯТЕЛЬНОСТНО-ГО 498761 201891 (концепция деятельностного опосредования межличностных отношений) – специальная социально – психологическая концепция, рассматривающая отношения межличностные в любой достаточно развитой группе как опосредованные содержанием и ценностями деятельности.

КОНЦЕПЦИЯ ОТНОШЕНИЙ ЛИЧНОСТИ 901 678 519801 – совокупность теоретических представлений, согласно которым психологическое ядро личности есть индивидуально – целостная система ее субъективно – оценочных, сознательно – избирательных отношений к действительности, являющая собой интериоризованный опыт взаимоотношений с другими людьми в условиях окружения социального.

КОНЦЕПЦИЯ ПРЕДСТАВЛЕНИЙ СОЦИАЛЬНЫХ 671 901 8984701 – одна из теорий «среднего ранга», нацеленная на выявление тенденций функционирования структур обыденного сознания в современном обществе. Основная идея концепции представлений социальных заключена в следующем утверждении: ментальные структуры общества призваны упрочить психологическую стабильность социального субъекта (группы или индивида) и ориентировать его поведение в меняющихся ситуациях. Предметом изучения считается реальность социальная, понимаемая как совокупность представлений социальных, посредством которых отношения общественные явлены в индивидуальном сознании.

КОНЦЕПЦИЯ ПРОГРАММНО - РОЛЕВАЯ 67180 109 218 41 (программно ролевая концепция научного коллектива) – применительно коллектива научного – теория коллективной деятельности научной, рассматриваемой в трех взаимосвязанных аспектах: предметно – логическом, научно – социальном и личностно – психологическом. Единицей анализа научной деятельности выступает программа исследовательская, отражающая запросы логики развития науки и реализуемая путем распределения научных функций (ролей) между членами коллектива исследовательского.

КОНЦЕПЦИЯ РЕЧИ ВНУТРЕННЕЙ 901 180161 8980128 –

теоретическая модель генезиса речи внутренней из так называемой речи эгоцентрической, являющей собой разговор ребенка с самим собой вслух во время игры и других занятий.

КОНЦЕПЦИЯ САМООРГАНИЗАЦИИ 01 671918 4 – научное направление, возникшее на базе физики статистической, теории систем общей и кибернетики и изучающее закономерности возникновения структуры в неравновесных системах неупорядоченных элементов. Общие принципы самоорганизации обнаруживаются в системах физических, химических, биологических и социальных, причем в высокоорганизованных системах они воплощены с наибольшей полнотой. В психологии концепция самоорганизации может распространяться на широкий спектр объектов – от психофизиологии до психологии социальной.

КОНЦЕПЦИЯ СТРАТОМЕТРИЧЕСКАЯ 7180161489 – 1. концепция опосредования деятельностного; 2. Концепция стратометрическая коллектива – социально – психологическая теория структурообразования коллектива. Основана на предположении, что динамику отношений межличностных в группах социальных можно адекватно интерпретировать лишь при рассмотрении многоуровневой структуры процессов групповых и определении характеристик уровней внутригрупповой активности.

КОНЦЕПЦИЯ УРОВНЕЙ ПОСТРОЕНИЯ ДВИЖЕНИЙ 901 671161 8901219 – концепция, согласно которой под построением движения понимается состав ансамблей афферентационных, участвующих в координировании данного движения, в осуществлении требуемых коррекций и в обеспечении адекватных перешифровок для эффекторных импульсов, а также вся совокупность системных взаимоотношений между ними.

© Грабовой Г.П., 2003

КОНЦЕПЦИЯ ФОРМИРОВАНИЯ ПОЭТАПНОГО 901 0161 519061 (концепция поэтапного формирования умственных действий) – учение о сложных многоплановых изменениях, связанных с образованием у человека новых действий, образов и понятий.

КОНЦЕПЦИЯ ХОРМИЧЕСКАЯ 180161 8901791 (концепция гормическая) – согласно которому движущая сила индивидуального и поведения социального – это особая прирожденная (инстинктивная) энергия – хорме (горме), определяющая характер восприятия объектов, создающая эмоциональное возбуждение и целенаправляющая умственные и телесные действия организма.

КОНЦЕПЦИЯ ЭНЕРГИИ СПЕЦИФИЧЕСКОЙ 180161 8989 019 (концепция специфической энергии органов чувств) – представление о том, что качество ощущения зависит от того, какой орган чувств возбужден.

КООПЕРАЦИЯ 0161 8989 01709 18 – одна из основных форм организации межличностного взаимодействия, характерная объединением усилий участников для достижения совместной цели при одновременном разделении между ними функций, ролей и обязанностей.

КООРДИНАЦИЯ 89019 880179 4901 – согласование, сочетание, приведение в порядок, в соответствие – понятий, действий, составных частей и пр.

КООРДИНАЦИЯ РЕЦИПРОКНАЯ 8801791 917 – такое взаимодействие нервных центров, при котором возбуждение одних центров ведет к торможению других. Так, при возбуждении нейронов мышц – сгибателей тормозится активность нейронов мышц – разгибателей; при возбуждении центра вдоха затормаживается центр выдоха.

КООРДИНАЦИЯ СЕНСОМОТОРНАЯ 89019 8 901489 01

– согласованность действий и взаимодействия органов чувств и движений.

КОРО 498716319 017 – этноспецифический термин, означающий синдром, возникающий у мужчин и сопровождаемый ощущением, будто пенис начинает втягиваться в брюшную полость, притом связанный с убеждением, что это должно повлечь за собой смерть. Характерен появлением страха невротического – вплоть до паники.

КОРПОРАЦИЯ 598617988719 – организованная группа, характерная замкнутостью, максимальной централизацией и авторитарностью руководства, противопоставляющая себя другим социальным общностям на основе своих узко индивидуалистических интересов. Отношения межличностные в кооперации опосредуются асоциальными, а зачастую и антисоциальными ценностными ориентациями. Персонализация индивида в кооперация происходит за счет деперсонализации других индивидов.

КОРРЕКЦИЯ 498 067 2914 – исправление некоторых недостатков, неправильностей, не требующее коренных изменений корректируемого процесса или явления.

КОРРЕКЦИЯ ПСИХОЛОГИЧЕСКАЯ 988061 2914 31 (психокоррекция) – понимается как деятельность по исправлению (корректировке) тех особенностей психического развития, которые по принятой системе критериев не соответствуют «оптимальной» Модели.

КОРРЕКЦИЯ ПРЕЛИМИНАРНАЯ 891617 498 067 – коррекционные действия, включаемые в самые начальные моменты движения и обеспечивающие его безошибочное выполнение. При освоении нового движения коррекции прелиминарные сменяют собой вторичные коррекции, за счет которых в движение вносились поправки при неправильном выполнении движения. За счет автоматизации коррекций прелиминарных происходит укрупнение единиц действия предметного и высвобождение сознательного контроля для других целей.

КОРТИКАЛЬНЫЙ 918 8917 7015 – связанный с корой мозга головного.

КОЭФФИЦИЕНТ 499 718 801 – 1. В математике – обычно постоянная или известная величина, служащая множителем для другой, обычно переменной или неизвестной величине. 2. В психологии часто – некая числовая величина, отражающая степень выраженности, развитости определенного психологического качества, характеристики.

КОЭФФИЦИЕНТ ИНТЕЛЛЕКТУАЛЬНОСТИ 499 488 8017194 (коэффициент интеллекта, коэффициент и иеллектуального развития, (IQ) – количественный показатель развития умственного – обозначаемое символом IQ отношение так называемого возраста умственного ВУ к возрасту истинному (хронологическому) ВИ данного лица по формуле: ВУ / ВИ x 100% = IQ. Возраст умственный определяется результатами тестирования с помощью одной из возрастных шкал интеллекта.

КРЕАТИВНОСТЬ 491817 3194 8 – творческие способности индивида – способности порождать необычные идеи, отклоняться от традиционных схем мышления, быстро решать проблемные ситуации. Характерна готовностью к продуцированию принципиально новых идей и входит в структуру одаренности как независимый фактор.

КРИЗИС 8914 871 418618 – в психологии – состояние душевного расстройства, вызванное длительной неудовлетворенностью собой и взаимоотношениями с внешним миром.

КРИЗИС ВОЗРАСТНОЙ 14 871418918 – особые, относительно непродолжительные (до года) периоды онтогенеза, характерные резкими психологическими изменениями. В отличие от кризисов невротического или травматического характера, относятся к нормативным процессам, необходимым для нормального, поступательного хода личностного развития. Могут возникать при переходе человека от одной возрастной ступени к другой, связаны с системными качественными преобразованиями в сфере его отношений социальных, деятельности и сознания.

КРИТЕРИЙ 111888 9174819 – мерило; признак, на базе которого производится оценка, определение или классификация чего – либо.

КРИТЕРИЙ СТАТИСТИЧЕСКИЙ 891 4819 712 – показатели, сочетающие в себе методы расчета, теоретическую модель распределения и правила принятия решения о правдоподобности нулевой или одной из альтернативных гипотез.

КРУГ ОППОНЕНТНЫЙ 8901 31849141 – круг других значимых, полемика с которыми регулирует деятельность творческого субъекта. Выявление круга оппонентного – важное условие социально – психологического анализа динамики творчества, ее зависимости от отношений межличностных.

КУЛЬТ 919 618719811 – преклонение перед кем – либо или чем – либо; почитание кого – либо или чего – либо.

КУЛЬТ ФАЛЛИЧЕСКИЙ 91618 7143191 – почитание мужского полового органа – фаллоса – как символа плодородия, жизненной силы и прочего в религиях и обычаях некоторых народов.

КУЛЬТУРА 91894219418 – 1. Совокупность материальных и духовных ценностей, созданных обществом и характеризующих определенный уровень его развития. 2. Уровень, степень развития, достигнутая в некоторой области знания или деятельности: культура труда, культура речи и пр. 3. Степень общественного и умственного развития, присущая некоторому человеку.

КУЛЬТУРА: АРЕАЛ ПСИХОЛОГИЧЕСКИЙ 4219418 – средства принуждения и способы, призванные примирить людей с культурой и вознаградить их за принесенные жертвы.

КУЛЬТУРА: СТУПЕНЬ 91894219418 81 4 – различаются три ступени культуры, характерные развитием инстинкта сексуального и сексуальной морали: 1) ступень, на которой удовлетворение сексуального чувства не преследует цели размножения; 2) ступень, на которой все, не служащее цели размножения, подавлено; 3) ступень, на которой только законное размножение допускается как сексуальная цель.

Л

ЛАБИЛЬНОСТЬ 498714 216 – максимальное число импульсов, которое нервная клетка или функциональная структура может передать в единицу времени без искажений. В психофизиологии дифференциальной лабильность – одно из основных свойств системы нервной, характеризующее скорость возникновения и прекращения процессов нервных.

ЛАТА 5910691 988101 – этноспецифический термин, означающий синдром, характерный нарушением поведения в экстремальных ситуациях: оно разворачивается по схеме повторения действий, фраз и жестов других людей (эхолалия, эхопраксия), автоматического выполнения приказов, стереотипного повторения отдельных фраз. Это происходит на фоне резкого возрастания возбуждения, вызывающего появление галлюцинаций.

ЛАТЕНТНЫЙ 491814 31916 – скрытый, внешне не проявляющийся.

ЛЕВОРУКОСТЬ 521614 9187128 – доминирование левой руки, которая становится ведущей – прежде всего в силу врожденного доминирования правого полушария мозга головного.

ЛЕВОРУКОСТЬ СКРЫТАЯ 614 91851481901 – сформированные у левшей обучением навыки использования правой руки как ведущей.

ЛЕНЬ 318 41791844 – универсальное средство защиты от бесполезного труда. Чаще всего – следствие неуверенности в цели, отсутствия стимулов, просто многолетней усталости.

ЛЕЧЕНИЕ ПСИХОАНАЛИТИЧЕСКОЕ ТИПОВОЕ 519317819478 – совокупность и последовательность классических терапевтических процедур.

ЛЖИВОСТЬ 9184117184 – индивидуально-психологическая особенность, выражается в сознательном искажении действительного положения вещей, в стремлении создать неправильное впечатление о фактах и событиях. Лживость противоречит общечеловеческим требованиям, вытекающим из потребности иметь правильное представление об обществе, о поступках окружающих, о жизненных обстоятельствах.

ЛЖИВОСТЬ МНИМАЯ 4117184 891618 – склонность ребенка воспринимать события не такими, каковы они на самом деле, но такими, как ему хотелось бы. При этом ребенок фантазирует, отождествляя себя с другими людьми, – например, с героями сказок. Часто проявляется у детей 4-5 лет; с возрастом обычно проходит.

ЛИБИДО 5986179184 91 – теоретическое понятие, призванное объяснить динамику психической жизни на базе аналогии с энергией, как она трактуется в физике. Одно из ключевых понятий психоанализа.

ЛИБИДО: ФИКСАЦИЯ 179184 98 218914 – закрепление либидо на том или ином элементе; предрасполагающий внутренний фактор этиологии неврозов.

ЛИДЕР 418914 318 718 – член группы, за которым все остальные члены группы признают право принимать ответственные решения в значимых для нее ситуациях, – решения, затрагивающие их интересы и определяющие направление и характер деятельности всей группы. Самая авторитетная личность, реально играющая центральную роль в организации деятельности совместной и регулировании взаимоотношений в группе.

ЛИДЕРСТВО 318 788 914 6819 – отношения доминирования и подчинения, влияния и следования в системе отношений межличностных в группе.

ЛИДЕРСТВО: СТИЛЬ 91418718 519 (стиль лидерства; стиль руководства) – типичная для лидера (руководителя) система приемов воздействия на ведомых (подчиненных).

ЛИНИЯ ВЗОРА 891489016718 – линия, соединяющая зрачок глаза с точкой фиксации взора на предмете. С эргономической точки зрения оптимальность наблюдения обеспечивается при линии взора, наклоненной на 15 град. вниз относительно линии, параллельной поверхности земли.

ЛИЦЕМЕРИЕ 489016 917 81 – поведение, прикрывающее неискренность, злонамеренность притворным чистосердечием, добродетелью, якобы благими намерениями.

ЛИЦЕМЕРИЕ КУЛЬТУРНОЕ 9016 917 489 1 – особое состояние, поддерживаемое обществом из-за присущего ему чувства неуверенности и потребности защитить свою очевидную лабильность запретом критики и обсуждения. Возникает из-за того, что общество требует осуществления высокого идеала нравственности от каждого своего члена, не заботясь, насколько трудно это дается.

ЛИЧНОСТЬ 498617 218191 317 – феномен общественного развития, конкретный живой человек, обладающий сознанием и самосознанием. Структура личности – целостное системное образование, совокупность социально значимых психических свойств, отношений и действий индивида, сложившихся в процессе онтогенеза и определяющих его поведение как поведение сознательного субъекта деятельности и общения. Личность – саморегулируемая динамическая функциональная система непрерывно взаимодействующих между собой свойств, отношений и действий, складывающихся в процессе онтогенеза человека. Личность-самодвижущаяся саморазвивающаяся система, которая в процессе своего развития приходит к более высокому уровню своего сознания.

ЛИЧНОСТЬ: АКТИВНОСТЬ 8617191 317 912841 – способность производить общественно значимые преобразования в мире на основе присвоения богатств материальной и духовной культуры. Проявляется в творчестве, волевых актах и общении. Ее интегральная характеристика – активная жизненная позиция.

ЛИЧНОСТЬ: АППАРАТ ПСИХИЧЕСКИЙ 617 2191 317217 91 – состоит из трех сфер (областей) – «трех царств»: Сверх-Я, Я и Оно, а также системы их взаимодействий.

ЛИЧНОСТЬ: ИССЛЕДОВАНИЕ: МЕТОД 17 21817 788 – совокупность способов и приемов изучения психологических проявлений личности.

ЛИЧНОСТЬ: ИССЛЕДОВАНИЕ: МЕТОД СТАНДАРТИ-ЗИ-

РОВАННЫЙ 191 31897 91481 (СМИЛ – стандартизованный метод исследования личности) – создан на базе опросника личностного многофазного миннесотского с учетом ориентации на исследование психической нормы.

ЛИЧНОСТЬ: НАПРАВЛЕННОСТЬ 617191 317 8914 81 – ее интегральное и генерализованное свойство. Совокупность устойчивых мотивов, ориентирующих деятельность личности, относительно независимых от текущих ситуаций. Характеризуется интересами, склонностями, убеждениями и идеалами личности, отражающими ее мировоззрение. Выражается в гармоничности и непротиворечивости знаний, отношений и господствующих мотивов поведения и действий личности. Проявляется в мировоззрении, духовных потребностях и практических действиях.

ЛИЧНОСТЬ: ОРГАНИЗАЦИЯ СЕНСОРНАЯ 8817 218919481 – уровень психофизического функционирования систем анализаторных и индивидуальные особенности их объединения в комплексы. Связана с базальными психофизиологическими свойствами организма, прежде всего – с типом высшей нервной деятельности и темпераментом; уровень порогов восприятия выделен как один из критериев отнесения к тому или иному темпераменту, уровни развития чувствительности – задатки для развития способностей.

ЛИЧНОСТЬ: РАЗВИТИЕ 218191 317 489 – процесс формирования личности как социального качества индивида в результате его социализации и воспитания. Обладая природными анатомо-физиологическими предпосылками к становлению личности, в ходе социализации ребенок вступает во взаимодействие с миром, овладевая достижениями человечества. Формирующиеся в этом процессе способности и функции воспроизводят в личности исторически сформированные человеческие качества. Овладение действительностью у ребенка реализуется в его деятельности при посредстве взрослых, поэтому процесс воспитания – ведущий в развитии личности.

ЛИЧНОСТЬ: РАЗВИТИЕ ЭПИГЕНЕТИЧЕСКОЕ 172819117 519 – непрерывный восьмиэтапный процесс развития личности от младенчества до старости, где каждый этап – особая альтернативная фаза решения возрастных и ситуативных задач развития.

ЛИЧНОСТЬ: САМООПРЕДЕЛЕНИЕ 191 317 989801719 – сознательный акт выявления и утверждения собственной позиции в ситуациях проблемных. Его особые формы – самоопределение коллективное и самоопределение профессиональное.

ЛИЧНОСТЬ: ТИП 8191 317 891 – в качестве основных критериев, по которым можно разделять людей на определенные типы.

ЛИЧНОСТЬ: ФОРМИРОВАНИЕ 172181 9117 891 – объективный и закономерный процесс, в ходе которого человек выступает не только как объект воздействия, но и как субъект деятельности и общения.

ЛИЧНОСТЬ | ХАРАКТЕР 191317 498 014 (личность и характер) – Кратко выражая суть различий между личностью и характером, можно сказать, что черты характера выражают то, как действует индивид, а черты личностные – то, ради чего он действует. Очевидно, что способы поведения и направленность личности относительно независимы: применением одних и тех же способов можно добиваться разных целей и, наоборот, устремляться к одной цели разными способами.

ЛИЧНОСТЬ АВТОРИТАРНАЯ 498617218 214 – понятие и концепция, описывающие особого типа личность, являющуюся основой тоталитарных режимов. Характерны: непереносимость свободы; жажда самоутверждения и власти; агрессивность; ориентация на авторитет лидера, группы и государства; стереотипность мышления и конформизм; ненависть к интеллигенции и к людям других этнических групп, и пр.

ЛИЧНОСТЬ ПРЕСТУПНАЯ 218191 3178 (личность преступника) – в психологии юридической – совокупность психологических свойств, характерных для лиц, совершающих преступления.

ЛИЧНОСТЬ РЕФЕРЕНТНАЯ 18191 381876 – человек, особенно значимый и ценный для другого как образец подражания. Сильно влияет психологически на того, кому референтна. Выступает как источник основных ценностей, норм, правил поведения, суждений и поступков.

ЛИЧНОСТЬ САМОАКТУАЛИЗУЕМАЯ 191 317 481901 (самоактуализирующаяся личность) – человек, вышедший на уровень самоактуализации. Оказывается особым, не отягощенным множеством мелких пороков типа зависти, злобы, цинизма и прочего; не склонен к депрессии, пессимизму, эгоизму и пр. Такой человек отличается высокой самооценкой, терпим к другим, независим от условностей, прост и демократичен, обладает чувством юмора философского характера, склонен к переживанию «пиковых чувств» типа вдохновения и пр.

ЛИШЕНИЕ 519488918 417 – состояние, вводимое посредством запрета и возникающее из-за запрета.

ЛОГОС 319481919617819 – термин древнегреческой философии, которым обозначаются Космический Разум, Смысл, Слово, Закон, Речь, основа мира, его порядок и гармония. У З. Фрейда – символ человеческого разума.

ЛОГОТЕРАПИЯ 3196178198 916 – одно из направлений психотерапии — психотерапевтическая стратегия, основанная на предположении, что развитие личности обусловлено стремлением к поиску и реализации смысла жизненного.

ЛОЖЬ 319 814 71978 — феномен общения, состоящий в намеренном искажении действительного положения вещей; чаще всего выражается в содержании речевых сообщений, немедленная проверка которых затруднительна или невозможна. Представляет собой осознанный продукт деятельности речевой, имеющий целью ввести реципиентов (слушателей) в заблуждение.

ЛОЗОИСКАТЕЛЬСТВО 421 78806418 (биолокация) — отыскание с помощью специального индикатора подземных вод, руд, пустот и пр. В качестве индикатора может выступать лоза, проволочная рамка, маятник и пр.

ЛОКАЛИЗАЦИОНИЗМ УЗКИЙ 318 614 818 9 — нейропсихологическое направление, в котором психологические функции рассматривались как единые, неразложимые на составные части психические способности, реализуемые за счет работы узко локализованных участков коры мозга головного.

ЛОКАЛЬНЫЙ 489712698 01 — местный, свойственный данному месту; не выходящий за определенные пределы, ограниченный.

ЛОКОМОЦИЯ 391 688 6054321 — у животных — передвижение, активное перемещение в пространстве: ползание, ходьба, бег, лазание, плавание, полет и пр. Локомоция — типичный пример жестко запрограммированных и фиксированных в генофонде врожденных двигательных координации, составляющих основу инстинктивных компонент поведения животных.

ЛОКУС КОНТРОЛЯ 318491219 067 — понятие, характеризующее локализацию причин, которыми субъект объясняет собственное поведение и поведение прочих людей.

ЛЮБОВЬ 888 412 1289018 – Высокая степень эмоционально положительного отношения, выделяющего его объект среди других и помещающего его в центр жизненных потребностей и интересов субъекта: любовь к родине, к матери, к детям, к музыке и пр. Интенсивное, напряженное и относительно устойчивое чувство субъекта, физиологически обусловленное сексуальными потребностями; выражается в социально формируемом стремлении быть максимально полно представленным своими личностно-значимыми чертами в жизнедеятельности другого так, чтобы пробудить у него потребность в ответном чувстве той же интенсивности, напряженности и устойчивости.

ЛЮБОВЬ ВЕЧНАЯ 888 912 818848 – имеющая особенность любовь в виде осознания субъектом фактора нахождения в безконечной любви. Характеризуется решением жить и развиваться вечно и возможностью осуществления этого на основе того, что вечная любовь уже объективно реализованная для субъекта вечность.

ЛЮБОВЬ: РАЗНОВИДНОСТЬ 888 12418 316019 – зависимые от объекта разнообразные проявления любви; 1) любовь братская («любовь между равными») фундаментальный тип, составляющий основу всех видов любви; 2) любовь материнская; 3) любовь эротическая; 4) любовь к себе; 5) любовь к Богу.

ЛЮБОВЬ: УСЛОВИЕ 2 128901468 – составляющие мужского типа выбора сексуального объекта любовной жизни, характерное такими признаками: 1) условие «пострадавшего третьего»; 2) условие «любви к проститутке»; 3) влечение к женщинам, приближающимся к разряду проституток как к самым ценным объектам любви; 4) тенденция к спасению возлюбленной, проявляемая в том, что мужчина не оставляет ее, ибо убежден, что возлюбленная нуждается в нем, без него может потерять всякую нравственную опору и опуститься до низкого уровня.

ЛЮБОВЬ ИНГИБИРОВАННАЯ 219888 412 1289018 – отличительный признак – заторможенность по отношению к цели любви.

М

МАЗОХИЗМ 389 216 489 011 – Понятие означает перверсию половую, характерную связью полового удовлетворения с обязательным переживанием физических или моральных страданий. Половое удовлетворение мазохиста достигается от применения к нему физических воздействий – издевательства и прочего со стороны партнера.

МАКРОПСИЯ 318419 614 717 – субъективное увеличение воспринимаемых размеров удаленных предметов. Возникает при поражении теменно-затылочных отделов анализатора зрительного, но наблюдается и в норме, когда индивид прилагает усилия для уменьшения аккомодации глаза.

МАНИПУЛИРОВАНИЕ 489061 718 4 – Манипулирование и манипуляционное решение задач дают особенно глубокие, разнообразные и существенные для психического развития сведения о предметных компонентах среды и происходящих в ней процессах.

МАСКИРОВКА 488 616 001 919 – процесс и результат действия, предназначенного сделать кого-либо или что-либо незаметным, невидимым для кого-либо.

МАСКИРОВКА ЗРИТЕЛЬНАЯ 816 001 919 814 – ухудшение распознания признаков стимула (актуально воспринимаемого предмета) при предъявлении другого стимула, могущего:1) действовать одновременно с основным (маскировка симультанная);2) предшествовать ему (маскировка прямая); 3) следовать за ним (маскировка обратная).

МАСКУЛИННОСТЬ 5147 18 28 – комплекс психологических и характерологических особенностей, традиционно приписываемых мужчинам. К ним относятся сила, твердость, решительность, жестокость и пр.

МАСКУЛИННОСТЬ 51471828 (маскулинность и фемининность) – нормативные представления о соматических, психических и поведенческих свойствах, характерных для мужчин и для женщин; элемент полового символизма, связанный с дифференциацией ролей половых. В психологии дифференциальной маскулинность и фемининность – специфические научные конструкты, связанные с конкретными психодиагностическими тестами.

МАССА 488 91801517 319 (масса психологическая) – сообщество людей, где существует либидинозная привязанность и к вождю (лидеру), и между индивидами. Иногда именуется массой психологической. Массы отличаются от простых сборищ людей. Подразделяются на массы естественные и массы искусственные.

МАССА: КОНСТИТУЦИЯ ЛИБИДИНОЗНАЯ 80151739 319 (либидинозная конституция массы, либидозная конституция массы) – «первичная масса», имеющая вождя и не обладающая качествами индивида, – какое-то количество индивидов, которые сделали своим Сверх-Я один и тот же объект и оттого в своем Я идентифицировались между собой.

МАССА ГОМОГЕННАЯ 517 319819495 01 – массы психологические, состоящие из однородных индивидов.

МАССА ИСКУССТВЕННАЯ 1517 319 48 – высокоорганизованные, долго существующие сообщества – как церковь, войско. Их образование и функционирование реализуется при некотором насилии.

МАСТУРБАЦИЯ 0021421 (онанизм) – сексуальное самоудовлетворение, достигаемое за счет раздражения зон эрогенных или психологического возбуждения, когда сексуальные фантазии приводят к переживанию оргазма безо всяких манипуляций.

МАТРИЦА 819 319 06018 – в математике – прямоугольная таблица некоторых математических объектов: чисел, математических выражений и пр. В психологии понимание термина сходно, но взамен математических объектов подразумеваются некие «психологические объекты» – например, тесты.

МАТРИЦА ПРОГРЕССИВНАЯ РАВЕНА 06018914 318417 – батарея тестов для диагностики уровня интеллекта. Основана на работе наглядного мышления по аналогии.

МАТРИЦА ЭМОЦИОНАЛЬНАЯ 819 3199813191 – форма существования и выражения мыслей, отражающая подлинные чувства и убеждения и определяющая действия человека.

МЕДИТАЦИЯ 9188013210617 – интенсивное, проникающее вглубь размышление, погружение умом в предмет, идею и прочее, достигаемое путем сосредоточения на одном объекте и устранения всех факторов, рассеивающих внимание, как внешних (звук, свет), так и внутренних (физическое, эмоциональное и другое напряжение). Прием психической тренировки, принимающий различные формы в зависимости от культурно-исторического окружения.

МЕДИЦИНА ПСИХОСОМАТИЧЕСКАЯ 529 321 688 17 (психосоматика) – направление медицины, основанное на признании исключительной, преимущественной или особой роли психических факторов в появлении, протекании и исходе заболеваний соматических.

МЕЛАНХОЛИК 489614 318171 – субъект, обладающий одним из четырех основных типов темперамента (в классификации Гиппократа). Человека меланхолического темперамента можно охарактеризовать как легко ранимого, склонного глубоко переживать даже незначительные неудачи, но внешне вяло реагирующего на окружающее. Характерен низким уровнем психической активности, замедленностью движений, сдержанностью моторики и речи, быстрой утомляемостью.

МЕЛАНХОЛИЯ 614 318171 8914218 – болезненное состояние, проявляемое в угнетенном настроении, замедленности движений и затрудненном течении мыслей.

МЕСТО РАБОЧЕЕ: ПОЛЕ ИНФОРМАЦИОННОЕ 481816 719317 (информационное поле рабочего места человека-оператора) – пространство субъективное человека-оператора, где размещены ключевые источники сигналов о выполняемых в ходе деятельности операциях.

МЕТАПСИХОЛОГИЯ 8914819 3198714 – психология, описывающая процессы психические в динамическом, топическом и экономическом отношении.

МЕТАСИМУЛЯЦИЯ 48181941 89 – продление имевшихся ранее симптомов заболевания.

МЕТОД 919 411 819 311 (метод исследования) – 1. Прием, способ, образ действия.

2. Способ познания, исследования явлений природы и общественной жизни; способ практического осуществления чего-либо. Способ организации деятельности, обоснованный нормативный способ осуществления исследования научного. Путь исследования,

вытекающий из общих теоретических представлений о сущности изучаемого объекта.

МЕТОД АНАЛИЗА ЖИЗНИ 489316 718 444 (метод анализа пути жизненного; метод совместного с клиентом анализа жизненного пути) – один из ведущих методов коррекции психологической, основан на совместном анализе жизненного пути клиента и определении реалистических жизненных целей – без глубокой проработки эмоциональных проблем.

МЕТОД АССОЦИАТИВНЫЙ 398716 818 (метод ассоциаций свободных) – терапевтический прием фрейдовского психоанализа: в ходе терапевтического сеанса клиенту предлагается свободно высказывать все, что приходит в голову. Предполагается, что клиент, сам того не осознавая, может «проговориться» – спонтанно произнести слова, что укажут на невольно возникающие у него мысли; анализ же этих мыслей и ассоциаций укажет причину и источник его заболевания или тревоги.

МЕТОД БИОГРАФИЧЕСКИЙ 488 712919316 – в психологии – способы исследования, диагностики, коррекции и проектирования жизненного пути личности.

МЕТОД БЛИЗНЕЦОВ 391 614 818917 – стратегия исследования – самый информативный из методов психогенетических. Метод основан на предпосылке, что влияния среды, оказываемые на близнецов, примерно одинаковы. Позволяет судить о влиянии генетических и средовых факторов на изучаемое психологическое качество, на вариативность исследуемого признака. Характерен сравнением психологических качеств близнецов монозиготных (однояйцевых), имеющих идентичный набор генов, и дизиготных (двуяйцевых), генотипы которых различны и имеют в среднем лишь 50% одинаковых генов.

МЕТОД ВООБРАЖЕНИЯ АКТИВНОГО 428 614 9187168 – основной метод коррекции психологической в терапии К.Г. Юнга. Предполагает возможность встречи и взаимодействия с символами бессознательного.

МЕТОД ГЕНЕАЛОГИЧЕСКИЙ 918616 391711 – относится к методам психогенетическим. Производится исследование сходства между родственниками в разных поколениях.

МЕТОД ГЕНЕТИЧЕСКИЙ 498061 718919 – метод изучения явлений психических в развитии, выявляющий их происхождение и законы преобразования в ходе развития.

МЕТОД ДЕТЕЙ ПРИЕМНЫХ 808 417 318 – психогенетический метод, позволяющий судить о влиянии генетических и средовых факторов на вариативность изучаемого признака путем установления сходства усыновленного ребенка с его биологическими и приемными родителями. В его основе лежит сопоставление сходства по некоторому психологическому признаку между ребенком биологическими родителями, с одной стороны, и ребенком и его усыновителями – с другой.

МЕТОД ДИСКУССИИ ГРУППОВОЙ 418917 318919 (метод групповой дискуссии) – 1. Применяемый в практике руководства коллективами способ организации деятельности совместной, нацеленный на интенсивное и продуктивное решение групповой задачи. 2. Прием, позволяющий, используя систему логически обоснованных доводов, воздействовать на мнения, позиции и установки участников дискуссии в ходе непосредственного общения.

МЕТОД ДИФФЕРЕНЦИАЛА СЕМАНТИЧЕСКОГО 8918 51981891 – ассоциативная процедура – один из методов построения пространств семантических субъективных. Применяется в исследованиях, связанных с восприятием и поведением человека, с анализом установок социальных и смыслов личностных – в психологии и социологии, в теории массовых коммуникаций и рекламе, а также в эстетике.

МЕТОД ЗООПСИХОЛОГИЧЕСКИЙ 489617 319818 918 (метод зоопсихологии) – способы изучения поведения животных, включающие наблюдение и эксперимент.

МЕТОД ИЗМЕНЕНИЙ МИНИМАЛЬНЫХ 898716319418 – метод определения порога восприятия, при котором ведется монотонное пошаговое изменение величины действующего раздражителя – до тех пор, пока не определяется точка возникновения и точка исчезновения ощущения.

МЕТОД ИНТЕРВЬЮ ПСИХИАТРИЧЕСКОГО 891617 318917 – основной метод коррекции психологической. Основное внимание уделяется «общей эмоции», возникающей в терапевтической ситуации между терапевтом и клиентом.

МЕТОД ИСТОРИЧЕСКИЙ 891 811 918716 – метод изучения явлений психических в развитии, выявляющий их зависимость от исторических условий жизни людей.

МЕТОД КАРДИОГРАММЫ 889 317 48678 – метод регистрации активности биоэлектрической мышцы сердечной, применяемый в психологии для анализа сдвигов вегетативных.

МЕТОД КАТАРТИЧЕСКИЙ 499 818 906714 – метод психотерапии, предназначенный для лечения некоторых видов психонервных заболеваний. Его основное положение – в том, что симптомы у истериков зависят от потрясших их, но забытых сцен из жизни.

МЕТОД КОМПЛЕКСНЫЙ 980491 716 318 – применяется как

организационный. Здесь используется другое основание для выделения метода: так, методы сравнительный или лонгитюдный могут быть или не быть комплексными. Имеется в виду, что исследование может проводиться или в рамках одной науки, или же как комплексное междисциплинарное исследование.

МЕТОД ЛОНГИТЮДНЫЙ 48871631944 (метод длинника) – относится к методам организационным. Предполагает работу с одной и той же группой людей – или с одним человеком, – регулярно и достаточно часто обследуя их на протяжении длительного времени – отслеживается развитие, производится «продольный срез».

МЕТОД ЛУРИИ 498 71431871 – ряд нейропсихологических методов, служащих для диагностики поражений локальных мозга головного по сопутствующим нарушениям психическим. Представляют собой набор тестовых испытаний различных процессов познавательных, действий произвольных и особенностей личности.

МЕТОД МИОГРАММЫ 489617814312 – метод регистрации активности биоэлектрической мышц тела для оценки интенсивности, локализации и временных параметров мышечного движения – например, для регистрации скрытых реакций двигательных.

МЕТОД НАБЛЮДЕНИЯ ВКЛЮЧЕННОГО 498061 7189174 – метод исследования социально-психологических процессов в группах малых, причем в этих процессах участвует сам экспериментатор, сразу наблюдая как бы изнутри и снаружи.

МЕТОД НАБЛЮДЕНИЯ ОБЪЕКТИВНОГО 489614 31842 – стратегия исследования для фиксации заданных характеристик некоего процесса без вмешательство в его течение. Может ориентироваться на регистрацию актов поведенческих и процессов физиологических. Как правило, выступает предварительным этапом перед планированием и проведением исследования экспериментального.

МЕТОД ОБЪЕКТИВНЫЙ 489614 918 8 – стратегия анализа психического содержания, максимально ориентированная на другого субъекта (а не самого себя, как в интроспекционизме) и на использование верифицируемых гипотез. Относится к методам организационным.

МЕТОД ОПИСАТЕЛЬНЫЙ 498614 718 – отводят исследователю роль наблюдателя: он никогда не вмешивается в наблюдаемое явление, ограничиваясь возможно более объективным описанием его.

МЕТОД ОПРОСА 219618 71481901 – сюда относятся:1) беседа; 2) анкетирование; 3) интервью.

МЕТОД ОРГАНИЗАЦИОННЫЙ 498614 718 7819 – сюда относятся:1) метод сравнительный и метод срезов как его частный случай; 2) метод лонгитюдный; 3) метод комплексный; 4) метод субъективный и метод объективный.

МЕТОД ОЦЕНКИ ЭКСПЕРТНОЙ 491718 51431 (метод экспертной оценки, метод внешней экспертной оценки) – метод психодиагностики, опирающийся на мнение экспертов, хорошо знающих оцениваемое явление и способных дать ему достоверную оценку. Предполагает изучение и обобщение мнений всех участвующих экспертов. Широко применяется в психологии личности.

МЕТОД ПОЛИЭФФЕКТОРНЫЙ 9189181417418 4 – использует одновременную регистрацию нескольких реакций организма в ответ на действие раздражителя. В этом режиме чаще всего регистрируются такие психофизиологические показатели, как реакция кожно-гальваническая и сердечнососудистая, биопотенциалы мозга головного, тремор, реакции миографические, характеристики дыхания, давление артериальное.

МЕТОД ПОПУЛЯЦИОННЫЙ 319617 919 81 – относится к методам психогенетическим. Позволяет изучать распространение отдельных генов или хромосомных аномалий в человеческих популяциях. Для анализа генетической структуры популяции обследуется большая группа лиц, коя должна быть репрезентативной (представительной) – позволять судить о популяции в целом. Этот метод также более информативен при изучении различных форм наследственной патологии.

МЕТОД ПОТЕНЦИАЛОВ ВЫЗВАННЫХ 498617 319 489 – метод регистрации активности биоэлектрической мозга головного, изменения которой обусловлены внешними воздействиями и фиксируются в относительной временной близости с этим воздействием. В частности, можно исследовать ритмические колебания биопотенциала в ответ на внешне навязанный ритм раздражителя. На базе данных, полученных с помощью этого метода, строятся гипотезы о механизмах восприятия, внимания, интеллекта, об асимметрии межполушарной мозга головного и об индивидуальной дифференциации психофизиологической.

МЕТОД ПРОБ И ОШИБОК 498617 319 – вид научения – способ выработки новых форм поведения в проблемных ситуациях.

МЕТОД ПРОЕКТИВНЫЙ 319614819 8 – один из методов исследования личности. Основан на выявлении проекций в данных эксперимента с их последующей интерпретацией.

МЕТОД ПРОСЛУШИВАНИЯ ДИХОТИЧЕСКОГО 448618 319 48 – метод, предназначенный для анализа внимания селективного и асимметрии межполушарной мозга головного. Характерен одновременным предъявлением различных звуковых стимулов в правое и левое ухо.

МЕТОД ПРОФИЛЕЙ ПОЛЯРНЫХ 4986179184 – способ описания и оценивания анализируемых объектов – понятий, установок социальных, стереотипов социальных и прочих – с помощью набора биполярных шкал, заданных противопоставлением прилагательных, существительных или развернутых высказываний (например, твердый – мягкий, теплый – холодный, и пр.).

МЕТОД ПСИХОГЕНЕТИЧЕСКИЙ 498716 3194 – методы, позволяющие определить влияние наследственных факторов и среды на формирование тех или иных психических особенностей человека. Сюда относятся: 1) метод близнецов – самый информативный; 2) метод генеалогический;3) метод популяционный; 4) метод детей приемных.

МЕТОД ПСИХОДИАГНОСТИЧЕСКИЙ 498617 3194 8178 – методы выявления измерения индивидуальных особенностей на базе процедур и техник, подтвердивших свою эффективность.

МЕТОД РАДИКАЛА СЕМАНТИЧЕСКОГО 498612 7194 – один из методов объективных семантики экспериментальной для определения полей семантических. Состоит в анализе значений путем выделения их полей ассоциативных. В его основе лежит процесс образования и переноса рефлексов условных для определения семантической близости объектов. В качестве критерия семантической близости объектов используется перенос реакции условно-рефлекторной с одного объекта на другой, с ним семантически связанный.

МЕТОД РЕАКЦИИ КОЖНО-ГАЛЬВАНИЧЕСКОЙ 498617 3194 – метод регистрации активности кожной биоэлектрической как показателя непроизвольной активности вегетативной. Применяется для оценки изменения состояний функциональных, реакций ориентировочных и эмоциональных, различий индивидуальных.

МЕТОД РЕФЕРЕНТОМЕТРИЧЕСКИЙ 918716 319 48 (референтометрия) – методический прием, способ выявления референтности членов группы для каждого входящего в нее индивида. Содержит две процедуры. На предварительной (вспомогательной) с помощью опросного листа выявляются позиции (мнения, оценки, отношение) каждого члена группы о значимом объекте, событии или человеке. Вторая процедура выявляет лиц, позиция которых, отраженная в опросном листе, представляет наибольший интерес для других испытуемых. Все это вынуждает испытуемого проявить высокую избирательность в отношении лиц в группе, чья позиция для него особенно актуальна.

МЕТОД САМОРЕГУЛЯЦИИ ПСИХОЛОГИЧЕСКОЙ 498612 719 481 – система обучающих методик, направленных на формирование субъектом внутренних средств управления собственными состояниями. Принято выделять различные типы таких методов: релаксацию нервно-мышечную, тренировку автогенную, тренировку идеомоторную, методы имагинативные, методы медитативные, самогипноз. Обучение методикам особенно успешно в условиях специально организованных циклов занятий.

МЕТОД СЛЕПОЙ 489317 889 41 – предполагает устранение искажающих эксперимент артефактов, связанных с тем, что испытуемым в некоторой мере известно, что исследуется и что от них ожидается. Впрочем, знание об этом экспериментаторами тоже может сказываться. Поэтому в практику вошел метод слепой двойной, в котором устраняется влияние названных артефактов.

МЕТОД СОЦИОМЕТРИЧЕСКИЙ 498 051 618421 – диагностический метод, служащий для анализа отношений межличностных в группах малых. При его применении перед каждым членом группы ставится вопрос, при ответе на который он производит последовательный выбор и ранжирование прочих членов группы. Обычно фигурируют вопросы о членах группы, предпочитаемых в тех или иных ситуациях.

МЕТОД СРАВНИТЕЛЬНО-ГЕНЕТИЧЕСКИЙ 488 617 319 81 – исследовательская стратегия, используемая для изучения закономерностей деятельности психической путем сравнения качественно особенных ступеней ее развития.

МЕТОД СРАВНИТЕЛЬНЫЙ 498 617 3198819 – широко применяется во всех областях психологии. В психологии сравнительной реализуется в форме сопоставления особенностей психики особенностей психики на различных этапах эволюции. В этнопсихологии воплощается в выявлении психологических особенностей различных народностей. В психологии возрастной он выступает как метод срезов, которому противопоставляется метод лонгитюдный. Оба они направлены на определение особенностей психического развития в связи с возрастом – но разными путями.

МЕТОД СРЕЗОВ 419 6173184 (метод поперечных срезов) – относится к методам организационным. Исследование организуется как работа с людьми разных возрастных групп – как бы с выполнением срезов на различных возрастных уровнях. При достаточном количестве представителей каждой группы можно выявить обобщенные характеристики на каждом уровне и на этой основе проследить общие тенденции возрастного развития.

МЕТОД СТАТИСТИЧЕСКИЙ 31947 819 448 – в психологии – некие методы прикладной статистики математической, используемые в основном для обработки экспериментальных данных. Основная цель применения – повышение обоснованности выводов в исследованиях за счет использования логики вероятностной и моделей вероятностных.

МЕТОД СУБЪЕКТИВНЫЙ 498617 818 911 – предполагает, что объектом, с которым взаимодействует психолог, выступает он сам – как наблюдатель и наблюдаемый, экспериментатор и испытуемый. Чаще всего этот метод связывается с понятием интроспекции или самонаблюдения. Это предполагает обращение психолога к своему внутреннему опыту, попытку уловить изменения в своей собственной психической жизни в различных условиях.

МЕТОД ШКАЛИРОВАНИЯ 219317 419 18 – методы, обеспечивающие применение количественных показателей для оценки отношения испытуемых к определенным объектам, в качестве которых могут выступать процессы физические или социальные. Для проведения шкалирования субъективного существует ряд методов, характерных определенными правилами, по которым числовые оценки приписываются определенным качествам объектов. В рамках классической психофизики применяются: метод ошибки средней; метод изменений минимальных; метод раздражителей постоянных.

МЕТОД ЭКСПЕРИМЕНТАЛЬНЫЙ 498614319 819 – внешне может показаться схожим с методом интроспекции, но имеет существенные отличия: 1) для эксперимента берется не опытный в самонаблюдении специалист, а «наивный» наблюдатель, и чем меньше он знает психологию, тем лучше; 2) от испытуемого требуется не аналитический, а самый обычный отчет о воспринятом, – в тех терминах, которыми он пользуется повседневно.

МЕТОД ЭЛЕКТРОФИЗИОЛОГИЧЕСКИЙ 817319 41849808 – методы анализа активности органических систем на основе регистрации биопотенциалов, изменение которых может происходить спонтанно или в ответ на раздражитель внешний. При этом биотоки мозга головного анализируются с помощью энцефалограммы и потенциалов вызванных; мышц – с помощью миограммы; кожи – с помощью реакции кожно-гальванической; сердца – с помощью кардиограммы.

МЕТОД ЭНЦЕФАЛОГРАММЫ 519617 3194 80817 – метод регистрации активности биоэлектрической мозга головного на различных участках поверхности скальпа. Служит для анализа изменения мозговой активности в тех или иных экспериментальных ситуациях. На основании данных о процессах физиологических строятся гипотезы о работе различных процессов психических, – о восприятии, внимании, мышлении, памяти, эмоциях, движении, речи и саморегуляции. Сверх того, в силу существования стойких индивидуальных особенностей энцефалограммы этот метод можно использовать в психологии дифференциальной и психофизиологии.

МЕТОДИКА 319418614 3 – 1. Совокупность приемов, методов обучения чему-либо, методов целесообразного проведения некоторой работы, процесса, или же практического выполнения чего-либо. Технические приемы реализации метода с целью уточнения или верификации знаний об изучаемом объекте. 2. Конкретное воплощение метода – выработанный способ организации взаимодействия субъекта и объекта исследования на базе конкретного материала и конкретной процедуры. 3. Наука о методах обучения.

МЕТОДИКА АССОЦИАЦИЙ ПАРНЫХ 519 314 819 8 – методика исследования памяти, в которой после запоминания испытуемым списка пар стимулов (бессмысленных слогов, слов, картинок и пр.) ему дается задание: при последующих предъявлениях каждого первого члена пары воспроизвести второй член.

МЕТОДИКА БЕССОЗНАТЕЛЬНАЯ 498617 919 016 – методики, направленные на выявление неосознаваемых реакций, – например, методики проективные.

МЕТОДИКА БЛАНКОВАЯ 489614 314 81 – методика, где испытуемым предлагается серия суждений или вопросов, на которые он должен ответить – письменно или устно; при этом заполняется специальный бланк, где эти ответы фиксируются – либо самим испытуемым, либо опрашивающим. По этим ответам судят о психологических качествах испытуемого. Широкое распространение подобных методик и практический интерес к ним объясняется простотой их разработки и обработки результатов.

МЕТОДИКА ВОСПРОИЗВЕДЕНИЯ ЧАСТИЧНОГО 419712 81914 – методика для исследования памяти иконической. Характерна тем, что испытуемый получает инструкцию воспроизвести лишь часть информации, предъявляемой на короткое время. Указание на то, какую именно часть нужно воспроизвести, выполняется световым или звуковым сигналом, который подается с некоторой задержкой после предъявления материала для запоминания. При помощи этой методики было показано, что память иконическая может хранить очень большой объем информации, но лишь весьма ограниченное время.

МЕТОДИКА ДЕЙСТВЕННАЯ 488714 318617 – методики, где испытуемый получает задание выполнить некий комплекс практических действий, по характеру которых делается вывод об особенностях его психологии.

МЕТОДИКА ДОПОЛНЕНИЯ 428614 319 81718 – группа методик, относящихся к методикам проективным. К ней относятся: предложения неоконченные, рассказы неоконченные, тест ассоциативный Юнга.

МЕТОДИКА ИЗУЧЕНИЯ ПРОДУКТОВ ТВОРЧЕСТВА 491 818 81789 – группа методик, относящихся к методикам проективным. К ней относятся: тест рисунка фигуры человека, тест рисунка дерева Коха, тест рисунка дома, рисунок пальцем и пр.

МЕТОДИКА ИЗУЧЕНИЯ ЭКСПРЕССИИ 498614 818 9 – группа методик, относящихся к методикам проективным. К ней относятся: анализ почерка, анализ особенностей общения речевого, методика миокинетическая Мира-и-Лопеса.

МЕТОДИКА ИНТЕРПРЕТАЦИИ 498619 3197 – группа методик, относящихся к методикам проективным. К ней относятся: тест апперцептивный тематический (ТАТ), тест фрустрации Розенцвейга, тест Сонди.

МЕТОДИКА КАТАРСИСА 519 617 319 8198 – группа методик, относящихся к методикам проективным. К ней относятся: психодрама, игра проективная;

МЕТОДИКА КАЧЕСТВЕННАЯ 498612 718 19 – методики, основанные на качественном анализе экспериментальных данных, причем диагностируемое свойство описывается в терминах известных научных понятий. Не позволяют применять меры и методы количественной обработки результатов, судить об уровне развития диагностируемых свойств и прямо показывать причинные связи между изучаемыми переменными.

МЕТОДИКА КОЛИЧЕСТВЕННАЯ 519617 3194 5 – методики, основанные на количественном анализе экспериментальных данных. Позволяют применять количественные меры и методы количественной обработки результатов, оценивают диагностируемое свойство по степени его развития относительно других людей.

© Грабовой Г.П., 2003

МЕТОДИКА КОНСТРУИРОВАНИЯ 519614 819 1 – группа методик, относящихся к методикам проективным. К ней относятся: MAPS, тест мира и его различные модификации.

МЕТОДИКА МИОКИНЕТИЧЕСКАЯ МИРА-И-ЛОПЕСА 498 617 89801948719 – одна из методик проективных, относящаяся к группе методик изучения экспрессии.

МЕТОДИКА МНОГОМЕРНАЯ 519614319 818 – методики, характерные тем, что предназначены для диагностики и оценки сразу нескольких однотипных или разнотипных психологических качеств.

МЕТОДИКА МОНОМЕРНАЯ 89742198 (методика одномерная) – методики, характерные тем, что диагностируют или оценивают единственное качество или свойство.

МЕТОДИКА ОБЪЕКТИВНАЯ 891871 808916 – методики, использующие показатели, независимые от сознания или желаний испытуемого и экспериментатора. Примером могут быть тесты, включающие анализ физиологических или рефлективных показателей или же практических результатов деятельности испытуемого, где субъективизм оценок сведен к минимуму.

МЕТОДИКА ОБЪЕКТИВНО-МАНИПУЛЯЦИОННАЯ 988 614071 21931 – методика, где решаемые испытуемыми задачи предлагаются в форме реальных предметов, с которыми предстоит нечто сделать: собрать из данных материалов, изготовить, разобрать и пр.

МЕТОДИКА ОПРОСНАЯ 9188 701418317 – методики, в ходе применения которых испытуемому задаются устные вопросы, причем его ответы отмечаются и обрабатываются.

МЕТОДИКА ПЕТЕРСОНОВ 912816318 714 – процедура для определения влияния времени хранения информации на продолжительность и качество запоминания – при отсутствии возможности повторения. Заключается в том, что после предъявления испытуемому материала, подлежащего запоминанию, ему предлагается в течение некоторого времени решать дополнительную задачу, что препятствует повторению запомненного материала.

МЕТОДИКА ПРОДУКТИВНАЯ 8901 617 488 – методики, использующие некий вид собственной творческой продукции испытуемого – вербальной, образной, материальной, – спонтанно созданной или же воспроизведенной по инструкции.

МЕТОДИКА ПРОЕКТИВНАЯ 814 319 818 – обладает значительными возможностями в исследовании индивидуальности личности; позволяет, опосредованно моделируя некие жизненные ситуации и отношения, исследовать личностные образования, выступающие прямо или в виде различных установок, такие как «значащие переживания», «смыслы личностные» и другие, в которых тоже проявляется пристрастность личностного отражения психического.

МЕТОДИКА ПСИХОДИАГНОСТИЧЕСКАЯ 8901 617 917 318 – применяются для постановки диагноза психологического. К таковым можно отнести методики следующих типов: методика бланковая; методика объективно-манипуляционная; методика опросная; методика проективная; методика рисуночная.

МЕТОДИКА РИСУНОЧНАЯ 489 061 719 317809 – методики, использующие созданные испытуемыми рисунки тематически заданного или произвольного характера. Иногда применяется прием интерпретации испытуемыми готовых, стандартных изображений.

МЕТОДИКА СЕНСОРНАЯ 914 788901 909 – методики, представляющие тестовый материал в виде физических стимулов, непосредственно обращенных к органам чувств.

МЕТОДИКА СОЗНАТЕЛЬНАЯ 898 31489101 – методики, обращенные к сознанию испытуемого (например, опросники). Их достоинство состоит в том, что они позволяют судить о психологии испытуемого непосредственно – на базе того, что он сам или знакомые с ним люди о нем говорят.

МЕТОДИКА СОПРЯЖЕННО-МОТОРНАЯ 498016 316 481 – способ исследования реакций аффективных человека. В отличие от методов регистрации симптомов реакций аффективных через изменение вегетативных функций (дыхания, артериального давления, пульса и пр.), позволяет исследовать отражение этих реакций в речевых и двигательных процессах.

МЕТОДИКА СОЦИОМЕТРИЧЕСКАЯ 489612 8906 819 – в основе – принцип выбора партнера для совместных действий. Лицо, выбираемое наибольшим количеством членов группы, имеет высокий статус; не выбранное ни одним – низкий статус. Однако эта методика не позволяет выяснить причины и содержание тех или иных отношений, их ядро мотивационное.

МЕТОДИКА СТИМУЛЯЦИИ ДВОЙНОЙ 891016 3194 – методика для изучения процесса образования понятий. В ней используются два ряда стимулов, из которых первый выполняет функцию объекта, на который направлена деятельность испытуемого, а второй – функцию знаков, с помощью которых эта деятельность организуется.

МЕТОДИКА СТРУКТУРИРОВАНИЯ 51948 719 81 – группа методик, относящихся к методикам проективным. К ней относятся: тест пятен Роршаха, тест облаков, тест проекции трехмерной.

МЕТОДИКА СУБЪЕКТИВНАЯ 319617 819 48 – методики, использующие данные, зависящие от желаний и сознания испытуемого или экспериментатора – относимые к их внутреннему опыту и от него зависимые. Классический пример – методики, основанные на интроспекции и выводах, делаемых на базе интуиции и внутреннего опыта.

МЕТОДИКА ТЕХНИЧЕСКАЯ 518617 918489 – методики, дающие испытуемому тестовый материал в форме аудиозаписей, видеозаписей и кинофильмов, а также через иные технические устройства.

МЕТОДИКА УТВЕРЖДАЮЩАЯ 318915 614 081 – методики, предлагающие некие суждения или утверждения, с которыми испытуемый должен согласиться либо не согласиться.

МЕТОДИКА ФИЗИОЛОГИЧЕСКАЯ 489614 319 018 – методики, где диагностика производится на базе анализа непроизвольных физических или физиологических реакций организма испытуемого.

МЕТОДОЛОГИЯ 489618 31914 – 1. Учение о научном методе познания, расширенно – о методах познания вообще. 2. Совокупность методов, применяемых в некоей науке, области знания. Система принципов и способов организации и построения теоретической и практической деятельности. Воплощается в организации и регуляции всех видов человеческой деятельности. В целом методология определяет принципы, которыми должен руководствоваться в деятельности человек.

МЕТОДОЛОГИЯ КОНКРЕТНО-НАУЧНАЯ 97618 31914 819 – разрабатывает те же проблемы, что и методология общенаучная, но в рамках конкретных наук, исходя из особенностей объекта науки, – в отношении как теории, так и эмпирической деятельности. Это проводится в рамках систем знаний, создаваемых научными школами, отличающимися от других своими объяснительными принципами и способами исследовательской и практической работы.

© Грабовой Г.П., 2003

МЕТОДОЛОГИЯ ОБЩЕНАУЧНАЯ 489617 31948 – к ней относятся попытки разработки универсальных принципов, средств и форм научного познания, соотносимые, хотя бы потенциально, не с какой-то конкретной наукой, но применимые к широкому кругу наук, оставаясь все же, в отличие от методологии философской, в рамках собственно научного познания, не расширяясь до общемировоззренческого уровня. Сюда относятся, например, концепции системного научного анализа, структурно-уровневый подход, кибернетические принципы описания сложных систем и пр. На этом уровне разрабатываются и общие проблемы построения научного исследования, способы осуществления теоретической и эмпирической деятельности, в частности – общие проблемы построения эксперимента, наблюдения и моделирования.

МЕХАНИЗМ ЗАЩИТНЫЙ 519318 914 913 (механизм защиты) – сопряженные с Я автоматические бессознательные механизмы, обеспечивающие защиту психическую личности. К ним относятся: сублимация, замещение, вытеснение, регрессия, проекция, рационализация, образование реактивное, идентификация и фиксация поведения.

МЕХАНИЗМ ИДЕНТИФИКАЦИИ 489614 718 8918 – обеспечивает передачу «личностного» опыта косвенно – через личный пример, «заражение», подражание.

МЕХАНИЗМ НЕОСОЗНАВАЕМЫЙ 519 614319 810 (неосознаваемые механизмы сознательных действий) – сюда включаются подклассы:1) автоматизмы неосознаваемые; 2) установки неосознаваемые; 3) сопровождения неосознаваемые сознательных действий.

МЕХАНИЗМ ОСВОЕНИЯ РОЛИ 319618 719 801 (механизм принятия и освоения социальных ролей) – во многом сходен с механизмом идентификации, но отличается значительно большей обобщенностью, часто – отсутствием персонализации осваиваемого эталона. Описывается с помощью понятий позиции социальной и роли социальной.

МЕХАНИЗМ ПРЕВРАЩЕНИЯ ЦЕЛИ 489617 019 317 (механизм превращения цели в мотив) – то же, что механизм сдвига мотива.

МЕХАНИЗМ ПУСКОВОЙ ВРОЖДЕННЫЙ 489061 718 8194 – чтобы поведение инстинктивное могло проявиться, нужна не только внешняя стимулирующая ситуация, но и определенные внутренние факторы в форме потребностей или мотиваций. В результате такого сочетания создается впечатление, будто животное специфически реагирует на какую-то определенную ситуацию в определенный момент. Такое соответствие между типом раздражения и типом реакции навело на мысль о существовании какого-то механизма, способного решать, какую именно из свойственных животному форм поведения следует запускать в конкретном случае. Этот механизм, присущий данному виду и встроенный в мозг, и получил название механизма пускового врожденного. Считается, что подобного рода механизмы в большинстве случаев управляют поведением очень многих видов.

МЕХАНИЗМ СДВИГА МОТИВА 519 584 318 2188 (механизм сдвига мотива на цель; механизм превращения цели в мотив) – механизм образования мотивов, намеченный в теории деятельности. Суть его – в том, что цель, ранее побужденная к осуществлению каким-то мотивом, со временем обретает самостоятельную побудительную силу – сама становится мотивом. Процесс сдвига мотива подчиняется общему правилу: тот предмет, идея, цель, который длительно и стойко насыщался положительными эмоциями, превращается в самостоятельный мотив. Так происходит сдвиг мотива на цель, иначе говоря, цель обретает статус мотива. Такой механизм действует на всех этапах развития личности, только с возрастом меняются и усложняются те главные мотивы общения, которые насыщают положительными эмоциями осваиваемые действия, – ведь по мере роста все шире становится круг социальных контактов и связей.

МЕЧТА 489614 319 8 – необходимое условие преобразования действительности, побудительная причина, мотив деятельности, окончательное завершение которой оказалось отсроченным; особая форма воображения, локализованная в достаточно отдаленном будущем и объединяющая представления о жизни высокого качества. Планы на будущее, явленные в воображении субъекта и исполняющие важные для него потребности и интересы.

МЕЧТАНИЕ 917 481 81931 – особая внутренняя деятельность, форму которой нередко принимает воображение; заключается в создании мысленного образа желаемого будущего.

МИЗОФОБИЯ 489016 319 78 – вид невроза, характерный патологической боязнью загрязнения.

МИКРОПСИЯ 319317 918 49 – субъективное уменьшение воспринимаемых размеров удаленных предметов. Может обусловливаться поражением теменно-затылочных отделов анализатора зрительного.

МИКРОСОЦИУМ 219 487 3194 – ближайшее окружение социальное человека – его семья, близкие, друзья, товарищи, приятели, знакомые, соседи, коллеги по работе.

МИМИКА 819417 919 321 – совокупность движений частей лица, выражающих состояние субъекта или его отношение к воспринимаемому. Своеобразная мимика свойственна также высшим животным.

МИОГРАММА 489317 3194 – запись электрической активности скелетных мышц, выполненная посредством специального прибора – миографа (электромиографа).

МИОГРАФИЯ 519617 319 4 – метод исследования функционального состояния мышц путем регистрации их биопотенциалов.

МИР ЛИЧНЫЙ 49514 894181987 31948 – полностью субъективная система мнений, верований, идей, желаний и потребностей индивида, которые ориентируют его поведение во внешнем мире и определяют его восприятия. Он являет собой устойчивую конфигурацию реакций аффективных и установок социальных, которая накладывается на все жизненные ситуации и придает уникальность всему восприятию и поведению индивида.

МИРОВОЗЗРЕНИЕ 594317 81498 – система взглядов на объективный мир и место в нем человека, на отношение человека к окружающей его действительности и самому себе, а также обусловленные этими взглядами основные жизненные позиции людей, их убеждения, идеалы, принципы познания и деятельности, ценностные ориентации. В качестве субъекта мировоззрения реально выступают социальная группа и личность. Мировоззрение-ядро общественного и индивидуального сознания. Это – отражение, общее понимание мира, человека, общества и ценностное отношение к ним, определяющее социально-политическую, философскую, атеистическую или религиозную, нравственную, эстетическую и научно-теоретическую ориентацию человека.

МИФ 59861731914 – возникающая на ранних этапах истории своеобразная форма мировоззрения, воплощаемая в сказаниях и повествованиях. Миф – тот шаг, посредством которого отдельный индивид выходит из массовой психологии.

МНЕМОНИКА 9186173148 (мнемотехника) – система различных приемов, облегчающих запоминание и увеличивающих объем памяти путем образования дополнительных ассоциаций.

МНЕМОТЕХНИКА 591867 3914 – система специальных приемов, служащих для облегчения запоминания. Суть мнемотехнических приемов запоминания – в том, что запоминаемая информация как-то осмысливается, структурируется.

МНЕНИЕ ОБЩЕСТВЕННОЕ 59867181948 – выраженное в форме определенных суждений, идей и представлений отношение групп социальных к явлениям или проблемам социальной жизни, затрагивающим общие интересы. Возникает как продукт осознания назревших, требующих решения социальных проблем и проявляется в сопоставлении или даже столкновении различных взглядов и позиций по обсуждаемому вопросу, – в одобрении, поддержке или же отрицании, осуждении тех или иных действий, поступков или линий поведения.

МОДАЛЬНОСТЬ 59867181914 89 – одно из основных свойств ощущений, их качественная характеристика: цвет – в зрении, тон и тембр – в слухе, характер запаха – в обонянии, и пр. Модальные характеристики ощущений, в отличие от их других характеристик (пространственных, временных, интенсивностных), отражают свойства реальности в специфически закодированной форме (длина световой волны отражается как цвет, частота звуковых волн – как тон и пр.).

МОДЕЛИРОВАНИЕ 319 488 5194 – в психологии – исследование процессов и состояний психических с помощью их реальных (физических) или идеальных, прежде всего математических моделей. Под моделью здесь понимается система объектов или знаков, воспроизводящая некие существенные свойства системы-оригинала.

МОДЕЛИРОВАНИЕ ПСИХОЛОГИЧЕСКОЕ 59867126801 – 1. Построение моделей протекания некоторых психологических процессов с целью формальной проверки их работоспособности. 2. Воссоздание деятельности психической в лабораторных условиях для исследования ее структуры. Выполняется путем предоставления испытуемому различных средств, которые могут включаться в структуру деятельности. В качестве таких средств наряду с прочим применяются различные тренажеры, макеты, схемы, карты, видеоматериал.

МОДЕЛЬ 58867191814 – схема, изображение или описание некоторого природного или общественного, естественного или искусственного процесса, явления или объекта.

МОДЕЛЬ ИНФОРМАЦИОННАЯ 48871631918 – в эргономике – организованная по определенным правилам совокупность информации об объекте управления, самом техническом устройстве и внешней среде. Они нужны в ситуациях, когда оператору приходится оценивать ход производственной деятельности, опираясь не столько на непосредственно наблюдаемые свойства компонент системы эргатической, сколько на свойства, измеряемые инструментальными способами.

МОДЕЛЬ КОНЦЕПТУАЛЬНАЯ 598642 31914 80 – понятие, используемое в психологии инженерной. Означает систему представлений человека-оператора о целях его деятельности, о состоянии предмета управления и способах воздействий на него.

МОДЕЛЬ ОБРАЗНО-КОНЦЕПТУАЛЬНАЯ 519 64891814 – совокупность представлений оператора о реальном и прогнозируемом состоянии объекта деятельности и системы эрратической в целом, а также о целях и способах реализации своей деятельности.

МОДЕЛЬ / ФИЛЬТРАЦИЯ 4986173191418 (модель с фильтрацией) – одна из первых концепций избирательного внимания. Предполагает ограниченность пропускной способности системы обработки информации сенсорной, поступающей параллельно по нескольким каналам. На определенном этапе обработки некий сигнал оказывается в центре внимания, что обусловливает именно его передачу через избирательный фильтр в канал с ограниченной пропускной способностью, действующий между этапами обнаружения и распознания сигналов. За счет этого фильтра происходит перемещение информации из памяти кратковременной в долговременную.

МОДИФИКАЦИЯ 2198163181901 – видоизменение, преобразование чего-либо, обычно характерное появлением новых свойств.

МОДИФИКАЦИЯ ПОВЕДЕНИЯ 59867131919 – предложенный американскими психологами-бихевиористами метод регулирования поведения социального. Использовался сначала как клинический метод психотерапии для лечения неврозов, затем стал применяться в отношении психически здоровых людей для выработки механических привычек, обеспечивающих адаптацию к неприемлемым для них условиям жизни.

МОЗГ 314 218 318 818 – центральный отдел системы нервной человека и животных, главный орган психики. У позвоночных животных и человека анатомически различают мозг спинной (в позвоночном канале) и мозг головной (в черепной коробке). Мозг покрыт тремя оболочками – твердой, паутинной и сосудистой. Ткань мозга головного состоит из серого (скопление нервных клеток) и белого (скопление преимущественно отростков нервных клеток) вещества.

МОЗГ: БИОРИТМ 598614 81931 (биоритмы мозга) – один из видов фоновой, спонтанной, электрической активности мозга человека и животных. Биоритм – это регулярная или ритмическая активность, характерная длительным повторением той или иной волны при незначительной вариации частоты ее повторения.

МОЗГ ГОЛОВНОЙ 814 729 318 818 – часть системы нервной, заключенная в черепную коробку и состоящая из мозга большого, мозжечка, моста варолиева и мозга продолговатого.

МОЗГ ГОЛОВНОЙ: КОРА 918 617 619 017 (кора головного мозга) – верхний слой полушарий мозга головного, состоящий прежде всего из нервных клеток с вертикальной ориентацией (пирамидные клетки), а также из пучков афферентных (центростремительных) и эфферентных (центробежных) нервных волокон. В нейроанатомическом плане характерна наличием горизонтальных слоев, отличающихся шириной, плотностью, формой и размерами входящих в них нервных клеток.

МОЗГ ГОЛОВНОЙ: ФУНКЦИЯ: ЛАТЕРАЛИЗАЦИЯ 498 614 719 816 (литерализация функций головного мозга) – процесс перераспределения функций психических между левым и правым полушариями мозга головного, происходящий в онтогенезе.

МОЗГ ДРЕВНИЙ 519 614 319 817 (мозг рептильный) – группа нервных структур, образующая «нижний этаж» человеческого мозга; соответствует первому этапу развития мозга головного в филогенезе вплоть до рептилий.

МОЗГ ПРОДОЛГОВАТЫЙ 214 713 914 819 – продолжение мозга спинного в полости черепа.

МОЗГ СПИННОЙ 314 218 814 719 – делится на четыре отдела: шейный, грудной, поясничный и крестцовый, а также на сегменты (всего насчитывается 31-33 сегмента). Продолжение мозга спинного в полости черепа – мозг продолговатый.

МОМЕНТ ВРЕМЕННОЙ 489317918 14 – временная спутанность некоторых процессов полового развития в детском возрасте, которая З. Фрейдом объединялась с преждевременной зрелостью.

МОНОСПЕКЦИЯ 498 814 31941 – объединяющий термин для обозначения интроспекции и экстраспекции в определенном смысле – как наблюдения за внешними событиями, их регистрация, коя в то же время есть регистрация собственных ощущений наблюдателя, – и как наблюдения за собственными внутренними психическими состояниями.

МОНОТОНИЯ 819617 3194 – функциональное состояние человека, возникающее при однообразной, монотонной деятельности. Характерно снижением тонуса и восприимчивости, ослаблением сознательного контроля, ухудшением внимания и памяти, стереотипизацией действий, появлением ощущения скуки, потерей интереса к работе.

МОНОФОБИЯ 498617 918 48 – патологическая боязнь одиночества.

МОРАЛЬ 549317 61914 – нравственность, совокупность норм и принципов поведения индивида по отношению к обществу и другим людям, – одна из основных форм общественного сознания.

МОРАЛЬ АВТОНОМНАЯ 528641 3184 – правила которой устанавливаются самим человеком и могут быть им же изменены.

МОРАЛЬ ГЕТЕРОНОМНАЯ 528641 31817 – правила которой вырабатываются другими людьми и которую данный индивид считает обязательными и «священными».

МОРАТОРИЙ 89161731814 – отсрочка исполнения некоторых обязательств. В психологии термин обычно понимается расширительно-метафорически.

МОРАТОРИЙ ПСИХИЧЕСКИЙ 49861731818 – кризисный период между юностью и взрослостью, в течение которого в личности происходят многомерные сложные процессы обретения взрослой идентичности и нового отношения к миру.

МОРИТА-ТЕРАПИЯ 319481 61914 – метод психотерапии, созданный на базе положений дзэн-буддизма с использованием психологических эффектов депривации сенсорной. Первоначально был ориентирован на лечение такого этноспецифического заболевания психического японцев, как шинкейшицу (невротический комплекс с элементами неврастении, ипохондрии, навязчивостей). Основная цель метода – достижение клиентом не просто хорошего самочувствия, но изменения самого уклада жизни.

МОРТИДО 9189180418417 4184 – влечение к смерти, влечение агрессивное и энергия его; один из самых существенных мотивов психической жизни.

МОСТ ВАРОЛИЕВ 498 617 319 148 – отдел системы нервной центральной, лежащий выше мозга продолговатого. Содержит многочисленные центры, ответственные за сложные рефлексы.

МОТИВ 428 617 319 18 – 1. Побуждения к деятельности, связанные с удовлетворением потребностей субъекта; совокупность внешних или внутренних условий, вызывающих активность субъекта и определяющих ее направленность; 2. Предмет, материальный или идеальный, достижение которого выступает смыслом деятельности, – побуждающий и определяющий выбор направленности деятельности, ради которой она выполняется; 3. Осознаваемая причина, лежащая в основе выбора действий и поступков личности.

МОТИВ ВЕДУЩИЙ 519 716 9919 – главный, основной мотив, побуждающий к некоторой деятельности в случае ее полимотивированности.

МОТИВ ВЛАСТИ 591648 319181 – устойчивая черта личностная, выражающая потребность субъекта в обладании властью над другими людьми, – стремление господствовать, распоряжаться, управлять.

МОТИВ ДОСТИЖЕНИЯ 489617 31998 (мотив достижения успеха) – потребность добиваться успехов в разного рода деятельности, особенно в ситуациях соревнования с другими людьми. Устойчивая мотивационная черта личностная. Противоположна мотиву избегания неудачи.

МОТИВ ИЗБЕГАНИЯ 5986193191 (мотив избегания неудачи) – стремление во всякой ситуации действовать так, чтобы избежать неудачи, – особенно если результаты деятельности воспринимаются и оцениваются другими людьми. Устойчивая мотивационная черта личностная. Противоположна мотиву достижения успеха.

МОТИВ НЕОСОЗНАВАЕМЫЙ 49861431971– этих мотивов значительно больше, чем осознаваемых, и до определенного возраста практически все мотивы относятся к неосознаваемым. По сути, это – специальная деятельность, имеющая свой мотив – самопознание и нравственное самоусовершенствование. Мотивы неосознаваемые все же появляются в сознании, но в особых формах. Их по крайней мере две: эмоции и смыслы личностные.

МОТИВ ОСОЗНАВАЕМЫЙ 5219317 818 14 (мотив-цель) – примеры таковых – большие жизненные цели, направляющие деятельность в течение длительных периодов жизни. Это – мотивы-цели. Их существование характерно для зрелой личности.

МОТИВ ПРОСОЦИАЛЬНЫЙ 41861731814 — мотив поведения, содержащий выраженное и осознанное стремление делать добро.

МОТИВ-СТИМУЛ 498688 71918 — второстепенные мотивы, побуждающие к некоторой деятельности в случае ее полимотивированности. Они не столько «запускают», сколько дополнительно стимулируют эту деятельность.

МОТИВАЦИЯ 48864131811 — ее составляют побуждения, вызывающие активность организма и определяющие ее направленность. Осознаваемые или неосознаваемые психические факторы, побуждающие индивида к совершению определенных действий и определяющее их направленность и цели. В широком смысле термин используется во всех областях психологии, исследующих причины и механизмы целенаправленного поведения человека и животных.

МОТИВАЦИЯ ВНУТРЕННЯЯ 42168171919 — мотивация, которая побуждает индивида к действию с целью улучшить его состояние уверенности и независимости, в отличие от внешней по отношению к нему цели.

МОТИВАЦИЯ ДОСТИЖЕНИЯ 598614319 19 (мотивация достижения успеха) — одна из разновидностей мотивации деятельности, связанная с потребностью индивида добиваться успехов и избегать неудач; стремление к успехам в различных видах деятельности. В его основе лежат эмоциональные переживания, связанные с социальным принятием успехов, достигаемых индивидом.

МОТИВИРОВКА 289174218 319 — рациональное объяснение субъектом причин действия посредством указания на социально приемлемые для него и его группы референтной обстоятельства, побудившие к выбору данного действия. Отличается от действительных мотивов поведения и выступает как одна из форм осознания этих мотивов.

МОТОРИКА 598 611 819 318 – активность двигательная.

МОТОРИКА ВНУТРЕННЯЯ 598 611 918 688 – понятие для обозначения обретенных в прошлом опыте человека программ для выполнения двигательных действий.

МУЖЕСТВО 5986819 06888914 – качество личностное, выражаемое в способности действовать решительно и целесообразно в сложной или опасной обстановке, контролировать импульсивные порывы, преодолевать возможное чувство страха и неуверенности, в умении мобилизовать все силы для достижения цели. Его высшее проявление – героизм.

МЫСЛЬ 928 688 714316 – основная единица, «молекула» мышления. В мыслях выражается процесс понимания мира, других людей и самого себя. В основе мысли лежит отражение таких фундаментальных признаков явлений, как их сходство и смежность во времени и пространстве, и пр.

МЫШЛЕНИЕ 8 9888 418 704 319 – одно из высших проявлений психического, процесс деятельности познавательной индивида, процесс моделирования неслучайных отношений внешнего мира, характерный обобщенным и опосредованным отражением действительности; это анализ, синтез, обобщение условий и требований решаемой задачи и способов ее решения. В этом непрерывном процессе образуются дискретные умственные операции, которые мышление порождает, но к которым не сводится. Мышление как процесс неразрывно связано с мышлением как деятельностью личности – с мотивацией, способностями и пр.

МЫШЛЕНИЕ: СИНКРЕТИЗМ 8418 704 31991 – характеристика логически неразвитого мышления, выражаемая в классифицировании предметов и явлений, определяемых неким понятием, по разнородным, логически непоследовательным или даже несовместимым признакам.

МЫШЛЕНИЕ БЕЗОБРАЗНОЕ 8 704 319 814 617 – понятие означает мышление, свободное от чувственных элементов познания – образов восприятия, представлений и речевых конструкций.

МЫШЛЕНИЕ ВИЗУАЛЬНОЕ8 9888 418912 – способ творческого решения задач проблемных в плане образного моделирования. Основой мышления визуального выступают мышление наглядно-действенное и мышление наглядно-образное, где при уподоблении действий предметно-практических и чувственно-практических свойствам объектов формируются внешние действия перцептивные.

МЫШЛЕНИЕ ДИСКУРСИВНОЕ 8 18 704 319 316 – форма мыслительной стратегии, при следовании которой производится последовательных перебор различных вариантов решения задачи, чаще всего на базе связных логических рассуждений, где каждый последующий шаг обусловлен результатами предыдущих. Часто мышление дискурсивное противопоставляется мышлению интуитивному.

МЫШЛЕНИЕ ДООПЕРАЦИОНАЛЬНОЕ 4319 894171 – стадия развития интеллекта ребенка от 2 до 7 лет. Характерна началом формирования символической функции, которая позволяет различать означаемое и означающее и выступает основой плана представлений. Первоначально как средство обозначения ребенок использует отсроченную имитацию, игровой символ, рисунок, умственный образ, речевые конструкции. За счет этого он может мысленно расчленять объект и составлять его из частей.

МЫШЛЕНИЕ ИНТУИТИВНОЕ8 9888 418 4 319 289 – один из видов мышления. Характерен быстротой протекания, отсутствием

© Грабовой Г.П., 2003

четко выраженных этапов, мало осознанностью. Часто мышление интуитивное противопоставляется мышлению дискурсивному.

МЫШЛЕНИЕ КОМПЛЕКСНОЕ 8788 418 704 319 – понятие для обозначения стадии в развитии понятий ребенка, находящейся между синкретами и истинными понятиями. Образуемые комплексы характерны эмпирическими обобщениями на основе воспринимаемых отношений между предметами.

МЫШЛЕНИЕ НАГЛЯДНО-ДЕЙСТВЕННОЕ 598 418 704 319 – один из видов мышления, характерный тем, что решение задачи производится путем реального, физического преобразования ситуации, опробования свойств объектов; форма мышления, вплетенная в реальное манипулирование предметами и обслуживающая прежде всего практические задачи.

МЫШЛЕНИЕ НАГЛЯДНО-ОБРАЗНОЕ 8 418 704 319 – один из видов мышления – мышление, в основе которого лежит моделирование и разрешение ситуации проблемной в плане представлений. Связано с представлением ситуаций и изменений в них. С его помощью особенно полно воссоздается все многообразие различных фактических характеристик предмета, ибо образе может фиксироваться одновременно видение предмета с нескольких точек зрения.

МЫШЛЕНИЕ ПРАКТИЧЕСКОЕ 8 3219 918 614 788 – один из видов мышления, обычно сравниваемый с мышлением теоретическим: мышление, в котором решение проблем реализуется во внешней практической деятельности. Связано с постановкой целей, выработкой планов и проектов и часто развертывается при дефиците времени, что порой делает его еще сложнее, чем мышление теоретическое. В отличие от мышления теоретического здесь не ставится задача выработки новых методологических средств, которые можно переносить в принципиально иные ситуации.

МЫШЛЕНИЕ ПРАЛОГИЧЕСКОЕ 8 499 418 704 319 – понятие для характеризации мышления представителей доцивилизованных обществ, как бы принципиально отличного от мышления логического современных людей, – для обозначения раннего этапа развития мышления, когда формирование его основных логических законов еще не завершено: существование причинно-следственных связей уже осознано, но сущность их выступает в мистифицированной форме. Явления соотносятся по признаку причины-следствия и тогда, когда просто совпадают по времени.

МЫШЛЕНИЕ СЛОВЕСНО-ЛОГИЧЕСКОЕ 8 528 9888 418 704 – один из видов мышления, характерный использованием понятий, логических конструкций. Функционирует на базе языковых средств и являет собой самый поздний этап исторического и онтогенетического развития мышления. В его структуре формируются и функционируют различные виды обобщений.

МЫШЛЕНИЕ ТВОРЧЕСКОЕ 8 888 468 704 319 – один из видов мышления, характерный созданием субъективно нового продукта и новообразованиями в ходе самой деятельности познавательной по его созданию. Эти новообразования касаются мотивации, целей, оценок и смыслов.

МЫШЛЕНИЕ ТЕОРЕТИЧЕСКОЕ 18 70 4 319 8 – один из видов мышления, обычно противопоставляемый мышлению практическому. Направлено на открытие законов, свойств объектов и пр. Как пример можно назвать фундаментальные научные исследования.

МЮ-РИТМ 9181114 319 7 – биоритм, фиксируемый в области роландовой извилины коры мозга головного, изменения которого связаны только с влиянием раздражителей кинестетических. При выполнении любых движений мю-ритм всегда блокируется. По частоте и амплитуде он похож на альфа-ритм.

Н

НАБЛЮДАТЕЛЬНОСТЬ 289317 498611 – способность, проявляемая в умении подмечать существенные, характерные, даже малозаметные свойства предметов и явлений. Предполагает любознательность, пытливость и приобретается в жизненном опыте. Ее развитие – важная задача формирования установки познавательной и адекватного восприятия действительности.

НАБЛЮДЕНИЕ 8916918 906 781 – 1. Изучение мира на уровне познания чувственного, целенаправленное и осознанное. Восприятие некоего процесса с целью выявления его инвариантных признаков без активного включения в сам процесс. В наблюдении проявляются личностные особенности восприятия, установки, направленность личности.

НАБЛЮДЕНИЕ СИСТЕМАТИЧЕСКОЕ 898618 718 067 – при нем внимание должно быть сосредоточено на одном определенном акте поведения, чтобы как можно точнее описать именно его характеристики, изучению которых посвящено данное исследование.

НАБЛЮДЕНИЕ СТАНДАРТИЗОВАННОЕ 498 681 719 4 – проводимое в научных целях наблюдение за поведением людей при наличии определенной схемы наблюдения, где отражено то, что надлежит наблюдать, каким образом вести наблюдение и как представлять его результаты.

НАВЫК 989 061 719 41 (действие автоматизированное, автоматизм вторичный) – действие, сформированное путем повторения, характерное высокой степенью освоения и отсутствием поэлементной сознательной регуляции и контроля.

НАВЫК: ФОРМИРОВАНИЕ: МЕХАНИЗМ 512 618 718911 – В ходе формирования навыка выделяется много частных фаз, объединяемых в более общие периоды.1. В первый период происходит первоначальное знакомство с движением и первоначальное овладение им. 2. Второй период – период автоматизации движения. Здесь происходит полная передача отдельных компонент движения или всего движения целиком в ведение фоновых уровней.

НАВЫК ДВИГАТЕЛЬНЫЙ 488 718 499016 – автоматизированные воздействия на внешний объект с помощью движений в целях его преобразования, неоднократно выполнявшееся ранее.

НАВЫК ИНТЕЛЛЕКТУАЛЬНЫЙ 4890 16 319 14 – автоматизированные приемы, способы решения встречавшейся ранее умственной задачи.

НАВЫК ПЕРЦЕПТИВНЫЙ 899 716 30917 – автоматизированные чувственные отражения свойств и характеристик хорошо знакомых, неоднократно воспринимавшихся прежде предметов.

НАВЯЗЧИВОСТЬ 988061 78806 – характеристика явлений и процессов психических, означающая их неподконтрольность сознанию, их совершение вопреки желанию, нередко – вопреки сдерживающим усилиям субъекта (согласно «Словарю русского языка» С.И. Ожегова, слово «навязчивый» означает, кроме прочего, «против воли внедрившийся в сознание, неотступный»). Навязчивость как психологический феномен проявляется в достаточно различных формах.

НАДЕЖДА 489061 719 88 0618 – эмоциональное переживание, возникающее при ожидании субъектом некоего желаемого события; отражает предвосхищаемую вероятность его реального осуществления. Формируется вследствие познания причин, обусловливающих ожидаемые события, или на основе субъективного эмоционального опыта, накопленного в сходных ситуациях в прошлом. Предсказывая возможное развитие событий, надежда играет роль внутреннего регулятора деятельности, помогающего субъекту определять ее последствия и целесообразность.

НАДЕЖНОСТЬ 3178 719 88 0618 – одна из важнейших характеристик методик и тестов психодиагностических – один из критериев их качества, относимый к точности измерений психологических. Отражает точность измерения психологического и устойчивость результатов к действию посторонних факторов. Чем выше надежность теста или методики, тем они относительно свободнее от погрешностей измерения.

НАДСОЗНАТЕЛЬНОЕ 891614 318 911 – не поддающийся индивидуальному сознательно-волевому контролю уровень психической активности личности при решении творческих задач.

НАМЕРЕНИЕ 519314 819 4 – сознательное стремление завершить действие соответственно намеченной программе, направленной на достижение предполагаемого результата.

НАПРЯЖЕННОСТЬ ПСИХИЧЕСКАЯ 591 419 – психическое состояние, обусловленное предвосхищением неблагоприятного развития событий. Сопровождается ощущением общего дискомфорта, тревоги, иногда страха. В отличие от тревоги, включает в себя готовность овладеть ситуацией, действовать в ней определенным образом.

НАРКОАНАЛИЗ 489 316 71 – терапевтическое направление, метод и прием модифицированного психоанализа, выполняемого на фоне действия наркотиков, способствующих оперативному установлению трансфера и преодолению сопротивления клиента; тем самым обеспечивается ускорение и повышение эффективности психоаналитического сеанса и всего лечения.

НАРКОМАНИЯ 518 712618 44 – патологическое влечение к употреблению наркотических средств; заболевание, возникающее в результате употребления наркотиков, вызывающих в малых дозах эйфорию, а в больших – оглушение, наркотический сон. Характерно непреодолимым влечением к приему наркотиков, вызванным привыканием, возникающим при систематическом употреблении наркотиков; тенденцией к повышению употребляемых доз, формированием синдрома абстинентного – с плохим самочувствия при отсутствии наркотиков; с психической и физической зависимостью.

НАРУШЕНИЕ ВНИМАНИЯ 498 611 01931 – болезненные расстройства, в разной мере наблюдаемые при утомлении и при органических поражениях мозга головного – прежде всего долей лобных. Характерны неадекватными изменениями направленности и избирательности деятельности, координации отдельных действий. Могут проявляться в сужении объема внимания, его неустойчивости – отвлекаемости на побочные раздражители.

НАРУШЕНИЕ ЛИЧНОСТНОЕ 519361 819 41 – системные нарушения поведения – прежде всего социального – характерные для различных заболеваний психических и локальных поражений мозга головного.

НАРУШЕНИЕ МЫШЛЕНИЯ 599 788 319 418 – нарушения в выполнении операций интеллектуальных, обусловленные различными заболеваниями психическими, локальными поражениями мозга головного и аномалиями развития психического.

НАРУШЕНИЕ СЕНСОРНОЕ 596 714918 41 – сюда относятся глухота, тугоухость, слепота, слабовидение.

© Грабовой Г.П., 2003

НАРУШЕНИЕ СЕНСОРНОЕ ДИСТАНЦИОННОЕ 596 714918 48 – сюда относится слабовидение, отнесенное к объектам находящимся на дистанции за пределами физического зрения или в другом интервале времени.

НАРУШЕНИЕ ФАНТОМНОЕ 489317 918 4 – ложные ощущения – боль, зуд, анемия, судороги и прочее – со стороны несуществующей части тела – например, после ампутации конечности. Могут принимать навязчивый, тягостный характер.

НАРЦИССИЗМ 988 061 319 48 (нарцизм) – состояние и направленность либидо на Я. Нормальная стадия полового развития. Одна из отличительных черт невротиков – задержка на этой стадии психосексуального развития.

НАРЦИССИЗМ: УДАР 8061 319 48 91 (три удара по человеческому нарциссизму) – В процессе развития науки человеческому самолюбию были нанесены три сокрушительных удара:1) «космологический удар» Коперника; 2) «биологический удар» Дарвина; 3) «психологический удар» – самый чувствительный; нанесен психоаналитической теорией, доказавшей безусловный примат бессознательного над сознанием и ведущую роль бессознательных душевных процессов в организации жизнедеятельности и поведения.

НАРЦИССИЗМ ВТОРИЧНЫЙ 8 061 319 48 – термин означающий явление повторного нарциссизма, возникающее вследствие направления либидо из Оно на Я. Трактовалось как вожделение, направленное на Я вследствие «отождествления».

НАСИЛИЕ КОМПЕНСАТОРНОЕ 498 688 319 4 – насилие, служащее импотентному, обездоленному жизнью человеку в заменой продуктивной деятельности и способом отомстить жизни.

НАСИЛИЕ РЕАКТИВНОЕ 598611 819 48 – насилие, проявляемое при защите жизни, свободы, достоинства и имущества. Итак, эта форма насилия «стоит на службе жизни» и имеет целью сохранение.

НАСЛАЖДЕНИЕ 519411 819 14 – одно из позитивных душевных чувств, некоторым образом связанное с уменьшением, понижением или угасанием имеющегося в душе количества раздражений.

НАСЛАЖДЕНИЕ КОНЕЧНОЕ 519411 819 148 – конечное удовлетворение от «сексуальной деятельности», сопровождаемое выделением половых секретов.

НАСЛАЖДЕНИЕ КОПРОФИЛЬНОЕ 819 317 918 14 – наслаждения детства, связанные с дефекацией.

НАСЛАЖДЕНИЕ ПРЕДВАРИТЕЛЬНОЕ 719411 819 181 – наслаждение от возбуждения зон эрогенных, предшествующее половому акту.

НАСТОЙЧИВОСТЬ 498114 319 8 – личностное волевое качество, характерное способностью преодолевать внешние и внутренние препятствия, – направленное на неуклонное, вопреки трудностям и препятствиям, достижение осуществления цели.

НАСТРОЕНИЕ 898 716 31944 – сравнительно продолжительные, устойчивые состояния психические умеренной или слабой интенсивности, проявляемые как положительный или отрицательный эмоциональный фон психической жизни индивида. Характерны диффузностью, отсутствием четкой осознанной привязки к определенным предметам или процессам, и достаточной устойчивостью, позволяющей считать настроение отдельным показателем темперамента.

НАСТРОЕНИЕ ОБЩЕСТВЕННОЕ 598 716 31944 (настроение массовое) – преобладающее состояние чувств и умов тех или иных групп социальных в определенный период времени. Не только самое массовидное явление психологии социальной, но и одна из самых значительных сил, побуждающих людей к деятельности, отпечатывающихся на поведения различных групп и слоев общества, а также классов, наций и даже народов. Проявляется во всех сферах социальной жизнедеятельности.

НАСТРОЙКА ОПЕРАТИВНАЯ 598411 69814 – подготовка к выполнению действия при заданных условиях, соответственно которым предустанавливается точность, темп, напряженность, стабильность, продолжительность, способ и стиль предстоящей деятельности. В ходе настройки оперативной происходит подготовка нейродинамических систем организма.

НАУКА 528 716 319 81 – Сфера деятельности, основная функция которой – выработка знаний о мире, их систематизация, на основе чего возможны построение образа мира – научная картина мира, и способов взаимодействия с миром – научно обоснованная практика.

НАУКА: КЛАССИФИКАЦИЯ 716 319 81 88 9 – словом «наука» обозначаются также отдельные отрасли научного знания, взаимно отличающиеся рядом существенных характеристик. Прежде всего науки различаются своим объектом (от объекта науки следует отличать ее предмет: наука: объект; наука: предмет). Основными научными объектами выступают: природа (органическая и неорганическая), и человек (общество и мышление). Согласно этому выделяются науки естественные и науки гуманитарные; последние еще подразделяются на науки социальные и науки философские. Так выделяются три главных раздела научного знания – три комплекса наук. Кроме этих трех главных разделов выделяются еще крупные разделы – на стыке главных. Возможны и другие способы различения наук. Так, принято разделение их на науки фундаментальные и науки прикладные. Во всех этих схемах психология занимает свое место. Связь психологии с науками естественными вполне очевидна – особенно с биологическими. Для психологии научной характерно заимствование некоторых общебиологических теоретических положений для обоснования закономерностей развития психики.

НАУКА: ОБЪЕКТ 528 716 31819 88 – та сторона действительности, на изучение которой направлена данная наука. Часто объект фиксируется в самом названии науки. Но поскольку никакая наука не в состоянии описать свой объект исчерпывающе и всесторонне, она вынуждена ограничить сферу своих интересов, отказываясь от изучения некоторых аспектов своего объекта.

НАУКА: ПОДХОД РАЦИОНАЛИСТИЧЕСКИЙ 8 716 319 819 – восходит по крайней мере к Платону; более поздние яркие представители – Декарт, Кант и Гегель. Полагает, что любые достоверные знания могут исходить лишь от разума, и лишь разум должен играть главную роль в объяснении фактов – и в онтологическом плане, и в планах познания или действия. Наилучший способ сформулировать некую проблему и попытаться найти ответ состоит в поисках логических доводов. В результате на протяжении многих веков обсуждалось, что должно быть, вместо того чтобы наблюдать существующее в действительности.

НАУКА: ПОДХОД ЭМПИРИЧЕСКИЙ 5928 7176 3149 881 – лег в основу экспериментирования. Делает главный упор на опыт и тем самым радикально отличается от подхода рационалистического.

НАУКА: ПРЕДМЕТ 5328 716 3919 881 – та сторона или стороны, какими объект науки в ней представлен. Если объект существует независимо от науки, то предмет формируется вместе с ней и закрепляется в ее понятийной системе. Предмет не фиксирует всех сторон объекта, хотя может при этом включать то, что в объекте отсутствует, В определенном смысле развитие науки есть развитие ее предмета.

НАУКА ГУМАНИТАРНАЯ 716 3179 81 — ее объектом выступает человек — человеческое общество и мышление. Науки гуманитарные подразделяются на науки социальные и науки философские.

НАУКА ЕСТЕСТВЕННАЯ 91528 716 319 81 — ее объектом выступает природа, органическая и неорганическая.

НАУКА ПРИКЛАДНАЯ 428 716 319 81 518 — прикладными считаются науки, ориентированные на практическое применение знаний, полученных в науках фундаментальных; они служат непосредственно нуждам общества.

НАУКА ФУНДАМЕНТАЛЬНАЯ 8529 716 319 81989 (наука чистая) — фундаментальными считаются науки, познающие мир безотносительно возможности практического использования получаемых знаний.

НАУЧЕНИЕ 847136 3919 512 — процесс и результат приобретения индивидуального опыта.

НАУЧЕНИЕ ВЕРБАЛЬНОЕ 7136 39129 5192 — научение через словесные воздействия: инструкции, разъяснения, описания и прочее, — без обращения к конкретным действиям предметным, к обусловливанию оперантному или условно-рефлекторному.

НАУЧЕНИЕ ВИКАРНОЕ 936 39819 512 — научение через прямое наблюдение за чувственно представленными образами и через подражание им.

НАУЧЕНИЕ ОПЕРАНТНОЕ 498614 318 12 — вид научения, происходящего за счет спонтанного порождения субъектом множества разнообразных реакций на одну и ту же ситуацию или стимул

– с последующим закреплением лишь тех, что оказываются самыми удачными с позиции получаемого эффекта.

НАУЧЕНИЕ СОЦИАЛЬНОЕ 3919 512 498611 – термин означает обретение организмом новых форм реакций путем наблюдения за поведением других живых существ и подражания ему.

НАУЧЕНИЕ УСЛОВНО-РЕФЛЕКТОРНОЕ 747136 918 417 41 – вид научения, происходящего за счет выработки реакций на новые раздражители по механизму рефлекса условного.

НЕВРАСТЕНИЯ 4815421181 – один из видов неврозов, могущий возникать в результате перенапряжения или перенесенных инфекций (у детей).

НЕВРОЗ 48154211 – группа самых распространенных пограничных нервно-психических расстройств, психогенных по природе, но не обусловленных психотическими состояниями. Возникают на основе непродуктивно и нерационально разрешаемого конфликта невротического, закладываемого преимущественно в детстве, в условиях нарушенных отношений с окружением микросоциальным, в первую очередь-с родителями.

НЕВРОЗ: ПРИЧИНА 948154211 – невроз возникает там, где не вполне удался переход от прямых к заторможенным в смысле цели сексуальным первичным позывам; это соответствует конфликту между первичными позывами, поглощенными Я, которые прошли через такое развитие, и частицами тех же позывов, что из вытесненной бессознательной сферы стремятся к прямому удовлетворению. Причина невроза возникает при соединении двух основных компонент: 1) унаследованного предрасположения благодаря фиксации либидо как результата наследуемой сексуальной конституции и связанных с ней доисторических переживаний, а также инфантильного переживания; 2) случайного травматического переживания.

НЕВРОЗ: РЕМИССИЯ СПОНТАННАЯ 4815421108 (спонтанная ремиссия неврозов) – процесс самопроизвольного – преимущественно от внутренних причин – уменьшения и ослабления болезненных проявлений неврозов.

НЕВРОЗ АКТУАЛЬНЫЙ 4815421129 – группа расстройств, проявляемых как непосредственные соматические последствия сексуальных нарушений.

НЕВРОЗ ВЕЛИКИЙ 481542116 – («великие неврозы» нашего времени)– самые распространенные и значимые формы современных неврозов, к которым относятся: 1) невроз привязчивости – поиск любви и одобрения любой ценой; 2) невроз власти – погоня за властью, престижем и обладанием;3) невроз покорности – автоматический конформизм; 4) невроизоляция – бегство от общества.

НЕВРОЗ ИСТЕРИЧЕСКИЙ 548154211 – форма невроза, характерная различной клинической симптоматикой. Часто проявляется в виде судорожных припадков, астазии – абазии, истерической глухоты, слепоты, мутизма и вегетативно-висцеральных расстройств. Особенно характерна такая особенность истерических переживаний, как неглубокость, демонстративность и ситуативная обусловленность. Для истеричных детей особенно характерно появление энуреза, заикания, анорексии.

НЕВРОЗ КЛИНИЧЕСКИЙ 481 54 21 1 – одна из основных форм нервно-психических расстройств. Причина их – так называемый конфликт невротический, активизирующийся в психотравмирующих ситуациях. Органические изменения мозга головного чаще всего отсутствуют. Выделяются три основных формы неврозов клинических: неврастения, истерия и невроз навязчивости.

НЕВРОЗ НАВЯЗЧИВОСТИ 4815421148 (невроз состояний навязчивых; невроз принуждения) – один из видов неврозов, вероятность появления которого особенно велика у людей с тревожным, ригидным, мнительным характером. Помимо общеневротических симптомов (раздражительность, повышенная утомляемость, нарушения сна, расстройства вегетативные) проявляется наличием у субъекта повышенной тревожности и угнетенного настроения, различных содержанием навязчивых мыслей воспоминаний, движений и действий, а также страхов (чаще всего в виде фобий – таких как кардиофобия, канцерофобия, страх покраснения), ощущаемых как чуждые и принудительно повторяющиеся;

НЕВРОЗ НАВЯЗЧИВОСТИ КОЛЛЕКТИВНЫЙ 481542113 – одна из форм его – религия.

НЕВРОЗ НАРЦИССИЧЕСКИЙ 148154211 – их отличительная черта – фиксация либидо на ранних фазах, предшествующих фазам истерии или невроза навязчивости, и его направленность на Я, повышающие уровень амбивалентности чувств. Характерная черта этих неврозов – активное участие Я в происхождении заболевания и их соответствие конфликту меж Я и Сверх-Я.

НЕВРОЗ НООГЕННЫЙ 64815421 – неврозы, порождаемые утратой смысла жизни.

НЕВРОЗ ПЕРЕНЕСЕНИЯ 5481542119 – общее обозначение трех форм неврозов: истерии страха, истерии конверсионной и невроза навязчивости. Их происхождение объясняется конфликтом и борьбой сексуальных влечений с инстинктами сохранения, конфликтом между требованиями сексуальности и Я, или же конфликтом между Я и Оно. Неврозы перенесения характерны попытками защиты Я от сексуальности и в этом плане есть результат конфликта

© Грабовой Г.П., 2003

между Я и либидинозной привязанностью к объекту. Эти неврозы и являют собой собственный предмет психоанализа.

НЕВРОЗ СТРАХА 6848154211 – форма невроза, который развивается в ответ на психические травмы и в котором определяющим симптомом является наличие страха свободного, (синдром страха). При этом чувство страха либо нелокализовано, либо связано с определенным органом тела или конкретной ситуацией (например, страх высоты, замкнутых пространств). Самая обычная причина невроза страха – фрустрированное возбуждение; либидинозное возбуждение вызывается, но не удовлетворяется, и неудовлетворенное либидо прямо превращается в страх.

НЕВРОЗ ТРАВМАТИЧЕСКИЙ 4815421171 – заболевания, наступающие как результат механического воздействия, механической травмы. При определенных обстоятельствах Я бывает заинтересовано в появлении и существовании такого невроза как выгодной формы защиты от опасности.

НЕВРОЗ УНИВЕРСАЛЬНЫЙ 48 154 21161 – общий, «коллективный» невроз с разнообразными функциями. К таковым относится религия, эффективно защищающая от опасности персонального невроза.

НЕВРОЗ ЭКСПЕРИМЕНТАЛЬНЫЙ 3148 154211 – вызываемое у животных в специальных условиях физиологического эксперимента состояние, характерное нарушением поведения адаптивного, невозможностью выработки новых и несрабатыванием старых рефлексов условных, отказом от еды, вегетативными расстройствами и нарушениями сна. Будучи моделью клинических неврозов у человека, он применяется для изучения механизмов деятельности нервной высшей.

НЕВРОТИЗМ 598 154211 (нейротизм) – состояние, характерное эмоциональной неустойчивостью, тревогой, низким самоуважением, вегетативными расстройствами. Невротизм не следует отождествлять с неврозом, так как невротические симптомы может обнаруживать и здоровый человек. Невротизм обычно измеряется с помощью специальных шкал или опросников личностных.

НЕВРОТИК 54811 319 4 – человек, находящийся под воздействием невроза, – ущемленная личность, плохо приспособляемая к внешней среде, реальности; доминанта поведения – реакции эмоционально-инстинктивные. Это объясняется преобладанием принципа удовольствия над принципом реальности. Образно, невротик – это человек, который стоит у себя на пути.

НЕВРОТИК: ВЛЕЧЕНИЕ СЕКСУАЛЬНОЕ 64811 319 48 – Характерно наличием различных вариаций нормальной сексуальной жизни и выражением болезненных форм.

НЕГАТИВИЗМ 519 448 9184 – немотивированное поведение, проявляемое в действиях, намеренно противоположных требованиям и ожиданиям других индивидов или групп социальных. Нежелание подвергаться воздействиям других людей, вызванное не логикой выполнения собственных задач, но отрицательным к ним отношением. Обусловлен действием защиты психологической в ответ на воздействия, противоречащие смыслам внутренним субъекта.

НЕГАТИВИЗМ ДЕТСКИЙ 448 918479 – форма общения ребенка, в которой он пытается отстоять права своей личности путем противодействия требованиям окружающих. Может проявляться в упрямстве, грубости, замкнутости.

НЕЗАВИСИМОСТЬ 598 511 – альтернатива конформности и негативизму – самостоятельная выработка и отстаивание собственной позиции. Не исключает солидарности личности с группой, но не в силу давления, а на основе сознательного согласия с ней.

НЕЙРОЛИНГВИСТИКА 564317 90961 – отрасль науки, пограничная для психологии, неврологии и лингвистики, изучающая мозговые механизмы речевой деятельности и изменения в речевых процессах, возникающие при локальных поражениях мозга головного.

НЕЙРОН 814 317 914 917 – нервная клетка со всеми ее отростками – основная структурная единица системы нервной. Состоит из тела, ветвящихся отростков – дендритов и длинного отростка – аксона, а также концевых аппаратов – синапсов. Основная функция нейрона – возбуждение, распространяемое по аксону в виде кратковременных электрических сигналов – импульсов нервных.

НЕЙРОН-ДЕТЕКТОР 814 317 914 919 – нервная клетка, избирательно реагирующая на определенные признаки сенсорные сложного раздражителя.

НЕЙРОПСИХИЗМ 891491 614 – теория в естествознании, согласно которой психика есть только у существ, обладающих нервной системой.

НЕЙРОПСИХОЛОГИЯ 489 314 818 71 – отрасль науки, сложившаяся на стыке психологии, медицины (неврологии, нейрохирургии) и физиологии. Изучает мозговые механизмы функций психических высших на материале локальных поражений мозга головного. Рассматривает соотношение мозга и психики.

НЕЙРОФИЗИОЛОГИЯ 519 31791814 – раздел физиологии, посвященный изучению системы нервной посредством электрофизиологических методик.

НЕКОНГРУЭНТНОСТЬ 498617 31914 – несоответствие друг другу опыта человека и его представлений о самом себе. На уровне проявлений означает тревогу, ранимость, нецельность личности.

НЕКРОФИЛ 918 616 0496 (некрофильный) – личность и тип личности, ориентированные на любовь к мертвому, на деструкцию, уничтожение и смерть. Противоположное понятие – биофил.

НЕКРОФИЛИЯ 0496 411 06 – 1) перверсия сексуальная, проявляемая во влечении и желании обладать мертвым телом; 2) асексуальное болезненное стремление находиться возле трупов, созерцать их, манипулировать ими и расчленять.

НЕНАВИСТЬ 498 681 019 4 – стойкое активное отрицательное чувство субъекта, направленное на явления, противоречащие его потребностям, убеждениям или ценностям. Способна вызвать не только соответственную оценку своего предмета, но и активную деятельность, направленную против него.

НЕОБИХЕВИОРИЗМ 319 688 71 9 – направление в американской психологии, возникшее в 30-х гг. XX в. Восприняв главный постулат бихевиоризма о том, что предмет психологии – объективно наблюдаемые реакции организма на стимулы внешней среды, необихевиоризм дополнил его понятием переменных промежуточных как факторов, служащих опосредующим звеном между воздействием стимулов и ответными мышечными движениями. Следуя методологии операционализма, сторонники необихевиоризма считали, что содержание понятия переменных промежуточных, означавшее «ненаблюдаемые» познавательные и мотивационные компоненты поведения, можно выявить экспериментально по признакам, определяемым посредством операций исследователя.

НЕОПСИХОАНАЛИЗ 598 617 31 9 1 – 1. Направление в психологии, психоанализе и психотерапии. Ориентировано на синтез различных областей психоанализа в целях комплексного объяснения неврозов, в том числе динамического взаимодействия влечения и вытеснения, а также в целях современной терапии. 2. Иногда это понятие применяется для общего обозначения различных новых течений в психоанализе, преимущественно ориентированных на исследование терапевтических аспектов.

НЕОФОБИЯ 498 617 31 – патологический страх перед всем новым, непривычным.

НЕОФРЕЙДИЗМ 591688 41 – направление в современной философии, социологии, психологии и психоанализе, развившееся из фрейдизма, сторонники которого пытаются преодолеть биологизм классического фрейдизма и ввести его основные положения в социальный контекст.

НИСТАГМ 519 317 48 – ритмические движения глазного яблока. Состоят из медленного движения в некотором направлении и быстрого возврата.

НОВОРОЖДЕННОСТЬ 489712 618418 – возрастной период от рождения до четырех – шестинедельного возраста, в ходе которого происходит первичная адаптация ребенка к внешнему миру.

НОЗОФОБИЯ 481542198 – вид невроза, характерный патологической боязнью заболевания.

НОНКОНФОРМИЗМ 319 316 418 – стремление во что бы то ни стало перечить мнению большинства и поступать противоположным образом, не считаясь ни с чем. Синоним понятия негативизма, антоним конформности.

НОРМА 519 514 12 – установленная мера, средняя величина чего-либо.

НОРМА ГРУППОВАЯ 519 514 1298 – совокупность правил и требований, вырабатываемых каждой реально действующей общностью; важнейшее средство регуляции поведения членов данной группы, характера их взаимоотношений, взаимодействия и общения.

НОРМА СОЦИАЛЬНАЯ 5819 514 12 – принятые в конкретном обществе или группе правила поведения, регулирующие взаимоотношения людей.

НОРМА ТЕСТОВАЯ 519 514 98 – усредненная оценка по данному тесту группы большой нормальных и здоровых людей определенного возраста и культуры – показатели, с которыми можно сравнивать показатели испытуемого, оценивая его уровень и делая выводы о том, находятся ли они выше либо ниже нормы. Норма тестовая – это средний уровень развития большой совокупности людей, схожих с испытуемым по ряду социально-демографических характеристик.

НОРМАЛИЗАЦИЯ 48519 514 12 – 1. Установление нормы, образца. 2. Урегулирование, приведение к норме, нормальному состоянию. 3. То же, что стандартизация.

НОРМАЛИЗАЦИЯ ГРУППОВАЯ 481519 514 12 – социально-психологический феномен, возникающий как результат групповой дискуссии, когда первоначально разнородные и даже экстремальные позиции участников сглаживаются и обретают характер единого, разделяемого всеми усредненного мнения.

НРАВСТВЕННОСТЬ 498104817 9181 – регулирующая функция человеческого поведения. Ее сущность сводится к ограничению влечений.

О

ОБОБЩЕНИЕ 498614 312 – продукт мыслительной деятельности, форма отражения общих признаков и качеств явлений действительности. Процесс познавательный, приводящий к выделению и означиванию относительно устойчивых свойств внешнего мира. Простейшие виды обобщения реализуются уже на уровне восприятия, проявляясь как константность восприятия. Виды его соответствуют видам мышления. Обобщение также выступает как средство мыслительной деятельности. На уровне человеческого мышления, обобщение опосредуется применением общественно выработанных орудий – приемов деятельности познавательной и знаков.

ОБОБЩЕНИЕ ТЕОРЕТИЧЕСКОЕ 498614 3189 – обобщение, основанное на выделении существенных связей между явлениями внешнего мира, свидетельствующих об их генетическом родстве. Опирается на скрытые существенные свойства, выходящие за рамки непосредственного наблюдения и требующие введения дополнительных принципов – обобщающих гипотез. Реализуется посредством понятия, в котором фиксируется лишь самое существенное, а частное опускается. Способность к обобщению теоретическому особенно интенсивно формируется в возрасте подростковом и юношеском.

ОБОБЩЕНИЕ ЭМПИРИЧЕСКОЕ 498614 318 – обобщение, основанное на непосредственно наблюдаемых или переживаемых свойствах предметов и явлений. Использование подобных свойств как классификационных предоставляет человеку возможность работать со значительно большим объемом предметов, чем это возможно в перцептивном плане. С помощью классификационных схем каждый новый предмет распознается как относящийся к определенному классу.

ОБОНЯНИЕ 519 418 3194 – способность ощущать пахучие вещества, воспринимая их как запахи. Химические вещества, распространяемые в виде пара, газа, пыли и прочего, попадают в полость носа, где взаимодействуют с соответственными рецепторами. Кроме хеморецепторов, в формировании ощущений обонятельных могут участвовать и другие рецепторы слизистой оболочки полости рта: тактильные, болевые, температурные. Так, некоторые пахучие вещества вызывают лишь обонятельные ощущения (ванилин, валериана и пр.), а другие действуют комплексно (ментол вызывает ощущение холода, хлороформ – сладости).

ОБРАБОТКА ВТОРИЧНАЯ 498 801614 7148 – повторный процесс изменения сновидения, начинающийся после того как сновидение становится перед сознанием как объект восприятия.

ОБРАЗ 319418 418 – субъективная картина мира или его фрагментов, субъективная представленность предметов внешнего мира, обусловленная как чувственно воспринимаемыми признаками, так и гипотетическими конструктами. Включает в себя самого субъекта, других людей, пространственное окружение и временную последовательность событий.

ОБРАЗ ВОСПРИЯТИЯ 43194818 41898 – отражение в субъективном плане реальных предметов или их свойств, с которыми взаимодействует деятельный субъект.

ОБРАЗ ГИПНАГОГИЧЕСКИЙ 965319418 4818 – возникающие при сновидениях и в состояниях просоночных.

ОБРАЗ МИРА 591498 617 – целостная, многоуровневая система представлений человека о мире, о других людях, о себе и своей деятельности. В этом понятии воплощена идея целостности и преемственности в зарождении, развитии и функционировании сферы познавательной личности.

ОБРАЗ ОПЕРАТИВНЫЙ 899418 418 – отражение в сознании субъекта того предмета или процесса, на который направлено действие. Полнота образа оперативного строго определяется необходимостью адекватного выполнения конкретного действия, так что все избыточные признаки предмета в него не входят. За счет этого достигается его лаконичность и надежность, нужные для успешного выполнения задачи в обычных или затрудненных условиях.

ОБРАЗ ОПЕРАТИВНЫЙ ГЛОБАЛЬНЫЙ 319418894 18 – образ оперативный, служащий основой для выполнения всего действия. Преимущественно вбирает в себя признаки конечного состояния предмета действия.

ОБРАЗ ОПЕРАТИВНЫЙ ЭТАПНЫЙ 319417 994 18 – образ оперативный, служащий основой для оценки текущих состояний действий с некоторым предметом: распознания сигналов, сличения текущего состояния объекта с заданным, и пр.

ОБРАЗ ПОСЛЕДОВАТЕЛЬНЫЙ 9319418 41488 – ощущения зрительные, сохраняемые в течение некоторого, обычно непродолжительного времени после прекращения действия раздражителя оптического.

ОБРАЗ ФАНТОМНЫЙ 53119418 418 – иллюзорные ощущения в ампутированной части тела. Характерны появлением навязчивых ощущений зуда, боли, анемии, субъективно локализованных в удаленной части тела.

ОБРАЗ ЭЙДЕТИЧЕСКИЙ 93194718 418 – субъективные образные представления предметов или предметных композиций, отчетливые и детализованные, некоторое время сохраняемые после прекращения их актуального восприятия. В отличие от после образов, независимы от движений глаз и относительно стабильны во времени. Чаще всего встречаются у детей возраста младшего и подросткового, у взрослых – достаточно редки.

ОБРАЗОВАНИЕ 598614 3191 – 1. Обучение, просвещение; совокупность знаний, полученных специальным обучением. 2. Нечто, образованное из чего-либо.

ОБРАЗОВАНИЕ РЕАКТИВНОЕ 5918614 3191491 – один из механизмов защитных – форма защиты психологической, характерная изменением неприемлемой для сознания тенденции или способа поведения на противоположные; замена неприемлемых для Я ситуаций на прямо противоположные.

ОБСЕССИЯ 918 422 519 4 (ананказм) – разновидность состояний навязчивых, выявляющихся в переживаниях и действиях, не требующих для появления определенных ситуаций (например, навязчивое мытье рук; страх перед числом 3, потому что в слове рак три буквы; страх наступить на черту, и пр.).

ОБУСЛОВЛИВАНИЕ 319 418 5191 – образование рефлексов условных.

ОБУСЛОВЛИВАНИЕ ОПЕРАНТНОЕ 4319 4188 5191 – термин для обозначения особого пути образования условных связей. При обусловливании оперантном животное сначала производит некое движение (спонтанное или инициированное экспериментатором), а затем получает подкрепление.

ОБУЧАЕМОСТЬ 398117 918 – индивидуальные показатели скорости и качества усвоения человеком знаний, умений и навыков в ходе обучения.

ОБУЧЕНИЕ 319 314 8917 918 – процесс целенаправленной передачи (формирования) знаний, умений, навыков.

ОБУЧЕНИЕ ЛАТЕНТНОЕ 314 8998417 918 – формирование определенных навыков в ситуациях, когда их непосредственное применение не нужно и они оказываются невостребованными. Основано на формировании у субъекта в результате его деятельности ориентировочно-исследовательской образа целостной ситуации и своих действий в ней.

ОБУЧЕНИЕ ОБЛИГАТНОЕ 14 89 91817 918 – многие инстинктивные действия должны пройти период становления и тренировки в ходе индивидуального развития животного. Такая форма и получила название обучения облигатного. Примеры такового – полеты птиц, пение некоторых птиц.

ОБУЧЕНИЕ ПРОБЛЕМНО 8917 918 819 – система методов и средств обучения, основой которого выступает моделирование реального творческого процесса за счет создания ситуации проблемной и управления поиском решения проблемы.

ОБУЧЕНИЕ ПРОГРАММИРОВАННОЕ 419 314 8917 617 – система методов и средств обучения, основой которого выступает самостоятельное приобретение знаний и навыков учащимися за счет пошагового усвоения материла.

ОБУЧЕНИЕ ТРЕНАЖЕРНОЕ 519 314 84917 917 – обучение, построенное по принципу моделирования (имитирования) реального технологического процесса или действия технического устройства.

ОБУЧЕНИЕ ФАКУЛЬТАТИВНОЕ 314 8917 918 9 – процесс освоения новых, сугубо индивидуальных форм поведения. Обеспечивает гораздо большую пластичность по сравнению с обучением облигатным.

ОБУЧЕНИЕ ШКОЛЬНОЕ: ГОТОВНОСТЬ ПСИХОЛОГИЧЕСКАЯ 51319 314 8917 918 (психологическая готовность к школьному обучению) – сформированность у ребенка психологических свойств, без которых в школе невозможно успешное овладение деятельностью учебной.

ОБЩЕНИЕ 519 317 918 4 – 1. Сложный, многоплановый процесс установления и развития контактов между людьми, порождаемый потребностями в деятельности совместной; включает в себя обмен информацией, выработку единой стратегии взаимодействия, восприятие и понимание партнера. 2. Реализуемое знаковыми средствами взаимодействие двух или более субъектов, вызванное потребностями деятельности совместной и направленное на значимое изменение в состоянии, поведении и личностно-смысловых образованиях партнера. Состоит во взаимном обмене сообщениями с предметным и эмоциональным аспектами.

ОБЩЕНИЕ: ДЕФИЦИТ 5189 317 96818 4 (дефицит общения) – снижение интенсивности и качества общения ребенка с другими людьми, обычно связанное с его пребыванием в детских учреждениях закрытого типа (больницах, детских домах, интернатах) или в семьях, где родители или воспитатели не уделяют ребенку достаточного внимания. Дефицит общения, особенно в возрасте младенческом и раннем, обычно приводит к задержкам и отклонениям в развитии психическом.

ОБЩЕНИЕ: СРЕДСТВО НЕВЕРБАЛЬНОЕ 519 317 918 45 – сюда входят жесты, мимика, пантомимика и другие движения выразительные.

ОБЩЕНИЕ: СТРУКТУРА 619 3107 918 48 – с позиций психологии социальной выделяются такие стороны общения: 1) сторона коммуникативная – выражается в обмене информацией, ее понимании; в ходе общения адресант и адресат должны использовать одну и ту же знаковую систему; общающиеся влияют друг на друга, у них возникают взаимоотношения; 2) сторона интерактивная – выражается во взаимодействии партнеров при организации и выполнении совместной деятельности; эта сторона не исчерпывается лишь формой общения, внешней картиной взаимодействия, – имеют значение и мотивы, цели общения каждой стороны, их взаимодействие; исследованиями установлены такие виды взаимодействия, как содружество, конкуренция и конфликт; 3) сторона перцептивная – выражается в восприятии одним партнером по общению другого.

ОБЩЕНИЕ: ТИП ВЕДУЩИЙ 5198 3174 918 4 – тип общения с окружающими людьми, преобладающий в данном возрастном периоде. Значительно воздействует на формирование основных качеств личности.

ОБЩЕНИЕ: УРОВЕНЬ 5519 412 918 1 – согласно одному из подходов, выделяются: 1) макроуровень – выражается в том, что человек общается с другими людьми согласно сложившимся общественным отношениям, традициям и обычаям; 2) мезоуровень – общение в пределах содержательной темы, одноразовое или многоразовое; 3) микроуровень – акт контакта, несущий элемент содержания и выражаемый в определенных внешних показателях – простейшие элементы, лежащие в основе других уровней: вопрос – ответ, рукопожатие, акт мимический и пантомимический, и пр.

ОБЩЕНИЕ ФАТИЧЕСКОЕ 317 918 4 – бессодержательное общение, использующее коммуникативные средства исключительно с целью поддержания самого процесса общения.

ОБЩИНА БРАТСКАЯ 518084 31914 – вторая первобытная форма человеческого общества – совокупность родственных особей, возглавляемая одним из сыновей предшествующего вожака, который властвует, опираясь на братьев. Возникла из первой формы – орды отцовской – в результате убийства и поедания «вождя» его сыновьями. Это событие оставило неизгладимые следы в истории человеческой эволюции – в частности: обусловило дифференциацию психики и личности, появление новых чувств, запрет инцеста, появление табу; развитие тотемизма, религии, нравственности и социального расчленения.

ОБЪЕКТ 5891 42194 81 – фрагмент реальности, на которую направлена активность взаимосвязанного, с нею субъекта. Вещи, существующие независимо от субъекта, становятся объектами по мере того, как субъект взаимодействует с ними.

ОБЪЕКТ: ПРИВЯЗАННОСТЬ 58191 42194 801 (привязанность к объекту) – либидинозная связь, отличительная особенность которой – устойчивая фиксация либидо на определенном объекте или нескольких объектах.

ОБЪЕКТ-ЛИБИДО 42 194 81 319 – либидо, обращенное на объект, привязанное к сексуальным объектам. Будучи отнятым от объектов, снова превращается в Я-либидо.

ОБЪЕКТ РЕФЕРЕНТНОСТИ 8911 42194 81 (объект отношений референтных) – индивид или группа как один из основных элементов структуры отношений референтных, с которыми субъект этих отношений сознательно или неосознанно себя соотносит, принимая и реализуя в поведении эталоны, нормы и ценности объекта или ориентируясь на них.

ОБЪЕКТ СЕКСУАЛЬНЫЙ 91 642194 89 – термин, означающий

лицо, которое внушает половое влечение, или же от которого исходит половое притяжение.

ОБЪЕКТ СЕКСУАЛЬНЫЙ: ВЫБОР 4280794 81 (выбор объекта любви; двукратный выбор объекта; – выбор объекта в два срока) феномен психосексуального развития – инфантильной сексуальной жизни, проявляющийся в выборе объекта двукратно, в два срока, двумя толчками. Первый начинается в возрасте от двух до пяти лет и во время периода латентного приостанавливается или даже регрессирует; отличается инфантильностью сексуальных целей. Второй начинается с наступлением, половой зрелости – периода пубертатного – и обусловливает окончательную форму сексуальной жизни.

ОБЪЕКТ СЕКСУАЛЬНЫЙ: ВЫБОР: ПУТЬ 58191 42194 89 (путь выбора объекта любви) – есть два основных выбора объекта любви, что в свою очередь также подразделяются на ряд узконаправленных путей: 1) нарциссический: a) то, что сам из себя представляешь – по своему образу и подобию; b) то, чем прежде был; c) то, чем хотел бы быть; d) лицо, бывшее частью самого себя; 2) опорный: a) вскармливающую женщину; b) защищающего мужчину; c) весь ряд приходящих им в дальнейшем на смену лиц.

ОБЪЕКТ СЕКСУАЛЬНЫЙ: ВЫБОР: ТИП 0421894 617 (тип выбора объекта любви) – две формы развития и ориентации либидо, реализующиеся после нарциссической стадии: 1) нарциссический тип – когда на место собственного Я выступает возможно более похожий на него объект; 2) по типу опоры – когда лица, ставшие дорогими благодаря удовлетворению других жизненных потребностей, выбираются и объектами либидо.

ОБЪЕКТ СЕКСУАЛЬНЫЙ: ВЫБОР НАРЦИССИ-ЧЕСКИЙ 1984019181 – избрание объекта любви по своему собственному образу и подобию. Попытка обрести в нем самого себя, вытекающая из некоторого нарушения либидо.

ОБЪЕКТ СЕКСУАЛЬНЫЙ: ВЫБОР ПЕРВЫЙ 80719 418 121 (первый выбор объекта любви) – согласно психоанализу, всегда бессознателен и инцестуален; у мужчины направлен на мать и сестру, у женщины – на отца и брата.

ОБЪЕКТ СЕКСУАЛЬНЫЙ: НАХОЖДЕНИЕ: ПУТЬ 1 421 94 81 (два пути нахождения сексуального объекта) – процесс нахождения объекта сексуального – это, в сущности, вторичная встреча (первичная – сосание материнской груди – становится прообразом всяких любовных отношений), к которой ведут два пути: 1) путь с опорой на прообразы раннего детства; 2) путь нарциссический – который ищет собственное Я и находит его в другом; этот путь особенно значим для патологического исхода.

ОБЪЕКТИВАЦИЯ 481519319 41 – процесс и результат локализации образов восприятия во внешнем мире – там, где расположены источники воспринимаемой информации.

ОБЪЕКТИВНОСТЬ 31941 891 168 – 1. Действительное; независимое от воли и сознания субъекта существование предметов, явлений и процессов, их свойств и отношений, всего мира в целом; принадлежность к так называемой объективной реальности. 2. Содержание знания, соответствующие объекту. 3. Соответствие объективной действительности; непредвзятость, беспристрастность.

ОБЪЕКТИВНЫЙ 19319041 89 – 1. Существующий вне и независимо от сознания; присущий самому объекту или соответственный ему. 2. Соответственный действительности; непредвзятый, беспристрастный.

ОГЛУШЕНИЕ 521 428 91 – нарушение деятельности сознания, характерное резким повышением порога восприятия для всех внешних воздействий; при этом восприятие затруднено, а действия заторможены.

ОДАРЕННОСТЬ 519 514 31988 – 1. Качественно своеобразное сочетание способностей, обеспечивающее успешность выполнения деятельности. Совместное действие способностей, представляющих определенную структуру, позволяет компенсировать недостаточность отдельных способностей за счет преимущественного развития других. 2. Общие способности или общие моменты способностей, обусловливающие широту возможностей человека, уровень и своеобразие его деятельности. 3. Умственный потенциал, или интеллект; целостная индивидуальная характеристика познавательных возможностей и способностей к учению. 4. Совокупность задатков, природных данных, характеристика степени выраженности и своеобразия природных предпосылок способностей. 5. Талантливость; наличие внутренних условий для выдающихся достижений в деятельности. Многозначность термина указывает на многоаспектность проблемы целостного подхода к сфере способностей. Одаренность как самая общая характеристика сферы способностей требует комплексного изучения – психофизиологического, дифференциально-психологического и социально-психологического.

ОДАРЕННОСТЬ ОБЩАЯ 514 31988 317 – интегральная оценка уровня развития способностей специальных, связанная с развитием конкретных способностей, но вместе достаточно независимая от каждой из них отдельно.

ОДАРЕННОСТЬ РАННЯЯ ОДАРЕННОСТЬ 14 319884 18 – одаренность специальная или общая, обнаруживаемая у детей. Время проявления одаренностей в разных сферах различно. Особенно рано проявляется одаренность в музыкальной деятельности, затем – в рисовании. В понятийных областях раньше других проявляется одаренность в математике. Одаренность ранняя сопровождается выраженной увлеченностью некоторыми занятиями и склонностью проявлять фантазию.

ОДЕРЖИМОСТЬ 498617 918 1 – понятие народной и средневековой медицины, призванное объяснить причины заболеваний, прежде всего психических; подразумевает овладение злыми духами физическим телом человека. С позиций науки, кроме религиозных и идеологических предпосылок, в генезе этого понятия могли сыграть роль субъективные переживания больного, для которого болезнь представляется чем-то чуждым, лишающим его власти над собственным телом.

ОДИНОЧЕСТВО 591617 88061 – один из психогенных факторов, влияющих на эмоциональное состояние человека, находящегося в измененных (непривычных) условиях изоляции от других людей.

ОДНОЗНАЧНОСТЬ 591614 318 – применительно методик психодиагностических означает ее способность отражать в своих показателях лишь то свойство или явление, для оценивания которого она предназначена. Если же наряду с этим в показателях отражаются другие, «побочные» свойства обследуемого, не связанные с этой методикой – выходящие за пределы ее валидности, – то методика не считается считается однозначной, хотя может быть частично валидной.

ОЖИДАНИЕ 598 688 716 01 – понятие, выражающее способность предвосхищения субъектом будущих событий. Одно из основных понятий психологии когнитивной.

ОЗАРЕНИЕ 50816121 0981 (догадка, инсайт) – внезапное, мгновенно возникающее и невыводимое из прошлого опыта новое понимание, постижение существенных отношений, задач, проблем и структуры ситуации в целом, посредством которого достигается осмысленное решение проблемы.

ОКУЛОГРАФИЯ 521 617 918 448 (норма результатов) – метод исследования движений глаз путем регистрации изменений электрического потенциала сетчатки и глазных мышц.

ОЛИГОФРЕНИЯ 1857422 – форма отсталости умственной, характерная: 1) тотальностью – недоразвитыми оказываются все нервно-психические процессы; 2) иерархичностью психологического дефекта – в большей степени наблюдаются нарушения подвижности внутренних процессов в интеллектуальной и речевой сфере, в меньше степени – в сенсомоторной сфере.

ОЛИГОФРЕНОПСИХОЛОГИЯ 1422519 – раздел психологии специальной, изучающий развитие психическое и возможности его коррекции у людей умственно-отсталых с тяжелыми формами недоразвитости мозга головного. Выявляет причины их отсталости умственной (врожденные дефекты системы нервной, результат болезни или травмы), изучает их психологические особенности, формы и степень выраженности дефекта, способствует созданию программ и методик их обучения во вспомогательных школах.

ОЛЬФАКТОМЕТР 591 688 71 (норма результатов) – прибор для измерение остроты обоняния. Особенно распространен ольфактометр. Цваардемакерта – полый цилиндр с порами, содержащий пахучее вещество, в который вставлена стеклянная трубка с делениями: по мере погружения в цилиндр она уменьшает распространение вещества через открытое отверстие трубки к носу испытуемого. Единица измерения остроты обоняния (ольфактия) выражается в сантиметрах погружения трубки в цилиндр.

ОЛЬФАКТОМЕТРИЯ 488 71 8194 (норма результатов измерений на разных приборах) – процедура измерения остроты обоняния посредством специальных приборов – ольфактометров. В зависимости от конструкции прибора применяются различные единицы остроты обоняния.

ОНО 918411 618 401 (Ид) – одна из компонент структуры личности – особая психологическая инстанция, целиком бессознательные желания и влечения. Представляет собой локализованное в бессознательном средоточие инстинктивных побуждений – сексуальных либо агрессивных, – стремящихся к немедленному удовлетворению независимо от отношений субъекта к внешней реальности. Самая мощная сфера личности – не признающий течения времени, действующий по принципу удовольствия комплекс разнообразных бессознательных побуждений, представлений, тенденций, импульсов, движущих сил личности (в основном – агрессивных и сексуальных влечений), инстинктов и прочих компонент.

ОНТОГЕНЕЗ 891 618 718 14 – процесс развития индивидуального организма. В психологии онтогенез – формирование основных структур психики индивида в течение его детства.

ОПЕРАТОР 9181017 98 (человек-оператор) – человек, деятельность трудовая которого заключается во взаимодействии с органами управления некоторым процессом на базе его модели информационной.

ОПЕРАТОР: НАДЕЖНОСТЬ 19181017 988 (надежность человека-оператора) – психологическая качественная характеристика человека как работника, за счет которой обеспечивается устойчивая работоспособность управляемой им системы «человек – машина» во всем диапазоне условий ее функционирования.

ОПЕРАТОР: ПОМЕХОУСТОЙЧИВОСТЬ 69181 017 9818 (помехоустойчивость человека-оператора) – психологическая качественная характеристика готовности человека к эффективному выполнению производственных действий при помехах, характеристически близких к полезных сигналам. Распознание полезных сигналов на фоне таких помех сопряжено с сильным нервным напряжением.

ОПЕРАТОР: ПРИЕМ ИНФОРМАЦИИ 179 98488161 (прием информации человеком-оператором) – система операций когнитивных оператора, служащих для опознания сигналов внешнего мира.

ОПЕРАЦИОНАЛИЗАЦИЯ 79881 9 848 12 – требование, которому должны удовлетворять научные понятия. Применяется при введении новых понятий и предполагает четкое указание на конкретные процедуры, приемы, методы или действия, с помощью которых можно практически убедиться в том, что данное понятие не является «пустым»,-то есть означаемое им явление реально существует.

ОПЕРАЦИЯ 118117 97484 – Структурная единица деятельности, соотносимая с задачей и с предметными условиями ее реализации; способ выполнения действия, определяемый условиями наличной – внешней или мысленной – ситуации. По существу, уровень операций заполнен навыками и действиями автоматическими, и характеристики последних есть в то же время характеристики операций. Операции – относительно самостоятельные акты, содержание которых отвечает не самому предмету потребности, а условиям, в которых он находится.

ОПЕРАЦИЯ ИНТЕЛЛЕКТУАЛЬНАЯ 7897484 489 – термин для обозначения действий, перешедших на внутренний план и ставших обратимыми за счет координации с другими умственными действиями. Когда действия переходят из внешней формы во внутреннюю, они оказываются доступными для перестраивания и обращения (можно представить себе и переход объекта в новое состояние, и возвращение к исходному состоянию).

ОПЕРАЦИЯ КОНКРЕТНАЯ 117 974814 019 – понятие концепции интеллекта операциональной, означающее логические операции, выполняемые на основе внешних, наглядных данных и свойственные детям в возрасте от 7-8 до 11-12 лет. На базе выполнения операций конкретных ребенок обретает возможность предвидеть результаты своих действий.

ОПЕРАЦИЯ ПРИСПОСОБИТЕЛЬНАЯ 7484119 64 1 – относятся к реактивному уровню реагирования, иерархически самому низкому в структуре деятельности субъекта. Возникают в процессе непроизвольного подражания или приспособления к предметным условиям ситуации (например, приспособление ребенка к языковым условиям).

ОПЕРАЦИЯ СОЗНАТЕЛЬНАЯ 7974181401 – является следствием автоматизации действий. В ходе неоднократных повторений какого-то действия (например, при обучении вождению автомобиля или письму) содержание его цели, вначале осознаваемое, занимает место условия выполнения в строении другого, более сложного действия. Вследствие изменения места цели в структуре деятельности, сдвига цели на условие, происшедшего при автоматизации действия, данное действие превращается в операцию сознательную.

ОПЕРАЦИЯ ФОРМАЛЬНАЯ 918 1149481 9 – стадия развития интеллектуального. Характерна для ребенка в возрасте от 11-12 до 14-15 лет и представляет собой систему операций второго порядка, надстроенных над операциями конкретными. Овладев операциями формальными, ребенок может строить собственные гипотетико-дедуктивные рассуждения, основанные на самостоятельном выдвижении гипотез и реальной проверке их следствий. В подобных рассуждениях появляется возможность замены конкретных отношений символами достаточно универсального характера.

ОПОЗНАНИЕ 489712 61841 – процесс отнесения воспринимаемого объекта к одному из нескольких заранее фиксированных классов, за счет чего происходит построение осмысленного образа перцептивного. Важнейший момент этих процессов – результат сравнения перцептивного описания объекта с хранимыми в памяти эталонами описания соответственных (релевантных) классов.

ОПОЗНАНИЕ СИМУЛЬТАННОЕ 182 61841 418 – отнесение воспринимаемого предмета к некоему классу в результате одномоментного – мгновенного – спонтанного решения.

ОПОЗНАНИЕ СУКЦЕССИВНОЕ 7812 618419819 – отнесение воспринимаемого предмета к некоему классу в результате развернутого – постепенного и последовательного – анализа его признаков.

ОПОСРЕДОВАНИЕ 428614 318 41089 – отношение одного понятия (объекта) к другому, мыслимое или познаваемое лишь через третье понятие (объект), так что опосредующее понятие (объект) выступает как основание для соотношения исходных понятий (объектов). Характеризует структуру некоего процесса или деятельности в плане достижения некоторых целей, результатов. Предметным воплощением структуры опосредования выступает средство.

ОПОСРЕДОВАНИЕ ДЕЯТЕЛЬНОСТНОЕ 14 8160 49164101 – методологический принцип, отражающий детерминацию умственных процессов в сознании индивида, а также межличностных процессов в группах содержанием, целями и социальной ценностью выполняемой деятельности. Опосредование деятельностное понимается как системообразующий признак коллектива, определяющий его важнейшие социально-психологические характеристики.

ОПОСРЕДОВАНИЕ ЗНАКОВОЕ 141319 41089 – базовое понятие, означающее способ управления поведением, реализуемый самим индивидом. В этой теории все развитие психическое рассматривается как изменение структуры процесса психического за счет включения в нее знака (символа), что ведет к трансформации натуральных, непосредственных процессов в культурные, опосредованные.

ОПРЕДМЕЧЕНИЕ 890418 9819 741 (опредмечивание) – философское понятие, означающее процесс, в котором человеческие способности переходят на предмет и воплощаются в нем, благодаря чему предмет становится социально-культурным. Что касается деятельности, она опредмечивается не только во внешнем результате, но и в качествах самого субъекта деятельности: изменяя мир, человек изменяется сам.

ОПРОС 98019 614 9817 – метод психологического изучения, в ходе которого людям задаются вопросы, на базе ответов на которые делаются выводы о психологии опрошенных.

ОПРОС АНКЕТНЫЙ 614 88 91 9817 – метод социально-психологического исследования с помощью анкет. В науках социальных проводится для выяснения биографических данных, мнений, ориентации ценностных, установок социальных и личностных черт опрашиваемого.

ОПРОСНИК 198 614 98171 – методики, материал которых представляют вопросы, на которые клиенту надлежит ответить, или же утверждения, с которыми он должен согласиться или не согласиться.

ОПРОСНИК АНКЕТНЫЙ 419 9817 3194 (опросник-анкета) – предлагают возможность получения о клиенте информации, не отражающей непосредственно его личностные особенности. Это могут быть биографические опросники, или же опросники интересов и опросники установок – в зависимости от того, насколько соотносятся конкретные выявляемые интересы и установки с собственно личностными характеристиками.

ОПРОСНИК ЗАКРЫТЫЙ 1019 6184 98917 (опросник типа закрытого) – предполагают выбор ответов на предлагаемые вопросы из вариантов, предложенных в самом опроснике.

ОПРОСНИК КРЕАТИВНОСТИ 9 6184 98167 – средство диагностики способностей творческих индивида. Представляет собой списки ситуаций, чувств, интересов, форм поведения, характерных для творческих личностей. Опросники могут адресоваться и самому испытуемому, и его окружению.

ОПРОСНИК ЛИЧНОСТНЫЙ 198 4614 98178 – класс методик психодиагностических, предназначенных для определения степени выраженности у индивида определенных личностных особенностей. Совокупность методических средств для изучения и оценки отдельных свойств и проявлений личности. Каждая из методик являет собой стандартизованную анкету, состоящую из набора предложений, с содержанием которых испытуемый (информант) может согласиться либо не согласиться.

ОПРОСНИК ЛИЧНОСТНЫЙ МНОГОФАЗНЫЙ МИННЕСОТСКИЙ (MMPI) 19 614 98917 18 – Метод психодиагностического исследования индивидуальных особенностей и состояний психических личности. В ходе обследования испытуемому предъявляются 550 утверждений, моделирующих его отношение к различным жизненным ситуациям, и предлагается выбрать один из трех ответов: «правильно», «неправильно» и «не могу сказать». Значимые ответы фиксируются с помощью специальных «ключей» и после количественной обработки заносятся на профильный лист, имеющий три оценочных и десять базисных шкал.

ОПРОСНИК ОТКРЫТЫЙ 981019 6184 98917 (опросник типа открытого) – предполагают свободную форму ответов на предлагаемые вопросы.

ОПРОСНИК ТИПОЛОГИЧЕСКИЙ 48 98917 918 – разрабатываются на базе определения типов личности и позволяют отнести обследуемых к тому или иному типу, отличающемуся качественно своеобразными проявлениями.

ОПРОСНИК ЧЕРТ ЛИЧНОСТИ 198 6814 91817 – измеряют выраженность черт – устойчивых личностных признаков.

ОПТИМИЗМ 498 9171 81948 – как свойство личности отражает пропорциональное развитие всех психических процессов, обеспечивает человеку жизнерадостное миросозерцание, веру в людей, их силы и возможности, уверенность в прогрессе общества, веру в собственные силы и возможности как субъекта деятельности.

ОПЫТ 489107191 – 1. Совокупность практически усвоенных знаний, навыков или умений. 2. Получение в результате активного практического взаимодействия с внешним миром отражение в сознании законов этого мира и общественной практики. 3. Примерно то же, что эксперимент: воспроизведение некоторого явления, создание чего-либо нового в определенных условиях с целью испытания, исследования. 4. Попытка выполнить нечто, пробное осуществление чего-либо.

ОПЫТ СЛЕПОЙ ДВОЙНОЙ 107191 218 – особая экспериментальная процедура, когда не только испытуемый не знает о смысле и особенностях проведения эксперимента, но и экспериментатор, который его проводит. Благодаря таким условиям исключаются возможности влияния экспериментатора на результаты эксперимента и возрастают показатели его объективности. В частности, подобные условия можно моделировать с помощью компьютера.

ОРГАН 814 317 914 817 – 1. Часть животного или растительного организма, имеющая определенное строение и выполняющая определенные функции. 2. Орудие, средство чего-либо.

ОРГАН ЧУВСТВ 214 712 514 312 – нервные устройства, служащие приемниками сигналов, информирующих об изменениях во внешней среде (экстерорецепция) и в организме субъекта (интерорецепция).

ОРГАНИЗАЦИЯ 918471 318 9421 – психологический аспект – дифференцированное и взаимно упорядоченное объединение индивидов и групп, действующих на базе общих целей, интересов и программ.

ОРГАНИЗАЦИЯ: КОНФЛИКТ: ТИП 7191 318 94821 (типы конфликтов в организации) – здесь основанием типологии выступают:1) цели участников конфликта; 2) соответствие их действий существующим нормам; 3) конечный результат конфликтного взаимодействия; 4) влияние конфликта на развитие организации.

ОРГАНИЗАЦИЯ НЕФОРМАЛЬНАЯ 4781 3118 9421 – представляет собой общность людей, сплачиваемую личным выбором и непосредственными внедолжностными контактами. Может возникнуть как в рамках организации формальной – с целью удовлетворения выходящих за ее пределы потребностей ее членов, так и независимо от нее – на основе внеслужебных, внепрофессиональных интересов.

ОРГАНИЗАЦИЯ ПРЕГЕНИТАЛЬНАЯ 14 3198 9421 17 – такая организация сексуальной жизни, в которой генитальные зоны еще не приобрели преобладающего значения.

ОРГАНИЗАЦИЯ ФОРМАЛЬНАЯ 71 318 9429 – имеет административно-юридический статус, ставит индивида в зависимость от обезличенных функциональных связей и норм поведения. В ее контексте складываются социально-психологические феномены, обусловленные такими отношениями, как индивид – должность, коллектив – подразделение, лидерство – руководство и пр.

ОРГАНИЗМ 419 312 819 212 – 1. Организм живой – живое тело, живое существо (растение, животное, человек). 2. Совокупность духовных и физических свойств человека. 3. Сложное организованное единство.

ОРГАНИЗМ: ОРИЕНТАЦИЯ 12 819 21298 – субъективная локализация в системе временных и пространственных координат, производимая по определенным признакам (температурного, оптического, акустического, электрического характера) с использованием врожденных механизмов. Врождённые компоненты ориентировки играют особую роль в миграциях животных, использующих наземные или небесные ориентиры, иногда – магнитное поле Земли.

ОРГОН 519417 819 14 – универсальная космическая жизненная энергия – психо- сексуальная энергетическая основа человеческой жизни.

ОРДА 981 716319 14 – 1. Устарелое название начальной формы общественной организации: орда первобытная и пр. 2. Беспорядочное, неорганизованное скопище людей.

ОРДА ОТЦОВСКАЯ 319 14 819 417 – первобытная и первая форма общества – совокупность родственных особей под неограниченным господством сильного самца. В результате убийства и поедания «вождя» его сыновьями произошло преобразование во вторую форму – общину братскую.

ОРИЕНТАЦИЯ 388617 819 14 (ориентирование) – 1. Определение положения в пространстве, первоначально – относительно сторон света, особенно востока. 2. Умение разобраться в обстановке. Осведомленность в чем-либо. 3. Направленность некоторой деятельности.

ОРИЕНТАЦИЯ: ВИД 56917 8139 14 (принцип) – (два вида ориентации; два принципа ориентации) – основные разновидности направленности людей в определении своего положения, обусловливаемые различием между «стадной» и «человеческой» природой: 1) ориентация на стадо («на близость к стаду») – выражает суть человека как стадного животного, чьи действия определяются инстинктивными импульсами следования за вождем, контактами со стадом и верностью ему; 2) ориентация на разум – выражает суть человека как мыслящего существа, обладающего сознанием, самосознанием, индивидуальностью и определенной независимостью.

ОРИЕНТАЦИЯ ГЕТЕРОСЕКСУАЛЬНАЯ 5117 819 1469 – влечение к субъектам противоположного пола.

ОРИЕНТАЦИЯ ГОМОСЕКСУАЛЬНАЯ 816 14 21 148 – влечение к субъектам того же самого пола.

ОРИЕНТАЦИЯ ПРОФЕССИОНАЛЬНАЯ 17 819 148 419 – система мероприятий по включению индивида в мир труда; комплекс психолого-педагогических и медицинских мероприятий, направленных на оптимизацию трудоустройству молодежи соответственно желаниям, склонностям и сформированным способностям и с учетом потребностей народного хозяйства и всего общества.

ОРИЕНТАЦИЯ ПСИХОАНАЛИТИЧЕСКАЯ 78 894119 148 – понятие, означающее определенную направленность социально-философских, психологических и прочих идей и концепций: З. Фрейда, его учеников и последователей, реформаторов и модернизаторов психоанализа, а также различных философов, социологов, психологов, клиницистов и прочих, в чьей деятельности идеи психоанализа играют значительную роль.

ОРИЕНТАЦИЯ ПСИХОСЕКСУАЛЬНАЯ 617 819 148 – направленность влечения полового, процесс его развития и формы реализации. Ее формирование охватывает пубертатный (12-18 лет) и переходный (16-26 лет) периоды сексуальности. Ее становление – завершающий этап психосексуального развития, на котором происходит формирование либидо платонического, эротического и сексуального, и их соответственные основные проявления: платонические мечты, фантазии, ухаживание и общение; эротические фантазии, ласки и игры; сексуальные фантазии, мастурбация, начало половой жизни, эксцессы и регулярная половая жизнь.

ОРИЕНТАЦИЯ ЦЕННОСТНАЯ 781 9 148 191 – понятие психологии социальной, используемое в двух значениях: 1) идеологические, политическое, моральные, эстетические и прочие основания оценок субъектом действительности и ориентации в ней; 2) способ дифференциации объектов индивидом по их значимости. Ориентации ценностные формируются при усвоении опыта социального и обнаруживаются в целях, идеалах, убеждениях, интересах и прочих проявлениях личности. В структуре деятельности они тесно связаны с ее познавательными и волевыми сторонами. Система их образует содержательную сторону направленности личности и выражает внутреннюю основу ее отношений к действительности.

ОРИЕНТИРОВКА: ТИП 214 716 319 14 – различные стратегии обследования окружающих предметов, определяющие эффективность и качество усваиваемых субъектом знаний и умений: 1) ориентировка первого типа – опирается на случайные признаки, поэтому обучение ведется методом проб и ошибок и дает низкие результаты; 2) ориентировка второго типа – опирается на признаки и отношения, подбираемые эмпирически и достаточные лишь для выполнения данного задания; здесь обучение ближе к адекватному, но результаты не обладают свойством перенесения сформированных знаний и умений на новые отношения; 3) ориентировка третьего типа – опирается на существенные свойства и отношения, специально выделяемые путем анализа внутренней структуры данного объекта; поэтому усваиваемые знания и умения могут переноситься в новые, измененные условия.

ОРУДИЕ 596 317 819 148 – 1. Техническое приспособление, с помощью которого производится некая работа или действие. 2. Переносно – средство для достижения некоторой цели.

ОРУДИЕ ПСИХОЛОГИЧЕСКОЕ 528 912 614 18 – элемент структуры функции психической, ролью аналогичный орудию труда в структуре деятельности трудовой человека.

ОСМЫСЛЕННОСТЬ 298678 919 148 – свойство восприятия, существующее на уровень сознания и характеризующее личностный уровень восприятия, – свойство приписывать воспринимаемому объекту или явлению определенный смысл, обозначать его словами, относить к определенной языковой категории.

ОСНОВА 592 541 619 18 – 1. Источник, главное, на чем строится что-либо; то, что является сущностью чего-либо. 2. Исходные, главные положения чего-либо.

ОСОБЕННОСТЬ ВОЗРАСТНАЯ 319 1418 914 17 – в психологии – специфические свойства личности индивида, его психики, закономерно изменяющиеся в ходе смены возрастных стадий развития. Характеристика их основана на выявлении психологического содержания процесса развития познавательных способностей и формирования личности на последовательных возрастных этапах онтогенеза. Особенности возрастные образуют определенный комплекс многообразных свойств, включая познавательные мотивационные, эмоциональные, перцептивные и другие характеристики индивида.

ОСТАТОК ДНЕВНОЙ 528 614319 12 – от дневных впечатлений, ставших поводом к образованию сновидения.

ОСЯЗАНИЕ АКТИВНОЕ 918491 – способ формирования образа осязательного некоторого предмета путем его преднамеренного ощупывания. При этом ведущую роль играют ощущения кинестетические.

ОСЯЗАНИЕ ИНСТРУМЕНТАЛЬНОЕ 528 617 31918 – процесс формирования образу осязательного некоторого предмета с помощью вспомогательных орудий» когда тактильные сигналы передаются к руке от ощупываемого предмета через это орудие.

ОСЯЗАНИЕ ПАССИВНОЕ 91 617 318918 – процесс формирования образа осязательного некоторого предмета в результате перемещения его относительно неподвижной руки или пальцев. Здесь одну из ведущих ролей играют ощущения тактильные.

ОТБОР 508 614 319 18 – выделение чего-либо, кого-либо из некоторой среды, общего числа, из некоторого множества на основе некоторых критериев, признаков.

ОТБОР ЕСТЕСТВЕННЫЙ 5108 6814 319 18 – концепция, согласно которой особи, наименее приспособленные для выживания в данных условиях, вымирают или истребляются и тем самым устраняются, уступая место более приспособленным, передающим свои признаки потомству.

ОТБОР ПРОФЕССИОНАЛЬНЫЙ 15089 319 18 – разновидность отбора психологического – принятие кадровых решений на основе изучения и прогностической оценки пригодности людей к овладению профессией, к выполнению профессиональных обязанностей и достижению нужного уровня мастерства. Представляет собой систему средств, обеспечивающих прогностическую оценку взаимосоответствия человека и профессии в тех видах деятельности, что ведутся в нормативно заданных опасных условиях (гигиенических, микроклиматических, технических, социально-психологических), требующих повышенной ответственности, здоровья, работоспособности и точности исполнения заданий, устойчивости эмоционально-волевой регуляции.

ОТБОР ПСИХОЛОГИЧЕСКИЙ 508 614 418 189 – принятие решения о пригодности кандидатов к учебной или профессиональной деятельности с учетом результатов психологических и психофизиологических испытаний. Применяется в управлении, промышленности, авиации, армии, спорте, при комплектации некоторых учебных заведений.

ОТВЕТСТВЕННОСТЬ 517 314 81911 – реализуемый в разных формах контроль над деятельностью субъекта с позиции выполнения им принятых норм и правил.

ОТКАЗ 31918 617 19 – факт (индикатор), свидетельствующий, что какое-то влечение не может быть удовлетворено.

ОТКАЗ ВЫНУЖДЕННЫЙ 16178 19648161 – акт и переживание отказа от удовлетворения влечений, порождаемые неблагоприятными внутрипсихическими или внешними обстоятельствами, или же их комбинацией.

ОТКАЗ ВЫНУЖДЕННЫЙ РЕАЛЬНЫЙ 6178 191 519413 – собирательное понятие, означающее разнообразные негативные условия и факторы, содействующие появлению заболевания. К ним могут относиться: недостаток любви в жизни, материальный недостаток, семейные раздоры, несчастливое супружество, неблагоприятные социальные условия, строгость нравственных требований к личности.

ОТНОШЕНИЕ 528 147 818 14181 – субъективная сторона отражения действительности, результат взаимодействия человека со средой. В психологии – в самом общем виде – взаиморасположение объектов и их свойств. Отношение может наличествовать как между меняющимися объектами, явлениями и свойствами (например, любой закон как сущностное отношение между явлениями), так и в случае выделенного неизменного объекта в его связях с другими объектами, явлениями и свойствами (например, отношение субъекта к политической системе).

ОТНОШЕНИЕ МАТЕРИНСКОЕ 71 8189 141871 – тип связи и психотерапевтический прием, направленный на установление отношений между врачом и клиентом, подобных отношениям матери и ребенка.

ОТНОШЕНИЕ МЕЖГРУППОВОЕ 47 818 1841319 – в психологии – совокупность социально-психологических явлений, характеризующих субъективное отражение, восприятие многообразных связей, возникающих между группами социальными, а также обусловленный ими способ взаимодействия групп.

ОТНОШЕНИЕ МЕЖЛИЧНОСТНОЕ 1847 8198 7181 (личностное) – субъективно переживаемые взаимосвязи между людьми, объективно проявляемые в характере и способах взаимных влияний людей в ходе деятельности совместной и общения. Система установок, ориентации, ожиданий, стереотипов и прочих диспозиций, через которую люди воспринимают и оценивают друг друга. Эти диспозиции опосредуются содержанием, целями, ценностями и организацией деятельности совместной и выступают основой формирования климата социально-психологического в коллективе.

ОТНОШЕНИЕ МЕЖЭТНИЧЕСКОЕ 528 147 818 4849 – субъективно переживаемые отношения между людьми разных национальностей, между этническими общностями. Проявляются в установках и ориентациях на контакты межэтнические в разных сферах взаимодействия, в национальных стереотипах, в настроениях и поведении, в поступках людей и конкретных этнических общностей.

ОТНОШЕНИЕ ПРЕДМЕТНО-РЕФЛЕКСИВНОЕ 55298 318712 – интериоризованная система рефлексивных связей субъекта с другими людьми, основанная на способности к мысленному отражению позиции «другого» или его представлений об особенностях собственного видения предмета, объекта, проблемы. Эти отношения – необходимая компонента активности познавательной субъекта, ибо реконструкция воззрений других людей на рассматриваемый предмет позволяет усмотреть в нем новые аспекты, стимулирует критичность мышления, делает возможным размышление в виде внутреннего диалога со другими значимыми.

ОТРАЖЕНИЕ 519614319 1 – всеобщее свойство материи, состоящее в способности объектов воспроизводить (с различной степенью адекватности) признаки, структурные характеристики и отношения других объектов.

ОТРАЖЕНИЕ ПСИХИЧЕСКОЕ 9614431981 2 – при переходе от биологической формы отражения к психической выделяются такие стадии: 1) сенсорная – характерна отражением отдельных раздражителей: реагирование только на биологически значимые раздражители; 2) перцептивная – переход к ней выражается в способности отражать комплекс раздражителей в целом; начинается ориентирование в совокупности признаков, реагирование и на нейтральные биологически раздражители, являющиеся лишь сигналами жизненно важных раздражителей; 3) интеллектуальная – проявляется в том, что в дополнение к отражению отдельных предметов возникает отражение их функциональных отношений и связей.

ОТРЕАГИРОВАНИЕ 819 417 319 14 – процесс проявления переживания вовне, сопровождающийся резко окрашенной эмоцией; эмоциональная разрядка, связанная с травмировавшим событием.

ОТРИЦАНИЕ РЕАЛЬНОСТИ 419 716 91891 – механизм защитный, отрицающий существование угрожающих внешних факторов.

ОТСТАЛОСТЬ 498792 618 19 – расположение, размещение на более низком уровне развития сравнительно с другими.

ОТСТАЛОСТЬ УМСТВЕННАЯ 792 6181 19 – нарушение развития общего – психического и интеллектуального, обусловленное недостаточностью системы нервной центральной. Имеет стойкий, необратимый характер.

ОТТЕСНЕНИЕ 891 618 017 21 – процесс ослабления цензуры и образования компромисса. Иногда понимается и как процесс превращения аффектов, происходящий при развитии индивида. Оттеснение – основная схема появления сновидений и всех психопатических представлений.

ОТЧЕТ РЕЧЕВОЙ 218617 31918 (отчет субъективный, показание субъективное, данное феноменальное, данное самонаблюдения) – сообщение испытуемого при наивной (неинтроспективной, неаналитической) установке.

ОТЧУЖДЕНИЕ 41811873 198 – процесс и результат превращения свойств, способностей и деятельности людей в нечто иное, чем оно есть само по себе, – трансформация в независимую силу, господствующую над людьми. В психологии – проявление таких жизненных отношений субъекта с миром, при которых продукты его деятельности, он сам, а также другие индивиды и социальные группы, будучи носителями определенных норм, установок и ценностей, осознаются как противоположные ему самому – от несходства до неприятия и враждебности. Это выражается в соответственных переживаниях субъекта: чувствах обособленности, одиночества, отвержения, потери Я, и пр.

ОШИБКА 987 611 3054 – неверность, неправильность в действиях, мыслях.

ОШИБКА ОПЕРАТОРА 118 611 3054 – превышение установленного предельного значения, нарушающее нормальное функционирование системы эргатической. Для характеристики ситуаций, где погрешность достигает значений, делающих невозможным достижение целей, ради которых создана система эргатическая, используется понятие «отказ оператора».

ОШИБКА СТИМУЛА 498712 3054 – ответ об интроспективных переживаниях, выраженный в терминах внешних ощущений, а не в терминах собственных ощущений и их качеств. Известный термин психологии интроспективной, отражающий ее атомистическую направленность.

ОЩУЩЕНИЕ 519671 319 14 – построение образов отдельных

свойств предметов внешнего мира в процессе непосредственного взаимодействия с ними.

ОЩУЩЕНИЕ: ВЗАИМОДЕЙСТВИ 3198 14 814 – их закономерности показывают, как изменяются пороги восприятия при одновременном действии нескольких стимулов.

ОЩУЩЕНИЕ: ДЛИТЕЛЬНОСТЬ 71 319 14 89148 – особенность восприятия, заключаемая в том, что интервал времени, в течение коего существует ощущение, как правило, не совпадает с длительностью воздействия раздражителя. Ощущение возникает спустя некое время после начала воздействия, а пропадать может лишь спустя некое время после прекращения воздействия.

ОЩУЩЕНИЕ: ИНТЕНСИВНОСТЬ 8914 31 71 369 141 – степень субъективной выраженности ощущения, связанного с некоторым раздражителем.

ОЩУЩЕНИЕ: КЛАССИФИКАЦИЯ 671 319 1412 – разделение ощущений по критерию соотнесения с анализаторами, ответственными за их появление. Так, выделяются ощущения зрительные, слуховые, тактильные, вкусовые, обонятельные, проприорецептивные, двигательные и пр.

ОЩУЩЕНИЕ БОЛЕВОЕ 1 3194 14 819 – ощущения, характерные для таких воздействий, что могут вести к нарушению целостности организма.

ОЩУЩЕНИЕ КИНЕСТЕТИЧЕСКОЕ 19 14519 614 – ощущения, дающие субъекту информацию о движении и положении его собственного тела. Возникают при раздражении проприоцепторов, расположенных в мышцах, сухожилиях, суставах и связках.

ОЩУЩЕНИЕ ОРГАНИЧЕСКОЕ 319 671 391 14 – ощущения, свидетельствующие о протекании определенных процессов в организме и связанные с потребностями органическими. Могут носить локальный характер и побуждать к восполнению некоторого конкретного вещества, недостающего организму. К ним обычно относятся чувство голода, жажды, ощущения болевые и ощущения, связанные с половой активностью.

ОЩУЩЕНИЕ ТАКТИЛЬНОЕ 1319 148 1619 – форма кожной чувствительности, обусловленная работой двух видов рецепторов: 1) нервных сплетений, окружающих волосяные луковицы; 2) рецепторов, состоящих из клеток соединительной ткани капсул. Различный характер имеют ощущения, вызываемые прикосновением, давлением, вибрацией, воздействием фактуры, и пр.

ОЩУЩЕНИЕ ТЕМПЕРАТУРНОЕ 9 14 5819 61419 – вид кожных ощущений, проявляемых прежде всего в ощущениях тепла и холода.

П

ПАЖИЗМ - 219401 61914 – вид мазохизма, при котором субъект испытывает половое удовлетворение, когда выполняет роль с низким социальным статусом – роль «пажа».

ПАМЯТЬ - 319 061 988 18 – процессы когнитивные – процессы запоминания, организации, сохранения, восстановления и забывания обретённого опыта, позволяющие повторно использовать его в деятельности или возвратить в сферу сознания. Память связывает прошлое субъекта с его настоящим и будущим и является важнейшей познавательной функцией, лежащей в основе развития и обучения.

ПАМЯТЬ: КЛАССИФИКАЦИЯ - 19884 18 61402 – проводится согласно характерным особенностям процесса мнемического, обеспечивающего сохранение и восстановление ранее пережитого и воспринятого субъектом «материала». Эти особенности обусловлены соответственными особенностями деятельности мнемической, связанной с различными механизмами запоминания, временными показателями удержания «в сохранности» и характеристиками сохраняемого материала.

По характеру запоминаемого материала можно выделить память зрительную, слуховую и осязательную.

ПАМЯТЬ: МЕХАНИЗМ ФИЗИОЛОГИЧЕСКИЙ 319 061 914 18 – конструкт, призванный (конструкция, призванная) объяснить процессы памяти с физиологических позиций.

ПАМЯТЬ: МОДЕЛЬ ТРЕХКОМПОНЕНТНАЯ – 061 988 18 914 – концепция, в которой структура памяти представлена тремя компонентами – совместно работающими блоками: 1) блоком сенсорных регистров – где информация хранится не более секунды почти в полном объёме, в форме модально закодированных физических признаков воспринятого стимульного комплекса; 2) блоком кратковременного хранилища – где объём хранимой в вербально-акустическом коде информации невелик, а длительность хранения – около 30 секунд – обусловлена проговариванием, перекодированием и выбором способа запоминания; 3) блоком долговременного хранилища – где объём и время хранения не ограничены, а информация представлена в форме кодов семантических.

ПАМЯТЬ: ОБЪЕМ - 988 17919 148 – характеристика количества материала, доступного для воспроизведения по прошествии некоторого времени после его усвоения.

ПАМЯТЬ: РАЗЛИЧИЕ ИНДИВИДУАЛЬНОЕ - 319 061 984 216 – преимущественная выраженность у индивида одного или нескольких видов памяти, в которой материал лучше запоминается и лучше восстанавливается.

ПАМЯТЬ: РАССТРОЙСТВО - 1 981 14806 – ухудшение или потеря способности запоминать, хранить, узнавать или воспроизводить информацию. Особенно распространены такие расстройства памяти, как амнезия и гипомнезия.

ПАМЯТЬ: РАССТРОЙСТВО МОДАЛЬНО-НЕСПЕЦИ- ФИЧЕСКОЕ - 319 061 419 3102 – общие нарушения памяти, проявляемые в неполноценном сохранении следов воздействий различной модальности.

ПАМЯТЬ: РАССТРОЙСТВО МОДАЛЬНО-СПЕЦИФИЧЕСКОЕ - 481 319 061 519 4 – частые нарушения памяти, проявляемые только при сохранении и воспроизведении информации определённой модальности. Возникают при поражении корковых зон анализаторов, когда происходит повышение тормозимости следов памяти за счёт интерферирующих воздействий. Выделяются расстройства памяти акустической, слухоречевой, зрительно-пространственной, двигательной.

ПАМЯТЬ: РАССТРОЙСТВО СИСТЕМНО-СПЕЦИФИЧЕСКОЕ - 319 061 944 13 – нарушения памяти, обусловленные поражением речевых зон мозга головного, из-за чего оказывается невозможным организация запоминаемой информации посредством смысловой системы языка.

ПАМЯТЬ БУФЕРНАЯ - 61 9898 18 487 – память кратковременная, в которой хранение информации обеспечивается за счёт цикличности процесса обработки информации (повторение запоминаемой информации, сканирование).

ПАМЯТЬ ГЕНЕТИЧЕСКАЯ - 319 061 988 1895 – память, обусловленная генотипом и передаваемая через поколения.

ПАМЯТЬ ДОЛГОВРЕМЕННАЯ - 319 041 9818 18 – подсистема памяти, обеспечивающая продолжительное – от часов до десятилетий – удержание знаний, сохранение умений и навыков; ей свойствен огромный объём сохраняемой информации. Физиологически связывается с изменением структуры белка рибонуклеиновых кислот. Основным механизмом ввода данных в память долговременную и их фиксации обычно считается повторение, реализуемое на уровне памяти кратковременной.

ПАМЯТЬ ИКОНИЧЕСКАЯ - 18 9848 394 611 – сенсорная копия информации, предъявленной наблюдателю зрительно на очень короткое время (до 100 мс.), которая:

1) имеет большую ёмкость;
2) быстро угасает во времени (около 0.25 с.);
3) работает с сенсорным кодом;
4) сознательно не контролируется;
5) зависит от физических характеристик стимула. Обеспечивает перевод информации в память кратковременную.

ПАМЯТЬ КОГНИТИВНАЯ - 89 18 519 614 044 1 – процесс сохранения знаний. Знания, получаемые при обучении, воспринимаются сперва как нечто внешнее относительно личности, но затем постепенно превращаются в опыт и убеждения.

ПАМЯТЬ КРАТКОВРЕМЕННАЯ - 319 061 898 6119 (память краткосрочная) – подсистема памяти, обеспечивающая оперативное удержание и преобразование данных, поступающих от органов чувств и из памяти долговременной. Физиологически связывается с биоэлектрическими контурами колебаний в системе нервной. Необходимое условие перевода материала из памяти сенсорной в память кратковременную – обращение на него внимания.

ПАМЯТЬ КРАТКОВРЕМЕННАЯ: ВРЕМЯ ХРАНЕНИЯ - 319 061 93451 (время хранения в кратковременной памяти) – интервал времени, в течение которого след от поступившей информации можно восстановить из памяти кратковременной и использовать.

ПАМЯТЬ КРАТКОВРЕМЕННАЯ: ОБЪЁМ - 319 061 981742101 – характеризует максимальное количество элементов, которые можно воспроизвести без ошибок – сразу или через несколько секунд после их предъявления.

ПАМЯТЬ МГНОВЕННАЯ - 8818 488 314618 – память, предназначенная для весьма кратковременного сохранения следов восприятий сенсорных. Как правило, действует лишь во время восприятия.

ПАМЯТЬ ОБРАЗНАЯ - 319 061 9149 64 – подразделяется на память зрительную, слуховую и двигательную. Их уровень развития у индивида неодинаков, и это позволяет говорить о преобладании одного из этих видов памяти.

ПАМЯТЬ ОПЕРАТИВНАЯ - 319061 488 12 – вид памяти, рассчитанный на хранение информации в течение определенного времени, нужного для выполнения некоторого действия или операции. От памяти краткосрочной отличается тем, что непосредственно включена в регулирование деятельности для удержания её промежуточных результатов. Предполагает восприятие объектов в момент совершения действий, краткосрочного удержания в памяти образа и всей ситуации, а также их изменений. При этом данные памяти, идущие от восприятия, соответственно решаемой задаче дополняются данными, хранимыми в памяти долговременной.

ПАМЯТЬ СЕНСОРНАЯ - 3179 0618 91 18 (память эхоическая) – гипотетическая подсистема памяти, обеспечивающая удержание в течение очень короткого времени (обычно менее одной секунды) продуктов сенсорной переработки информации, поступающей в органы чувств. В зависимости от вида стимулов различаются:1) память иконическая – зрение;2) память эхоическая – слух, и пр.

ПАМЯТЬ ЭЙДЕТИЧЕСКАЯ - 1319 0618 988 171 – вид памяти зрительной, характерной способностью четко, точно и детально, без затруднений помнить и восстанавливать образы зрительные виденного в течение достаточно длительного времени.

ПАМЯТЬ ЭМОЦИОНАЛЬНАЯ - 61 988 184 161 – сохранение в сознании переживаний и чувств. Впечатлительность и отзывчивость – предпосылка для становления коммуникативных черт характера. Память эмоциональная – непременное условие развития способности к сочувствию и состраданию. Она – основа мастерства в ряде профессий, в том числе – учителя и артиста.

ПАНИКА - 489314 81961– в отличие от паники массовой (как явления тревожного или явления массовидного), рассматривается как явление индивидуальное, но сходное по проявлениям. Выражается в чувствах беспокойства, страха, в хаотичных движениях и непродуманных действиях. В патологических случаях появляется без реальных причин.

ПАНИКА МАССОВАЯ - 189314 31961 – явление массовидное, один из видов поведения толпы. Психологически характерен появлением одновременно у многих людей, находящихся в контакте, чувств беспокойства, хаотичных движений и непродуманных действий, состоянием массового страха перед реальной или воображаемой опасностью, который нарастает в ходе взаимного заражения и блокирует способность рациональной оценки обстановки, мобилизации воли и организации совместного противодействия.

ПАНПСИХИЗМ - 319 916 81814 – теория в естествознании, согласно которой душой наделена вся природа, в том числе неживая.

ПАНТОМИМИКА - 521641 31914 – движения выразительные индивида (изменения в походке, осанке, жестах), посредством которых передается сообщение о его психическом состоянии или переживаниях. Мало контролируется сознанием. Самым информативным средством пантомимики являются жесты, с помощью которых дополняется речевое сообщение.

ПАРАБИОЗ - 918417 618 14 – функциональные изменения в нерве после действия на него сильных и длительных раздражителей. Если для нормальных условий характерно прямое и относительно пропорциональное соотношение силы приложенного к нерву индукционного тока и величины сокращения мышцы, то, например, при воздействии на нерв наркотиком или ядом сила мышечного сокращения на пробные раздражения различной силы через некоторое время уравнивается – за счет снижения величины ответов на сильные раздражения (уравнительная стадия). При дальнейшем воздействии вредоносных факторов развивается парадоксальная стадия: при общем уменьшении ответов мышцы они становятся тем меньше, чем больше сила или частота индукционного тока, вызывающего мышечное сокращение. На следующей стадии – тормозящей – мышечные сокращения совсем прекращаются.

ПАРАДИАГНОСТИКА - 519 614 319814 – постановка медицинского диагноза без контакта с больным посредством восприятия экстрасенсорного. В условиях вечного развития направлена на духовное управление и предоставление рекомендаций по обеспечению вечной жизни.

ПАРАДИГМА - 298 714 31918 – система основных научных достижений – теорий, методов, – по образцу которых организуется исследовательская практика учёных в данной области знаний (дисциплине) в определённый исторический период.

ПАРАДОКС - 219314 899 61 – 1. Мнение или суждение, резко расходящееся с общепринятым или «очевидным», противоречащее смыслу здравому (иногда – лишь на первый взгляд). 2. Формально-логическое противоречие, возникающее при сохранении логической правильности хода рассуждений. 3. Неожиданное явление, выходящее за рамки обычных представлений.

ПАРАДОКС ФЕХНЕРА - 314 918 617 – усреднение бинокулярно воспринимаемой светлоты при различной освещенности сетчаток левого и правого глаз. Если в один глаз свет попадает через светофильтр, а в другой – без него, то видимая светлота соответствует среднему арифметическому уровней освещённости левого и правого глаза.

ПАРАЛЛАКС - 019 364 079 18 – кажущееся смещение рассматриваемого объекта при изменении угла его восприятия или перемещении точки наблюдения.

ПАРАЛЛЕЛИЗМ - 327 941784 – 1. Неизменное соотношение и сопутствие двух явлений, действий, процессов. 2. Повторение, дублирование, полное совпадение в чём-либо. 3. В биологии – принцип эволюции групп организмов, состоящий в приобретении сходных черт на базе особенностей, унаследованных от общих предков.

ПАРАЛЛЕЛИЗМ ПСИХОФИЗИЧЕСКИЙ - 1784229 741 – одно из истолкований проблемы психофизической – философский постулат, согласно которому психическое и физическое (физиологическое) – это два самостоятельных ряда процессов, неотделимых друг от друга, коррелирующих, параллельно развертываемых, но независимых – не связанных между собой отношениями причины и следствия. Для материалистических направлений параллелизм психофизический означал неотделимость сознания от мозга головного, для идеалистических – независимость сознания от материальных воздействий, его подчинённость особой психической причинности.

ПАРАЛЛЕЛИЗМ ЭМПИРИЧЕСКИЙ - 179 4891 219 – научная стратегия, генеральный путь развития современной психофизиологии, состоящий в том, чтобы «перевести» на свой язык некие стороны процессов психических – те, которые она может «перевести» (редукционизм физиологический). Выражается в непрекращающихся попытках описать одни и те же явления или процессы средствами двух наук – физиологии и психологии. В ходе этих поисков нащупываются границы, дальше которых не могут пойти физиологические описания и объяснения и где должны вступить в силу категории психологии. Обратная сторона этого процесса – очищение, отработка и прояснение психологических понятий и закономерностей.

ПАРАМЕДИЦИНА 328 614 88979 – раздел медицины, в котором применяются лечебные методы, не использующие известных физических посредников.

ПАРАМЕТР - 219 61487931 – 1. В математике – величина, входящая в формулы и выражения, значение которой в рамках рассматриваемой задачи является постоянным. 2. Величина, характеризующая некое свойство процесса, устройства, вещества, – то же, что и показатель.

ПАРАМНЕЗИЯ - 28976 899 479 – обманы памяти при нарушении сознания, «ложные воспоминания»; чаще всего – расстройства памяти, среди которых выделяются обманы:

1) **по типу уже виденного** – когда происходящее в данный момент кажется знакомым, уже некогда пережитым, – криптомнезии; 2) по

типу смешения следов памяти – контаминации; 3) по типу ложных воспоминаний, имеющих повторный характер – эхомнезии.

ПАРАНОЙЯ - 185432191 – психическое расстройство, характерное переоценкой Я, подозрительностью, бредом отношений, идеями сверхценными, ригидностью суждений, склонностью к бреду интерпретативному.

ПАРАПРАКСИС - 891617 318 41 – различного рода действия ошибочные.

ПАРАПСИХОЛОГИЯ - 319 6489160 74 (психотроника) – Научная дисциплина, изучающая взаимодействия человека с внешним миром, не вписывающиеся в общепринятую картину мира.

ПАРАФАЗИЯ - 489617 319 4 – нарушение речевого высказывания, проявляемое в замене требуемых звуков (букв) речи или слов на другие или же в неправильном употреблении отдельных звуков (букв) или слов в устной и письменной речи.

ПАРАФАЗИЯ ВЕРБАЛЬНАЯ - 617 319 048 – болезненное явление, чаще всего встречаемое при афазии акустико-мнестической. Характерно заменой нужного слова другим, входящим вместе с ним в одно поле ассоциативное (например, вместо слова «стол» – употребляется «стул»).

ПАРАФАЗИЯ ЛИТЕРАЛЬНАЯ - 96817 319 4019 – замена звука или буквы в слове на другие. Возникает при афазии и проявляется и в речи устной, и в письменной. При различной локализации поражений парафазия литеральная обретает характерные черты. Так, при афазии сенсорной происходит замена фонематически близкими звуками или буквами (с – з, б – п); при афазии моторной афферентной происходит замена на элементы, близкие по произношению (л – н, м – б).

ПАРАФРЕНИЯ - 491614 718 1 – заболевание, классифицирующееся как объединение раннего слабоумия и паранойи. Воздействию психоанализа не поддается. Характерные признаки: бред величия и потеря интереса к миру – и к людям и к предметам.

ПАРОКСИЗМ - 319 718 2194 – 1. Обострение, усиление некоторого болезненного процесса, иногда принимающего форму припадка, наступающего внезапно. 2. Острая форма переживания какой-либо эмоции – например, отчаяния, ярости, ужаса и пр.

ПАРЦИАЛЬНЫЙ - 291614 7198 – частичный, относящийся к отдельным частям.

ПАТОЛОГИЯ - 489 911618711 – 1. раздел медицины, изучающий болезненные процессы и состояния в живых организмах. 2. Отклонение от нормы; уродливая ненормальность.

ПАТОЛОГИЯ ИДЕНТИЧНОСТИ МАССОВАЯ - 11809187121 – психосоциальный синдром, характерный наличием массовой неудовлетворённости людей, сопровождаемой чувствами тревоги, страха, изолированности, опустошенности, утратой способности к эмоциональному – в том числе сексуальному – общению. В предельных случаях провоцирует настойчивое стремление стать ничем, как единственный способ самоутверждения индивида и масс.

ПАТОПСИХОЛОГИЯ - 1618711984 16 – раздел психологии медицинской, изучающий особенности деятельности психической, закономерности распада психической деятельности и свойств личности при заболеваниях психических или соматических. Анализ патологических изменений проводится на базе сопоставления с характером формирования и протекания процессов психических, состояний и свойств личности в норме. В этом – основное отличие патопсихологии, интерпретирующей данные исследования в категориях психологической теории, от психопатологии – области психиатрии, изучающей патологию психики на основе общеклинических категорий (появление и исход болезни как клинически закономерная смена симптомов и синдромов).

ПАФОС - 319 6487194 – античное понятие, означающее страдание, к которому привели собственные действия человека, ведомого сильной страстью, то есть разрешение страсти через страдание.

ПЕДАГОГИЯ СПЕЦИАЛЬНАЯ - 489671 894 1 – отрасль педагогии, обслуживающая людей, для которых характерно отклонение от нормального психического развития, связанное с врождёнными или приобретёнными дефектами формирования и функционирования системы нервной.

ПЕДОЛОГИЯ - 89471 2960419 – течение в психологии и педагогике, возникшее на рубеже XIX-XX вв., обусловленное распространением эволюционных идей и развитием прикладных отраслей психологии и педагогии экспериментальной. В педологии ребёнок рассматривался комплексно, во всех своих проявлениях, в постоянном развитии и в различных, в том числе социальных условиях; целью ставилось помочь развитию всех его потенций. Содержание педологии составила совокупность психологических, анатомо-физиологических, биологических и социологических подходов к развитию ребёнка, хотя эти подходы связывались между собой чисто механически.

ПЕРВЕРСИЯ - 0001112 (перверзия) – 1. Общее название ряда извращений полового инстинкта – гомосексуализма, эксгибиционизма, садизма и пр. 2. Независимая компонента влечения, заменяющая цель сексуальную нормальную своей собственной.

ПЕРВЕРСНОСТЬ - 011291641 – извращенность, склонность к

перверсиям.

ПЕРЕЖИВАНИЕ - 489316 898 1 – 1. Любое испытываемое субъектом эмоционально окрашенное состояние и явление действительности, непосредственно представленное в его сознании и выступающее для него как событие его жизни. 2. Наличие стремлений, желаний и хотений; представляющих в индивидуальном сознании процесс выбора субъектом мотивов и целей его деятельности и тем самым способствующих осознанию отношения личности к происходящим в её жизни событиям. 3. Форма активности, возникающая при невозможности достижения субъектом ведущих мотивов жизни, крушении идеалов и ценностей; проявляется в преобразовании его психологического мира, направленном на переосмысление своего существования.

ПЕРЕЖИВАНИЕ ВЫТЕСНЕННОЕ - 16 8198 1848 – удаленные из сознания переживания, комплексы, «ущемлённые аффекты», которые из области бессознательного разнообразно влияют на жизнедеятельность и поведение; могут становиться источниками творческих стремлений, нервно-психических заболеваний и пр.

ПЕРЕЖИВАНИЕ ПАТОГЕННОЕ - 6489416 8918 – переживания, приносящие страдания.

ПЕРЕКРЕСТ ЗРИТЕЛЬНЫЙ - 559 312 889 212 – место у основания мозга головного, где перекрещивается половина волокон зрительных нервов, а именно – волокна, идущие от внутренней половины сетчатки каждого глаза. Благодаря этому в затылочную область каждого полушария мозга проецируется вся информация из контралатеральной (противоположной) половины всего поля зрения.

ПЕРЕМЕННАЯ - 904819 317 069 – одно из основных понятий для описания эксперимента, хотя оно может относиться и к наблюдению. Под переменной понимается любая реальность, которая может изменяться в экспериментальной ситуации. Переменные – все измеряемые факторы, которые предположительно будут или могут варьировать во время эксперимента.

ПЕРЕМЕННАЯ ЗАВИСИМАЯ - 495108614 71 – величины, изменения которых зависят от воздействия переменной независимой. Те переменные, что связаны с поведением испытуемых и зависят от состояния их организма.

ПЕРЕМЕННАЯ КОНТРОЛИРУЕМАЯ - 519 617 918 14 – те, что строго контролируются во время эксперимента – с тем, чтобы избежать их вариаций от одного испытуемого к другому и от экспериментного сеанса к сеансу.

ПЕРЕМЕННАЯ НЕЗАВИСИМАЯ - 910 317 998 63 – та переменная, что введена экспериментатором, будет им изменяться и чье воздействие будет оцениваться.

ПЕРЕМЕННАЯ ПРОМЕЖУТОЧНАЯ - 591614 3180 – 1. Переменные, которые нельзя контролировать, ибо они составляют неотъемлемую часть испытуемого: его психологическое состояние во время эксперимента, интерес или безразличие и вообще реакция на эксперимент. Эти переменные лежат между переменными независимыми и зависимыми, и их следует учитывать при интерпретации результатов. 2. Под переменными понимались недоступные прямому наблюдению психические компоненты – значение, цель, мотив, карта когнитивная и прочие, выступающие как посредники между стимулом, как переменной независимой, и ответной реакцией, как переменной зависимой.

ПЕРЕНЕСЕНИЕ - 519489 064712 (перенос; трансфер) – спонтанное отношение человека к человеку, характерное бессознательным переносом на него ранее сформированных во взаимодействии с другими людьми положительных или отрицательных чувств.

ПЕРЕНЕСЕНИЕ ОТРИЦАТЕЛЬНОЕ - 398061 91814 – перенос (на психоаналитика) различного рода враждебных чувств и негативных эмоций.

ПЕРЕНЕСЕНИЕ ПОЛОЖИТЕЛЬНОЕ - 489617 91818 – перенос (на психоаналитика) различного рода дружественных и нежных чувств, приемлемых для сознания, с продолжением этих чувств в бессознательном.

ПЕРЕНОС - 368717 918 18 – влияние ранее сформированного стереотипного действия (навыка) на овладение новым действием, на новые отношения. Обнаруживается в том, что овладение новым действием происходит легче и быстрее, чем овладение предыдущим действием. Механизм переноса заключается в выделении субъектом не обязательно осознанно – общих моментов в структуре освоенного и осваиваемого действий.

ПЕРИОД - 798041989 12 – 1. промежуток времени, в течение которого происходит нечто. 2. Этап общественного развития или движения.

ПЕРИОД ДОЭДИПОВ - 598061 718 94 – стадия психосексуального развития, предшествующая появлению комплекса Эдипа.

ПЕРИОД ЛАТЕНТНЫЙ - 789 041 918 19 – 1. Время между началом действия раздражителя и появлением ответной реакции. Величина периода латентного обусловлена завершением физико-химического процесса в рецепторе, прохождением нервного импульса по проводящим путям, аналитико-синтетической деятельностью в структурах мозга головного и срабатыванием мышц или желез. 2. Один из периодов сексуальности инфантильной – примерно от пяти – шести лет до начала периода пубертатного, характерной преимущественно скрытым протеканием психосексуальных процессов.

ПЕРИОД ПУБЕРТАТНЫЙ - 919 64191819 – период полового созревания.

ПЕРИОД СЕНСИТИВНЫЙ - 389072 498 14 (сенситивные периоды развития) – возрастные периоды индивидуального развития, при прохождении которых внутренние структуры организма особенно чувствительны к специфическим влияниям внешнего мира, – периоды повышенной чувствительности к тем или иным воздействиям, к освоению некоторого вида деятельности, проходимые ребёнком в своём развитии. Играют очень важную роль в развитии функций психических. Учет периодов сенситивных нужен прежде всего для правильной организации учебных мероприятий.

ПЕРСЕВЕРАЦИЯ - 478 912 81919 – непроизвольное, назойливо повторяющееся циклическое повторение или настойчивое воспроизведение некоторого действия, движения, представления, идеи мысли или переживания, – часто вопреки сознательному намерению. Тенденция воспроизводимых представлений к возвращению. Выделяются персеверации моторные, эмоциональные, сенсорные и интеллектуальные – в сферах двигательной, эмоциональной, сенсорно-перцептивной и интеллектуальной соответственно.

ПЕРСЕВЕРАЦИЯ ИНТЕЛЛЕКТУАЛЬНАЯ - 591071 489061 – навязчивое воспроизведение одних и тех же – часто неадекватных – операций интеллектуальных, возникающее при поражении коры долей лобных мозга головного (чаще – полушария левого), когда нарушается контроль за интеллектуальной деятельностью. Обычно появляется в виде серийных интеллектуальных действий: арифметического счета, аналогизования, классификации и пр.

ПЕРСЕВЕРАЦИЯ МОТОРНАЯ - 591648019109 – навязчивое

воспроизведение одних и тех же движений или их элементов (например, написание букв или рисование).

ПЕРСЕВЕРАЦИЯ СЕНСОРНАЯ - 514 7216218 21 – навязчивое воспроизведение одних и тех же звуковых, тактильных или зрительных образов, возникающее при поражении корковых отделов анализаторных систем мозга головного.

ПЕРСОНА - 598 041918 1908 – особа, личность.

ПЕРСОНАЛИЗАЦИЯ - 598 641 898 18 – процесс, в результате которого субъект получает идеальную представленность в жизнедеятельности других людей и может выступить в общественной жизни как личность. Сущность персонализации – в действенных преобразованиях сферы интеллектуальной и аффективно-потребностной другого человека, происходящих в результате деятельности индивида.

ПЕРСОНАЛИЗМ - 989406 798174 – в психологии – направление, считающее предметом психологии личность как особую первичную реальность. Развитие личности персонализм относит на счёт изначально присущего ей стремления к самоактуализации и внутреннему самоусовершенствованию, и все процессы психические рассматривает с точки зрения достижения этой цели. Для персонализма характерно идеалистическое и телеологическое объяснение целостности и активности личности.

ПЕРСОНИФИКАЦИЯ - 516744 011 319 – наделение животных и растений, отвлечённых понятий, неодушевлённых предметов и явлений природы человеческими свойствами, представление их в лицах. Синоним-олицетворение.

ПЕРЦЕПТИВНЫЙ - 449061 718 1991 – относящийся к перцепции, восприятию.

ПЕРЦЕПЦИЯ - 719471899061 – восприятие, непосредственное отражение действительности органами чувств.

ПЕРЦЕПЦИЯ СОЦИАЛЬНАЯ - 891419 064 718 – восприятие, понимание и оценка людьми социальных объектов: других людей, самих себя, групп, социальных общностей, и пр.

ПИБЛОКТО - 419647 019 – этноспецифический термин, означающий синдром, характерный внезапным развитием истерических реакций с криком, плачем, бессмысленным бегом с места на место.

ПИГМАЛИОНОФИЛИЯ - 419641788 041 – вид перверсии половой, при которой половое влечение мужчины проецируется на изображение женщины (скульптурное, живописное), и сексуальное возбуждение и разрядка наступают при рассматривании изображения и прикасании к нему.

ПИКТОГРАММА - 491 844 918871 – рисуночное письмо, используемое в психологии как методическое средство при изучении опосредованного запоминания. Общий вид пиктограммы – совокупность графических образов, которые испытуемый придумывает сам с целью эффективного запоминания и последующего воспроизведения некоторых слов и выражений.

ПИСЬМО АВТОМАТИЧЕСКОЕ - 481719319 418 – парапсихологический и клинический термин, означающий способность индивида, пребывающего в состоянии гипноза, медиумического или медитативного транса, писать осмысленные тексты без сознательного контроля над этим процессом. При этом индивид может заниматься совсем другой деятельностью и не отдавать себе отчёта в том, что он вообще что-то пишет.

ПЛЕТИЗМОГРАФИЯ - 719814 319 871 – методика регистрации сосудистых реакций организма посредством специального прибора плетизмографа, имеющего манометр и записывающее устройство.

ПЛЮРАЛИЗМ - 498061 07118819 – в социально-психологическом аспекте – проявление в деятельности и общении широкого спектра мнений, ориентации, многовариантности оценок, высказываемых индивидами относительно значимых для них ситуаций. В плюрализме проявляется социальная активность личности, её потребность в отстаивании собственных позиций, способность к рефлексии, терпимость к мнениям других. Чаще всего плюрализм можно наблюдать при принятии решений групповых и в дискуссии групповой, особенно при творческой деятельности совместной. Плюрализм – важная характеристика конструктивности общения, эффективного взаимодействия межличностного. Он является важным феноменом психологии политической, несовместим с догматизмом, тоталитарным мышлением и авторитарным руководством.

ПЛЮРАЛИЗМ СЕКСУАЛЬНЫЙ - 4518619 71918 – перверсия половая, проявляемая в том, что достижение полового удовлетворения достигается при участии в сексуальной игре не менее трех партнеров. При этом совместные сексуальные действия приводят к стимуляции большого числа зон эрогенных, что ещё более усиливается за счёт ощущений слуховых, зрительных и тактильных.

ПОБУДИТЕЛЬ - 519414 06871914892 – некто или нечто, побуждающее, склоняющее к некоторому действию, активности.

ПОБУДИТЕЛЬ НЕОСОЗНАВАЕМЫЙ - 89064 717980179 (неосознаваемые побудители деятельности) – неосознаваемые мотивы и смысловые установки, обусловливаемые имеющим смысл личностный желаемым будущим. Этот класс явлений был обнаружен при исследовании поведения субъекта после выхода его из гипнотического состояния, в котором ему внушалась определенная программа действий. Выполняя заданную программу, человек не мог объяснить причины своего поведения.

ПОБУЖДЕНИЕ - 489641 719 398 – желание, намерение действовать.

ПОВЕДЕНИЕ 519514 619711 – присущее живым существам взаимодействие со средой, опосредованное их внешней (двигательной) и внутренней (психической) активностью; целеориентированная активность живого организма, служащая для осуществления контакта с внешним миром. Термин применим как к отдельным особям, индивидам, так и к их совокупностям (поведение биологического вида, группы социальной). В основе поведения лежат потребности организма, над которыми надстраиваются исполнительные действия, служащие их удовлетворению. Единица анализа поведения – поступок.

ПОВЕДЕНИЕ: РЕГУЛЯЦИЯ НОРМАТИВНАЯ - 514 61879010 – регулирование поведения субъекта со стороны норм социальных, принятых в обществе или группе или же усвоенных им в ходе жизни.

ПОВЕДЕНИЕ: УРОВЕНЬ - 519064 011 – принято различать пять уровней поведения – от таких врожденных стереотипных форм адаптации, как таксисы и рефлексы (и, в некоторых отношениях, поведение инстинктивное) до приобретенных, модифицируемых форм, связанных с мышлением.

Относительная роль каждого из этих уровней у животных разной степени развития такова:

1) таксисы – их проявление максимально у простейших, средней степени – у червей и насекомых и сходит на нет уже у примитивных млекопитающих;

2) рефлексы – их проявление неясно у простейших, максимально у кишечнополостных, среднее у червей и насекомых и понемногу сходит на нет у животных более высокой степени развития, однако даже у человека не исчезает полностью;

3) поведение инстинктивное – его проявление едва намечается у кишечнополостных, достигает максимума у насекомых, средней степени – у птиц и низших млекопитающих и близко к нулю у человека;

4) научение – его проявление намечается у червей, средней степени – у рыб, амфибий, рептилий и достигает максимума у приматов и человека;

5) деятельность рассудочная – её проявление намечается у примитивных млекопитающих, далее возрастает, резко – на ступени высших приматов и достигает максимума у человека.

По мере повышения организации животных врожденные стереотипные реакции всё более вытесняются приобретенными формами поведения.

ПОВЕДЕНИЕ: ФИКСАЦИЯ - 91864178901 68 – один из механизмов защитных личности – тенденция к сохранению апробированных эффективных стереотипов поведения.

ПОВЕДЕНИЕ АГРЕССИВНОЕ - 419317 064891 – специфическая форма действий человека, характерная демонстрацией превосходства в силе или применением силы по отношению к другому лицу или группе лиц, которым субъект стремится причинить ущерб.

ПОВЕДЕНИЕ АДАПТИВНОЕ - 548 614 71814 (поведение перцептивное адаптивное) – максимально детерминировано качествами стимуляции; оно конвенциально, то есть возможно сходство перцепций одних и тех же объектов разными людьми.

ПОВЕДЕНИЕ ДЕВИАНТНОЕ - 319601 71918 (поведение отклоняющееся) – система поступков или отдельные поступки, противоречащие принятым в обществе правовым или нравственным нормам. Основные виды поведения девиантного – преступность и уголовно не наказуемое (непротивоправное) аморальное поведение (систематическое пьянство, наркомания, стяжательство, сексуальная распущенность, и пр.; иногда включается поведение суицидное). Связь между этими видами поведения состоит в том, что совершению правонарушений нередко предшествует ставшее привычным аморальное поведение.

ПОВЕДЕНИЕ ИНВЕРТИРОВАННОЕ - 488 71631918518 (поведение инвертированных людей) – по степени инвертации выделяются три основных типа поведения: 1) инвертированное абсолютно – когда объект сексуальный может быть только того же пола; 2) инвертированное амфигенно (гермафродитизм психосексуальный) – когда объект может относиться и к своему, и к противоположному полу; 3) инвертированное случайно – когда при недоступности объекта противоположного пола, или при подражании, в качестве объекта выбирается лицо собственного пола. Во временном плане выделяются тоже три вариации: инверсия постоянная, инверсия периодическая и инверсия эпизодическая.

ПОВЕДЕНИЕ ИНСТИНКТИВНОЕ - 491864 718 19 – те формы поведения, что обеспечивают животному наибольшую приспособленность в обычной для него среде и в обычных обстоятельствах; в его структуру входят хорошо скоординированные движения, выразительные позы, психофизиологические реакции, воспроизводимые в строгой последовательности.

ПОВЕДЕНИЕ ОПОСРЕДОВАННОЕ - 918 912 814712 – действия, направляемые не непосредственными импульсами, а правилами, требованиями и нормами. Просто опосредованное поведение может иметь в основе и стихийно сложившуюся иерархию мотивов, и даже «стихийную нравственность»: субъект может не отдавать себе отчёта в том, что именно заставляет его поступать определённым образом, однако действовать вполне нравственно.

ПОВЕДЕНИЕ ПОЛЕВОЕ - 499611 899 712 01 – преобладающая ориентация субъекта на ситуативно значимые объекты воспринимаемого окружения – в отличие от ориентации на принятую цель деятельности; совокупность импульсивных ответов на стимулы внешней среды. Наблюдается в раннем детском возрасте, а также при некоторых нарушениях психической регуляции деятельности взрослого.

ПОВЕДЕНИЕ ПОЛОРОЛЕВОЕ - 498617 048781 – поведение, свойственное представителю определенного пола при выполнении им различных ролей социальных.

ПОВЕДЕНИЕ ПРОЕКТИВНОЕ - 4980 61 718 4 – поведение, искажённое проявлениями проекции. Степень искажения апперцептивного определяется и неопределённостью перцептивного материала, и индивидуальными особенностями воспринимающего, зависимыми также от его аффективного состояния и мотивации.

ПОВЕДЕНИЕ ПРОСОЦИАЛЬНОЕ - 491614 71814 – поведение человека среди других людей, бескорыстно направленное на общее благо.

ПОВЕДЕНИЕ СЕКСУАЛЬНОЕ - 408614 718 19 – формы взаимодействия индивидов, особей, мотивированные половой потребностью; явление, представляющее важную сферу общественной, семейной и личной жизни. Биологическая составляющая поведения сексуального содержит параметры конституции половой, телосложения, темперамента, гормонального баланса, деятельности системы нервной центральной, генетические детерминанты. Поведение сексуальное человека выполняет три функции: репродуктивную, гедоническую (направленную на получение наслаждения) и коммуникативную.

ПОВЕДЕНИЕ ЭКСПРЕССИВНОЕ - 488641 71814 – характеризует относительно стабильные особенности индивидуального стиля испытуемого, – например, лексику, речь, способ работы с перцептивным материалом. Диагностируется в некоторой мере всеми методиками проективными, но лучше всего – тестом пятен Роршаха и методикой миокинетической Мира-и-Лопеса.

ПОВТОРЕНИЕ - 471648 04919 – воспроизведение усвоенных знаний и действий для облегчения их запоминания. В психологии общей рассматривается в связи с исследованиями памяти. Изучается как средство установления новых смысловых связей, раскрытия новых отношений в предмете, актуализации тех или иных способов деятельности. Другая функция повторения – совершенствование действий по различным параметрам.

ПОВТОРЕНИЕ НАВЯЗЧИВОЕ - 391614 81918 – бессознательная склонность к повторению в настоящем ранее пережитых травматических моментов и ситуаций.

ПОДАВЛЕНИЕ - 790681 799 19 – своеобразное состояние и процесс, характерный особыми психическими условиями, в силу которых часть душевных переживаний сновидений не может быть осознана.

ПОДВИЖНОСТЬ - 718 697 979 88 – одно из первичных свойств системы нервной, состоящее в способности быстро реагировать на изменения во внешней среде.

ПОДГОТОВКА ПРОФЕССИОНАЛЬНАЯ - 491788 914 18 –

подготовка человека к овладению какой-либо профессией и выполнению соответственной деятельности профессиональной на достаточно высоком уровне.

ПОДКРЕПЛЕНИЕ - 3890181 719 18 – в учении о деятельности нервной высшей – раздражитель безусловный, вызывающий биологически значимую реакцию, при сочетании которой с предваряющим её действием индифферентного стимула вырабатывается классический рефлекс условный.

ПОДРАЖАНИЕ - 498 701 31914 – следование какому-то примеру, образцу; самостоятельное копирование действий, воспринятых у других. У человека играет решающую роль в присвоении общественного опыта. Встречается на разных возрастных этапах индивидуального развития. Посредством подражания в возрасте раннем и дошкольном усваиваются действия предметные, навыки самообслуживания, нормы поведения и речи.

ПОДСОЗНАНИЕ - 379814 918 01 (подсознательное) – собирательное понятие, означающее различные неосознаваемые системы психики.

ПОДХОД - 408641 9184 – совокупность приёмов, способов – в воздействии на нечто, в ведении дел, в изучении чего-либо и пр.

ПОДХОД АТОМИСТИЧЕСКИЙ - 481 614 319 18 – в психологии – убеждение, что исследовать – это значит разлагать сложные процессы на простейшие элементы – «атомы».

ПОДХОД ДЕЯТЕЛЬНОСТНЫЙ - 318719 49914 – Подход деятельностный к коррекции психологической – формировался преимущественно в отечественной психологической школе; предполагает коррекцию за счет организации специального обучения, в ходе которого клиент овладевает психологическими средствами, позволяющими на новом уровне реализовать контроль и управление внутренней и внешней активностью. Подход деятельностный выступает как конкретно-научная методология для психологии возрастной, педагогической, инженерной, медицинской и пр.

ПОДХОД ИНФОРМАЦИОННЫЙ - 914 718 01919 – методологическая установка, согласно которой все процессы психические рассматриваются как сложная система более простых процессов переработки информации, могущих выполняться последовательно или параллельно. На каждом этапе этих процессов информация определённым образом видоизменяется; происходит её кодирование, выделение признаков, фильтрация, распознание, осмысление, принятие решения, формирование ответного действия. В результате применения такого подхода строятся модели исследуемого процесса психического, составленные из гипотетических блоков, связанных последовательно или параллельно и реализующих определённые функции.

ПОДХОД КОГНИТИВИСТСКИЙ - 498 641 21918 – к коррекции психологической – основан на теории, описывающей личность с позиции организации структур познавательных. Именно с ними ведется коррекционная работа, причем в ряде случаев речь идет не только о нарушениях собственно познавательной сферы, но и о сложностях, определяющих проблемы общения, о внутренних конфликтах и пр.

ПОДХОД МИКРОСТРУКТУРНЫЙ 48861471814 – одно из теоретико-экспериментальных направлений отечественной психологии. Задача подхода – изучение координации действий и операций, образующих фактуру – «микроструктуру» – различных видов познавательной и исполнительной деятельности. Большое внимание уделяется исследованию становления – «микрогенеза» – восприятия, запоминания, мышления и движений.

ПОДХОД ПОВЕДЕНЧЕСКИЙ - 488671 31919 – к коррекции психологической – коррекция и терапия связываются с необходимостью формирования у клиента оптимальных поведенческих навыков, ибо считается, что расстройства психические обусловлены неадаптивным поведением.

ПОДХОД ПСИХОАНАЛИТИЧЕСКИЙ 59171871918 – к коррекции психологической – охватывает различные направления психоанализа, которые при всех различиях сохраняют общую направленность терапии – помощь клиенту выявить неосознаваемые причины тягостных переживаний и болезненных проявлений; за счёт их проработки – в различных формах – предполагается возможность контроля и частичного (по крайней мере) овладения поведением и, как следствие, возможность личностного роста.

ПОДХОД ТЕЛЕСНО-ОРИЕНТИРОВАННЫЙ - 517 319 48919 – к коррекции психологической: выделение его наряду с подходами психоаналитическим, поведенческим и прочими не вполне корректно, ибо он не имеет единой теоретической платформы; однако он имеет свои характерные особенности и потому заслуживает особого рассмотрения. Принцип лечения души через воздействия на тело становится всё более распространённым.

ПОДХОД ТРАНСПЕРСОНАЛЬНЫЙ - 41867191814 – к коррекции психологической – обращается к измененным состояниям сознания.

ПОДХОД ЭКЗИСТЕНЦИАЛЬНО-ГУМАНИСТИЧЕС- КИЙ - 428 61731919 – К коррекции психологической – сюда относятся те теории и вытекающие из них системы личностной коррекции, которые основаны на философии экзистенциализма, подчеркивающей важность проблем человеческого становления и ответственности за своё становление.

ПОДЧИНЕННОСТЬ СЕКСУАЛЬНАЯ - 918714 319 18 – термин, означающий факт, что одно лицо может оказаться необыкновенно зависимым и несамостоятельным относительно другого лица, с которым находится в половом общении.

ПОЗИЦИЯ - 512 617 91819 – 1. Устойчивая система отношений человека к определенным сторонам действительности, проявляемая в соответственном поведении и поступках. Позиция – развивающееся образование; её зрелость характеризуется непротиворечивостью и относительной стабильностью. 2. Интегральная, самая обобщенная характеристика положения индивида в статусно-ролевой внутригрупповой структуре.

ПОЗИЦИЯ ВНУТРЕННЯЯ - 31964191919 – система установок социальных, тесно связанная с актуальными потребностями человека и определяющих основное содержание и направленность деятельности в данный период жизни.

ПОЗИЦИЯ СОЦИАЛЬНАЯ - 914712 819 34 – 1. Место, положение индивида или группы в системе отношений в обществе, определяемое по ряду специфических признаков и регламентирующее стиль поведения. Функциональное место, которое может занять человек по отношению к другим людям. 2. Взгляды, представления, установки и диспозиции личности относительно условий собственной жизнедеятельности, реализуемые и отстаиваемые ею в группах референтных. В этом значении передает сущностную характеристику понятия ситуации развития социальной – как единство субъективного и объективного в личности, формируемое в деятельности совместной.

ПОЗНАНИЕ - 498641 019 19 – постижение чего-либо, приобретение знаний о чём-либо; постижение закономерностей некоторых явлений, процессов и пр.

ПОЗНАНИЕ: ФОРМА - 319 814 916784 – сюда относятся: познание научное, познание обыденное, познание художественное и познание религиозное.

ПОЗНАНИЕ ОБЫДЕННОЕ - 916 319 18 – познание, реализуемое в повседневной жизненной практике. В некоторой степени схоже с познанием научным: приходится опираться на определённые выявленные закономерности жизни; при взаимодействии с новым – на определённые гипотезы, не всегда осознанно формулируемые; эти гипотезы проверяются практикой, при неподтверждении меняются, и соответственно им производятся действия.

ПОЗНАНИЕ РЕЛИГИОЗНОЕ - 4018614 31918 – в отличие от науки, которой свойственна готовность к самоопровержению (далеко не всегда реализуемая) – вплоть до базовых принципов, религиозное знание – в рамках любой конфессии – обычно направлено на утверждение и подтверждение исходных догматов, символа веры (правда, в основе научных представлений тоже всегда лежат некие постулаты, принимаемые без доказательств и чаще всего недоказуемые; ученые явно или неявно отстаивают их, защищая так, как если бы они были бесспорными). Другое различие: в познании религиозном мир рассматривается как проявление божественных замыслов и сил, тогда как в науке он рассматривается как относительно самостоятельная реальность.

Однако для наук о человеке, в частности, психологии, религиозные искания имеют особое значение и часто оказываются глубже и тоньше, чем традиционный научный подход. К тому же проблема веры и религиозного сознания весьма важны для ряда крупнейших психологов мира – не только в плане их личностей, но и в построении психологических теорий и психотерапевтических систем.

ПОЗНАНИЕ ХУДОЖЕСТВЕННОЕ - 4008641 71918 – свойственно искусству; отличается от познания научного тем, что наука, как правило, стремится к максимально обезличенному знанию (хотя в психологии это не всегда так), тогда как искусство ориентировано на уникальную личность творца, на его субъективное видение мира, которое чаще всего и составляет основной интерес в художественном произведении. В противоположность образно-эмоциональному характеру художественного творчества науке свойствен интеллектуализм и рационализм.

ПОИСК ИНФОРМАЦИОННЫЙ - 48160104918 – рассмотрение и распознание оператором поступающей информации в ключе решения определенной задачи управления или контроля. В структуре поиска информационного можно выделить ряд составляющих, в частности: ненаправленный, сканирующий поиск; поиск по заданному эталону; отслеживание изменений в информационной среде; определение приоритетов действий.

ПОКАЗАТЕЛЬ - 318 601989073 – в психологии – различные «единицы» поведения и деятельности и физиологические реакции. Именно на основе их качественного и количественного анализа исследователь судит о стоящих за ними и проявляемых через них психических явлениях и пр.

ПОЛ - 421 648 013491 – 1. Пол биологический – совокупность контрастирующих генеративных признаков особей одного вида. 2. Пол социальный – онтогенетически развивающийся комплекс биологических, соматических, репродуктивных, социокультурных и поведенческих характеристик, обеспечивающих индивиду личный, социальный и правовой статус мужчины и женщины.

ПОЛ ПСИХОЛОГИЧЕСКИЙ - 418 6419893129 – характеристика индивида по критерию соответствия его поведения маскулинной или фемининной роли половой. Для оценки меры соответствия индивида его роли половой существуют специальные опросники.

ПОЛЕ - 318721989061 – в психологии – совокупность переживаемых субъектом актуальных – «здесь и теперь» – побудителей его активности.

ПОЛЕ БЕЗОРИЕНТИРНОЕ - 47860178919 – лишённое ориентиров поле зрительное (например, безоблачное небо), восприятие на фоне которого имеет ряд специфических особенностей. В частности, предмет воспринимается как лишенный стабильного положения в пространстве.

ПОЛЕ ЗРИТЕЛЬНОЕ - 428617 319 198018 (поле зрения) – пространство, видимое глазом при фиксированном направлении взора и неподвижности головы. Его средняя величина составляет: вверх – 55 градусов, вниз – 60, кнаружи – 90, внутрь – 60 градусов (для ахроматического стимула, для хроматического – меньше). Наименьший размер поля зрительного характерен для зелёного цвета, наибольший – для синего.

ПОЛЕ ЗРИТЕЛЬНОЕ ОПЕРАТИВНОЕ - 594617 21819 – часть поля зрительного, практически одномоментно воспринимаемая и распознаваемая субъектом. Его величина зависит от многих условий, в частности – от установки наблюдателя и задачи восприятия; от колебаний внимания; от пространственного расположения и геометрических особенностей предметов.

ПОЛЕ СОЗНАНИЯ - 4918864121309819 – неоднородно и имеет фокус, периферию и границу, за которой начинается область неосознанного. Поле сознания – это анализируемые чувства, мысли, побуждения.

ПОЛЕ ФЕНОМЕНАЛЬНОЕ - 42174811919 – понятие, используемое в гештальт-психологии и других феноменологических направлениях психологии для обозначения совокупности явлений, переживаемых субъектом в данный момент времени.

ПОЛЕНЕЗАВИСИМОСТЬ - 498117 21914 – понятие, означающее преимущественную ориентацию субъекта на внутренние эталоны упорядочения внешних впечатлений в условиях, когда ему навязываются неадекватные формы отражения внешнего мира. Охватывает широкий круг явлений: от явлений устойчивости и адекватности восприятия предметного мира в обстоятельствах, затрудняющих восприятие, до проявления автономии личности в ситуации суггестивного влияния группы, толпы.

ПОЛИГРАФ - 548601 71918 (детектор лжи) – аппаратурный комплекс, служащий для объективной регистрации физиологических показателей реакции кожно-гальванической, энцефалограммы, тремора, плетизмограммы, характеризующих аффективное состояние человека, – в целях анализа эмоциональных ответов на стимулы, предъявляемые во время беседы, допроса.

ПОЛИМОТИВИРОВАННОСТЬ - 519317918 201 – термин, означающий одновременное наличие нескольких мотивов некоторой деятельности.

ПОЛОСА МАХА - 229061 09 79181 – эффект краевого контраста, возникающий при рассматривании двух равномерно окрашенных серых или цветных пятен разной яркости, разделенных плавным переходом от одной яркости к другой. При этом субъективно воспринимается не плавный переход между пятнами, а иллюзорные полосы. Так, в области светлого пятна воспринимается ещё более светлая полоса, а в области темного – ещё более темная.

ПОЛЯРИЗАЦИЯ - 598 64731984 – обычно понимается расширительно – как сообщение, приобретение, появление некой полярности, противоположности.

ПОЛЯРИЗАЦИЯ ГРУППОВАЯ - 588471 98119 – социально-психологический феномен, возникающий как результат групповой дискуссии, в ходе которой разнородные мнения и позиции участников не сглаживаются, а оформляются в две полярно противоположные позиции, исключающие компромиссы. Под поляризацией групповой понимается также усиление в результате дискуссии экстремальности групповых решений или суждений по сравнению с усредненными. Величина поляризации тем больше, чем более смещены первоначальные предпочтения членов группы от средних значений. Частный случай поляризации групповой – сдвиг к риску.

ПОМОЩЬ ПСИХОЛОГИЧЕСКАЯ - 4218 819 714 19 – область практического применения психологии, ориентированная на повышение социально-психологической компетентности людей. Основные способы её оказания – индивидуальное консультирование и групповые формы психологической работы. Возможны психопрофилактическая и психокоррекционная направленность, использование в ситуациях преодоления различного рода психологических затруднений. Психотерапия как лечебное психологическое воздействие – частный случай помощи психологической.

ПОМРАЧЕНИЕ СОЗНАНИЯ СУМЕРЕЧНОЕ - 398971 1 21919 – нарушение деятельности сознания, характерное глубокой дезориентированностью во внешнем мире при относительной сохранности логической последовательности действий. Сопровождается яркими и устрашающими галлюцинациями. Возникают сильные эффекты страха, злобы и тоски; проявляется склонность к агрессивным действиям.

ПОНИМАНИЕ - 39119488061 – 1. Способность постичь смысл и значение чего либо и достигнутый благодаря этому результат. 2. Вызванное внешними или внутренними воздействиями специфическое состояние сознания, фиксируемое субъектом как уверенность в адекватности воссозданных представлений и содержания воздействий.

ПОНЯТИЕ - 42864131819 – одна из логических форм мышления, высший уровень обобщения, характерный для мышления словесно-логического. Понятие может быть конкретным и абстрактным. Выделяются понятия эмпирические и теоретические. Наиболее абстрактные понятия называют категориями. Психология изучает развитие понятий у человека. Различается усвоение понятий, выработанных другими людьми, и самостоятельная выработка новых понятий.

ПОНЯТИЕ: ОБЪЁМ - 219781 31918 – отображенные в сознании класс (множество) или классы объектов, явлений и прочего, каждый из которых имеет признаки, фиксируемые в данном понятии; то есть классы, к которым относится или которые включают в себя данное понятие. Количество объектов, отображенных в объеме понятия, может быть конечным или бесконечным.

ПОНЯТИЕ: СОДЕРЖАНИЕ - 489061 31819 – совокупность свойств, признаков и отношений объектов, выделяемых данным понятием в том классе или классах объектов, к которым оно относится. Ядром содержания понятия являются отличительные существенные свойства, признаки и отношения.

ПОНЯТИЕ ЖИТЕЙСКОЕ - 898716 31419 – мыслительное и речевое обобщение, формируемое без специального обучения, при естественном овладении какой-либо областью предметной, в котором оказываются слитыми существенные и несущественные признаки. Понятие житейское развивается как бы снизу вверх, от непосредственного столкновения с вещами и практического взаимодействия с ними – как принадлежащими к определённым классам; тогда как развитие понятия научного идёт сверху вниз, начинаясь со словесного определения.

ПОРНОГРАФОМАНИЯ - 48961731918 – вид перверсии половой, при которой достижение полового возбуждения и удовлетворения происходит при чтении, рассматривании порнографической продукции и её создании, что служит выражению сексуальных фантазий.

ПОРОГ АБСОЛЮТНЫЙ - 491614 818 19 – вид порога сенсорного. Характеризует чувствительность системы сенсорной. Выражается величиной раздражителя, превышение которой даёт ответную реакцию организма – прежде всего в форме осознания ощущения. Для определения порога абсолютного применяются метод изменений минимальных, метод ошибки средней, метод раздражителей постоянных.

ПОРОГ БОЛЕВОЙ - 519317 91814514 – граничная величина ощущения, достижение и превышение которой вызывает болевое ощущение – независимо от модальности ощущения. Различаются:

1) порог болевой нижний – величина раздражения при первом появлении ощущения боли;

2) порог болевой верхний – величина раздражения, при которой

боль становится непереносимой.

ПОРОГ ВОСПРИЯТИЯ - 317918 61419 (порог ощущения; порог чувствительности) – величина раздражителя, вызывающего или меняющего восприятие, ощущение; качественный показатель чувствительности анализатора. Пороги восприятия обратно пропорциональны количественному показателю соответственного вида чувствительности. Их существование – центральная закономерность ощущений.

ПОРОГ ВОСПРИЯТИЯ АБСОЛЮТНЫЙ - 51954189919 – минимальная величина раздражителя любой модальности (светового, звукового, тактильного и пр.), способного вызвать минимально заметное ощущение.

ПОРОГ ВОСПРИЯТИЯ ВЕРХНИЙ АБСОЛЮТНЫЙ - 31961759819 (абсолютный верхний порог восприятия, – абсолютный верхний порог ощущений) максимально допустимая величина раздражителя внешнего, превышение которой ведёт к появлению болезненных ощущений, свидетельствующих о нарушении нормальной деятельности организма.

ПОРОГ ВОСПРИЯТИЯ ДИФФЕРЕНЦИАЛЬНЫЙ - 56471631819 (дифференциальный порог ощущений) – минимальное различие между двумя величинами раздражителя, вызывающее едва заметное различие ощущений.

ПОРОГ ВОСПРИЯТИЯ НИЖНИЙ АБСОЛЮТНЫЙ - 598411 01919 (абсолютный нижний порог ощущений) – минимальная величина раздражителя, вызывающая едва заметное ощущение.

ПОРОГ ВОСПРИЯТИЯ ОПЕРАТИВНЫЙ - 519061 71919 (оперативный порог восприятия, оперативный порог ощущений) – наименьшая величина различия между двумя величинами раздражи-

© Грабовой Г.П., 2003

теля, при которой точность и скорость опознания максимальны.

ПОРОГ ВОСПРИЯТИЯ ОТНОСИТЕЛЬНЫЙ - 37841651918 – величина, на которую должен измениться раздражитель, действующий на органы чувств, чтобы вместе с ним изменилось вызываемое им ощущение.

ПОРОГ ВОСПРИЯТИЯ СВЕТОВОГО - 59871631919 – минимальная интенсивность светового раздражителя, вызывающая у испытуемого ощущение света при данных условиях.

ПОРОГ ДИФФЕРЕНЦИАЛЬНЫЙ - 5286788 91919 – порог сенсорный, характерный минимальным различием между двумя раздражителями, которые воспринимаются как различные, то есть на которые можно сформировать две различные реакции. Порог дифференциальный принято количественно выражать в виде отношений между величиной раздражителя постоянного, служащего эталоном, и раздражителя переменного, в зависимости от величины воспринимаемого как равный или отличный от эталона, к величине раздражителя постоянного. Это отношение константно в достаточно широком диапазоне раздражителей.

ПОРОГ ИСЧЕЗНОВЕНИЯ - 528670 81 09821 – понятие, используемое в психофизике для обозначения интенсивности стимула, при уменьшении которого раздражитель:

1) уже перестаёт вызывать ощущение – для порога абсолютного;

2) различия раздражителей не выявляются – для порога дифференциального.

ПОРОГ ОПЕРАТИВНЫЙ - 521 648 81814 – количественный показатель, выражающий собой максимальную для данных условий скорость и точность восприятия и обработки информации человеком-оператором в течение определённого времени. При характеристиках сигналов по интенсивности, длительности и пространственным параметрам, близких к пороговым, скорость и точность различения сигналов становятся минимальными, а утомление – максимальным. При улучшении этих характеристик скорость и точность различения возрастают, но до определённого предела – «точек переломных», при достижении которых показатели уже не улучшаются. Величина расхождения характеристик сигналов с пороговыми значениями, при которой скорость и точность различения максимальны, называется порогом различения оптимального.

ПОРОГ ОСОЗНАНИЯ - 319 641 818048 – минимальная величина раздражителя, достижение или превышение которой вызывает осознание появившегося ощущения. Существенно зависит от психологических факторов – например, от настройки на восприятие, сосредоточенности либо рассеянности, и пр.

ПОРОГ ПОЯВЛЕНИЯ - 918614 89 – в психофизике – величина раздражителя, при достижении которой появляется ощущение.

ПОРОГ СЕНСОРНЫЙ - 495641 31918 – величина раздражителя, при достижении которой появляется ощущение или возникают другие реакции (соматические, вегетативные, энцефалографические).

ПОРОГ ТЕРМИНАЛЬНЫЙ - 508641 71918 – достижение раздражителем такой величины, что ощущение, обычно связанное с таким раздражителем, исчезает или переходит в другую модальность. Например, при очень высокой яркости света ощущение приобретает болевой характер.

ПОСЛЕДЕЙСТВИЕ - 516 714 918 19 – его закономерности показывают, как влияет предшествующий стимул на последующие.

ПОСЛЕОБРАЗ 314918 61819 – остаточное явление в виде образа зрительного, возникающее после рассмотрения какого-либо объекта при строго фиксированном взгляде.

ПОСЛУШАНИЕ - 490614 819498 – многие родители считают, что ребёнок не слушается потому, что упрямится или ленится. Но, неверно мнение, что ребёнок через послушание овладевает своим поведением. Напротив, послушание возможно, когда он научится овладевать своим поведением. А для этого взрослый должен снабдить его средствами и убедиться, что ребёнок может использовать их самостоятельно – что они прошли хотя бы частичную интериоризацию.

ПОСТУЛАТ - 521989 614 19 – исходное допущение, положение, принимаемое без доказательств, обоснования, – с опорой на «очевидность».

ПОСТУПОК - 21471691819 – сознательное действие, оцениваемое как акт нравственного самоопределения человека, в котором он утверждает себя как личность – в своём отношении к другому человеку, себе самому, группе или обществу, к природе в целом. Личностная форма поведения, в которой производится самостоятельный выбор целей и способов поведения, часто противоречащий общепринятым правилам. Поступок – основная единица поведения социального. В нём проявляется и формируется личность человека.

ПОСТУПОК СИМПТОМНЫЙ - 51918 01914 – действия, служащие симптомами вытесненного комплекса представлений.

ПОСТФРЕЙДИЗМ - 219488 0611431 – собирательное понятие, означающее совокупность разнообразных реформаторских, модернистских и прочих направлений, течений и школ, так или иначе разделяющих и развивающих идеи З. Фрейда, фрейдизма, психоанализа. Обычно сюда относятся: психология индивидуальная, психология аналитическая, социология сексуально-экономическая, неофрейдизм, неопсихоанализ, эго-психология, социометрия, психоистория, а также некие другие.

ПОТЕНЦИАЛ - 514 71631914 – 1. В физике – величина, характеризующая в данной точке силовое поле – электрическое, магнитное, гравитационное и пр. Соответственно различаются потенциал электрический, магнитный и пр. 2. Совокупность наличных средств, возможностей в какой-то области, каком-то отношении.

ПОТЕНЦИАЛ ВЫЗВАННЫЙ - 59061731918 (вызванные потенциалы – ВП) – электрические колебания системного характера, возникающие в нервных структурах в ответ на раздражение рецепторов. Выделяются ответы первичные, возникающие в первые 100 мс. после предъявления стимула, и вторичные – более поздние. У человека обычно фиксируются на коже головы посредством специальных технических устройств.

ПОТОК СОЗНАНИЯ 5980141 919 18 – 1. Модель сознания, в которой сознанию приписываются свойства непрерывности, целостности и изменчивости. 2. Понятие, отражающее движение сознания и его непрерывное изменение. Поток сознания невозможно остановить, ни одно минувшее состояние сознания не повторяется.

ПОТРЕБНОСТЬ - 591718 048191 – исходная форма активности живых существ – форма проявления интенциональной природы психики, соответственно которой живой организм побуждается к осуществлению качественно определённых форм деятельности, необходимых для сохранения и развития индивида и рода.

ПОТРЕБНОСТЬ: КЛАССИФИКАЦИЯ - 319418 714 19 – Потребности делятся прежде всего на потребности первичные и потребности вторичные. Различаются также потребности явные и потребности латентные; эти формы существования потребности определяются способами их удовлетворения. По функциям и формам проявления различаются потребности интровертные и потребности экстравертные. Потребности могут проявляться на действенном или вербальном уровне; они могут быть эгоцентрическими или социоцентрическими.

ПОТРЕБНОСТЬ: ОПРЕДМЕЧЕНИЕ - 988061718148 – процесс «узнавания» потребностью своего предмета. В элементарных формах известен как запечатление (импринтинг).

Опредмечение – очень важное событие: в этом акте рождается мотив. Мотив и определяется как предмет потребности. Можно сказать, что через опредмечение потребность получает свою конкретизацию. Поэтому мотив ещё определяется как опредмеченная потребность.

ПОТРЕБНОСТЬ АГРЕССИИ - 989061 079817 (потребность в агрессии) – психоаналитическое понятие для объяснения поведения агрессивного. Основой такого поведения выступает стремление к власти, в свою очередь обусловленное побуждением к преодолению чувства неполноценности. Если же потребность в агрессии подавляется, это приводит к появлению чувства страха, рассматриваемого как один из ведущих признаков невроза.

ПОТРЕБНОСТЬ ВТОРИЧНАЯ - 39808141 019 18 – характеризуют человека как существо социальное; важнейшие из них – потребность в любви, сотрудничестве, автономии, агрессии, творчестве и пр.

ПОТРЕБНОСТЬ ИНТРОВЕРТНАЯ - 59106890617981 – отличаются направленностью на самого себя. Например, агрессия может выступать в виде чувства вины или самоубийства.

ПОТРЕБНОСТЬ ЛАТЕНТНАЯ - 389061 71914 – никогда не появляются в актах поведения, но лишь в фантазии, сновидениях и играх. В восприятии обнаруживаются в виде искажений воспринимаемого материала, в тенденции воспринимать все «как хочется». Их содержание – бессознательные асоциальные влечения агрессии и секса. Их изучение возможно лишь в ходе психотерапии или экспериментально, создавая неопределённые стимульные условия, которыми активируются образы фантазии, ассоциативно связанные с этими потребностями, вследствие чего сами продукты фантазии могут считаться их непосредственным выражением.

ПОТРЕБНОСТЬ ОБЩЕНИЯ - 391061 079 814 (потребность в социальных контактах) – у ребёнка обнаруживается очень рано: так называемый комплекс оживления можно наблюдать в возрасте полутора-двух месяцев. Эта потребность у человека остаётся одной из ведущих, но с течением жизни меняет формы. В первые годы жизни – это потребность в матери и близких, которые ухаживают за ребёнком. Позже она направляется на более широкий круг взрослых, затем преобразуется в стремление завоевать уважение в коллективе сверстников. Появляется потребность в друге, в любимом человеке, в духовном руководителе. Ещё позже возникает стремление найти своё место в жизни, получить общественное признание и пр.

ПОТРЕБНОСТЬ ПЕРВИЧНАЯ - 589641 (потребность висцерогенная) – относится к естественным нуждам: это – потребности в воздухе, пище, воде, избегании боли, сексуальном удовлетворении.

ПОТРЕБНОСТЬ ПОЗНАВАТЕЛЬНАЯ - 398721 018 411 – точнее – потребность во внешних впечатлениях. Как таковая – как потребность в приобретении новых знаний – складывается лишь в ситуациях, способствующих осознанию необходимости этих знаний для жизни и деятельности. Развитие потребности в знаниях тесно связано с общим развитием личности, с её умением и навыками находить в содержании изучаемых наук и во внешней действительности ответы на жизненно важные вопросы.

ПОТРЕБНОСТЬ ЭКСТРАВЕРТНАЯ - 3890410617891 – направленная вовне, на других людей; например, агрессия может появляться в форме словесных оскорблений или телесных воздействий.

ПОТРЕБНОСТЬ ЯВНАЯ - 598 – проявляется вовне свободно в виде физических действий, речи, сложных форм поведения и пр. Легко выявляется посредством наблюдения. Например, агрессия, удовлетворяемая в социально-приемлемых видах деятельности – спорте и пр.

ПОЧКА ВКУСОВАЯ - 517 391 488 4118 – ансамбли из двух и более рецепторных клеток в стенке небольших ямок, окружающих сосочки вкусовые. С этими клетками контактируют молекулы веществ, растворённых в слюне, которые возбуждают эти клетки и вызывают нервные импульсы, идущие в мозг.

ПРАВИЛО ЗОЛОТОЕ - 591 718 9181419 (золотое правило поведения) – люди, включённые в процесс взаимодействия межличностного, должны руководствоваться императивным правилом: поступай по отношению к другому так, чтобы это могло придать новые силы другому и тебе. Традиционная форма несколько иная: относись к другим так, как ты хотел бы, чтобы другие относились к тебе.

ПРАВОСОЗНАНИЕ - 598061 71418 – сфера общественного или индивидуального сознания, включающая правовые знания, отношение к праву и правоприменительной деятельности. Его основные функции – познавательная, оценочная и регулятивная. Последняя реализуется через систему мотивов, ориентации ценностных, установок правовых. Правосознание социальных групп больших влияет на формирование и закрепление правовых норм, их функционирование в обществе.

ПРАФАНТАЗИЯ - 519718 31919 – филогенетически наследуемые представления о существовавших когда-то реальных элементах истории, которые выступают как фантазии в индивидуальном опыте человека (ребёнка), поскольку ему кажется, будто он лично пережил те или иные события.

ПРЕГНАНТНОСТЬ - 519614 31918 – одно из ключевых понятий гештальт-психологии, означающее завершённость гештальтов, обретших уравновешенность состояния и хорошую форму. Прегнантные гештальты имеют следующие свойства: 1) замкнутые, отчётливо выраженные границы; 2) симметричность; 3) внутреннюю структуру, обретающую форму фигуры.

ПРЕДВЕЩАНИЕ - 59801448 01918 – вариант ясновидения, касающийся ещё не произошедших событий.

ПРЕДИКАТИВНОСТЬ - 598041 978219 – характеристика речи внутренней, выражаемая отсутствием в этой речи слов, представляющих субъект (подлежащее), но наличие лишь слов, относящихся к предикату (сказуемому).

ПРЕДМЕТ - 5086190678194 – в нём синтезированы различные физические и химические свойства, доступные отражению на уровне ощущений, однако одинаковыми физико-химическими свойствами могут обладать и несхожие предметы. Познание предметов или явлений предполагает отражение их качественной определённости.

ПРЕДМЕТНОСТЬ - 529714 – закономерность восприятия, в которой просматривается связь с особенностями раздражителя и психофизиологическими закономерностями: членение единого поля феноменального на чётко очерченные и устойчивые предметы, способностью к которому обладают уже младенцы самого раннего возраста. Развитие предметности восприятия в онтогенезе связано с успешностью практических действий ребёнка, базируемых на общественно выработанных формах взаимодействия с предметами.

ПРЕДОЩУЩЕНИЕ - 48968172 2197 – субсенсорные реакции анализаторов в ответ на воздействие раздражителей, лежащих ниже порога восприятия. Эти раздражители подпороговые, субъективно не воспринимаемые как ощущения, всё же могут запускать рефлексы условные (кожно-гальванические, электрические ответы коры мозга головного).

ПРЕДПРИЯТИЕ ПРОМЫШЛЕННОЕ: СЛУЖБА ПСИХОЛОГИЧЕСКАЯ - 489617 21806489 – специализироованное подразделение в структуре предприятия, предназначенное для проведения практической психологической работы, одна из особенно развитых разновидностей службы психологической. Цель её деятельности – разработка и реализация мероприятий, обеспечивающих использование социально-психологических факторов повышения эффективности производства, совершенствование управления социальными процессами в коллективах, развитие творческой активности трудящихся и создание условий для всестороннего развития личности.

ПРЕДСЛАДОСТРАСТИЕ - 528 641 788919 – термин для обозначения детской формы сексуальности.

ПРЕДСОЗНАТЕЛЬНОЕ - 529648 01918 (предсознание) – одна из трех форм психики; отличительный признак – наличие процессов, не являющихся сознательными душевными актами, но способных стать сознательными при определённых условиях. Иначе – латентное бессознательное, способное стать сознательным, стоящее близко к сознательному, – «между» сознанием и собственно бессознательным.

ПРЕДСТАВЛЕНИЕ - 918641 21918 – наглядные образы предметов, сцен и событий, возникающие на основе припоминания или продуктивного воображения. В отличие от восприятий, могут носить обобщённый характер.

ПРЕДСТАВЛЕНИЕ ВЫТЕСНЕННОЕ - 52168 – представления, удалённые из сознания в область бессознательного посредством механизма вытеснения.

ПРЕДСТАВЛЕНИЕ ЕДИНИЧНОЕ - 3987492168419 – даже для них характерна обобщённость: из десятков тысяч образов восприятия одного и того же объекта в сознании сохраняются один – два образа.

ПРЕДСТАВЛЕНИЕ КОЛЛЕКТИВНОЕ - 5196 – термин для обозначения компонент системы знаний, мнений и норм поведения сложившихся в социальном опыте. Использовался, для объяснения социального происхождения человеческой психики, которое, однако, получило дуалистическую интерпретацию: социальное в структуре сознания противопоставлялось индивидуальному.

ПРЕДСТАВЛЕНИЕ ОБЩЕЕ - 361598916491 – как видно из смысла термина, для них обобщённость – главный признак: образ охватывает, выделяет такие признаки, которые позволяют отнести предмет к определённому классу, несмотря на его несходство с «эталоном» по многим признакам.

ПРЕДСТАВЛЕНИЕ ПАМЯТИ - 528 31491814 – наглядный образ предмета, воспроизведённый по памяти в воображении – с максимальной полнотой отображения конкретных признаков.

ПРЕДСТАВЛЕНИЕ ПРОСТРАНСТВЕННОЕ - 53018141 21819 – представления, отражающие пространственные отношения предметов: величину, форму, месторасположение; движение и пр. Уровень обобщенности и схематизации образа пространственного зависит и от самих предметов, и от задач деятельности, которая реализуется индивидом и в которой применяются общественно выработанные средства анализа пространственного (рисунки, схемы, карты и пр.).

ПРЕДСТАВЛЕНИЕ РЕЛИГИОЗНОЕ: ПРОИСХОЖДЕНИЕ - 529061 998 814 – представления религиозные – высказывания о фактах и обстоятельствах внешней или внутренней реальности, сообщающие нечто такое, что само не обнаруживается и требует веры; они произошли из той же потребности, что и все другие завоевания культуры, – из потребности защитить себя от подавляющей сверхмощи природы, а также из стремления исправить болезненно ощущаемые несовершенства культуры.

ПРЕДУБЕЖДЕНИЕ - 4980117 52164 (предрассудок) – установка, препятствующая адекватному восприятию сообщения или действия. Обычно человек не осознаёт или не желает осознать свою предубеждённость и рассматривает своё отношение к объекту предубеждения как следствие объективной и самостоятельной оценки. Предубеждение может быть следствием поспешных и необоснованных выводов, основанных на личном опыте, а также результатом некритичного усвоения стандартизованных суждений, принятых в определённой общественной группе (предрассудок).

ПРЕМИЯ ЗАМАНИВАЮЩАЯ - 51871631819 (преддверие наслаждения) – наслаждение, данное с целью вызвать из глубинных психических источников ещё большее наслаждение.

ПРЕПАТОЛОГИЧЕСКИЙ - 489617 91814 – предпатологический, предваряющий патологическое состояние.

ПРЕПЯТСТВИЕ - 201 364 – в каждом препятствии выделяются два аспекта:

1) его объективная часть, заданная независимыми от субъекта непсихологическими причинами;

2) субъективная, заданная особенностями конкретного человека.

ПРЕПЯТСТВИЕ ВНЕШНЕЕ - 89806419 – носят преимущественно объективный характер. Объективная составляющая препятствия психологически интересна, лишь поскольку она обусловливает прерывание действия и, следовательно, недостижение или отсрочку мотива.

ПРЕПЯТСТВИЕ ВНУТРЕННЕЕ - 58188641 0164 – носят преимущественно субъективный характер. Можно выделить четыре класса препятствий внутренних, определяющих содержательные различия порождаемых ими смыслов личностных.

1. Иные конфликтующие смыслы тех же обстоятельств. 2. Черты личностные и характерологические, а также субъективные представления о них самого человека. 3. Высшие ценностные образования личности, её идеалы, ориентации ценностные, интериоризованные нормы. 4. Ожидания негативных санкций, в том числе просто неблагоприятного мнения окружающих, или же ожидание неуспеха своего действия и пр.

ПРЕСТИЖ - 49801988 19418 – мера признания обществом заслуг индивида; результат соотнесения социально значимых характеристик субъекта со шкалой ценностей, сложившейся в данной общности. В одних общественных условиях показателями престижа выступают признаки материального благополучия, роскоши, высокого ранга или общественного положения, и пр. В других условиях могут возникать и формироваться иные основания для обретения престижа, относящиеся скорее к сфере нравственно-духовного (в широком смысле), чем материального.

ПРЕСЫЩЕНИЕ ПСИХИЧЕСКОЕ - 2184 17488901 – состояние психическое, вызванное однообразной, лишённой смысла деятельностью. Признаком наступления пресыщения выступают:

1) потеря интереса к работе, что может приводить к аффективным срывам;

2) неосознанное стремление к варьированию способов исполнения действий.

ПРИВЫКАНИЕ - 418 217 319 1 – в психофизиологии – негативное обучение, эффект которого состоит в отсутствии реакции на определённый стимул. В самом общем виде сводится к постепенному уменьшению амплитуды реакции в ходе повторений стимула. От утомления и истощения отличается тем, что реакцию можно вызвать снова – простым изменением стимула. Особенно отчётливо привыкание проявляется в системе рефлекса ориентировочного.

ПРИВЫЧКА - 289064 319 14 – действие, обретшее ритуализованный характер или характер принуждения. При формировании привычки из-за неоднократного выполнения какого-то действия весьма важное значение имеет вызываемый самим выполнением действия приятный эмоциональный тон.

ПРИВЯЗАННОСТЬ - 298 648 – чувство близости, основанное на преданности, симпатии к кому-либо или чему-либо.

ПРИВЯЗАННОСТЬ ДОЭДИПОВА - 319 418 219 18 – стадия (фаза) развития детской женской психосексуальности (иногда до четвертого года жизни), характерная привязанностью девочки к матери вплоть до формирования комплекса Эдипа.

ПРИГОДНОСТЬ - 39671 219 18 – качественное состояние удовлетворительности определённым требованиям, соответствия некоторым целям, предназначению.

ПРИГОДНОСТЬ ПРОФЕССИОНАЛЬНАЯ - 490819641 – совокупность психических и психофизиологических особенностей человека – комплекс качеств, необходимых и достаточных для достижения общественно приемлемой эффективности в некоторой профессии. Не дана человеку изначально, но формируется в обучении и последующей профессиональной деятельности при наличии положительной мотивации. Её появлению и упрочению способствуют система материальной и моральной стимуляции, удовлетворение, получаемое от деятельности, осознание общественной значимости её результатов, и пр.

ПРИЗНАК - 217 48 9 – характеристика предмета, выступающая как элемент ориентировки при построении деятельности. Посредством выделения существенных признаков формируются понятия. Самыми простыми для человека являются признаки сенсорные, которые служат построению образа перцептивного и соответствуют социально выработанным эталонам сенсорным. Более сложны признаки идентификации, которые служат классификации предметов по критерию типичных способов взаимодействий с ними.

ПРИЗНАК ВРОЖДЁННЫЙ - 398641 21918 918 14 – признаки, которыми индивидуум обладает при рождении и которые могут наследоваться или формироваться в течение пренатальной жизни.

ПРИЗНАК ОПОЗНАВАТЕЛЬНЫЙ - 21 – совокупность свойств объекта, на основании которых производится опознание объекта как относящегося к определённому классу.

ПРИНЦИП - 451948219 18 – 1. Основное, исходное положение некоторой теории, учения и пр. Руководящая идея, основное правило деятельности. 2. Внутреннее убеждение, взгляд, определяющие нормы поведения. 3. Основа устройства или действия некоторого механизма, процесса и пр.

ПРИНЦИП АКТИВНОСТИ - 478641 219 19 – по существу, является обобщением и развитием основных представлений о механизмах организации движений. Его суть – в постулировании определяющей роли внутренней программы в актах жизнедеятельности организма. Он утверждает деятельность как активный, целенаправленный процесс. Принцип активности противопоставляется принципу реактивности.

ПРИНЦИП ВЗАИМОДЕЙСТВИЯ ДИАДИЧЕСКОГО - 21964189119 – согласно ему, изучение личности возможно лишь в системе отношений организм – среда. Поскольку личность не существует вне окружения социального, объектом анализа, видимо, должна быть какая-то единица их взаимодействия – система потребность – давление.

ПРИНЦИП ВЗАИМОДЕЙСТВИЯ МАТЕРИАЛЬНОГО - 55284891918 – один из способов разрешить или обойти затруднения, возникающие при объяснении принципа взаимодействия психофизического. Состоит в отказе от полного отождествления психического и идеального.

ПРИНЦИП ВЗАИМОДЕЙСТВИЯ ПСИХОФИЗИЧЕСКОГО - 439841 618 19 – согласно этому принципу (теории), физиологические процессы непосредственно влияют на психические и наоборот.

ПРИНЦИП ДЕРЕФЛЕКСИИ - 219418 31919 – означает снятие излишнего самоконтроля, размышлений о собственных сложностях – «самокопания».

ПРИНЦИП ДУГИ РЕФЛЕКТОРНОЙ - 528641 48919 – схема непосредственно вытекает из принципа дуги рефлекторной. От рецепторов внешнего стимула идут сигналы в сенсорный центр, сигналы из него – в моторный центр, из которого поступают эффекторные команды в мышцу (имеется в виду и рабочая точка движущегося органа). Схема дуги рефлекторной – частный, вырожденный случай кольца рефлекторного: по такой схеме совершаются жестко запрограммированные, элементарные кратковременные акты, не требующие коррекции. Но для большинства движений необходимо кольцо рефлекторное.

ПРИНЦИП ЗАЩИТЫ - 312 719 919064 – стимулы, противоречащие ожиданиям субъекта или несущие информацию, потенциально враждебную Я, узнаются хуже и подвергаются большему искажению.

ПРИНЦИП ИЗОМОРФИЗМА - 429 71431814 – взаимодействие индивида с миром, а также процесс образования и функционирования «мира личного» может описываться в терминологии структурирования «пространства жизненного».

ПРИНЦИП ИНТЕНЦИИ ПАРАДОКСАЛЬНОЙ - 589649 31919 – вдохновение клиента терапевтом (или самим собой) именно на то, чего он старается избежать.

ПРИНЦИП КОДИРОВАНИЯ СПЕЦИФИЧЕСКОГО - 239478 51918 – Эффект облегчения воспроизведения заученной информации при ориентировке на тот признак, который использовался при ее заучивании в качестве структурирующего.

ПРИНЦИП КОЛЬЦА РЕФЛЕКТОРНОГО - 2951848 21918 – схема непосредственно вытекает из принципа кольца рефлекторного. В упрощённом варианте схемы имеется моторный центр, из которого поступают эффекторные команды в мышцу (имеется в виду и рабочая точка движущегося органа). От рабочей точки идут сигналы связи обратной – чувствительные, или афферентные сигналы – в сенсорный центр. В системе нервной центральной поступившая информация перерабатывается – перешифруется на моторные сигналы коррекции, которые снова поступают в мышцу. Процесс управления замыкается в кольцо. Схема понятнее при рассмотрении её во времени.

ПРИНЦИП КОРРЕКЦИЙ СЕНСОРНЫХ - 528641 719 14 – использование для регуляции моторного, исполнительного процесса связи обратной в виде сенсорных сигналов, касающихся особенностей построения движения. При этом сенсорные сигналы интегрируются в целостные комплексы, специфические для каждого уровня построения движений.

ПРИНЦИП ОБЪЯСНИТЕЛЬНЫЙ - 42151918 – принцип для объяснения определённого комплекса явлений как лежащий в их основе. Нередко является некоторым постулатом, в большей или меньшей степени принимаемым на веру в меру затруднительности его обоснования. Так, в психологии как принцип объяснительный может выступать душа.

ПРИНЦИП ПАРАЛЛЕЛИЗМА ПСИХОФИЗИЧЕСКОГО - 519681 3191901648 – суть его – в утверждении невозможности причинного взаимодействия между психическими и физиологическими процессами: они протекают параллельно и независимо друг от других. Происходящее в сознании соответствует, но не зависит от происходящего в мозговом веществе, и наоборот. На таких позициях стояла психология сознания, имевшая в качестве необходимого дополнения психологию физиологическую.

ПРИНЦИП ПОСТОЯНСТВА - 429648 718 19 – один из принципов регуляции деятельности психической; выведен из предположения, что психика обладает тенденцией удерживать имеющееся количество возбуждения на возможно низком или, по меньшей мере, постоянном уровне. В этой тенденции и состоит принцип постоянства.

ПРИНЦИП ПРОЕКЦИИ - 389671 298989 – связан с представлением о том, что в разнообразных проявлениях индивида воплощается его личность, в том числе скрытые, неосознаваемые побуждения, стремления, переживания и конфликты, которые «проецируются» на его творчество, толкование событий, высказывания, предпочтения и пр.

ПРИНЦИП РЕАКТИВНОСТИ - 3196485194 – согласно ему, какой-то акт – движение или действие – определяется внешним стимулом.

ПРИНЦИП РЕАЛЬНОСТИ - 521 64871918 – один из руководящих принципов регуляции психической деятельности, формирующийся в процессе становления личности; принцип регуляции психической жизни. Выражается в учете реальных условий и возможностей удовлетворения влечений, зачастую – в отказе от различных способов получения удовольствия.

В практике вечного развития учитывает возможность предотвращения любых, в том числе и глобального характера, угроз посредством саморазвития.

В технологиях воскрешения позволяет получить метод воскрешения основанный на том, что есть данные о жизни воскрешаемого.

В технологиях не умирания проявляется в самоосознании индивидуума состоящего в том, что не умирание это наиболее гармоничное состояние личности и точно соответствующее мироустройству. Такое понимание позволяет вывести процесс не умирания под контроль сознания самого человека, то есть делает не умирание человека объективной и достижимой реальностью.

Этому принципу подчиняются влечения Я; его основное содержание – приведение бессознательных, крайне индивидуалистических стремлений к получению удовольствия в известное соответствие с требованиями внешнего мира.

В системах омоложения и оздоровления отождествляет происходящее в социуме в плане молодости и нормального здоровья с возможностью отождествить такую реальность с собой. В этом смысле старение рассматривается как внесоциальный и следовательно преодолимый процесс. Нормальное здоровье рассматривается как общая социальная норма для действующих субъектов и потому достижимо каждым. Так как коллективный разум в восприятии субъекта развивается достаточно динамично для того, чтобы разрешать имеющиеся проблемы. По сути, принцип реальности в таком случае обозначает, что раз реально то, что есть молодые и здоровые, то это состояние достижимо всегда каждым, если задача достижения этого станет направлением действий всех людей. Из этого определения следует, что отдельные личности могут опережая развитие общества достигать вечной молодости посредством развития духовных возможностей и тем самым прокладывать путь всему обществу.

ПРИНЦИП РЕЗОНАНСА - 221941 31819 – стимулы, релевантные потребностям или ценностям личности, воспринимаются правильней и быстрее, чем не соответственные им.

ПРИНЦИП САМОДЕТЕРМИНАЦИИ - 241648 79118 – принцип психофизиологии по которому причиной поведения являются не воздействия внешней среды сами по себе, а живой организм, в поведении которого эти воздействия представлены в снятом виде.

В технологиях вечного развития обозначает, что сам человек может из внутренних побуждений создавать внешнюю реальность. Не означая отказа от причинности как таковой, этот принцип позволяет выделить специфические особенности детерминизма в деятельности живого существа. Он связан с утверждением принципов активности и системности, согласно которым организм не стремится нивелировать воздействия внешней среды, а целенаправленно и активно в ней действует и изменяет её для себя.

Принцип самодетерминации определяет цель деятельности как процесс свободного выбора, в ходе которого из системы с неограниченным числом степеней свободы возникает полносвязная система с единственной степенью свободы, которая и переходит в конкретное действие. Когда целью человека является вечное развитие – это действие направлено на достижение вечной жизни физического тела. Учитывая фактор того, что тело и так, как бы безусловно живое, на уровне психологии восприятия цель совпадает с реальностью через механизм самосовершенствования, то есть цель вечной жизни становится достижимой. Правильное понимание этого принципа позволяет всегда иметь нормальное здоровье и защитить организм от случайного ущерба, заболеваний и старения.

ПРИНЦИП СЕНСИБЕЛЬНОСТИ - 918419 31918 – стимулы, угрожающие целостности индивида, могущие привести к серьёзным нарушениям психическим, узнаются быстрее всех прочих. В технологиях вечности для профилактического предотвращения угроз используются скоростные характеристики восприятия, по которым нужно обязательно успеть находиться в информации нормы частной и общей. Так как общая норма в этом принципе воспринимается и означает дополнительный резерв для нормальной жизни конкретного человека. Обобщённое восприятие помогает больше анализировать и учитывать больше обстоятельств помогающих человеку не только спастись, но и жить гармонично и вечно. Таким образом, формула вечной жизни в одном физическом теле с точки зрения психологии восприятия мира перетекающей в реальность имеет следующий вид: вечная жизнь конкретного человека и всех других равна обобщённому восприятию умноженному на признаки событий способствующих достижению вечной жизни и разделённому на события замедляющие достижения объективной и субъективной реальности вечной жизни людей. Использовать эту формулу для достижения вечной жизни можно следующим образом: концентрироваться на трёх членах формулы «вечная жизнь конкретного человека и всех других», «обобщенное восприятие», «признаки событий способствующих достижению вечной жизни», увеличивая мысленно объём информации соответствующий этим трём понятиям и уменьшать информацию соответствующую члену формулы «события замедляющие достижения объективной и субъективной реальности вечной жизни людей». Умножение в психологии вечной жизни означает в данном случае мысленный подъем члена формулы вверх в пространстве своего мышления несколько ориентированного так как физическое тело. При такой ориентации верх пространства мышления воспринимается как верх для стоящего человека – в сторону космического пространства, а низ в противоположном направлении. Деление в психологии вечного развития означает в данном случае мысленное опускание члена формулы в низ в пространстве своего мышления. Действие «равно» означает восприятие горизонтально расположенного вокруг физического тела человека пространства. Работа с формулой записанной словами позволяет выделить в каждом члене формулы животворящую сущность, источник жизни. Сочетание этой работы с числом позволяет воспринять источник вечной жизни во всех областях своего восприятия. Способ психологии управления реальностью изложенный в принципе сенсибельности можно применять и в других случаях.

ПРИНЦИП СИСТЕМНОСТИ - 419816 3194981 – в психологии – методологический подход к анализу явлений психических, когда соответственное явление рассматривается как система, не сводимая к сумме своих элементов, обладающая структурой, а свойства элемента определяются его местом в структуре; представляет собой применение к частной области общенаучного принципа системности.

ПРИНЦИП СУБЪЕКТНОСТИ ОТРАЖЕННОЙ - 51948191918 – экспериментальный подход к исследованию личности индивида как субъекта идеальной представленности в жизнедеятельности других людей.

ПРИНЦИП УДОВОЛЬСТВИЯ - 81921749818 – господствующий принцип регуляции деятельности психической, главенствующий принцип регуляции психической жизни. Состоит в стремлении избежать неудовольствия и неограниченно получать наслаждение. В основе его – изначально присущее организму бессознательное стремление к получению удовольствия и удовлетворения, непосредственно либо опосредованно, в том числе путем избегания неудовольствия.

ПРИНЯТИЕ РЕШЕНИЙ - 4980124121919 – волевой акт формирования последовательности действий, ведущих к достижению цели на основе преобразования исходной информации в ситуации неопределённости. Процесс принятия решений – центральный на всех уровнях переработки информации и психической регуляции в системе целенаправленной деятельности.

ПРИНЯТИЕ РЕШЕНИЙ ГРУППОВОЕ - 371489 64119 – реализуемый группой выбор из ряда альтернатив в условиях взаимного обмена информацией при решении общей для всех членов группы задачи. Процедура принятия решений предполагает обязательное согласование мнений членов группы – в отличие от дискуссии групповой, обычно рассматриваемой как фаза, предшествующая принятию решений групповому. Иногда принятие решений групповое применяется в условиях ограниченного обмена информацией, когда члены группы могут только сообщить о своих первоначальных решениях.

ПРИПОМИНАНИЕ 914816 71819 – произвольное извлечение из памяти информации о прошлом, мысленно локализуемой во времени и пространстве. Умственные действия, связанные с поиском, восстановлением и извлечением нужной информации из памяти долговременной. Процесс воспроизведения, требующий усилий для воссоздания нужного. Выступает как произвольная форма воспоминания. Лучшее вспомогательное средство – опора на узнавание: сопоставляя несколько сходных идей или образов, легче вспомнить, а иногда и просто узнать среди них искомые.

ПРИСПОСОБЛЕНИЕ - 548916 71918 – есть два принципиально различных способов приспособления организмов к изменениям условий среды: 1) путем изменения строения и функционирования органов; этот способ – общий для растений и животных; 2) путем изменения поведения без изменения организации; этот способ свойствен лишь животным и связан с развитием психики; внутри этого способа приспособления выделяются два различных направления: а) состоит в медленных изменениях наследуемых форм поведения – инстинктов, эволюция которых происходит под влиянием медленных изменений среды; b) состоит в развитии способности к индивидуальному научению, к «разумным действиям» – быстрым изменениям поведения, своего рода «изобретениям» новых способов поведения в ответ на быстрые изменения среды, перед которыми инстинкт беспомощен; эти действия не должны фиксироваться, передаваться по наследству, ибо их преимущество – высокая пластичность; поэтому по наследству передается лишь способность к ним, которая и определяет высоту психической организации существа.

ПРИТЯЗАНИЕ - 51961781914 – 1. Стремление получить нечто, предъявление своих прав на нечто. 2. Стремление добиться признания чего-либо – при отсутствии оснований на такое признание.

ПРИТЯЗАНИЕ ДЕТСКОЕ - 52861971819 (детские притязания) – готовность ребенка к самоутверждению, обусловленная развитием его самосознания, возникающего в возрасте раннем на базе усвоения норм социальных.

ПРОБА - 498417318190617488 – испытание, проверка.

ПРОБА - 498417318 190617 488 (проба на реципрокную координацию) – специальная диагностическая методика, в которой дается инструкция попеременно сжимать то одну, то другую руку при одновременном разжимании другой. Применяется в нейропсихологии для выявления нарушений координации реципрокной при поражении межполушарных связей.

ПРОБА ПУСТАЯ - 4916179804001 – в эксперименте психофизическом – проверочное наблюдение, в котором после предупредительного сигнала о начале пробы сама проба (раздражитель) не предъявляется. Применяется для определения вероятности тревог ложных.

ПРОБЛЕМА - 4818617 21919 (проблема научная) – осознание

невозможности разрешить трудности и противоречия, возникшие в данной ситуации, средствами наличного знания и опыта.

ПРОБЛЕМА ПСИХОФИЗИЧЕСКАЯ - 498718 31919 (проблема психофизиологическая) – весьма сложна, и до сих пор нет её окончательного и общепринятого решения. Формально она может быть выражена вопросом: как соотносятся процессы физиологические и психические? В широком смысле это – вопрос о месте психического в природе; в узком – проблема соотношения психических и физиологических (нервных) процессов. Во втором случае её правильнее называть психофизиологической.

ПРОБЛЕМА САМОНАБЛЮДЕНИЯ - 219217 31914 – одна из самых сложных и запутанных проблем психологии. Скрывается уже в обосновании метода интроспекции, кажущемся строгим и ясным: предмет психологии – факты сознания; последние непосредственно открыты лишь индивиду, в сознании которого они происходят; следовательно, изучать их можно только методом интроспекции.

ПРОБЛЕМА УЧЕБНАЯ - 519581 488 19 – понятие, используемое в обучении проблемном. Имеет логическую форму познавательной задачи, содержащей некоторое противоречие в условиях (избыточные, недостающие, альтернативные, частично неверные данные, и пр.) и завершающейся вопросом, объективирующим это противоречие. Обнаружение противоречия в проблеме учебной (задании проблемном) приводит к переживанию обучающимся состояния интеллектуального затруднения, вызывает ситуацию проблемную.

ПРОВЕРКА ГИПОТЕЗ СТАТИСТИЧЕСКИХ - 54861891719 – заключается в проверке предположений:

1) о характере распределения величин случайных и о связи между ними;

2) о принадлежности данных к одной генеральной совокупности;

3) о достоверности различий, и пр. Применяется преимущественно в исследованиях экспериментальных для обоснования правдоподобности содержательных психологических суждений о преимуществе нового метода воздействия, обучения и пр.

ПРОГНОЗИРОВАНИЕ - 918 614 319881 – составление прогноза – как предсказания о развитии чего-либо, основанного на определённых данных, – становления, распространения, хода какого-то процесса на базе изучения отобранных и проверенных данных.

В системе вечного развития прогнозирование является необходимым инструментом обеспечения условий вечной жизни. Осуществляется таким образом, что развивает духовную силу человека до уровня управляющего прогнозирования. При котором в качестве подтверждаемого прогноза определяется цель достигаемая человеком.

ПРОГНОЗИРОВАНИЕ ВЕРОЯТНОСТНОЕ - 489061 799849 – предвосхищение будущего, основанное на вероятностной структуре прошлого опыта и информации о наличной ситуации. Прошлый опыт и наличная ситуация дают основание для создания гипотез о предстоящем будущем, и каждой из гипотез приписывается определённая вероятность. Соответственно прогнозированию вероятностному производится преднастройка – подготовка индивида к соответственным действиям.

ПРОГРАММА - 489061789489 – документированный план намеченной деятельности.

ПРОГРЕСС - 3917218949181 – продвижение, движение вперед, от низшего к высшему, к более высокой ступени развития, к лучшему. Развитие нового, передового. Противоположное понятие – регресс.

ПРОГРЕСС ПСИХИЧЕСКИЙ - 42167891818 – поступательное

развитие психики личности и человечества в целом в направлении усиления Сверх-Я и внутренней саморегуляции при определённом уменьшении внешнего принуждения.

ПРОЕКЦИЯ - 894716 51918 – 1. Процесс и результат постижения и порождения значений, заключающийся в осознанном или бессознательном перенесении субъектом собственных свойств или состояний на внешние объекты. Заключается в приписывании собственных – обычно вытесненных – побуждений и чувств другим людям.

ПРОЕКЦИЯ: КЛАССИФИКАЦИЯ - 894 716 51 919 – для устранения многозначности понятия проекции выделяется несколько видов проекции:

1) проекция классическая (защитная);

2) проекция атрибутивная;

3) проекция аутистическая;

4) проекция рациональная.

Известны и другие подходы. При классификации можно выделить два «измерения» проекции: первое относится к тому, что проецируется, а второе отмечает, осознает ли субъект обладание проецируемой чертой. Комбинация этих «измерений» позволяет классифицировать все известные виды проекции.

ПРОЕКЦИЯ АТРИБУТИВНАЯ - 188894 716 51 919 – приписывание собственных мотивов, чувств, черт личности и поступков другим людям, причём субъект осознает наличие этих черт у себя. В этом выражается склонность воспринимать других по аналогии с собой.

ПРОЕКЦИЯ АУТИСТИЧЕСКАЯ - 894 948 51 919 – детерминированность восприятия потребностями воспринимающего; модификация восприятия предметов или явлений согласно собственной актуальной потребности. При этом предметное содержание потребности включается в процесс восприятия, воображения.

ПРОЕКЦИЯ ЗАЩИТНАЯ - 894716 51844619 (проекция классическая) – неосознаваемый механизм, посредством которого импульсы и чувства, неприемлемые для личности, приписываются внешнему объекту и проникают в сознание как изменённое восприятие внешнего мира.

ПРОЕКЦИЯ КАССАНДРЫ - 811794 716 51 919 (проекция Панглосса) – названа метафорически в честь литературных персонажей; может рассматриваться как вариант механизма защитного, известного под названием образование реактивное.

ПРОЕКЦИЯ КОМПЛЕМЕНТАРНАЯ - 94 716 51 919 – проекция черт, дополнительных к тем, которыми субъект обладает в действительности. Например, если субъект испытывает страх, он склонен воспринимать других как угрожающих; в этом случае приписываемая черта служит обоснованием собственного состояния.

ПРОЕКЦИЯ ОБРАТНАЯ - 919 648 71 894 – крайний случай искажения, совпадающий с Фрейдовским понятием проекции защитной.

ПРОЕКЦИЯ ПРОСТАЯ - 428671 31918 – искажающее влияние аффективных состояний прошлого (экспектаций) на апперцепцию, – например, «я ненавижу его, так как думаю, что у него есть причины ненавидеть меня».

ПРОЕКЦИЯ РАЦИОНАЛЬНАЯ - 894716 5 919 – отличается от проекции классической своей «рациональной» мотивировкой. Например, когда студентам предложили высказать замечания об учебном процессе, оказалось, что на отсутствие дисциплины жаловались прогульщики, а на недостаточную квалификацию преподавателей

– двоечники. Итак, как при обычной рационализации, ответственность за собственные неудачи приписывается внешним обстоятельствам или другим людям.

ПРОЕКЦИЯ СИМИЛЯТИВНА - 898 716 51 919 Я – выполняет защитные функции, препятствуя осознанию того факта, что субъект в действительности обладает некоторой нежелательной чертой.

ПРОЕКЦИЯ ФОБИЧЕСКАЯ - 428647 894 716 51 919 – вынесение вовне, экстериоризация страха и тревоги, в действительности имеющих эндогенную природу.

ПРООБРАЗ - 4280141798219 – 1. Образ будущего; образ чего-либо, ещё не существующего, но предполагаемого к осуществлению.

2. Исходный, изначальный образ, прототип, на основе которого нечто разработано, создано.

ПРООБРАЗ ИНФАНТИЛЬНЫЙ - 124280141798219 – образ собственного отца, бессознательно включаемый ребёнком в свой внутренний мир в качестве неотъемлемого элемента.

ПРООБРАЗ ФИЛОГЕНЕТИЧЕСКИЙ - 614280598798219 – общечеловеческий, наследственно передаваемый образ праотца, вождя, вожака первобытного стада, убитого и съеденного своими сыновьями.

ПРОПРИОЦЕПТОР 8916 74981148949178 - (проприорецептор) – чувствительные нервные окончания – рецепторы, расположенные в мышечно-суставном аппарате: мышцах, связках, суставных сумках. Разновидность интероцепторов.

ПРОСТРАНСТВО: ВОСПРИЯТИЕ - 458641 7198891 – образное отражение пространственных характеристик внешнего мира – восприятие величины и формы предметов, их взаимного расположения. Особенно существенное участие принимают анализаторы зрительный, двигательный, кожный и вестибулярный. В основе восприятия пространства лежат измерения расстояний и углов, реализуемые активными движениями при контроле посредством органов чувств.

Для чувственного различения направлений вверх-вниз, вперёд-назад, вправо-влево, по-видимому, необходима асимметрия человеческого тела, ибо в роли отправной точки при восприятии пространства выступает тело самого индивида. В частности, ощущения, поступающие от аппарата равновесия, формируют восприятие направления вверх-вниз, свидетельствуя об отклонении тела от вертикального положения. За счёт работы механизмов зрения пространственного формируется восприятие глубины и дали пространства.

ПРОСТРАНСТВО: ВОСПРИЯТИЕ: НАРУШЕНИЕ - 09458641 7198891 (нарушения восприятия пространства) – трудности ориентировки в пространстве из-за нарушений в работе анализаторов внешних (зрительного, слухового) или внутренних (кожно-кинестетического), которые возникают при различных патологических состояниях мозга головного.

ПРОСТРАНСТВО ЖИЗНЕННОЕ - 8458641 71988918 – чем менее жестко оно оформлено, чем больше его неопределённость, тем более его структурирование определено индивидуальными особенностями личности.

ПРОСТРАНСТВО СЕМАНТИЧЕСКОЕ СУБЪЕКТИВНОЕ - 591641 7198891 – модель структуры категориальной индивидуального сознания, на основе которой производится классификация объектов, понятий и прочего путём анализа их значений. Размещение в пространстве семантическом тех или иных значений позволяет проводить их анализ, судить об их сходстве и различии.

Если принять определённые допущения, в частности – о независимости категорий пространства семантического субъективного, то появляется возможность размещения тех или иных значений в многомерном пространстве семантическом, получающем свою характеристику в системе координатных осей, на основании которых вычисляется расстояние между значениями.

Математически пространство семантическое субъективное выражается с помощью координатных осей и точек и вычисления расстояния между ними. Его построение как метода исследования и как модельного представления структур категориальных широко распространилось в области психологии памяти (модели семантические памяти долговременной), психологии мышления и теории принятия решения. Этот метод применяется также в психологии различий дифференциальных, в исследовании когнитивных аспектов сознания и самосознания личности.

ПРОТАНОПИЯ - 48964198819 – форма частичной, слепоты цветовой, характерная отсутствием ощущений цветовых в красной области спектра.

ПРОТЕКЦИОНИЗМ - 219317 989064 – в социально-психологический аспекте – корыстное покровительство, оказываемое кому-либо лицом или группой лиц, обладающих властью. Ведёт к появлению привилегированного круга лиц, культивированию конформизма, готовности подчиняться авторитарному давлению. Может проявляться в рамках социальных общностей любого масштаба: группах больших и малых, организациях и первичных подразделениях.

ПРОТИВОДЕЙСТВИЕ - 548647 989067 – проявление противостояния и противоборства энергии влечения и Я, провоцирующее появление симптомов невротических.

ПРОФЕССИОГРАММА 498 614 319818498148 – подробное описание какой-либо профессии через систему требований, предъявляемых ею к работнику, – включая качества личности, особенности мыслительных процессов, знания, умения и навыки, нужные для успешного овладения этой профессией.

ПРОФЕССИОГРАФИЯ - 512 934 891261 – технология изучения требований, предъявляемых профессией к личностным качествам, психологическим способностям, психолого-физическим возможностям человека. Применяется для разработки информационных, диагностических, коррекционных и формирующих методических пособий и практических рекомендаций по обеспечению взаимосоответствия человека и профессии. Обеспечивает постановку практической задачи и организацию её решения в целях оптимизации и повышения эффективности профессионального труда.

ПРОЦЕСС - 712 641 21918 – 1. Ход какого-либо явления, последовательная смена состояний, стадий развития и пр. 2. Совокупность, набор последовательных действий для достижения какого-то результата.

ПРОЦЕСС ДУШЕВНЫЙ БЕССОЗНАТЕЛЬНЫЙ - 894 641 21918 – внесознательные процессы психики, составляющие её основное содержание и оказывающие исключительное влияние на личность и её поведение.

ПРОЦЕСС КУЛЬТУРНЫЙ - 5712 641 91218 – видоизменение жизненного процесса под влиянием задачи, поставленной Эросом и стимулированной Ананке, в целях объединить людей в либидинозно связанную общину.

ПРОЦЕСС НАДСОЗНАТЕЛЬНЫЙ - 512 017 21918 – это название несколько условно. Подразумеваются процессы образования некоторого интегрального продукта большой сознательной работы, который затем «вторгается» в сознательную жизнь и обычно радикально меняет её. Примером может быть длительное решение некоторой сложной проблемы, когда после многомесячных или многолетних усилий решение проясняется (часто неожиданно). Хотя предшествующий процесс решения шел под контролем сознания, о ходе его не было чёткого представления, так что процесс в общем не прослеживался.

ПРОЦЕСС НЕРВНЫЙ - 918 641 21471 89 – разнообразные процессы, идущие в системе нервной: процессы возбуждения, торможения и пр.

ПРОЦЕСС НЕРВНЫЙ: ИНДУКЦИЯ - 594 841 21918 – возникновение противоположного по знаку процесса нервного: 1) вслед за существующим процессом – индукция последовательная; 2) за его территориальными пределами – индукция одновременная. Индукция называется положительной, если первичный процесс – торможение, вслед за которым, по законам индукции, возникает возбуждение; отрицательной, если соотношение обратное.

ПРОЦЕСС НЕРВНЫЙ: УРАВНОВЕШЕННОСТЬ - 88594 841 21918 – свойство системы нервной, выражающее соотношение между возбуждением и торможением. Понятие рассматривалось как одно из самостоятельных свойств системы нервной, образующее в сочетании с другими – силой и подвижностью – тип деятельности нервной высшей.

ПРОЦЕСС ПСИХИЧЕСКИЙ - 498 841 21728 – процессы, происходящие в психике, отражаемые в динамически изменяющихся явлениях психических: ощущениях, восприятии, воображении, памяти, мышлении и пр.

ПРОЦЕСС ПСИХИЧЕСКИЙ: ХАРАКТЕРИСТИКА ДИНАМИЧЕСКАЯ - 517 841 21728 (динамические характеристики психических процессов) – обобщенное понятие, указывающее на количественные – прежде всего скоростные – показатели выполнения некоторых действий. Принято считать, что эти показатели тесно связаны с работой неспецифических структур мозга головного разных уровней, в частности – коркового уровня (медиобазальные отделы коры лобных и височных отделов мозга).

ПРОЦЕСС ПСИХОАНАЛИТИЧЕСКИЙ: ЦЕЛЬ ОСНОВНАЯ - 489 841 21612 – достижение и признание истины в её психоаналитическом измерении – истины о внутренних феноменах, фиксирующей различие между чувствами и рационализацией и способствующей формированию адекватной самооценки.

ПРОЦЕСС ТЕЛЕПАТИЧЕСКИЙ - 298 941 21728 – передача телепатической информации; психический акт – физический процесс – возбуждение соответственного психического акта у другого человека или людей.

ПСЕВДОЛОГИЯ - 419716898491 – патологическая склонность – при достаточно высоком уровне интеллекта – к сообщению ложной информации, к сочинению фантастических историй. Обычно обусловлена желанием индивида обратить на себя внимание других путем «доказательства» собственной значимости.

ПСЕВДОЛЮБОВЬ: ФОРМА - 419 317 98906419 – разнообразные индивидуальной формы патологии любви, приводящие к страданиям и неврозам.

ПСЕВДОЛЮБОВЬ: ФОРМА НОРМАЛЬНАЯ - 517 317 98906419 – в современном обществе имеются «нормальные» – распространенные – социальные модели патологии любви, выступающие как две формы псевдолюбви:

1) любовь как взаимное сексуальное удовлетворение;

2) любовь как «слаженная работа» и убежище от одиночества.

ПСЕВДОНЕВРОЗ - 428 641 989 0169 (синдром неврозоподобный) – невротические состояния, возникающие при различных соматических, органических инфекционно-токсических и подобных им заболеваниях.

ПСЕВДОПАМЯТЬ - 428 64 891 421 7129 – неверное опознание впервые воспринимаемого объекта как знакомого. Обусловлено тем, что частные признаки этого объекта, с которыми индивид уже знаком, воспринимаются быстрее, чем строится целостный образ объекта.

ПСЕВДОПОНЯТИЕ - 42189171981 – результат дополнительного обобщения, являющий собой комплекс, в котором основанием обобщения выступают образы, а не логические связи.

ПСИ - 39164871918 – буква греческого алфавита, обычно используемая как символ для обозначения психологии.

Символическое обозначение реальности перенесённое на цифры может адаптировать восприятие человека к вечному развитию, сделать вечное развитие привычным для человека. И, как следствие, уже сама привычка может создавать реальность вечного развития.

Для этого можно использовать соответствие рядов из восьми чисел буквам. Способ заключается в том, что Вы пишете цель управления словами и затем каждую букву заменяете соответствующем ей числовым рядом. Получившийся длинный числовой ряд Вы с замедлением и спокойно прочитываете. На каком-то моменте чтения нужно обратить внимание, что появившаяся функция адаптации сознания к длинному ряду однотипна по восприятию с восприятием привычных действий. В этом моменте и месте ряда Вы распространяете сознание в область реализации цели. Так как в психологическом аспекте удлинённое и спокойное восприятие соотносится со свершившимся хорошим для Вас событием. Таким образом средством психологии с принципами вечного развития Вы достигаете свершения цели записанной словами.

Записывать цель можно на русском, английском или любом другом языке.

Соответствие рядов из восьми чисел буквам русского, английского языка следующее:

Буквы Ряды Буквы

А	55464181	A.
Б	78971412	B.
В	31981421	V.
Г	49821751	G.
Д	67889721	D.
Е	59871249	E.
Ё	47861298	
Ж	52106911	
З	50169109	Z.
И	71906129	I.
Й	40921894	
К	49871201	K.
Л	52164801	L.
М	31804391	M.
Н	55801964	N.
О	71290829	O.
П	72931748	P.

Р	89849128	R.
С	73894889	S.
Т	49806429	T.
У	72148964	U.
Ф	52948971	F.
Х	42806148	
Ц	07931864	
Ч	89849129	
Ш	10429178	
Щ	89451968	
Ъ	51948806	
Ы	60439120	Y.
Ь	91539809	
Э	23180619	
Ю	50947828	
Я	31988918	
	49804189	C.
	59164801	H.
	18196488	J.
	89841951	Q.
	68101432	W.
	71804639	X.

ПСИХАСТЕНИЯ - 495141918 – болезненное расстройство психики, характерное крайней нерешительностью, боязливостью, мнительностью, склонностью к идеям навязчивым.

ПСИХЕЯ - 4905910 488 9178 – в древнегреческой мифологии – олицетворение человеческой души. Совокупность всех процессов психических. Частью её является душа – ограниченный функциональный комплекс, организующийся вокруг Я.

ПСИХИАТРИЯ - 519 516 31814 – область медицины, изучающая причины заболеваний психических, их проявления, способы лечения и предупреждения. Основным методом психиатрии является клиническое обследование с использованием методов нейрофизиологических, биохимических, иммунологических, генетических и психологических. Выделяется:

1) психиатрия общая (или психопатология общая) – которая исследует закономерности нарушений деятельности психической;

2) психиатрия частная – которая занимается заболеваниями психическими, прежде всего психопатиями, неврозами, состояниями реактивными.

ПСИХИКА - 459841 21918 – существующее в различных формах свойство высокоорганизованных живых существ и продукт их жизнедеятельности, обеспечивающие их ориентацию и деятельность. Неотъемлемое свойство живого. Взаимодействие живых существ с внешним миром реализуется посредством качественно отличных от физиологических, но неотделимых от них процессов, актов, состояний психических.

Психика – системное свойство высокоорганизованной материи, заключающееся в активном отражении субъектом объективного мира, в построении неотчуждаемой от него картины мира и саморегуляции на её основе поведения и деятельности. Психика обеспечивает эффективное приспособление к среде.

Отражение психическое мира всегда совершается в активной деятельности. В психике представлены и упорядочены события прошлого, настоящего и возможного будущего. У человека события прошлого выступают в данных опыта, представлениях памяти;

настоящего – в совокупности образов, переживаний, умственных актов; возможного будущего – в побуждениях, намерениях, целях, а также в фантазиях, грезах, сновидениях и пр. Психика человека и осознанна и неосознанна; но и неосознанная – качественно отличается от психики животных. Основное отличие человеческой психики от животной – именно в сознательной целенаправленности психических проявлений. Сознание – её сущностная характеристика.

ПСИХИКА: АНАЛИЗ: ЕДИНИЦА - 459841 21911 1 (единицы анализа психики) – структурные или функциональные образования, выступающие в качестве минимальных, далее не разложимых частей целостной психики и сохраняющие основные свойства этого целого. Это понятие употребляется в психологии в трёх взаимосвязанных смыслах:

1) как универсальная составляющая различных процессов психических;

2) как генетический (онтогенетический) источник процессов психических;

3) как универсальное понятие при описании процессов психических.

Анализ, основанный на выделении единиц, традиционно противопоставляется расчленению целого на элементы, не обладающие основными свойствами целого, но проявляющие свойства, в исходном целом не обнаруживаемые. Выделяемые в ходе анализа единицы не следует абсолютизировать, ибо их характер определяется конкретными задачами исследования. Так, в биологии выделение в качестве единиц анализа живой клетки или биологического вида позволило решить принципиально различные теоретические и прикладные задачи.

В современной науке сформулирована система требований к единицам анализа психики: они должны иметь внутренне связанную структуру, где представлены свойства целого; способность к развитию и саморазвитию; способность к образованию открытого таксономического ряда, и пр.

ПСИХИКА: ПОНИМАНИЕ ДИНАМИЧЕСКОЕ - 859841 219181 (динамическое понимание психики) – один из основных принципов и методов психоаналитического исследования, ориентированный на понимание её как постоянно движущейся системы, действующей под постоянным влиянием различных внешних и особенно внутренних факторов, которые представляют разнообразные душевные силы и выражают целенаправленные тенденции, работающие согласно или противоположно.

ПСИХИКА: СТРУКТУРА - 519841 219189 48 – в структурной схеме психики выделены три уровня: сознательный, подсознательный и бессознательный.

ПСИХИКА: ТЕОРИЯ КУЛЬТУРНО-ИСТОРИЧЕСКАЯ - 519841 819 21918 – согласно ей, у человека возникает особый вид функций психических – функции психические высшие, полностью отсутствующие у животных.

ПСИХИКА ПЕРЦЕПТИВНАЯ - 148841 21918 – Более сложное строение деятельности у представителей психики перцептивной выражается через идею выделения операций. На этой стадии каждый поведенческий акт формируется в онтогенезе путём реализации генетически фиксированных компонент видового опыта в процессе индивидуального научения.

ПСИХИКА ЧЕЛОВЕЧЕСКАЯ: СИСТЕМА - 45959841 21918 – составные части психического аппарата человека, части динамической модели психики.

ПСИХИЧЕСКОЕ: ПРОЦЕССУАЛЬНОСТЬ - 45984118 21918 (психическое как процесс) – концепция раскрывает основной способ существования психического. Оно существует прежде всего как процесс – живой, предельно пластичный, непрерывный, никогда полностью не заданный изначально, но формирующийся и развивающийся, порождающий некие продукты или результат – психические состояния и образы, понятия, чувства, решение или нерешение задачи, и пр. Концепция психического как процесса раскрывает единство сознания и деятельности, ибо человеческая психика проявляется и формируется в деятельности.

ПСИХОАНАЛИЗ - 519459498 5284 (терапия психоаналитическая) – психологическое направление. Первоначально сложился как метод лечения неврозов; затем превратился в общепсихологическую теорию, поместившую в центр внимания движущие силы душевной жизни, мотивы, влечения, смыслы; впоследствии стал одним из важных направлений философии XX в. Основан на идее о том, что поведение определяется не только и не столько сознанием, сколько бессознательным.

ПСИХОАНАЛИЗ: ВОЗДЕЙСТВИЕ ТЕРАПЕВТИЧЕСКОЕ - 512149498 5284 – состоит в том, что при приближении бессознательного к сознательному уничтожается вытеснение, устраняются условия для образования симптомов, патогенный конфликт превращается в нормальный, который каким-то образом должен найти разрешение.

ПСИХОАНАЛИЗ: ЗАДАЧА - 512899498 52984 – состоит в том, чтобы помочь страдающему человеку понять истинную причину страданий, скрытую в бессознательном, вспомнить забытые травмирующие переживания, сделать их сознательными и как бы пережить заново; это приводит к эффекту катарсиса. Выявить скрытое, сделать бессознательное содержание осознанным – а значит, доступным осмыслению и отчасти контролю, – такова задача психоанализа как терапевтического метода.

ПСИХОАНАЛИЗ: ПРИНЦИП ОБЩИЙ - 5129459498 528498 – современный психоанализ практикует два основных принципа терапии, которые непосредственно связаны с определением и пониманием целей и задач психоанализа.

1. Первая концепция считает задачей психоаналитического лечения приспособление клиента. Приспособление понимается как способность человека действовать так, как действует большинство людей данной культуры, и принимает социально одобряемые образцы поведения как критерии душевного здоровья. 2. Вторая концепция понимает психоанализ как врачевание души и считает целью терапии оптимальное развитие личностных способностей и реализацию индивидуальности. Она ориентируется на исцеление души и обретение душевного здоровья, которое неотделимо от основной человеческой проблемы – достижения целей жизни: нравственности, цельности и способности любить. Эта терапия помогает достичь внутренней силы, цельности, уверенности в себе, способности суждения и объективной оценки, что делает его менее уязвимым и зависимым от меняющихся времен и чужих мнений.

ПСИХОАНАЛИЗ: ЦЕЛЬ ГЛАВНАЯ - 519498459498 5284 – помочь отличить истину от лжи в самих себе; терапевтический метод – приложение тезиса о том, что истина делает человека свободным.

ПСИХОАНАЛИЗ ГРУППОВОЙ - 19819459498 5284317 (анализ групповой) – использование психоаналитической терапии для одновременного лечения группы людей – самый распространённый вид группового лечения с применением принципов и приемов психоанализа.

ПСИХОАНАЛИЗ ГУМАНИСТИЧЕСКИЙ - 498459498 5284 – считает главной проблемой обретение личностью психологической свободы, истинной жизни в условиях общества, старающегося эту свободу подавить и нивелировать личность, в связи с чем человек чаще всего «убегает от свободы» – ведь бытие самим собой означает возможность риска, отказа от привычной стереотипной безопасности. И человек становится конформистом или авторитаристом, считая, что это и есть свобода. Тем самым он лишает себя настоящей, полноценной жизни, подменяя истинные ценности мнимыми, среди которых главной оказывается ценность обладания чем-либо.

ПСИХОАНАЛИЗ ДИДАКТИЧЕСКИЙ - 519459498 5284482 (психоанализ обучающий, психоанализ учебный) – установленная форма и традиция подготовки специалистов, обеспечивающая прохождение курса психоанализа всеми претендентами на приобретение квалификации психоаналитика. При прохождении психоанализа дидактического (как правило, в течение месяца) будущие психоаналитики играют роль клиентов и вместе изучают совокупность теоретико-познавательных основ, принципы, приёмы, методику, технику и организационные формы психоаналитической терапии.

ПСИХОАНАЛИЗ СТРУКТУРНЫЙ - 519198498 5228918 – одно из направлений современного психоанализа, основанное на использовании идей об особом значении языка для характеристики бессознательного и для терапии заболеваний психонервных, а также на ряде положений лингвистики структурной, антропологии и философии.

ПСИХОАНАЛИЗ ФЕНОМЕНОЛОГИЧЕСКИЙ - 519517459498 5284498 – совокупность психоаналитически ориентированных воззрений и концепций, направленных на расширительную интерпретацию феноменологических компонент психоанализа и переосмысление его на базе феноменологической концепции сознания.

ПСИХОАНАЛИЗ ЭКЗИСТЕНЦИАЛЬНЫЙ - 52851929459498 5284 – одно из психоаналитически ориентированных философских учений; направлено на рассмотрение человека как тотальности, обладающей определённым смыслом. Психоанализ экзистенциальный – один из важных каналов распространения классических и модифицированных идей психоанализа.

ПСИХОБИОГРАФИЯ - 51981981914 – 1. Метод психологического анализа конкретных личностей прежде всего политических деятелей, и их биографий. 2. Соответственный жанр жизнеописаний, уделяющие особое внимание психическим факторам жизни. Как жанр жизнеописаний психобиография пользуется возрастающей популярностью.

ПСИХОГЕНЕТИКА - 894712 51918 – пограничная с генетикой область психологии, использующая данные генетики и метод генеалогический. Предмет психогенетики – взаимодействие наследственности и среды в формировании межиндивидуальной вариантности психологических свойств человека (функций когнитивных и двигательных, темперамента), происхождение индивидуальных психологических особенностей человека, выяснение роли генотипа и среды в их формировании.

ПСИХОГЕНИЯ - 548017 918 14 – различные расстройства психики, возникающие под влиянием кратковременных или долговременных травм психических как реакция на тяжелую жизненную ситуацию – в связи с одномоментной, интенсивной психотравмирующей ситуацией или как результат относительно слабого, но продолжительного травмирования.

ПСИХОГЕННЫЙ - 495741 91814 – возникающий вследствие влияния психики – в результате сильных эмоциональных переживаний, стрессов и пр.

ПСИХОГИГИЕНА - 489418 – 1. Раздел гигиены, изучающий влияние окружающих условий, обстановки на психическое здоровье людей. Также разрабатывает меры для сохранения и укрепления здоровья, для предупреждения расстройств психических.

2. Набор или комплекс мер, направленный на сохранение здоровья и предупреждение расстройств психических.

ПСИХОГИГИЕНА - 489 418 (психогигиена и психопрофилактика) – области психологии медицинской, задача которых – предоставление специализованной помощи практически здоровым людям для предотвращения нервно-психических и заболеваний психосоматических, а также для облегчения острых психотравматических реакций.

ПСИХОДЕЛИК - 521 618891062417 (галлюциноген; психотомиметик) – природные или синтетические вещества, способные вызвать галлюцинации – состояния психоделические. Близки к нейромедиаторам, которые они могут заменять или нарушать их функционирование.

ПСИХОДИАГНОСТИКА - 528414 31918 (диагностика психологическая) – постановка диагноза психологического или принятие квалифицированного решения о наличном психологическом состоянии клиента в целом или же о каком-то отдельном психологическом свойстве.

ПСИХОДИАГНОСТИКА: ТРЕБОВАНИЕ ПРОФЕССИОНАЛЬНОЕ - 54861701918 (профессиональные требования психодиагностики) – к работе диагноста и используемым методам предъявляется ряд довольно строгих требований. Так, диагност должен быть основательно знаком с психологическими теориями, на которых основаны используемые им методы; он должен уметь располагать к себе людей, вызывать их доверие и добиваться искренности их ответов; он должен досконально знать диагностические методики и условия их правильного применения.

ПСИХОДИАГНОСТИКА: ЭТИКА ПРОФЕССИОНАЛЬНАЯ - 548617 01019918 – практическая психодиагностика – весьма сложная и ответственная область деятельности. Она требует соответственного образования, мастерства и может серьезно затрагивать судьбы людей, когда на её базе ставится медицинский или судебно-психологический диагноз, производится конкурсный отбор или прием на работу. Поэтому к диагносту предъявляется ряд социально-этических требований – принципов психодиагностики.

ПСИХОДРАМА - 548617 31918 (социодрама) – 1. Как подход к коррекции психологической, метод и как средство решения социальных проблем. 2. С иной точки зрения психодрама рассматривается как одна из методик проективных, относящаяся к группе методик катарсиса.

Цель психодрамы – диагностика и терапия неадекватных состояний и реакций эмоциональных, их устранение, отработка перцепции социальной, углубление самопознания.

ПСИХОЗ - 18543219 – глубокие расстройства психики, деятельности психической; проявляются в нарушении отражения реального мира, возможности его познания, изменении поведения и отношения к окружающему. Их проявления разнообразны и могут сопровождаться бредом, помрачением сознания, грубыми нарушениями памяти, мышления, изменениями сферы эмоциональной, бессмысленными и бесконтрольными поступками и пр.

ПСИХОЗ АЛКОГОЛЬНЫЙ - 11423519 – выделяются такие группы этих психозов:

1) острые – например, белая горячка;

2) хронические – например, алкогольный бред ревности;

3) психоз Корсаковский – хронический алкогольный галлюциноз.

ПСИХОИСТОРИЯ - 408641 598148 – направление в социологии, истории и психологии, направленное на углублённое исследование, понимание и объяснение исторических событий и процессов посредством истолкования индивидуальных, групповых и социальных психических фактов и факторов.

ПСИХОКИНЕЗ - 31941891819 – воздействие человека на окружающие предметы без известных физических посредников. Так можно воздействовать на электрическую активность растения; на положение в пространстве нетяжелых предметов.

ПСИХОЛИНГВИСТИКА - 4951641 31918 – раздел психологии – дисциплина, исследующая поведение речевое, изучающая обусловленность процессов речи и её восприятия структурой соответственного языка, или языка вообще.

ПСИХОЛИЗ - 489641 31918 – форма психотерапии имагинативной. Предполагает использование галлюциногенных средств – таких как ЛСД, псилоцибин, мескалин. Перед погружением в наркотическое состояние проводится психоаналитически структурированное обсуждение травмирующих переживаний клиента, из чего формулируются основные сценарии работы с личностно связанными образами. Затем, на стадии продуцирования галлюцинаторных образов, клиент, который остаётся в ясном сознании и может общаться с терапевтом, старается реализовать эти сценарии и тем самым переработать травмирующие переживания. При этом можно использовать метод ассоциативный, причем терапевт контролирует поток свободных ассоциаций, направляя их в нужное русло. Особенно успешны применения этого метода при хронических неврозах, фобиях, извращениях сексуальных, алкогольных и психотических состояниях пограничных.

ПСИХОЛОГ 310648 – 1. Учёный или специалист по психологии. 2. Знаток человеческой психологии, психики.

ПСИХОЛОГ: ЭТИКА ПРОФЕССИОНАЛЬНАЯ - 31064849 – реализация психологом в своей деятельности специфических нравственных требований, норм поведения – как во взаимоотношениях с коллегами, научным сообществом, так и с испытуемыми, респондентами, лицами, обращающимися за психологической помощью.

ПСИХОЛОГ КЛИНИЧЕСКИЙ - 310648514 – работают преимущественно в больницах и центрах психического здоровья или в консультационных кабинетах. Чаще всего они имеют дело с людьми, которые жалуются на состояние тревоги, выражающееся в расстройствах функциональных эмоционального или сексуального характера, или же на трудности в общении или преодолении повседневных неурядиц. Психолог должен уяснить проблему путём бесед с клиентом или психологическим обследованием, а затем выбрать и применить самую подходящую терапию.

ПСИХОЛОГ ПЕДАГОГИЧЕСКИЙ - 901310648 – его функции – улучшение условий обучения, чтобы они как можно лучше соответствовали потребностям и способностям учащихся.

Психолог педагогический занимается разработкой эффективных методов обучения, в частности, используя открытия психологии когнитивной и теоретиков, исследующих процессы обучения. В последние времена некоторые психологи педагогические стали специализоваться в области «управления классом», помогая преподавателям выработать такие психологические и социальные навыки, которые позволяют создать в школе приятную и продуктивную обстановку.

ПСИХОЛОГ ПРАКТИЧЕСКИЙ - 321710648 – к его сфере деятельности относятся психодиагностика, выработка рекомендаций по изменению ситуации и непосредственная работа с людьми, основанная на использовании специальных психологических техник. Выбор техник преимущественно зависит от того, на какую психологическую систему ориентирован психолог.

ПСИХОЛОГ ПРОМЫШЛЕННЫЙ - 34981 06148 – его функции – помочь служащим выбрать специальность или работу, особенно соответствующую их интересам и способностям. Рекомендации чаще всего основаны на результатах собеседований или тестов.

ПСИХОЛОГ ШКОЛЬНЫЙ - 219310648 – его функции – помочь учащимся выбрать специальность или работу, особенно соответствующую их интересам и способностям. Рекомендации чаще всего основаны на результатах собеседований или тестов.

ПСИХОЛОГ-ЭРГОНОМИСТ - 318140648 – Его функции – улучшение условий труда, чтобы они как можно лучше соответствовали потребностям и способностям рабочих.

ПСИХОЛОГИЗМ СОЦИОЛОГИЧЕСКИЙ - 344810648 712 – направление социологии, принимающее за основную предпосылку исследования и объяснения социальных явлений и процессов действие и взаимодействие общественных, групповых и индивидуальных психических факторов.

ПСИХОЛОГИЯ - 51849101648891798 – наука о закономерностях развития и функционирования психики как особой формы жизнедеятельности, основанная на явленности в самонаблюдении особых переживаний, не относимых к внешнему миру. Область знаний о внутреннем – психическом – мире человека.

ПСИХОЛОГИЯ - 518459101648891798 (измерения в психологии) – процедуры определения количественной выраженности психологических феноменов. В них применяются разнообразные шкалы, содержащие некоторое множество позиций, поставленных в некоторое соответствие с психологическими элементами.

ПСИХОЛОГИЯ: ИСТОРИОГРАФИЯ - 459101 648891798 – совокупность исследований, объект которых – история психологии. Задача историографии психологии – реконструировать прошлое для разработки общей теории развития психологических идей, раскрытия условий и причин этого развития, закономерностей и механизмов получения нового знания о психической реальности, взаимодействия науки и социальной практики.

ПСИХОЛОГИЯ: МЕТОД - 518459 101648891 – методы, применяемые в психологии подразделяются таким образом:1) методы основные – наблюдение и эксперимент; 2) методы вспомогательные – все остальные: метод оценок экспертных, методы опроса, метод самонаблюдения, метод тестов и пр.

ПСИХОЛОГИЯ: ОБЗОР - 51845910 648891798 – чтобы яснее представить различные направления и школы в психологии, различные подходы к ней, здесь они «рассортированы» соответственно их представлениям о том, как формируется поведение индивида.

© Грабовой Г.П., 2003

ПСИХОЛОГИЯ: ОТРАСЛЬ СПЕЦИАЛЬНАЯ - 51845910164889179889 – сюда относятся, например, психология возрастная, психология педагогическая, патопсихология, нейропсихология, психология труда, психология инженерная, психология социальная, зоопсихология и пр. Они имеют дело с различными стадиями и уровнями психического развития животных и человека, с дефектами и болезнями психики, с необычными условиями труда и пр. Так с разных сторон высвечиваются структура и организация психики.

ПСИХОЛОГИЯ: ПОДХОД - 51845 (направление в психологии) – в психологии применяется целый ряд различных подходов к предмету исследования, к методологии и пр. В связи с этим можно выделить:

1) подход биологический;
2) подход бихевиористский;
3) подход гуманистический;
4) подход деятельностный;
5) подход дуалистический;
6) подход информационный;
7) подход когнитивный;
8) подход психоаналитический;
9) подход социально-психологический;
10) подход структуралистский;
11) подход функционалистский;
12) подход эклектический.

ПСИХОЛОГИЯ: СТРОЙ КАТЕГОРИАЛЬНЫЙ - 5 18451648891798 – предельно общая, глубинная, развивающаяся познавательная структура, отображающая психическую реальность в её целостности и специфических для неё характеристиках. Складывается под воздействием социальной практики, в том числе практики научных исследований. Обусловливает построение конкретных теорий и эмпирического знания. Для выявления его компонент, уровня их развития и форм взаимосвязи нужен специальный анализ категориальный.

ПСИХОЛОГИЯ И ФИЛОСОФИЯ - 59101648 9891798 – психология издревле составляла органическую часть философии.

ПСИХОЛОГИЯ АВИАЦИОННАЯ - 101498191648891798 – отрасль психологии, изучающая деятельность специалистов-авиаторов. Ее предмет – психика человека, управляющего сложными авиационными системами. Объект – деятельность индивида и коллектива, её содержание, условия и организация. Субъект изучения – летный и инженерно-технический состав и пр.

ПСИХОЛОГИЯ АНАЛИТИЧЕСКАЯ - 548459101648891798 289 – направление в психологии – в том числе психологии глубинной, социологии и психоанализе. По отношению к психоанализу и фрейдизму она выступает как реформистское направление, отказавшееся от ряда принципиальных положений психоанализа классического: о природе и сущности энергии психической, о месте и роли сексуальности, о специфике и диапазоне действия комплекса Эдипа и пр.

ПСИХОЛОГИЯ АССОЦИАНИСТСКАЯ - 910 2981 1648891798 (психология ассоциативная) – психологические направления, в которых единицей анализа психики признана ассоциация. В её основе лежало сформулированное Спинозой правило, ныне называемое законом ассоциации, – специфической связи, устанавливаемой между идеями.

ПСИХОЛОГИЯ ВОЕННАЯ - 5184591648891798 – отрасль

психологии, изучающая психологические особенности различных видов военной деятельности в зависимости от общественно-исторических условий, уровня военной техники, характеристик личности воинов, особенностей воинского коллектива, методов боевой и политической подготовки. Разрабатывает преимущественно способы совершенствования методов командования или укрепления связей между разными группами. Вырабатывает рекомендации по совершенствованию теории и практики изучения, отбора, обучения, воспитания военнослужащих, политико-воспитательной работы, психологической подготовки воинов и руководства личным составом. Также занимается изучением методов, применяемых партизанами, и способов внедрения в войска агентов противника.

ПСИХОЛОГИЯ ВОЗРАСТНАЯ - 1648891798 – отрасль психологии, изучающая закономерности этапов психического развития и формирования личности в связи с возрастом – на протяжении онтогенеза человека от рождения до старости.

ПСИХОЛОГИЯ ВОСТОЧНАЯ - 016518459101648891798 – в восточной культуре жизнь рассматривается в её полноте не как цепь явлений, которые нужно объяснить, а скорее как неотъемлемая часть Вселенной, к единству которой она причастна.

ПСИХОЛОГИЯ ГЕНЕТИЧЕСКАЯ - 648891798 – пытается понять, как происходит развитие психическое человека с первых часов жизни. Появился ряд исследований, показавших, что время внутриутробной жизни – весьма важный этап психологического развития, ибо значительная часть восприятий младенца и его связей с миром зарождается ещё в это время.

ПСИХОЛОГИЯ ГЛУБИННАЯ - 8914101648891798 – собирательное понятие, означающее ряд различных направлений психологии и психиатрии, придающих решающее значение – в деятельности индивида, в организации поведения и формировании его личности – разнообразным бессознательным компонентам, таящимся в «глубинах» психики, – иррациональным, аффективно-эмоциональным, инстинктивным и интуитивным побуждениям, тенденциям, установкам, скрытым за поверхностью сознания, в глубинах индивида.

ПСИХОЛОГИЯ ГУМАНИСТИЧЕСКАЯ - 19518459101648891798 – одно из ведущих направлений современной западной, преимущественно американской психологии. Названа гуманистической, ибо признает главным предметом личность как уникальную целостную систему, которая представляет собой не нечто заранее данное, но открытую возможность самоактуализации; основана на вере в возможность расцвета каждого человека, если предоставить ему возможность самому выбирать свою судьбу и направлять её.

ПСИХОЛОГИЯ ДЕТСКАЯ - 164889 88411798 – отрасль психологии, исследующая закономерности развития психического детей. Основной предмет анализа – это движущие причины и условия развития онтогенетического, отдельных процессов психических у детей, в том числе – формирования различных типов деятельности.

ПСИХОЛОГИЯ ДИНАМИЧЕСКАЯ - 01484591016488 31991798 – 1. Раздел психологии, имеющий предметом мотивацию поведения, влечения, эмоции, конфликты личности, – динамический (побудительный, аффективный) аспект психической жизни, в отличие от её интеллектуальных проявлений. 2. Направление зарубежной психологии, рассматривающее всю психическую деятельность с позиции её непрерывной динамики, активности.

ПСИХОЛОГИЯ ДИФФЕРЕНЦИАЛЬНАЯ - 101648891798 –

отрасль психологии, изучающая индивидуально-психологические различия между индивидами и между группами людей, а также причины и последствия этих различий.

ПСИХОЛОГИЯ ДОНАУЧНАЯ - 48891798 – собственно донаучный этап развития психологии начался с вопроса, поставленного эллинской философией: что же есть душа – самостоятельная субстанция или же свойство другой субстанции (материи). Завершился этот этап лишь в конце XIX в. Это было время по преимуществу философских размышлений о душе: душа была предметом интеллектуального анализа, но не объектом изучения.

ПСИХОЛОГИЯ ДОПРОСА, ПОКАЗАНИЯ - 518 (психология допроса и показаний) – судебной раздел психологии, изучающий психологические закономерности получения, фиксации, оценки представителями правоохранительных органов значимой для установления истины информации от свидетелей, потерпевших, подозреваемых, обвиняемых. Допрос рассматривается как специфическая, регламентированная законом форма общения, имеющая характер сотрудничества или противоборства.

ПСИХОЛОГИЯ ИНДИВИДУАЛЬНАЯ - 58948891798 – направление в психологии (также в психологии глубинной), социологии и психоанализе. Центральная идея – о бессознательном стремлении человека к совершенству.

ПСИХОЛОГИЯ ИНЖЕНЕРНАЯ - 518459101648891898 – отрасль психологии, исследующая процессы и средства информационного взаимодействия между человеком и машиной, деятельность в системе человек-машина, взаимодействие человека и технических устройств. Возникла в условиях научно-технической революции, преобразовавшей структуру производственного труда, важнейшими составляющими которого стали процессы восприятия и переработки оперативной информации, принятие решений в условиях ограниченного времени.

Основная задача психологии инженерной – исследование процессов приема, переработки и хранения информации человеком, производимых при проектировании технических устройств и управлении ими.

ПСИХОЛОГИЯ ИНТРОСПЕКТИВНАЯ - 5184511648891798 – ряд направлений в психологии, использующие как единственный метод изучения психики интроспекцию, метод интроспективный – наблюдение субъекта за содержанием и актами собственного сознания.

ПСИХОЛОГИЯ ИСКУССТВА - 5184591 01648891798498 – отрасль психологии, изучающая процесс восприятия и создания произведений искусства; её предмет – свойства и состояния личности, обусловливающие создание и восприятие художественных ценностей и влияние этих ценностей на её жизнедеятельность. Занимается изучением проблем художественного творчества и личности художника, восприятия художественных произведений, особенностей структуры художественных произведений.

ПСИХОЛОГИЯ ИСКУССТВА СЦЕНИЧЕСКОГО - 5184548891798 18 – область психологии, исследующая творческую деятельность художников сцены – актёра, режиссёра – и процесс восприятия сценических произведений зрителем.

ПСИХОЛОГИЯ ИСПРАВИТЕЛЬНАЯ - 5184598541 618 – отрасль психологии юридической, изучающая особенности деятельности психической в условиях применения уголовного наказания и перевоспитывающих мероприятий, – условия и особенности исправления и перевоспитания правонарушителей (преимущественно в исправительно-трудовых учреждениях):

1) свойства интеллектуальные и личностные;

2) процесс адаптации к пребыванию в исправительных учреждениях;

3) состояния психические, вызываемые лишением свободы;

4) методы воспитания положительного отношения к труду;

5) методы формирования установки на исправление.

Она изучает как психологию отдельных правонарушителей, так и структуру формальных и неформальных групп в местах заключения, психологические механизмы их появления и функционирования.

ПСИХОЛОГИЯ ИСТОРИЧЕСКАЯ - 189 518459101648891798 – изучает особенности личности, мировосприятия, мышления, формирования эталонов поведения, взаимоотношений, особенности складывающихся групп в разные исторические эпохи и в различных культурах.

ПСИХОЛОГИЯ КЛИНИЧЕСКАЯ - 1648891798 59814 – область психологии медицинской, изучающая психологические отклонения и психологические особенности людей, включённых в лечебный процесс, – психические факторы происхождения и течения болезней, влияние болезней на личность, психологические аспекты целебных воздействий.

ПСИХОЛОГИЯ КОГНИТИВНАЯ - 518459108891798 512 – одно из ведущих направлений современной зарубежной психологии. Исходит из того, что любая ассоциация между стимулом и реакцией создаётся сначала в мозге. Использует данные теории информации и её приложения к информатике, а также исследования развития речи, позволяющие по-новому понимать механизмы усложнения процессов психических.

ПСИХОЛОГИЯ КОМПЬЮТЕРИЗАЦИИ - 219644298648518 – отрасль психологии, изучающая порождение, функционирование и структуру отражения психического реальности в деятельности индивидов и групп, связанной с созданием и использованием компьютеров, включая их программное обеспечение.

ПСИХОЛОГИЯ КОНСУЛЬТАТИВНАЯ - 518459101648891798 498 714 – раздел знания, содержащий систематическое описание процесса оказания психологической помощи – консультирования. Исходит из представления о том, что с помощью специально организованного процесса общения у клиента можно актуализовать дополнительные психологические силы и способности, которые в свою очередь могут обеспечить отыскание новых возможностей выхода из трудной жизненной ситуации.

ПСИХОЛОГИЯ КОСМИЧЕСКАЯ - 518101648891798 – отрасль психологии (раздел психологии труда), посвящённая исследованию психологических особенностей труда космонавта, зависимость их от ряда специфических факторов – невесомости, гиподинамии, относительной депривации сенсорной и прочих, а также способы и методы целенаправленной организации деятельности психической космонавта в ходе подготовки и осуществления космических полетов.

Является продолжением ветви психологии авиационной; в связи с крайней экстремальностью условий жизнедеятельности космонавтов и сложностью выполняемых ими задач дополнительно включает в себя многие разделы других отраслей психологии: инженерной, медицинской, социальной, педагогической, и пр.

ПСИХОЛОГИЯ КОСМИЧЕСКАЯ ИНЖЕНЕРНАЯ - 518891798 4916481 – обеспечивает стадии проектирования, разработки и создания пилотируемых космических аппаратов с учётом особенностей и свойств человека, – того, кто конкретно будет жить и работать в этих аппаратах и управлять ими. Её дополнительная задача-разработка специальных тренажерных устройств и имитаторов условий деятельности космонавта, с максимальным приближением моделирующих реальные условия и факторы космического полета.

ПСИХОЛОГИЯ КРИМИНАЛЬНАЯ - 917985184591016488917 – область психологии юридической. Изучает формирование противоправной деятельности и возможности её предупреждения, психологические механизмы правонарушений и психологию правонарушителей, проблемы образования, структуры, функционирования и распада групп преступных.

ПСИХОЛОГИЯ КРИТИЧЕСКАЯ - 1648 219891798 – направление марксистски ориентированной психологии, возникшее в Германии на рубеже 60 – 70-х гг. XX в. Особое место в психологии критической занимают исследования социогенеза – развития психики в конкретных типах общества, а также изучения представителей конкретных социальных групп, классов, слоев общества и пр.

ПСИХОЛОГИЯ МАСС - 59848891798 – отрасль психологии, которая занимается изучением отдельных людей как членов племени, народа, института и прочего; или же как составной части толпы, организовавшейся в массу к определённому времени для определённой цели.

ПСИХОЛОГИЯ МЕДИЦИНСКАЯ - 8891798214 – отрасль психологии, изучающая психологические аспекты гигиены, профилактики, диагностики, лечения, экспертизы и реабилитации больных. Определяет специфику отношений между врачом и больным. Обосновывает процедуры диагностики, лечения, профилактики, реабилитации больных.

ПСИХОЛОГИЯ МУЗЫКАЛЬНАЯ - 51845910164889127841 – отрасль психологии искусства, изучающая воздействие музыки на человека и его активную музыкальную деятельность.

ПСИХОЛОГИЯ НАУКИ - 894519848891798 – отрасль, изучающая психологические факторы научной деятельности для повышения её эффективности. Трактует эти факторы, исходя из понимания науки как социально организованной системы особого вида духовного производства, продукты которого отображают реальность в эмпирически контролируемых логических формах.

ПСИХОЛОГИЯ НАУЧНАЯ - 8948459101648891798178914 – Психология научная находит такие обобщающие понятия, которые не только экономизуют описания, но и за множеством частностей позволяют увидеть общие тенденции и закономерности развития личности её индивидуальные особенности.

ПСИХОЛОГИЯ ОБУЧЕНИЯ - 289101648891798 – раздел психологии педагогической, изучающий формирование деятельности познавательной. В её основе лежит идея, что учёт возрастных и индивидуальных особенностей учащихся должен проводиться с ориентировкой на тот уровень, который ими достижим в ближайшем будущем, причём обучение – не просто передача знаний, но формирование мотивации и личности.

ПСИХОЛОГИЯ ОБЩАЯ - 51748891798 – дисциплина, пытающаяся найти ответы на принципиальные вопросы, встающие перед психологией в целом, выработать теоретические принципы, обосновать методы психологического познания, сформулировать основные закономерности существования и развития психической реальности. Совокупность теоретических и экспериментальных исследований, выявляющих самые общие психологические закономерности, теоретические принципы и методы психологии, её основные понятия и категориальный строй.

ПСИХОЛОГИЯ ОРГАНИЗАЦИИ ТРУДА НАУЧНОЙ - 9179898178917 – Отрасль психологии, изучающая закономерности совершенствования психической составляющей процесса трудового. На её появление определённое влияние оказали информатика, теория и практика интеллекта искусственного.

ПСИХОЛОГИЯ ОБЪЕКТИВНАЯ - 891798 – условное обозначение психологических школ, ориентированных на применение так называемых объективных методов анализа, основанных на конвенциональных правилах фиксации явлений психических. Противоположна по своим методологических основаниям психологии субъективной, или интроспективной. В разных направлениях психологии объективной в качестве выделяемых предметов могут фигурировать: поведение – в бихевиоризме, реакции – в реактологии, рефлексы – в рефлексологии, и пр.

ПСИХОЛОГИЯ ПЕДАГОГИЧЕСКАЯ - 51845910164 498 – отрасль психологии, изучающая закономерности процесса присвоения индивидом социального опыта в условиях специально организованного обучения, психологические проблемы обучения и воспитания.

ПСИХОЛОГИЯ ПОЛИТИЧЕСКАЯ - 4219889179 518981 – область психологии, изучающая психологические компоненты – настроения, мнения, чувства, ориентации ценностные и прочее, а также их особенности – в политической жизни общества, формируемые и проявляемые на уровне политического сознания и самосознания наций, классов, групп социальных, правительств, индивидов и реализуемые в конкретных политических действиях.

ПСИХОЛОГИЯ ПРАКТИЧЕСКАЯ - 89811891798 – объединяет области психологии, обслуживающие практику – направленные на помощь людям, переживающим сложности в личной жизни.

ПСИХОЛОГИЯ ПРОЕКТИВНАЯ - 891798718 – её основные положения таковы:

1) целостность личности как единого «организма», взаимосвязанность её отдельных функций, их детерминированность «личностным контекстом»;

2) единство личности и среды социальной, их неразрывность и постоянное взаимодействие;

3) предмет исследования проективного – не объективные отношения личности и среды, а субъективная концептуализация этих отношений индивидом;

4) личность – саморегулируемая система, цель которой – организация субъективного опыта согласно адаптивным задачам;

5) личность – уникальная система процессов познавательных, потребностей, черт и способов адаптации, образующих её индивидуальный стиль.

ПСИХОЛОГИЯ ПРОПАГАНДЫ - 459101648891798 312 – прикладной раздел психологии социальной, имеющий предметом закономерности взаимодействия людей в системах, образуемых источником пропаганды и аудиторией, а также влияние объективных и субъективных факторов на ход и результаты этого процесса.

ПСИХОЛОГИЯ РАЗВИТИЯ - 5184591 0164 3178891798 – область исследований психологических, где представлены знания и изучаются процессы и закономерности психологического и поведенческого развития людей в онтогенезе.

ПСИХОЛОГИЯ РАЗЛИЧИЙ ПОЛОВЫХ 219473 898 1918918

© Грабовой Г.П., 2003

— раздел психологии дифференциальной, изучающий различия между индивидами, обусловленные или опосредованные их половой принадлежностью или связанные с нею. Имеет важное практическое значение для отбора профессионального и ориентации профессиональной, для решения многих задач психологии медицинской и службы семьи.

ПСИХОЛОГИЯ РЕКЛАМЫ - 89179855819 – занимается оценкой нужд или ожиданий потребителей, создавая спрос на подлежащий сбыту продукт – от зубной пасты до программы политического деятеля.

ПСИХОЛОГИЯ РЕЛИГИИ - 518459101648891798 49812 – отрасль психологии, изучающая психологические и социально-психологические факторы, обусловливающие особенности сознания религиозного, его структуру и функции. Пытается понять и объяснить поведение верующих в целом и представителей различных сект.

ПСИХОЛОГИЯ СЕМЬИ И БРАКА - 51845 318 491 – междисциплинарное направление в психологии, изучающее проблемы брака и семьи; включает в себя исследования в области социологии, экономики, этнографии, истории, юриспруденции, демографии и пр.

ПСИХОЛОГИЯ СОЦИАЛЬНАЯ - 16848891798 – отрасль психологии, изучающая психологические особенности и закономерности поведения и деятельности людей, обусловленные их включением в группы социальные и существованием в них, а также психологические характеристики самих этих групп. Рассматривает закономерности взаимодействия личности и социума, формирования и развития групп. Одна из ведущих ветвей психологии.

ПСИХОЛОГИЯ СПЕЦИАЛЬНАЯ - 798217 49064019 – отрасль психологии, изучающая людей, для которых характерно отклонение от нормального психического развития, связанное с врождёнными или приобретёнными дефектами формирования и функционирования системы нервной. Изучает различные варианты патологии психического развития, проблемы аномального развития психики. Отдельное внимание уделяет изучению особенностей умственно отсталых детей, имеющих поражения коры мозга головного, и детей с нарушением деятельности анализаторов, недоразвитием речи при сохранном слухе.

ПСИХОЛОГИЯ СПОРТА - 51648 981648 891 798 – направление психологии, изучающее закономерности проявления и развития психики, а также взаимодействий групповых в условиях спортивной соревновательной и тренировочной деятельности.

ПСИХОЛОГИЯ СРАВНИТЕЛЬНАЯ - 51845164889159818 – отрасль психологии, посвященная анализу эволюции психики, – охватывающая проблемы, связанные с антропогенезом, становлением человеческого сознания и изучением общего и различного в деятельности психической человека и животных (проблема социального и биологического в поведении человека). Рассматривает проблемы развития психики в филогенезе, с акцентом на сопоставлении психики животных и человека. В её рамках происходит интеграция данных, полученных в зоопсихологии, психологии исторической и этнической. В сравнительно-психологическом анализе онтогенеза и филогенеза делаются заключения как о схожести ряда процессов психических животных и человека, так и о качественных различиях, обусловленных действием социально-исторических факторов, приведших к возникновению и развитию деятельности трудовой, общественной жизни, членораздельной речи и сознания.

Сравнительно-психологический анализ строится на сопоставлении данных зоопсихологии (особенно результатов изучения обезьян) и психологии.

ПСИХОЛОГИЯ СУДЕБНАЯ - 5184101648891798 – отрасль психологии юридической, изучающая круг вопросов, относящихся к судопроизводству – закономерности деятельности при расследованиях, судебных рассмотрениях и предупреждении преступлений. Основной задачей ставится выяснение того, какие свойства личностные обусловливают успешную профессиональную деятельность судебно-следственных работников, и как эти свойства можно целенаправленно сформировать.

ПСИХОЛОГИЯ ТВОРЧЕСТВА - 51845 91016 8194 – раздел психологии, изучающий процесс научных открытий, изобретений, создания произведений искусств, – область исследований психологических творческой деятельности людей в науке, литературе, музыке, изобразительном и сценическом искусстве, в изобретательстве и рационализаторстве. Стремится понять опыт художника и его формирования у индивида. Методологическая основа – принцип историзма. Особый раздел образует изучение творческой деятельности детей.

ПСИХОЛОГИЯ ТОПОЛОГИЧЕСКАЯ - 518459101891798 129 – гештальтистская концепция личности, согласно которой описание поведения человека во внешнем мире может достигаться путем использования особых математических понятий топологии (науки, изучающей пространственные преобразования) и анализа векторного. Для построения модели структуры личности и её взаимодействий с внешней средой используется язык топологии. За исходное принимается «жизненное пространство» индивида как целостное поле, внутри которого возникают и изменяются его психологические силы

– стремления, намерения и прочие, имеющие определённую направленность, величину и точки приложения.

ПСИХОЛОГИЯ ТРАНСПЕРСОНАЛЬНАЯ - 518459648891798 – появилась в 60-е годы XX в. Первоочередно это относится к предельным возможностям психики, к так называемым мистическим переживаниям, мистическому сознанию и прочему, – формам особого духовного опыта, требующим при анализе взгляда не с традиционных научных позиций. В центре психологии трансперсональной – «психологии за пределами личности» – так называемые состояния сознания изменённые, переживание которых может привести к смене фундаментальных ценностей, духовному перерождению и обретению целостности.

ПСИХОЛОГИЯ ТРУДА - 5189648891798 – область психологии, изучающая закономерности проявления различных психологических механизмов в деятельности трудовой, закономерности формирования конкретных форм этой деятельности и отношения человека к труду. Её объект – деятельность индивида в производственных условиях и в условиях воспроизводства его рабочей силы. Её основы формировались под воздействием медицины, физиологии, техники, социологии и политэкономии.

ПСИХОЛОГИЯ УПРАВЛЕНИЯ - 518459648891798 498174891 – отрасль психологии, изучающая психологические закономерности деятельности управленческой. Её основная задача-анализ психологических условий и особенностей последней с целью повышения эффективности и качества работы в системе управления.

ПСИХОЛОГИЯ ФИЗИОЛОГИЧЕСКАЯ - 8459 – раздел психологии, посвящённый изучению физиологических механизмов функций психических высших – физиологических процессов, которые сопровождают процессы психические или сопутствуют им, но в которых психология не должна искать «своих» законов. Подразделяется на психофизиологию и нейропсихологию.

ПСИХОЛОГИЯ ФУНКЦИОНАЛЬНАЯ - 518459 6481798 28 – психологическое направление, характерное преимущественной ориентацией на исследование приспособительных функций психики, адаптивной роли сознания в поведении. Исследует процессы сознания с позиций их функции в приспособлении организма к среде.

ПСИХОЛОГИЯ ХОРМИЧЕСКАЯ - 498891798 (психология гормическая) – направление в психологии. Основой любых явлений психических служит особая нематериальная сила – хорме (горме), проявляемая в виде инстинктов.

ПСИХОЛОГИЯ ЦЕЛОСТНАЯ - 518459648891798 8948891798 – ряд направлений в психологии, методология которых ориентирована на исследование целостности структур психики и сознания.

ПСИХОЛОГИЯ ШКОЛЬНАЯ - 518459 5 548891798 – условное наименование, принятое здесь для обозначения психологии обучения и воспитания в возрасте школьном.

ПСИХОЛОГИЯ ЭКЗИСТЕНЦИАЛЬНАЯ - 891798 4987418 – психологическое направление, основанное на принципах психологии гуманистической и исходящее из первичности бытия человека, с которым органически связаны базовые экзистенциальные проблемы, стресс и тревога.

ПСИХОЛОГИЯ ЭКОЛОГИЧЕСКАЯ - 5184596 9148891798 (психология среды) – недавно появившаяся междисциплинарная область знаний о психологических аспектах взаимоотношений человека и среды внешней – пространственно-географической, социальной, культурной – органично включённой в жизнедеятельность и служащей важным фактором регуляции поведения и взаимодействия социального. Занимается изучением самых эффективных способов улучшения условий в населённых пунктах и различных местах деятельности людей. Особое внимание уделяется проблемам шума, загрязнения среды токсическими веществами и накоплению отбросов.

ПСИХОЛОГИЯ ЭКОНОМИЧЕСКАЯ - 5184596491798 48 – отрасль психологии, изучающая психологические явления, связанные с отношениями пространственными.

ПСИХОЛОГИЯ ЭКСПЕРИМЕНТАЛЬНАЯ - 5184597148 879891798 – общее обозначение различных видов исследования явлений психических посредством методов экспериментальных.

ПСИХОЛОГИЯ ЭКСТРЕМАЛЬНАЯ - 5 98456189648891798 – отрасль психологии, изучающая общие психологические закономерности жизни и деятельности человека в изменённых – непривычных – условиях существования: во время авиационного и космического полётов, подводного плавания, пребывания в труднодоступных районах Земного шара, в подземелье и пр.

ПСИХОЛОГИЯ ЮРИДИЧЕСКАЯ - 4896419 71814 – общий раздел психологии, изучающий закономерности и механизмы деятельности психической в сфере регулируемых правом отношений, – психологические проявления в условиях применения правовых норм и при осуществлении правовой деятельности.

ПСИХОМЕТРИЯ - 4988941 71819 (психометрика) – раздел психологии, изучающий теоретические и методологические проблемы измерений психологических. Важнейший признак психометрических процедур – их стандартизованность, предполагающая проведение исследований при возможно более постоянных внешних условиях. На основании полученных данных строятся различные шкалы индивидуальных свойств и делается вывод о надёжности и валидности конкретной методики или теста.

ПСИХОНЕВРОЗ - 498917191814 – неврозы, причина которых – чисто психические факторы, в отличие от неврозов, проистекающих от органических причин.

ПСИХОПАТ - 31918 – человек, страдающий психопатией.

ПСИХОПАТИЯ - 918 49132196 – патология характера – неадекватное развитие его эмоционально-волевых черт, при которой у субъекта наблюдается практически необратимая выраженность свойств, препятствующих его адекватной адаптации в среде социальной. Группа болезней психических, проявляемых в дисгармоничном складе характера, темперамента и поведения, отчего страдает и сама личность, и окружающие. Психопатов отличает прежде всего неадекватность эмоциональных переживаний, склонность к состояниям депрессивным и навязчивым.

Принято выделять такие классические типы психопатов:

Циклоиды - 9167981

Шизоиды - 48139517294

Эпилиптоиды - 8941975647

Астеники - 8543267918

Психоастеники - 598 494 71985694

Психопаты паранояльные - 514 985714921064

Психопаты истерические - 5183174961894

Психопаты неустойчивые - 398691

Психопаты органические - 89497541

ПСИХОПАТИЯ: КРИТЕРИЙ - 49167548917 (критерии психопатии Ганнушкина-Кербикова) – характер можно считать патологическим, расценивать как психопатию, по таким признакам:

1) относительная стабильность во времени – малые изменения в течение жизни;

2) тотальность проявлений – одни и те же черты характера обнаруживаются повсюду, в любых обстоятельствах;

3) дезадаптация социальная (пожалуй, самый важный признак); состоит в том, что у человека постоянно возникают жизненные трудности, испытываемые либо им самим, либо окружающими, либо ими вместе.

ПСИХОПАТОЛОГИЯ - 496 71859647 – раздел общего учения о болезнях, изучающий причины, закономерности и механизмы появления, протекания и развития психозов и иных расстройств психических. Также разрабатывает принципы их классификации, методы лечения и пр.

ПСИХОПАТОЛОГИЯ КУЛЬТУРНО-ФИЛОСОФСКАЯ - 5943287916 – Исходным моментом в развитии личности полагается «основная тревога» – бессознательное переживание враждебности мира к человеку. С позиции влияния культуры она определяется предлагаемыми культурой противоречивыми ценностями, что особенно характерно для интенсивно развивающихся культур. Это приводит к внутренним конфликтам и воплощается в том, что человек не может выбрать нечто определенное и, более того, не в состоянии желать чего-то определенного. В результате он «убегает» от действительности в иллюзорные представления, которыми и руководствуется в жизни.

ПСИХОПАТОЛОГИЯ ОБЩАЯ - 217 894 798653217 – Одно из определений психопатологии общей: дисциплина, изучающая общие закономерности расстройств психических, природу типовых психопатологических процессов, которые могут возникнуть при различных заболеваниях и потому имеют общее значение. Установление основных закономерностей психических нарушений позволяет раскрыть их природу, происхождение и дальнейшее развитие, а также углубить изучение индивидуальных особенностей патологического процесса. Теоретические обобщения помогают глубже проникнуть в сущность отдельного заболевания и болезни конкретного индивида.

ПСИХОСЕКСУАЛЬНОСТЬ - 219394851647 – любые чувства и побуждения, возникшие из источника первоначальных сексуальных влечений. Термин призван подчеркнуть неразрывную связь сексуальной и психической жизни.

ПСИХОСЕМАНТИКА - 591328 4948741 – область психологии, изучающая генезис, строение и функционирование индивидуальной системы значений, опосредующей процессы восприятия, мышления, памяти, принятия решений, и пр.

ПСИХОСИНТЕЗ - 85439679817 – автоматический и неизбежный процесс обретения единства и гармонизации психической жизни невротика как следствие эффективной психоаналитической терапии.

ПСИХОСИНТЕЗ СЕНСОМОТОРНЫЙ - 51831946 2 – управление состоянием и сознанием субъекта в процессе особого диалога суггестивного. Заключается в поэтапном формировании у него целостного образа моделируемой действительности посредством специальной последовательности тестовых заданий, предполагающих концентрацию внимания на ощущениях, переживаниях и представлениях, возникающих при их решении. Психосинтез сенсомоторный направлен на интеграцию активности систем сенсорных и двигательной активности субъекта соответственно структуре и логике конструируемого образа и моделируемой действительности.

ПСИХОСОМАТИКА - 91 8943175948 482 – 1. Направление психологии (раздел психологии медицинской), исследующее влияние психических факторов на возникновение различных заболеваний соматических, на развитие функциональных и органических расстройств.2. То же, что медицина психосоматическая.

ПСИХОТЕРАПИЯ - 491 87 2196401289 – оказание психологической помощи людям при различных психологических затруднениях – комплексное лечебное вербальное и невербальное воздействие на эмоции, суждения, самосознание человека при многих заболеваниях психических, нервных и психосоматических. Совокупность разнообразных психических воздействий, направленных на устранение болезненных отклонений и на излечение. В общем предполагает влияние на психику, в том числе на отношение к самому себе, своему состоянию, к другим людям, к окружению и жизни в целом. Может проводиться в формах индивидуальной (например, индивидуальное консультирование) и групповой (игры, дискуссии и пр.).

ПСИХОТЕРАПИЯ АВЕРСИВНАЯ - 917318549379482471 – форма психотерапии поведенческой, основанная на образовании связи между нежелательным поведением и субъективно неприятным переживанием.

Чаще всего психотерапия аверсивная применяется для излечении алкоголизма, табакокурения, сексуальных нарушений (здесь, как правило, нежелательное поведение демонстрируется в видеофильмах).

ПСИХОТЕРАПИЯ ГРУППОВАЯ - 51876943971518 – использование закономерностей взаимодействия межличностного в группе для лечения и достижения физического и психического благополучия человека.

ПСИХОТЕРАПИЯ ДЕСЕНСИБИЛИЗАЦИОННАЯ - 814512 48 (психотерапия систематической десенсибилизацией) – форма психотерапии поведенческой, нацеленная на снижение эмоциональной восприимчивости относительно некоторых ситуаций.

ПСИХОТЕРАПИЯ ИНТЕРАКТИВНАЯ - 4926785981 – метод психотерапии глубинной, условием которого является достижение участниками измененных состояний сознания.

ПСИХОТЕРАПИЯ КОГНИТИВНАЯ - 519 91671982 – метод психотерапии основан на отработке оптимальных приёмов оценивания и самооценивания. В качестве базы метода выступает утверждение, что познание является главной детерминантой появления некоторых эмоций, они же – в свою очередь – определяют смысл целостного поведения.

ПСИХОТЕРАПИЯ КОММУНИКАЦИОННАЯ - 5182163971 894517 – метод психотерапии, основанный на оптимизации межличностных коммуникаций. В силу этого целью терапии ставится изменение правил, по которым строится коммуникация в тех или иных группах социальных, для чего применяются особые приёмы – для снятия страха и устранения агрессии; для улучшения вербальных и невербальных коммуникаций; для осознания внутренних и внешних отношений. В качестве дополнительных применяются такие психотерапевтические приёмы, как интенция парадоксальная, описание симптома, освобождение от тревоги, контакт телесный и пр.

ПСИХОТЕРАПИЯ НАКОПЛЕНИЕМ ЖЕТОНОВ - 54938148785 – форма психотерапии поведенческой, основанная на научении оперантном. Заключается в том, что приемлемое поведение подкрепляется положительно, а неприемлемое – отрицательно, причём как средство стимулирования выступают деньги или их заместители – «жетоны». Этот метод направлен прежде всего на улучшение самоконтроля. Наибольший эффект достигается для пациентов со сниженным интеллектом или психопатическими нарушениями.

ПСИХОТЕРАПИЯ ПЕРЕЖИВАНИЯ КАТАТИМНОГО - 51839641 (психотерапия кататимного переживания образов) – форма психотерапии имагинативной, основанная на переработке образов-фантазий, всплывающих в сознании клиента, который находится в гипнотическом или наркотическом состоянии. При применении этого метода задача терапевта – убедить клиента в том, что относительно его символов возможны иные операции. По ходу терапии создаётся сценарий действий, которые клиент должен совершить на следующем сеансе относительно своих образов. Весь терапевтический цикл обычно продолжается 20-50 сеансов и проходит ряд стадий: диагностика проблем и конфликтов; эйдетическая проработка универсальных образов; проработка личностно значимых образов.

ПСИХОТЕРАПИЯ ПОВЕДЕНЧЕСКАЯ – 49758641 – под этим названием объединяются различные подходы к психотерапии, общими для которых является ориентация на поведение: 1) на коррекцию поведения, для чего могут применяться достаточно разнообразные подходы и методики; 2) на коррекцию разнообразных психологических отклонений и нарушений путём воздействия на поведение и через поведение, в том числе путём выработки нужных поведенческих навыков.

ПСИХОТЕРАПИЯ РАЦИОНАЛЬНАЯ - 89749314 – метод и методики психотерапии, использующие логическое убеждение как основное средство воздействия на мир представлений клиента.

ПСИХОТЕРАПИЯ СОЦИАЛЬНАЯ - 59889467491 – антигуманная система методов воздействия на социальное поведение. Ставит в один ряд преступность, психическое заболевание и политические выступления, интерпретируя их как результат отклонений в психике. Методы психотерапии в этом случае рассматриваются как якобы адекватные способы коррекции всех форм отклонений.

ПСИХОТЕХНИКА - 5917849574 – 1. Ранний этап развития психологии труда и психологии инженерной, главной проблемой которых была научная организация труда. Ветвь психологии, изучающая проблемы практической деятельности людей в конкретно-прикладном аспекте.

2. Обобщённое понятие психотехники в общем стало идентично понятию психологии прикладной и включает в себя содержание различных отраслей психологии труда (психология инженерная, психология промышленная), психологии военной, психологии торговли, и пр.

3. В распространённом, более позднем понимании – техника психологическая, то есть конкретный комплекс психологических приёмов воздействия, нацеленный на психокоррекцию, устранение «психологических неполадок» клиентов, и пр.

ПСИХОТОКСИКОЛОГИЯ - 5987428154 – раздел психологии медицинской, изучающий нейрохимические механизмы, проявления и способы лечения психических нарушений, вызываемых химическими веществами – психотомиметиками или галлюциногенами (делизид, мескалин, псилоцибин и пр.).

Такие вещества обладают весьма выраженной избирательной повреждающей активностью по отношению к мозгу, вызывая уже в крайне ничтожных дозах (миллионных долях грамма) расстройства психические. При этом возникают красочные галлюцинации, нарушения памяти, внимания, мыслительных процессов, эмоций, появляется бредовое поведение, общее психомоторное возбуждение и пр.

ПСИХОФАРМАКОЛОГИЯ - 49179 894 1 89719 – отрасль психологии – научно-практическая дисциплина, изучающая воздействие на психику средств фармакологических, среди которых особое место занимают средства психотропные, с помощью тестов психологических и методик психофизиологических (энцефалограмма, потенциалы вызванные, миограмма, реакция кожно-гальваническая).

ПСИХОФАРМАКОЛОГИЯ ЭКСПЕРИМЕНТАЛЬНАЯ - 518945671498 – раздел психофармакологии, где изучается влияние химических веществ на состояния психические и поведение животных – с целью исследования механизмов воздействия этих веществ и разработки новых средств психотропных.

ПСИХОФИЗИКА - 49151931748 – один из классических разделов психологии общей. Посвящена измерениям ощущений в зависимости от величин раздражителей физических. Её специфика – в том, что многообразие наблюдаемых форм поведения и состояний психических объясняется прежде всего различиями вызывающих их физических ситуаций.

ПСИХОФИЗИОЛОГИЯ - 519 916 81 – область междисциплинарных исследований на стыке психологии и нейрофизиологии. Изучает психику в единстве с её нейрофизиологическим субстратом – рассматривает соотношение мозга и психики, роль биологических факторов, в том числе свойств системы нервной, в выполнении деятельности психической.

ПСИХОФИЗИОЛОГИЯ ВОЗРАСТНАЯ - 514987496128 – раздел психологии, изучающий процесс созревания в онтогенезе мозговых механизмов деятельности психической.

ПСИХОФИЗИОЛОГИЯ ДИФФЕРЕНЦИАЛЬНАЯ - 518317495964184 – направление в психологии, исследующее индивидуальные психофизиологические различия между людьми.

ПСИХОФИЗИОЛОГИЯ ПОРАЖЕНИЙ ЛОКАЛЬНЫХ МОЗГА ГОЛОВНОГО - 54947 89121489 – раздел психофизиологии, посвящённый изучению физиологических механизмов нарушений функций психических высших у больных с поражениями локальными мозга головного. Здесь изучаются физиологические механизмы как синдромов нейропсихологических в целом, так и нарушений отдельных функций психических.

ПСИХОФИЗИОЛОГИЯ РЕЧИ ВНУТРЕННЕЙ - 514896310179 – раздел психологии, изучающий нейронные и физиологические механизмы, посредством которых реализуется речь внутренняя. Её речедвигательная компонента обеспечивается за счёт зачаточной артикуляции слов, сопровождаемой микродвижениями или повышением тонуса органов речи – языка, губ, гортани.

ПУБЕРТАТНЫЙ - 51671891941 – относящийся к возрасту полового созревания.

ПУТЬ ЖИЗНЕННЫЙ - 59879814951 – весьма широкое общенаучное понятие, описывающее прогресс индивидуального развития человека. Часто используется как синоним понятий «время жизни» и «цикл жизненный», но их содержание различно.

ПЬЯНСТВО 49819 491 89 (пьянство бытовое) – ситуационно обусловленное злоупотребление алкоголем без появления признаков привыкания.

Р

РАБОТА АНАЛИЗА - 9175184971 – психоаналитический приём анализа сновидений, посредством которого совершается переход от явного содержания сна к лежащим в его основе мыслям.

РАБОТА СНОВИДЕНИЯ - 5184981318142 – психический процесс переработки, искажения и замещения бессознательных, скрытых мыслей сновидения их обрывками или намёками, которые воплощаются в форме явного содержания сновидения. В психоанализе к трём основным результатам работы сновидения относятся:1) сгущение; 2) смещение; 3) превращение мыслей в образы зрительные.

РАБОТА ТОЛКОВАНИЯ - 518497181 – деятельность, обеспечивающая переход от явного содержания сновидения к скрытому, понимание подлинного содержания и значения сновидения.

РАБОТОСПОСОБНОСТЬ - 109 481 5167819 – потенциальная способность индивида выполнять целесообразную деятельность на заданном уровне эффективности в течение определённого времени. Зависит от внешних условий деятельности и психофизиологических ресурсов индивида. Можно выделить работоспособность максимальную, оптимальную и сниженную.

РАВНОВЕСИЕ - 5498142 84917 – установление оптимального соответствия между процессами ассимиляции и аккомодации при развитии интеллектуальном ребёнка.

РАЗВИТИЕ 514328 814975168 – 1. Усиление, укрепление.

2. Доведение до некоторой степени духовной, умственной зрелости, сознательности, культурности и пр.

3. Доведение до некоторой степени силы, мощи, совершенства; поднятие уровня чего-либо.

4. Развертывание чего-либо в широких пределах, с полной энергией.

5. Расширение, распространение, углубление содержания или применения чего-либо.

6. Процесс и результат перехода к новому, более совершенному качественному состоянию, от простого – к сложному, от низшего – к высшему.

РАЗВИТИЕ: СИТУАЦИЯ СОЦИАЛЬНАЯ - 51738489712 (социальная ситуация развития) – система социальных условий, определяющих психологическое развитие людей.

РАЗВИТИЕ ГРУППОВОЕ: УРОВЕНЬ - 4985314871264 (уровень группового развития) – характеристика сформированности отношений межличностных, выражаемая в группообразовании.

РАЗВИТИЕ КОГНИТИВНОЕ - 791498561 49189 – процесс формирования и развития сферы когнитивной, в частности – восприятия, внимания, воображения, памяти, речи, мышления.

РАЗВИТИЕ ПРЕНАТАЛЬНОЕ - 491798679481 – внутриутробное развитие плода, которое затрагивает и развитие психическое. В это время развиваются чувствительность болевая, температурная и сенсорная (в частности, звуковая), а также моторика. На последних месяцах беременности рецепция и моторика находятся физиологически и функционально на достаточном уровне зрелости, чтобы обеспечивать адекватный приём экстероцептивной информации и двигательное реагирование после рождения.

РАЗВИТИЕ ПСИХИЧЕСКОЕ - 949517398641 – закономерное изменение процессов психических во времени, выраженное в количественных, качественных и структурных преобразованиях. Характерно необратимым характером изменений, направленностью (способностью к накапливанию изменений, «надстраиванию» новых изменений над предшествующими) и их закономерным характером (например, воспроизводимостью однотипных изменений у особей одного вида).

РАЗВИТИЕ ПСИХИЧЕСКОЕ: ЗАДЕРЖКА - 548319 217 49618 – парциальное (частное) недоразвитие функций психических высших, могущее, в отличие от олигофрении, быть временным и компенсироваться при коррекционных воздействиях в возрасте детском или подростковом.

РАЗВИТИЕ ПСИХИЧЕСКОЕ: ОНТОГЕНЕЗ – 549 318594917 (развитие психики в онтогенезе) – процесс эволюции способов взаимодействия индивида с внешней средой в ходе его онтогенетического развития. Появление психики связывается с формированием – на определенном этапе развития – способности к активному перемещению в пространстве, при котором потребности удовлетворяются посредством активных движений во внешней среде, которые должны предваряться поиском нужных предметов.

РАЗВИТИЕ ПСИХИЧЕСКОЕ: ОТКЛОНЕНИЕ - 5497283749814 – неадекватное формирование психологического опыта, вызванное нарушениями сенсорными (глухота, тугоухость, слепота, слабовидение, и пр.) или поражениями системы нервной центральной (отсталость умственная, задержки развития психического, нарушения двигательные, нарушения речевые, и пр.). Возникают как результат перенесённых ребёнком вредных воздействий (родовая травма, тяжелая инфекция).

РАЗВИТИЕ ПСИХИЧЕСКОЕ: ПЕРИОДИЗАЦИЯ - 547384197 89 – выделение в онтогенезе качественно своеобразных ступеней – стадий развития психического.

РАЗВИТИЕ ПСИХИЧЕСКОЕ: ФИЛОГЕНЕЗ - 51769498132174 (развитие психики в филогенезе) – качественные изменения психики, происходящие в рамках эволюционного развития живых существ, обусловленные усложнением их взаимодействия с внешней

© Грабовой Г.П., 2003

средой. Могут происходить на биологической или общественно-исторической основе. Сознание как особенность психики человека является продуктом общественно-исторического развития человеческого общества, возможность существования которого обусловлена использованием и изготовлением орудий труда, элементов языка, знаний, норм поведения.

РАЗВИТИЕ РЕВОЛЮЦИОННОЕ - 541 84979814 – 1. Быстрое и глубокое преобразование психики и поведения при переходе человека из одной возрастной категории в другую.

2. Одно из ключевых понятий теории, утверждающей зависимость развития психики и поведения людей не от генотипа, но от воздействий среды, которая своими влияниями и воздействиями вызывает коренные изменения в психике и поведении субъекта, создавая нечто, не бывшее прежде даже в зародыше.

РАЗВИТИЕ СЕКСУАЛЬНОЕ - 51354858491 7 – поэтапный процесс формирования развитой сексуальности, начинающийся с момента рождения.

РАЗВИТИЕ СИТУАЦИОННОЕ - 51972139484 – быстрое, недостаточно устойчивое и требующее подкрепления изменение в психике и поведении ребёнка, вызванное влиянием ситуационных социальных факторов.

РАЗВИТИЕ УМСТВЕННОЕ: УРОВЕНЬ - 49159 4975641 – совокупность знаний, умений и сформированных при их усвоении умственных действий; свободное оперирование ими в процессах мышления, обеспечивающих усвоение в определённом объёме новых знаний и умений.

РАЗВИТИЕ ЭВОЛЮЦИОННОЕ - 58439715 48 – медленное и достаточно устойчивое изменение в психике и поведении ребёнка в периоды развития возрастного между его кризисами возрастными.

РАЗДРАЖИМОСТЬ - 518 491 824 4972 – 1. Способность организмов реагировать на биологически значимые внешние воздействия изменениями, могущими включать в себя широкий репертуар реакций, начиная с диффузных реакций протоплазмы у простейших и кончая сложными, высокоспециализованными реакциями у человека.

2. Изменение физиологического состояния целостного организма, его органов, тканей или клеток под влиянием внешних воздействий, называемых раздражителями. Минимальная величина раздражителя, достаточная для появления такого изменения, называется порогом восприятия. Раздражимость относится к фундаментальным свойствам живых систем: её наличие – классический критерий жизни вообще.

РАЗДРАЖИТЕЛЬ - 748 561 798514 – любой материальный агент, внешний или внутренний, осознаваемый или неосознаваемый, выступающий как условие последующих изменений состояния организма; всякий фактор, воздействующий на организм и способный вызвать какую-либо ответную реакцию. Это понятие – родовое по отношению к понятиям стимула и сигнала. При наличии фиксированной причинно-следственной связи между данным событием и последующими изменениями в состоянии организма раздражитель выступает как стимул, а соответственное изменение – как реакция.

РАЗДРАЖИТЕЛЬ КЛЮЧЕВОЙ - 589 31758174 – биологически значимые для животных объекты живой и неживой природы.

РАЗЛИЧИЕ ИНДИВИДУАЛЬНО-ПСИХОЛОГИЧЕСКОЕ - 519 317 48914 – достаточно устойчивые особенности процессов психических, по которым каждый человек отличается от других.

РАЗРЯДКА - 97856479 89 (разрядка напряжения) – процесс и механизм восстановления психического равновесия, обеспечивающий понижение уровня внутрипсихической напряжёности через внешнее реагирование. Может реализоваться, например, через смех, плач, брань, движения, сновидения, невротические симптомы и пр.

РАППОРТ - 594857914285481 – 1. Понятие, характеризующее позитивное отношение и связь между людьми, устанавливаемые в близких межличностных отношениях, а также в процессе положительного взаимодействия исследователя и испытуемого – врача и клиента.

2. В узком смысле термин означает связь, устанавливаемую между гипнотизёром и гипнотизируемым в сеансе гипноза. Раппорт характерен высокой степенью избирательности восприятия как следствием суженного гипнозом сознания: сверхвосприимчивостью к внушениям гипнотизёра, преимущественно вербальным, и нечувствительностью к воздействиям из других источников.

РАСКАЯНИЕ - 549841 – чувство вины, возникающее после совершения проступка или преступления.

РАСПРЕДМЕЧЕНИЕ - 4893175749648 (распредмечивание) – философское понятие, означающее процесс, в котором свойства, сущность и «логика» предмета становятся достоянием субъекта, – процесс приобретения знаний, умений и навыков, которые ранее были заложены, опредмечены в предметах материальной и духовной культуры. Благодаря этому способности развиваются и наполняются новым содержанием: распредмечение выступает как основной источник их формирования и развития.

РАССЕЯННОСТЬ - 548317 548 – функциональное или органическое нарушение способности к сосредоточенной, целенаправленной деятельности. Иногда возникает при напряжённой умственной работе как результат односторонней сосредоточенности.

РАССТРОЙСТВО - 49871671984 – 1. Нарушение строя, порядка построения чего-либо.

2. Причинение ущерба чему-либо; нарушение порядка, нормального состояния чего-либо.

3. Полный беспорядок из-за нарушения строя.

4. Неисправное состояние из-за ущерба, дезорганизации, нарушения порядка.

5. Заболевание, нарушающее нормальное функционирование чего-либо.

РАССТРОЙСТВО ПСИХОСЕНСОРНОЕ - 31758936194 – нарушения, связанные с появлением иллюзорных образов. Возникают при патологических процессах, происходящих в модально-специфических зонах мозга головного. К расстройствам психосенсорным относятся: фотопсии, полиморфопсии, зрительные, слуховые, обонятельные и вкусовые обманы, парестезии, систематические головокружения, искажения в восприятии частей собственного тела.

РАССТРОЙСТВО ПСИХОСОМАТИЧЕСКОЕ - 518916 – нарушения функций внутренних органов и систем, появление и развитие которых в наибольшей мере связано с нервно-психическими факторами, переживанием острой или хронической психологической травмы, специфическими особенностями эмоционального реагирования личности.

РАССУДОК - 319 368 894 178496 (рассудок и разум) – в философско-психологической традиции – два типа работы логического мышления.

Рассудок, будучи одним из моментов движения мысли к истине, оперирует в пределах сложившегося знания данными опыта, упорядочивая их согласно твёрдо установленным правилам, что придаёт ему автомато-подобный характер, которому присущи жёсткая определённость, строгость разграничений и утверждений, тенденция к упрощению и схематизации. Это позволяет правильно классифицировать явления, приводить знания в систему. Рассудок обеспечивает успешную адаптацию индивида к привычным познавательным ситуациям, особенно при решении утилитарных задач. Ограниченность рассудка – в негибкости и категоричности, в неспособности выйти за пределы анализируемого содержания. Когда умственная деятельность человека исчерпывается операциями рассудка, она становится абстрактно-формальной.

Разум даёт знания более глубокие и обобщённые. Схватывая единство противоположностей, он позволяет постичь различные стороны объекта в их несходстве, взаимопереходах и сущностных характеристиках. Он способен анализировать и обобщать как данные чувственного опыта, так и собственные формы, наличные мысли – и, преодолевая их односторонность, вырабатывать отображающие диалектику мира понятия. Выход за пределы наличного знания и порождение новых понятий – основное отличие разума от рассудка.

РАЦИОНАЛИЗАЦИЯ - 5184718965849 – 1. Бессознательное стремление к рациональному обоснованию и объяснению своих идей и поведения, даже когда они иррациональны. Приписывание своему поведению неправильных, но удобных причин. 2. Один из механизмов защитных – форма защиты психологической, характерная тем, что при её действии происходит рациональное объяснение индивидом своих желаний и действий, которые в действительности обусловлены иррациональными влечениями, неприемлемыми личностно или социально. Обеспечивает маскировку, сокрытие от сознания истинных мыслей, чувств и мотивов действий, и тем самым – формулировку более приемлемых объяснений собственного поведения, обеспечение состояния внутреннего комфорта, связанного с желанием сохранить чувство собственного достоинства, самоуважение, предотвращение переживания вины или стыда.

РЕАБИЛИТАЦИЯ - 517894 594617 – в медицине – восстановление нормальной жизнедеятельности и трудоспособности больных или инвалидов, достигаемое различными методами лечения и применением иных специальных мер.

РЕАБИЛИТАЦИЯ ПСИХИЧЕСКАЯ - 594718 9142791 – система медико-психологических, педагогических и социальных мероприятий, направленных на восстановление, коррекцию или компенсацию нарушенных функций психических, состояний, личностного и социально-трудового статуса больных и инвалидов, а также лиц, перенесших заболевание, получивших травму психическую в результате резкого изменения социальных отношений, условий жизни и пр.

РЕАДАПТАЦИЯ СОЦИАЛЬНАЯ - 5748941979518 (социореадаптация) – процесс повторного включения индивида в социальный контекст и формирования у него компенсаторных социальных навыков после тяжёлой болезни, из-за которой были нарушены прежние социальные контакты. Включает в себя как реадаптацию трудовую, так и собственно социальную.

РЕАКТОЛОГИЯ - 31748519 – направление в отечественной психологии 20-х гг., трактовавшее её как «науку о поведении» живых существ, в том числе человека.

РЕАКЦИЯ - 584197381 – в психологии – любой ответ организма на изменение во внешней или внутренней среде, от биохимической реакции отдельной клетки до рефлекса условного.

РЕАКЦИЯ ВРОЖДЁННАЯ - 59481942 – в бихевиоризме изучались по наблюдениям новорожденных детей. Сюда включались чихание, икание, сосание, улыбка, плач, движения тела и конечностей и пр.

РЕАКЦИЯ ВЫБОРА - 54172814 – специальное действие, в котором необходим выбор одного из двух или нескольких объектов по определённым признакам.

РЕАКЦИЯ ИНСТРУМЕНТАЛЬНАЯ - 59489491 (реакция оперантная) – Особые условные реакции, отличающиеся от «классических» Павловских. Явление обусловливания инструментального (оперантного) состоит в том, что если подкрепляется некоторое действие индивида, то оно фиксируется и затем воспроизводится с большей лёгкостью и постоянством.

РЕАКЦИЯ КОЖНО-ГАЛЬВАНИЧЕСКАЯ - 5893754816 (кожно-гальваническая реакция – КГР) – биоэлектрическая активность, фиксируемая на поверхности кожи и обусловленная деятельностью потовых желез, – показатель электропроводимости кожи. Выступает компонентой реакций эмоциональных организма, связанных с работой системы нервной симпатической. Может регистрироваться с любого участка кожи, но обычно используются пальцы и кисти рук или подошвы ног. Служит для анализа состояний человека, его эмоционально-волевых и интеллектуальных процессов.

РЕАКЦИЯ НЕПРОИЗВОЛЬНАЯ - 5142109 – формы поведения, изначально не подлежащие сознательному управлению, – например, реакции вегетативные. При этом последствия подобной реакции могут осознаваться, после чего сама реакция может ставиться под контроль сознания.

РЕАКЦИЯ ЦИРКУЛЯРНАЯ - 51849614 – Нарастающее обоюдонаправленное заражение эмоциональное. Обычно проявляется в скоплениях людей, в частности в толпе.

РЕАЛЬНОСТЬ - 59879491 – некоторое действительно существующее явление; то, что есть в действительности; сама действительность.

РЕАЛЬНОСТЬ ПСИХИЧЕСКАЯ - 5186974218 – особый тип реальности, в пределах которого различные силы, представления и фантазии играют роль действительных факторов психической жизни.

РЕБЕФИНГ - 3918452647 – методика психотерапии, ориентированная на самоисследование и духовную трансформацию при помощи специальных дыхательных упражнений: состояние сознания изменённое достигается посредством интенсивного дыхания и «отключения» сознания под действием специальной музыки. Здесь «возрождение» имеет и прямой смысл, ибо в изменённом состоянии сознания возможно повторное переживание момента своего рождения, и символический – духовное воскресение.

РЕВОЛЮЦИЯ КУЛЬТУРНАЯ - 7978851742849819169 – совокупность изменений в духовной жизни общества направленных на перевоспитание людей. Когда на передний план выдвигается задача создания так называемой новой культуры, основанной на пропагандируемой государством идеологии.

Резкий, скачкообразный переход к иному качественному состоянию общественных и психических процессов в области культуры.

РЕВОЛЮЦИЯ СЕКСУАЛЬНАЯ - 5184961328 – процесс и результат коренных изменений в сексуальной жизни общества, характерный существенным преобразованием сексуальных ценностей, ориентации, норм, санкций и отношений, освобождающих подавленную сексуальность, раскрепощающих личность и общество.

РЕГРЕСС - 32979481 – 1. Переход от более высоких форм развития к низшим, движение назад, изменения к худшему. Противоположное понятие – прогресс.

2. В биологии – упрощение строения организмов в ходе эволюции вследствие приспособления к изменённым условиям существования.

РЕГРЕССИЯ - 58442871324 – 1. Процесс и результат некоторого регресса. 2. В общем плане – возвращение либидо к уже пройденным стадиям психосексуального развития.

РЕГРЕССИЯ ПОВЕДЕНИЯ - 59438139614 – форма защиты психологической, один из универсальных механизмов защитных, обусловливающий специфическую форму ухода от действительности – временный переход, возврат на более раннюю стадию развития, к более примитивным формам поведения или мышления, на примитивный уровень развития психического – как бы отступление в тот психологический период, когда человек чувствовал себя особенно защищённым. Возвращениие к ранним, связанным с детством типам поведения; переход на предшествующие уровни развития психического и актуализация успешных тогда способов реагирования.

РЕГУЛЯТОР - 31978548917 – устройство или механизм (также в переносном смысле), посредством которого поддерживается постоянным, изменяется, направляется в желаемом направлении какая-либо величина, положение или процесс.

РЕГУЛЯТОР НЕОСОЗНАВАЕМЫЙ - 34121858496 – неосознаваемые регуляторы выполнения деятельности – операциональные установки и стереотипы автоматизированного поведения, обеспечивающие направленный и устойчивый характер её протекания. Лежат в основе регуляции автоматизированных и непроизвольных действий (например, процесса решения задач) и обусловливаются образами неосознанно предвосхищаемых событий и способов действия, опирающимися на прошлый опыт поведения в сходных ситуациях. Могут осознаваться, если на пути привычного автоматизированного поведения встречается неожиданное препятствие.

РЕДУКЦИОНИЗМ - 317518384964 – в психологии – осознаваемая или неосознаваемая методологическая установка, направленная на сведение явлений одного порядка к явлениям качественно иного порядка: например, психического – к физиологическому, биохимическому, биофизическому.

РЕДУКЦИОНИЗМ ФИЗИОЛОГИЧЕСКИЙ - 37854967491 – основан на убеждении, что всё психическое может быть и будет описано и объяснено с развитием физиологии – «науки о мозге».

РЕЙТИНГ - 31854149784 – термин, означающий субъективную оценку некоторого явления по заданной шкале. С помощью рейтинга производится первичная классификация социально-психологических объектов по степени выраженности общего для них свойства – оценки экспертные. В науках социальных рейтинг-основа для построения многообразных шкал оценок, в частности при оценке различных сторон деятельности трудовой, популярности отдельных лиц, престижности профессий и пр.

РЕЙТИНГ-ШКАЛИРОВАНИЕ - 814597319489 – метод построения шкалы для измерения отношений между изучаемыми объектами на основе оценок экспертных – рейтингов.

РЕКАПИТУЛЯЦИЯ - 384198088 017 – понятие, используемое в биологии для обозначения повторения в индивидуальном развитии признаков, свойственных более ранней стадии развития эволюционного, – краткого, сжатого во времени повторения в онтогенезе признаков филогенетических (исторических) форм.

РЕКРУТМЕНТ - 4981731849 – неравномерное нарастание субъективно воспринимаемой громкости при плавном нарастании интенсивности звука, связанное с нарушениями слуха, в частности – с поражением клеток кортиева органа. В основе лежит процесс вовлечения в ответную реакцию на раздражитель, достигший известной силы, большего числа нейронов анализатора слухового, чем в норме.

РЕЛАКСАЦИЯ - 54967184941 – произвольное или непроизвольное состояние покоя, расслабленности, связанное с полным или частичным мышечным расслаблением. Возникает вследствие снятия напряжения, после сильных переживаний или физических усилий: бывает непроизвольной (расслабленность при отходе ко сну) и произвольной, вызываемой путем принятия спокойной позы, представления состояний, обычно соответственных покою, расслабления мышц, вовлечённых в различные виды активности.

РЕЛАКСАЦИЯ НЕРВНО-МЫШЕЧНАЯ - 59179831749 – психотерапевтическая методика, основанная на попеременном напряжении и расслаблении различных мышечных групп – вплоть до достижения состояния релаксации. При этом мышечное расслабление приводит к состоянию покоя, к уменьшению нервного напряжения или болевых ощущений.

РЕЛАКСАЦИЯ ПРОГРЕССИВНАЯ - 59489798911 – метод психотерапии, который основан на обучении клиентов произвольно расслаблять те мышцы, что оказываются напряжёнными в тревожных и эмоциогенных ситуациях.

РЕЛИГИЯ - 548949189791 – специфическая форма мировоззрения, образованная как результат насильственного вытеснения бессознательных влечений и действия комплекса Эдипа. Религия выполняет три существенные функции:

1) удовлетворяет любознательность – объясняет происхождение и развитие мира;

2) умаляет страх перед опасностями и превратностями жизни, вселяет уверенность в добром исходе, утешает в несчастии;

3) дает авторитетные предписания, запреты, ограничения, правила и советы для поведения.

РЕЛИГИЯ: ЧЕРТА ПСИХОЛОГИЧЕСКАЯ - 51631831972 – совокупность типичных психологических характеристик религиозных верований, к которым относятся: священный характер, косность, нетерпимость и запрет на мысль – в целях самозащиты.

РЕЛИГИЯ АВТОРИТАРНАЯ - 548591398 941 – один из типов теистической или нетеистической (светской) религии, отличающийся признанием некоторой высшей незримой силы, управляющей судьбами и требующей послушания, почитания и поклонения. Здесь Бог – символ власти и силы, владычествующей над бессильными отчужденными людьми, имеющими доступ к самим себе лишь через посредство Бога. Главная добродетель – послушание, худший грех – неподчинение.

РЕЛИГИЯ ГУМАНИСТИЧЕСКАЯ - 548 312718 48 – один из типов теистической или нетеистической религии, отличительный признак которой – избрание человека и его силы как центра, родственного всему миру, постигаемого мыслью и любовью. Здесь Бог – символ сил самого человека, образ высшей человеческой самости. Главная добродетель в этой религии – самореализация, развитие способности любви ко всем живым существам и переживание единства со всем; преобладающее настроение – радость. Примером могут быть ранний буддизм, даосизм, некие направления в еврейской и христианской религиях – особенно мистицизм.

РЕМИНИСЦЕНЦИЯ 5174851458712 – в психологии – более полное и точное воспроизведение сохранённого в памяти материала по сравнению с первоначально запечатленным (заученным); воспроизведение – спустя некоторое время после запоминания-того, что при непосредственном восприятии было как бы недоступно. Может наблюдаться при запоминании самого различного вербального и наглядного материала, а также при закреплении навыков сенсомоторных. Особенно часто проявляется при работе с большим объёмом логически или предметно связанного материала, оказывающего на человека эмоциональное воздействие. Более выражена в детском возрасте – особенно в возрасте дошкольном и школьном младшем.

РЕПРЕССИВНОСТЬ СЕКСУАЛЬНАЯ - 31861484741 (репрессия сексуальная) – понятие и концепция для объяснения политики и практики, направленных на подавление свободы сексуальности и внедрение принудительного единообразия форм сексуальной жизни, на социальный контроль и наказание за несанкционированные формы поведения сексуального.

РЕСПОНДЕНТ - 584312489721 – участник социально-психологического исследования, выступающий в роли опрашиваемого. В зависимости от характера исследования предстает как пациент, испытуемый, информант, клиент или просто собеседник.

РЕТРОСПЕКЦИЯ - 49172846819 – мысленное выстраивание в определённый временной ряд прошедших событий жизни.

РЕФЕРЕНТНОСТЬ - 51472859617 – отношение значимости, связывающее субъекта с другим человеком или группой лиц. В психологии социальной было установлено, что человек в своей деятельности и поведении ориентируется не только на симпатии и антипатии к отдельным людям, но и на коллективные цели, мнения и ценности; соотносит свои цели, мнения и оценки с групповыми. Это явление и названо референтностью.

РЕФЛЕКС - 54879198794 – реакция на возбуждение рецепторов – опосредованная системой нервной закономерная ответная реакция организма на раздражитель. Обусловлена воздействием некоторого определенного фактора внешней или внутренней среды на анализатор. Проявляется в сокращении мышц, выделении секреции.

РЕФЛЕКС БЕЗУСЛОВНЫЙ - 517519819417 (рефлекс врождённый) – наследственно закреплённая стереотипная форма реагирования на биологически значимые воздействия внешнего мира или на изменения внутренней среды организма. Рефлекс, всегда реализуемый при действии на организм определённых раздражителей – на основе генетически обусловленной нервной связи между органами восприятия и органами исполнительными.

РЕФЛЕКС ОБОРОНИТЕЛЬНЫЙ - 518614987594 – реакция защитная организма – в виде рефлекса безусловного в ответ на разрушительные воздействия. Обычно сопровождается отрицательными эмоциями – страхом, гневом и пр.

РЕФЛЕКС ОРИЕНТИРОВОЧНЫЙ - 597814981318 – комплекс реакций организма в ответ на новизну раздражителя – сложная реакция животных и человека на новизну стимула. Его биологический смысл – создание условий для лучшего восприятия раздражителя. Это достигается за счёт появления комплекса соматических, вегетативных реакций и изменения уровня активации системы нервной центральной при общем торможении или нарушении текущей деятельности организма.

РЕФЛЕКС УСЛОВНЫЙ - 516318491 548 (рефлекс приобретенный) – рефлекс, образуемый при сближении во времени любого первоначально безразличного раздражителя с последующим действием раздражителя, вызывающего рефлекс безусловный.

РЕФЛЕКС УСЛОВНЫЙ: ГЕНЕРАЛИЗАЦИЯ - 517 84567149 – феномен, возникающий на начальных этапах выработки рефлекса условного, когда требуемая реакция вызывается не только подкрепляемым стимулом но и другими, близкими к нему. Нейрофизиологический механизм генерализации рефлекса условного – иррадиация процесса возбуждения. Показано, что генерализация сопровождается изменением электрической активности мозговых структур разного уровня.

РЕФЛЕКС УСЛОВНЫЙ: СПЕЦИАЛИЗАЦИЯ - 517 81494892 – процесс, состоящий в том, что после первичной генерализации реакции условной по мере её повторения она приурочивается к строго определённому сигналу и производится только требуемым способом. Нейрофизиологический механизм этого заключается в локализации активности в тех структурах мозга, что обеспечивают данную реакцию.

РЕФЛЕКСИЯ - 516498 – 1. Процесс самопознания субъектом внутренних психических актов и состояний. Предполагает особое направление внимания на деятельность собственной души, а также достаточную зрелость субъекта. 2. Как механизм взаимопонимания – осмысление субъектом того, какими средствами и почему он произвел то или иное впечатление на партнёра по общению.

РЕФЛЕКСИЯ СОЦИАЛЬНО-ПСИХОЛОГИЧЕСКАЯ - 51891498712 – понимание другого путём размышления за него.

РЕФЛЕКСОЛОГИЯ - 5947969812 – естественнонаучное направление в психологии, развившееся в 1900-1930 гг., преимущественно в отечественной психологии. Рефлексология исходила из того, что нет ни одного процесса мысли, который не выражался бы объективными проявлениями. В связи с этим изучались все рефлексы, протекающие с участием мозга головного.

Рефлексология стремилась использовать для научных выводов исключительно объективные методы анализа связи рефлексов с раздражениями, рассматривая деятельность психическую в связи с процессами нервными, привлекая для её объяснения материалы физиологии деятельности нервной высшей, физиологические принципы. Все проявления деятельности психической рассматривались в контексте данных физиологии и неврологии деятельности нервной высшей, что фактически приписывало им статус процессов, лишь сопутствующих актам поведения.

РЕЦЕПТОР – 91849179849 – нервные образования, служащие для превращения световой, механической, химической, термической энергии агентов среды внешней и внутренней в импульсы нервные.

РЕЦЕПЦИЯ – 51849781897 – трансформация энергии внешнего мира в процесс нервный распространяющегося возбуждения, несущий центрам нервным информацию о действии соответственного раздражителя. Функция рецепции находится под регулирующим контролем со стороны системы нервной центральной, реализуемым через эфферентные волокна в составе сенсорных нервов.

РЕЦИПИЕНТ – 49171251867 – субъект, воспринимающий адресованное ему сообщение. Субъект, реагирующий на сообщение, называется респондент.

РЕЧЬ - 517 89471968 – сложившаяся исторически в ходе материальной преобразующей деятельности людей форма общения, опосредованная языком, – посредством языковых конструкций, создаваемых на базе определённых правил.

РЕЧЬ: ФУНКЦИЯ – 5173184981 – особенности речи как деятельности, осознанно или неосознанно используемые индивидом для достижения некоторых целей. Выделяются: функция речи коммуникативная, индикативная, предикативная семантическая и эмоционально-выразительная.

РЕЧЬ: ФУНКЦИЯ ИНДИКАТИВНАЯ - 51731981651 (указательная функция речи) – использование речи для передачи другим людям какого-либо сообщения с целью явного или неявного указания на какой-то объект.

РЕЧЬ: ФУНКЦИЯ КОММУНИКАТИВНАЯ – 57149819431 – использование речи с целью передачи другим людям некоторой информации или побуждения их к действиям.

РЕЧЬ: ФУНКЦИЯ ПРЕДИКАТИВНАЯ – 5145861791 – использование речи с целью высказывания собственных суждений по какому-то вопросу. Иное название данной функции – функция высказывания.

РЕЧЬ: ФУНКЦИЯ СЕМАНТИЧЕСКАЯ – 5143286741 – использование речи с целью передачи смысла, скрытого в мысли и отражающего смыслозначимые свойства предметов, явлений, действий и отношений между ними во внешнем мире.

РЕЧЬ: ФУНКЦИЯ ЭМОЦИОНАЛЬНО-ВЫРАЗИТЕЛЬ- НАЯ - 5189741 – использование речи с целью выражения собственного эмоционального отношения к некоторому объекту или ситуации, в частности – с целью побуждения слушающих к действиям. От степени выраженности в речи эмоций говорящего и степени заражения слушающих зависит побудительная эффективность речи.

РЕЧЬ АВТОНОМНАЯ – 51498421 – один из ранних этапов развития речи ребёнка, характерный тем, что слова или слоги, воспроизводимые детьми по образцу речи взрослых, существенно искажаются – например, за счёт повторения. Речь автономная ситуативна, неопределённа и многозначна, ибо ребёнок ещё не владеет содержанием понятия; обобщения в ней основаны на объединении в одном слове признаков неродственных предметов. Формально она не имеет флексий и других признаков синтаксических отношений.

РЕЧЬ ВНУТРЕННЯЯ – 51849712 – различные виды использования языка – вернее, значений языковых – вне процесса реальной коммуникации; скрытая речевая активность – вербализация, сопровождающая процесс мышления. В онтогенезе она формируется в процессе интериоризации речи внешней. Её проявления особенно явны в условиях повышенного умственного напряжения – при решении различных задач, мысленном планировании, чтении текстов «про себя», при заучивании и припоминании. На плане речи внутренней выполняется логическое упорядочение воспринимаемой информации, её включение в определённую систему понятий; проводится самоинструктирование; анализируются свои действия и переживания.

РЕЧЬ ДАКТИЛЬНАЯ – 51498717 – речь, воспроизводящая слова посредством букв дактильных – определённых конфигураций пальцев и их движений. Применяется в отечественной сурдопедагогике как вспомогательное речевое средство при обучении глухих словесной речи, а также в коммуникации межличностной глухих и в общении слышащих с глухими.

РЕЧЬ ЖЕСТОВАЯ – 5584171849 – способ общения межличностного людей, лишённых слуха, посредством системы жестов, характерной своеобразными лексическими и грамматическими закономерностями.

РЕЧЬ МИМИКО-ЖЕСТОВАЯ - 59432161789 – средство общения глухих людей посредством жестов и мимики, имеющих экспрессивный и означающий характер.

РЕЧЬ ПИСЬМЕННАЯ – 5988172949 – общение вербальное (словесное) посредством текстов письменных; речь, основанная на визуально воспринимаемой устойчивой фиксации языковых конструкций, прежде всего в виде письменного текста.

РЕЧЬ УСТНАЯ - 519 89471691 – общение вербальное (словесное) посредством языковых средств, воспринимаемых на слух. Характерна тем, что отдельные компоненты сообщения речевого порождаются и воспринимаются последовательно.

РЕЧЬ УСТНАЯ: ВОСПРИЯТИЕ – 317894947 – построение модели субъективной осмысленного сообщения на основе процесса слушания активного. Восприятие смысла в значительной мере зависит от индивидуально-личностных особенностей слушающего или читающего, прежде всего – от гибкости мышления и направленности личности.

РЕЧЬ ЭГОЦЕНТРИЧЕСКАЯ – 5178941 – речь, обращенная к самому себе, регулирующая и контролирующая практическую деятельность ребёнка, – говорение без попыток встать на точку зрения собеседника, что ребёнку характерно. Наблюдается в возрасте трёх – пяти лет и к концу возраста дошкольного исчезает. Проявляется в том, что дети говорят вслух, как будто ни к кому не обращаясь, в частности задают вопросы, не получая на них ответа и нисколько тем не беспокоясь. С возрастом проявления речи эгоцентрической убывают и к шести – семи годам исчезают.

РЕШЕНИЕ – 518548191 – в психологии – формирование мыслительных операций, снижающих исходную неопределённость ситуации проблемной. В процессе решения выделяются стадии поиска, принятия и реализации.

РЕШЕНИЕ АЛЬТЕРНАТИВНОЕ – 5498971312 – одно из возможных решений некоторой проблемы, столь же правдоподобное, как другие решения, причём оно оспаривает справедливость возможного иного решения. При наличии нескольких решений альтернативных ни одно не может считаться вполне и окончательно правильным.

РЕШИТЕЛЬНОСТЬ – 498518498 – способность самостоятельно принимать ответственные решения и неуклонно реализовать их в деятельности. Особенно ярко проявляется в сложных ситуациях, когда поступок связан с известным риском и необходимостью выбора из нескольких альтернатив. Решительность – это также способность смело брать на себя ответственность за принятое решение, своевременность действия, умение быстро его исполнять или задерживать.

РИГИДНОСТЬ – 3198456197 – в психологии – неготовность, затруднённость – вплоть до полной неспособности – в изменении намеченной субъектом программы деятельности в условиях, требующих её перестройки согласно новым ситуационным требованиям.

РИСК – 849491 – ситуативная характеристика деятельности, состоящая в неопределённости её исхода и возможных неблагоприятных последствиях в случае неуспеха. В психологии этому термину соответствуют три основных взаимосвязанных значения.

1. Риск как мера ожидаемого неблагополучия при неуспехе в деятельности, определяемая сочетанием вероятности неуспеха и степени неблагоприятных последствий в этом случае.

2. Риск как действие, выполнение которого ставит под угрозу

удовлетворение некоторой достаточно важной потребности, или же в некотором отношении грозит субъекту потерей – проигрышем, травмой, ущербом.

3. Риск как ситуация выбора между двумя (или даже более) возможными вариантами действия, исход которого проблематичен и связан с возможными неблагоприятными последствиями: менее привлекательным, но более надёжным, и более привлекательным, но менее надёжным.

РИСУНОК ДЕТСКИЙ – 49189485 – продукт деятельности изобразительной ребёнка.

РИТМ – 518498 – 1. Чередование некоторых элементов, происходящее с определённой последовательностью, частотой и пр. 2. Налаженный ход чего-либо; размеренность протекания чего-либо.

РИТМ ГОДОВОЙ – 51948131484 – биологические ритмы с периодичностью, близкой к одному году.

РИТУАЛ – 498516714 – символическое выражение мыслей и чувств посредством действия, общего для многих и выражающего общие стремления, основание которых лежит в общих ценностях.

РОБОТИЗАЦИЯ – 31721849 – в психологическом аспекте – использование интеллектуальных роботехнических комплексов, функциональные особенности которых состоят в достаточно гибком реагировании на изменения в рабочей зоне.

РОЛЬ – 217 498 81495 – в психологии социальной – социальная функция личности; соответственный принятым нормам способ поведения людей в зависимости от их статуса или позиции в обществе, в системе отношений межличностных.

Индивидуальное исполнение роли человеком имеет определённую «личностную окраску», зависящую прежде всего от его знаний и умения находиться в данной роли; от её значимости для него, от стремления больше или меньше соответствовать ожиданиям окружающих. Диапазон и количество ролей определяются многообразием групп социальных, видов деятельности и отношений, в которые включена личность, и её потребностями и интересами.

РОЛЬ ПОЛОВАЯ - 4891 4971 – дифференциация деятельности, статусов, прав и обязанностей индивидов в зависимости от их половой принадлежности. Относительно устойчивые формы поведения, соответственные половой принадлежности индивидов, – социальная модель поведения, включающая в себя ожидания и требования, адресуемые обществом к людям мужского и женского пола биологического.

РОЛЬ СОЦИАЛЬНАЯ – 817 81942 1 – её выполнение – это осуществление совокупности действий, ожидаемых окружением социальным. Роль социальная во всей оформленности и определённости, с запрограммированной системой действий и отношений входит в личность и становится её органической частью.

РУКОВОДИТЕЛЬ - 517 4894714 – лицо, на которое официально возложены функции управления коллективом и организации его деятельности. Несёт юридическую ответственность за функционирование группы (коллектива) перед назначившей (избравшей, утвердившей) его инстанцией и располагает строго определенными возможностями санкционирования – наказания и поощрения подчинённых для воздействия на их производственную (научную, творческую и пр.) активность.

С

САДИЗМ - 3194851649 – 1. Страсть к жестокостям; наслаждение, испытываемое от причинения боли и страдания животным или другим людям. 2. Форма перверсии половой, когда половое удовлетворение достигается при условии причинения партнеру физических или моральных страданий или унижений партнеру.

САДОМАЗОХИЗМ – 48918131 – сочетание садизма и мазохизма у одного индивида, или то же сочетание в человеческих отношениях. Половое поведение, включающее в себя в качестве элементов мазохистские и садистские эмоциональные переживания.

САМОАКТУАЛИЗАЦИЯ - 319612719849 – стремление человека к возможно более полному выявлению и развитию своих личностных возможностей.

САМОВНУШЕНИЕ – 31849498712 (автосуггестия) – процесс и результат внушения, направленного на самого себя, адресованный самому себе, когда субъект и объект внушающего воздействия совпадают. Ведёт к повышению уровня саморегуляции, что позволяет субъекту вызывать у себя те или иные ощущения, восприятия, управлять процессами внимания, памяти, эмоциональными и соматическими реакциями.

САМОВОСПИТАНИЕ – 319498154914 – сознательная деятельность, направленная на возможно более полную реализацию себя как личности, выработка человеком у себя таких личностных качеств, которые представляются желательными. Базируясь на активизации механизмов саморегуляции, оно предполагает наличие ясно осознанных целей, идеалов, смыслов личностных.

САМОКОНТРОЛЬ – 48931894517 – осознание и оценка субъектом собственных действий, психических процессов и состояний. Его появление и развитие определяется требованиями общества к поведению человека. Формирование произвольной саморегуляции предполагает возможность человека осознавать и контролировать ситуацию, процесс. Самоконтроль предполагает наличие эталона и возможности получения сведений о контролируемых действиях и состояниях.

САМОНАБЛЮДЕНИЕ – 319815419814 (метод самонаблюдения) – стратегия получения эмпирических психологических данных при наблюдении человека за самим собой; наблюдение за внутренним планом собственной психической жизни, позволяющее фиксировать её проявления – переживания, мысли, чувства и пр. Возникает в ходе общения с другими, усвоения социального опыта и средств его осмысления.

САМОНАБЛЮДЕНИЕ ФЕНОМЕНОЛОГИЧЕСКОЕ – 5184951 514817 – метод интроспективный, разработанный в гештальт-психологии. Характерен ориентацией на непредвзятое описание психических феноменов в их непосредственности и целостности – с позиции наивного испытуемого.

САМООБЛАДАНИЕ – 548 49 18917 – способность выполнять деятельность в дезорганизующих её ситуациях, влияющих на эмоциональную сферу. В нём проявляется сознательно-волевая организация процессов психических, регулирующих эту деятельность. Самообладание – показатель эмоциональной и социальной зрелости личности.

САМООПРЕДЕЛЕНИЕ КОЛЛЕКТИВНОЕ – 518 49894 – особая форма самоопределения личности – избирательное отношение к воздействиям конкретной группы, выражающееся в принятии индивидом одних и отвержении других групповых воздействий в зависимости от опосредующих факторов – оценок, убеждений, идеалов, групповых норм, ценностей и пр.

САМООСМЫСЛЕНИЕ – 54931781949614 – осмысление собственной жизни – активность особого рода, направленная не просто на осознание ведущих мотивов, но и на координацию всей личности в целом.

САМООЦЕНКА – 49181951749814 – оценка личностью самой себя, своих возможностей, качеств и места среди других людей, – ценность, приписываемая ею себе или отдельным своим качествам. Относясь к ядру личности, она – важный регулятор поведения. От неё зависят взаимоотношения человека с окружающими, его критичность, требовательность к себе, отношение к успехам и неудачам. Тем самым она влияет на эффективность деятельности и дальнейшее развитие личности. В качестве основного критерия оценивания выступает система смыслов личностных индивида.

САМОПОЗНАНИЕ – 51841281949 – так же, как самооценка и самосознание, имеет важные отличия от интроспекции:1) эти процессы куда сложнее и продолжительнее, чем обычные акты интроспекции; в них входят данные самонаблюдения, но лишь как первичный материал, накапливаемый и подвергаемый обработке; 2) сведения о себе человек получает не только (часто – и не столько) от самонаблюдения, но и от внешних источников – объективных результатов своих действий, отношения других людей и пр.

САМОРЕГУЛЯЦИЯ – 89421721949 – целесообразное функционирование живых систем разных уровней организации и сложности. Саморегуляция психическая – один из уровней регуляции активности этих систем, выражающим специфику реализующих ее психических средств отражения и моделирования действительности, в том числе рефлексии. Она реализуется в единстве своих энергетических, динамических и содержательно-смысловых аспектов.

САМОРЕГУЛЯЦИЯ ПСИХОЛОГИЧЕСКАЯ – 2174851961 – целенаправленное изменение индивидом работы различных психофизиологических функций, для чего требуется формирование особых средств контроля за деятельностью.

САМОСОВЕРШЕНСТВОВАНИЕ – 318719 819 – начинается в возрасте подростковом, когда настаёт пора формирования «идеального Я» – осознанного личного идеала, сопоставление с которым часто вызывает недовольство собой и стремление себя изменить. Происходит выработка такого идеала, соотнесение с ним своих целей, поступков – «движение сознания по вертикали» в пространстве собственных мотивов личности; этот процесс сопровождается особыми переживаниями относительно себя и своих поступков: угрызениями совести, недовольством собой, оценками и переоценками себя.

САМОСОЗНАНИЕ – 819497264188 – осознанное человеком своего общественного статуса и своих жизненно важных потребностей. Как высший уровень развития сознания – основа формирования умственной активности и самостоятельности личности в её суждениях и действиях.

САМОСТИМУЛЯЦИЯ ЭКСПЕРИМЕНТАЛЬНАЯ - 5498124917 – ненасыщаемое стремление животного или человека совершать действия, приводящие к электрическому раздражению – посредством вживлённых электродов – нервных структур, находящихся в гипоталамусе и мозге среднем. Раздражение этих структур вызывает ощущение удовольствия, блаженства, не связанное с действительным состоянием организма.

САМОСТОЯТЕЛЬНОСТЬ - 598641718948 – обобщённое свойство личности, проявляющееся в инициативности, критичности, адекватной самооценке и чувстве личной ответственности за свою деятельность и поведение.

САМОСТЬ – 549817 – своеобразный центр бессознательного коллективного, его архетип – центральный из архетипов, своего рода образ Бога в человеке. Недостижимая инстанция в процессе индивидуации, путь к которой во внутреннем странствии вечен.

САМОТРАНСЦЕНДЕНЦИЯ – 9148142 – «выход за свои пределы» – к другому человеку или к смыслу. Один из моментов самотрансценденции – самоактуализация.

САМОУТВЕРЖДЕНИЕ - 4894971 – стремление индивида к достижению и поддержанию определённого общественного статуса. Часто выступает как доминирующая потребность. Может проявляться как в реальных достижениях в некоторой области, так и в отстаивании своей значимости перед другими людьми путем одних словесных деклараций.

САМОЧУВСТВИЕ – 614019217 – система субъективных ощущений, свидетельствующих о некоторой степени физиологической и психологической комфортности внутреннего состояния. Содержит как общую качественную характеристику (хорошее или плохое самочувствие), так и частные переживания, различно локализованные (дискомфорт в частях тела, затруднения при выполнении действий, трудности понимания).

САНГВИНИК – 48951484817 – субъект, обладающий одним из четырех основных типов темперамента (в классификации Гиппократа). Человека сангвинического темперамента можно охарактеризовать как живого, подвижного, быстро отзывающегося на окружающие события, сравнительно легко и быстро переживающего неудачи и неприятности. Он отмечен высокой психической активностью, энергичностью, работоспособностью, быстротой и живостью движений, разнообразием и богатством мимики, быстрым темпом речи. Стремится к частой смене впечатлений, легко и быстро отзывается на внешние события, общителен. Эмоции – преимущественно положительные – быстро возникают и быстро сменяются.

СВЕРХ-Я – 4848948517 (идеальное-Я; идеал-Я; Я-идеал; Супер-Эго; супер-эго; super-ego) – одна из компонент структуры личности. Сфера личности, состоящая из комплекса совести, моральных черт и норм поведения, которые контролируют действия Я и предписывают ему моральные образцы подражания и деятельности.

СВОБОДА – 514894719 – 1. Независимость, отсутствие стеснений и ограничений, сковывающих жизнь и деятельность какого-либо общества или его членов. 2. Вообще – отсутствие ограничений, стеснений в чём-либо.

СВОБОДА СЕКСУАЛЬНАЯ ОСТАТОЧНАЯ - 51931891497 – объём сексуальной свободы, ограниченный культурной и экономической структурой общества.

СВЯЗЬ – 49871961914 – 1. Отношение взаимной зависимости, обусловленности, общности между чем-либо.

2. Тесное общение между кем-либо, чем-либо.

3. Общение с кем-либо, чем-либо а также средства, позволяющие сноситься, сообщаться.

СВЯЗЬ ВРЕМЕННАЯ - 514819 31949817 – механизм, обеспечивающий функциональную связь между отдельными структурами системы нервной при воздействии двух или более событий актуальной внешней среды, существующей временно. Одной из форм проявления временной связи являются рефлексы условные.

СВЯЗЬ ОБРАТНАЯ - 491 48 0164891 – понятие, пришедшее в психологию из кибернетики. Трактуется как знаковые сообщения, вырабатываемые объектом взаимодействия в ответ на воздействия субъекта взаимодействия, получаемые последним и используемые им для корректировки дальнейшего взаимодействия с объектом.

СГУЩЕНИЕ – 31951781949 – первый результат работы сновидения: сжатие скрытого содержания сновидения по сравнению с его явным содержанием. Итак, явный сон становится как бы сокращённым переводом скрытого сна. Сгущение – это процесс образования новых единиц сновидения, характерный изменением элементов мыслей сновидения и их сжатием – с сохранением точек соприкосновения.

СДВИГ РИСКОВЫЙ – 51471261941 (сдвиг к риску) – возрастание рискованности решений групповых или индивидуальных после проведения дискуссии групповой по сравнению с первоначальными решениями членов группы.

СЕГРЕГАЦИЯ – 81849149487 – разделение людей в обществе на категории по признаку различия социальных статусов, требующее ограничения сферы жизнедеятельности, при котором контакты между группами воспрещены частично или полностью. Такое разделение закрепляется в нормах социальных, стереотипах поведенческих, общественных институтах, кодируется и подчёркивается символикой – знаками отличия, одеждой, табу, традициями, ритуалами.

СЕКС - 519 916 – половые отношения – совокупность психических реакций, установок и поступков, связанных с проявлением и удовлетворением влечения полового.

СЕКС-ТЕРАПИЯ - 819 91728 (секстерапия) – интенсивно развиваемое в западных странах направление парной (супружеской) психотерапии расстройств сексуальных, бихевиористской ориентации, – методика психотерапии, направленная на лечение функциональных расстройств сексуальных на базе поведенческого моделирования. В её рамках отдельные симптомы рассматриваются как частные формы неправильного поведения, которое можно скорректировать, в качестве целей ставится и модификация самого поведения сексуального, и установление взаимопонимания партнёров.

СЕКС-ТЕРАПИЯ МАСТЕРСА-ДЖОНСОН - 491319 817 – первоначальный вариант секс-терапии. В ней постулируется, что сексуальные дисфункции зависят не от одного человека, но от обоих партнёров. Поэтому методика предполагает работу только с парой и содержит двух-трёхнедельный цикл занятий.

СЕКСОЛОГИЯ – 51849731948 – междисциплинарная отрасль знания, в широком смысле слова изучающая закономерности половой дифференциации, а в более узком – сексуальное поведение и мотивацию. Научная дисциплина о биологических, психических и социальных аспектах полового поведения людей.

СЕКСОПАТОЛОГИЯ 51849131984 – раздел клинической медицины, посвящённый исследованию расстройств сексуальных и разработке соответственных коррекционных методов.

СЕКСУАЛЬНОЕ – 898411 – в общем, оно охватывает в психоанализе очень многое и всесторонне переходит границы общеупотребительного значения. Сюда относятся все проявления нежных чувств, и прочие, со всевозможными подавлениями и замещениями. Поэтому здесь предпочтительнее употребление термина психосексуальность.

СЕКСУАЛЬНОСТЬ – 489191798641 – это понятие употребляется столь же широко, как в обычном языке слово любовь. Сексуальность рассматривается как единственная функция животного организма, выходящая за пределы индивида и составляющая его связь с родом.

СЕКСУАЛЬНОСТЬ: СТАДИЯ ГЕНИТАЛЬНАЯ – 5183174918 – стадия психосексуального развития, соответственная половой зрелости, наступающей в отрочестве. Период развития сексуальности, при котором половые органы имеют решающее значение для получения полового удовлетворения.

СЕКСУАЛЬНОСТЬ: СТАДИЯ ДОГЕНИТАЛЬНАЯ – 4914984 – на ней половое влечение обращено не внутрь человека, а на внешние объекты, и половое удовлетворение достигается с помощью этих объектов. Длится вплоть до наступления половой зрелости.

СЕКСУАЛЬНОСТЬ ИНФАНТИЛЬНАЯ - 51949813 (сексуальность догенитальная) – сексуальность детского возраста, а также её элементы, обнаруживаемые у взрослых.

СЕКСУАЛЬНОСТЬ ИНФАНТИЛЬНАЯ: «ИСТОЧНИК» - 51931849841714912 – источники появления постоянного сексуального возбуждения в период детства таковы:

1) воспроизведение удовлетворения, пережитого в связи с органическими процессами;

2) соответственное раздражение периферических зон эрогенных;

3) влечение к подглядыванию, жестокости и пр.;

4) эрогенно значимая общая раздражимость кожи (температурные раздражения);

5) разнообразные механические сотрясения тела – укачивания, игры, поездки и пр.;

6) работа мускулатуры (борьба, драка и пр.);

7) интенсивные аффективные процессы – возбуждение от испуга, страх перед экзаменом, напряжение при решении задач и пр.;

8) возможно, от сильных болезненных ощущений;

9) от умственной работы и пр.

СЕКСУАЛЬНОСТЬ ЛАТЕНТНАЯ – 5148489517 – период скрытой сексуальной жизни – как правило, от пяти до одиннадцати лет, – во время которого за счёт раздражений от зон эрогенных в душевной жизни создаются особые образования реактивные – контрастные силы: стыд, отвращение и мораль.

СЕЛЕКТИВНОСТЬ – 5184978421 – свойство восприятия, характерное избирательным выделением в поле сенсорном некоторых отдельных признаков. Более отчётливо воспринимаемый объект, на который направлено восприятие, субъективно воспринимается как фигура, а все остальные объекты – как её фон. В первую очередь выделяются признаки поля сенсорного, обладающие относительно большей интенсивностью, качественно отличные от других. При решении субъектом некоторой задачи избирательно воспринимаются те признаки, что как-то соответствуют содержанию задачи.

СЕЛЕКТИВНОСТЬ: МЕХАНИЗМ – 58432849 (механизм селективности восприятия) – восприятие эмоционально значимого, но социально запретного материала в условиях технической затруднённости его опознания может подвергаться значительным флюктуациям. Это касается и порога осознания, и воспринятого содержания.

СЕНСИБИЛИЗАЦИЯ – 5184974 – повышение чувствительности центров нервных под влиянием действия раздражителя. При действии раздражителей сенсорных она обычно маскируется одновременно развивающимся процессом адаптации сенсорной. Соотношение процессов сенсибилизации и адаптации можно оценить параллельным измерением чувствительности к раздражителю электрическому и сенсорному.

СЕНСИТИВНОСТЬ – **5948317** (сензитивность) – характерологическая особенность человека, проявляемая в повышенной чувствительности к происходящим с ним событиям; обычно сопровождается повышенной тревожностью, боязнью новых ситуаций, людей, всякого рода испытаний и пр.

СЕНСИТИВНОСТЬ ВОЗРАСТНАЯ – **51849593** – присущее определённому возрастному периоду оптимальное сочетание условий для развития определённых психических свойств и процессов. Преждевременное или запаздывающее по отношению к периоду сенситивности возрастной обучение может оказаться недостаточно эффективным, что неблагоприятно сказывается на развитии психики.

СЕНСИТИЗАЦИЯ – **57148514** (сенсибилизация) – повышенная апперцептивная восприимчивость к объектам и событиям, соответственным актуальным потребностям и конфликтам.

СЕНСОМОТОРИКА – **51789491** – взаимокоординация сенсорных и моторных компонент деятельности: получение информации сенсорной приводит к запуску некоторых движений, они же, в свою очередь, служат для регуляции, контроля или коррекции информации сенсорной. В качестве основного сенсомоторного механизма выступает кольцо рефлекторное.

СЕНСУАЛИЗМ – **5484951312** – в психологии – учение и методологическая позиция, характерные допущением, что всё содержание психической жизни исчерпывается чувственными впечатлениями, получаемыми в ходе жизнедеятельности субъекта познания.

СЕРВИЛИЗМ – **51451948** – вид мазохизма, при котором субъект испытывает половое удовлетворение, когда проигрывает роль с низшим социальным статусом – роль лишённого всех прав невольника, или даже роль бессловесного животного.

СЕРИАЦИЯ - 51 4981 – упорядочение предметов по некоторому признаку – размеру, цвету и пр.

СИГНАЛ - 319714 – процесс или явление (внешнее или внутреннее, сознаваемое или неосознаваемое), несущее сообщение о каком-то событии и ориентирующее живую систему относительно этого события. Соответственно характеру анализаторов и других воспринимающих систем, выделяются сигналы оптические, акустические, тактильные, термические, электромагнитные, химические, биоритмические и пр.

СИМБИОЗ – 519 918 491 – в биологии – длительное сожительство организмов различных видов, обычно взаимно выгодное. В психологии часто понимается расширительно.

СИМБИОЗ ИНЦЕСТУАЛЬНЫЙ – 341 48 12 – явление и уровень самой глубокой связи с матерью или с её эквивалентом (семьей, племенем), характеризуемый определённой неотъемлемостью.

СИМБИОЗ ПСИХОЛОГИЧЕСКИЙ – 5148121 – изначально возникающее эмоционально-смысловое единство матери и младенца, служащее исходным пунктом дальнейшего развития его сознания и личности. Появление симбиоза психологического обусловлено физиологической общностью матери и плода в развитии пренатальном.

СИМБИОНТ – 48142 – один из участников симбиоза.

СИМВОЛ - 519 48917 – образ, являющийся представителем других – обычно весьма многообразных – образов, содержаний и отношений.

СИМВОЛИКА – 51431951 – форма мышления, психический механизм, который обеспечивает замещение одних образов и эмоционально окрашенных (либидинозных) представлений другими.

СИММЕТРИЯ – **314819719841** – соразмерность, полное соответствие расположения частей целого относительно некоторой линии или центра; строгая правильность расположения, размещения чего-либо.

СИММЕТРИЯ БИЛАТЕРАЛЬНАЯ – **481519** – точное соответствие между левой и правой половинами тела, каждая из которых – как бы зеркальное отражение другой.

СИМПАТИЯ – **718411** – устойчивое одобрительное эмоциональное отношение человека к другим людям, их группам или социальным явлениям, проявляемое в приветливости, доброжелательности, восхищении, побуждающее к общению, оказанию внимания, помощи и пр.

СИМПТОМ – **498721** – характерные проявления, признаки психических или органических нарушении и заболеваний, свидетельствующие об изменении обычного или нормального функционирования организма.

СИМПТОМ ИСТЕРИЧЕСКИЙ – **51721849** – совокупность признаков психических и органических нарушений, свидетельствующих о заболевании истерией.

СИМПТОМ НЕВРОТИЧЕСКИЙ - **517218498498** – различного рода действия и поступки, указывающие на наличие психоневрозов или их тенденций, – характерные проявления, признаки заболевания невротического.

СИМПТОМ НЕВРОТИЧЕСКИЙ: ОБРАЗОВАНИЕ – **31851751421** – процесс появления симптоматики патогенной, действие которого обеспечивается механизмами, превращающими скрытые мысли сновидения в сновидение явное.

СИМПТОМ ПСИХОГЕННЫЙ – 51489758 (симптом психический) – образующиеся под давлением конфликта психического бесполезные или даже вредные акты, часто неприятные и мучительные для страдающего ими и составляющие для него предмет жалоб.

СИМУЛЯЦИЯ – 54891751849 – поведение, направленное на имитацию болезни или её отдельных симптомов с целью ввести в обман.

СИНДРОМ - 51489451872 – группа признаков, симптомов – определённое сочетание признаков, симптомов некоторого явления, объединённых единым механизмом возникновения. В силу общего механизма появления они объединяются закономерным и регулярным образом, характеризуя определённое болезненное состояние организма. Термин употребляется в патопсихологии, означая определённое сочетание признаков болезни.

СИНДРОМ АБСТИНЕНТНЫЙ – 5148949716 (синдром абстиненции) – совокупность проявлений, возникающих в результате прекращения приёма наркотиков.

СИНДРОМ АДАПТАЦИОННЫЙ – 51871274891 (синдром адаптации) – совокупность адаптационных реакций организма человека и животных общего защитного характера. Возникает в ответ на значительные по силе и продолжительности неблагоприятные воздействия – агрессоры.

СИНДРОМ АМНЕСТИЧЕСКИЙ - 91831751942 – синдром Корсаковский.

СИНДРОМ АПАТИЧЕСКИЙ – 94831271981 – синдром психопатологический, характерный состояниями вялости, безразличия ко всему окружающему, отсутствием побуждения к деятельности.

СИНДРОМ АСТЕНИЧЕСКИЙ – 48981271249 – синдром психопатологический, характерный состояниями общей слабости, чрезмерной истощаемости, раздражительности. При этом происходят нарушения внимания и памяти.

СИНДРОМ ГАЛЛЮЦИНАТОРНО-ПАРАНОЙЯЛЬНЫЙ – 51842131981 – синдром психопатологический, характерный наличием галлюцинаций и бреда, которые начинают детерминировать поведение больных. Может возникать при алкогольных психозах, шизофрении и других заболеваниях.

СИНДРОМ ГЕРЫ – 5148131981 – термин, означающий состояние, близкое к клиническому, характерное гипертрофированной привязанностью жены к мужу, когда она буквально боготворит его. При этом женщина стремится играть ведущую роль в интимных отношениях, а мужу не позволяет выходить за рамки стереотипного образа «кормильца семьи».

СИНДРОМ ДЕПРЕССИВНЫЙ – 49121831419 – синдром психопатологический, характерный состояниями заторможенности деятельности психической и сниженности аффективных проявлений. Его крайней степенью является ступор депрессивный, когда полностью отсутствуют движения и речь.

СИНДРОМ ДИОГЕНА – 51981931691 – термин, означающий клиническое состояние, характерное пренебрежительным отношением одиноко живущих престарелых людей к бытовым вопросам. Чаще всего возникает у активных ранее людей, ориентированных прежде всего на работу и имевших социальный успех. Постепенно, с отходом от привычной профессиональной и общественной деятельности, они перестают заботиться о своей внешности и жилище, которое приходит в запустение и превращается в склад старых и никому не нужных вещей; не уделяют должного внимания правильному питанию, что может вести к истощению.

СИНДРОМ ЕЛЬПЕНОРА – 5148913194 (правильнее: синдром Эльпенора) – термин, означающий клиническое состояние абстиненции, возникающее на следующий день после чрезмерного приема алкоголя или снотворных средств. Характерен спутанностью сознания, общей дезориентацией и стремлением к бесцельному хождению.

СИНДРОМ ИГНОРИРОВАНИЯ – 51891421819 – интегральные нарушения, обычно возникающие при поражениях нижнетеменной доли полушария правого мозга головного, реже – третичных отделов лобной доли, поясной извилины. Характерны невосприятием стимулов, расположенных в половине пространства, противоположной нарушению – в левой. При этом больные не только не воспринимают стимулы левого поля зрительного или звуки слева, но и не пользуются левой рукой, читают лишь правую половину текста, не бреют левую часть лица.

СИНДРОМ ИПОХОНДРИЧЕСКИЙ – 51842142812 – синдром психопатологический, характерный чрезмерными необоснованными опасениями за своё здоровье. Возникает при неврозах, состояниях реактивных, психозах предстарческом и старческом.

СИНДРОМ КА-ЦЕТ - 41851431849812 – термин, означающий клиническое состояние, вызванное экстремальными условиями концентрационного лагеря (потеря семьи, лишение свободы и привычных занятий, жесткая регламентированность поведения, конфликтное общение и пр.). Это состояние характерно чрезмерным возбуждением, сверхтщательностью; доминируют эмоции страха, печали и стыда; сны носят угрожающий и навязчиво повторяющийся характер; возникают нарушения в семейной и профессиональной жизни; появляется склонность к самоубийству. Первые явные признаки такого состояния могут проявиться спустя несколько лет после освобождения из лагеря и сохраняться на протяжении десятилетий.

СИНДРОМ КАННЕРА – 48951271249814 (синдром аутизма детского раннего) – его симптоматика включает:

1) отсутствие или ослабленное проявление комплекса оживления к людям и его наличие по отношению к неодушевлённым предметам;

2) дефекты речи – мутизм, эхолалии;

3) амбивалентность аффекта с одновременным переживанием удовольствия и страха;

4) склонность к ритуализации поведения или стереотипным действиям;

5) отсутствие «контакта глаз» в общении с близкими;

6) перверсии игровых интересов;

7) трудности в распознании опасностей;

8) повышенную агрессивность и пр.

Эти дефицитарные симптомы парадоксальным образом сочетаются с необычно хорошим моторным развитием, точной памятью и высокими достижениями в некоторых специальных областях – счёт, танец, механическое конструирование и пр.

СИНДРОМ КАТАТОНИЧЕСКИЙ – 51891481917 – синдром психопатологический, характерный появлением состояния общего возбуждения (двигательное беспокойство, нелепые поступки, бессвязная речь) и следующего за ним ступора (оцепенение, восковая гибкость).

СИНДРОМ КОРСАКОВСКИЙ – 48131951819 (синдром амнестический) – синдром психопатологический. Характерен расстройствами запоминания текущих событий при относительной сохранности воспоминаний о давних событиях и обретённых навыках. При этом пробелы памяти могут заполняться такими событиями, которые происходили или могли произойти раньше.

СИНДРОМ МАНИАКАЛЬНЫЙ – 51431851412 – синдром психопатологический, характерный состояниями повышенного, эйфорического настроения и активности, а также ускорением мышления, вплоть до «скачки» идей. Появляются нарушения целенаправленной деятельности.

СИНДРОМ МИДАСА - 548519714217– термин, означающий клиническое состояние женщины, связанное с изменением мироощущения после достижения тридцатилетнего возраста – из-за все возрастающей и становящейся хронической неудовлетворённости сексуальными отношениями с постоянным партнёром.

СИНДРОМ НЕЙРОПСИХОЛОГИЧЕСКИЙ - 514891594 4981 – устойчивые сочетания нарушений функций психических высших при локальных поражениях мозга головного. При поражении первичных полей возникают элементарные расстройства функций сенсорных и двигательных. В зависимости от локализации поражения могут возникать как нарушения первичные, связанные с нарушением физиологических функций данного участка мозга, так и нарушения вторичные, обусловленные выпадением данного звена из более крупной системы функциональной.

СИНДРОМ ОТЧУЖДЕНИЯ – 548 89171918 – для него характерно чувство утраты эмоциональной связи с другими людьми, ранее значимыми событиями или собственными переживаниями, хотя их реальность осознаётся.

СИНДРОМ ПАРАЛИТИЧЕСКИЙ – 514 841 4981 – синдром психопатологический, характерный общим слабоумием, стойким повышением настроения, нарушениями критичности поведения, глубоким распадом личности. Сопровождается прогрессивным параличом.

СИНДРОМ ПАРАНОЙЯЛЬНЫЙ – 518 481 4917 – синдром психопатологический, вариант синдрома бредового. Характерен наличием систематизированного бреда изобретения, преследования, ревности.

СИНДРОМ ПАРАФРЕННЫЙ – 548 19 491749891 – синдром психопатологический, вариант синдрома бредового. Характерен наличием систематизированного бреда величия, бреда воздействия и бреда преследования, часто проявляемых в «космическом масштабе».

СИНДРОМ ПЕРСЕФОНЫ – 519 49879151948 – термин, означающий клиническое состояние чрезмерной эмоциональной привязанности, возникшей между матерью и дочерью, при которой их разлучение ведёт к развитию у обеих схожих симптомов невротических.

СИНДРОМ ПИГМАЛИОНА – 491819 418217 – ошибка, возникающая в процессе онтологизации. С гносеологической позиции в любой науке вырабатывается некая система представлений о закономерностях мира, но далее происходит онтологизация этих представлений: объект объявляется тем, что о нём сейчас думают. Можно говорить о реальном мире и мире наших представлений, теорий о нём – модельном мире. Тогда процесс онтологизации описывается как превращение модельного мира в мир реальный.

СИНДРОМ ПСЕВДОПАРАЛИТИЧЕСКИЙ – 491218 498517 – синдром психопатологический, характерный эйфорическим настроением и нелепым бредом величия. При этом признаки прогрессивного паралича отсутствуют.

СИНДРОМ ПСИХОПАТОЛОГИЧЕСКИЙ – 517218 419 421 – устойчивые сочетания нарушений функций психических высших, обусловленные различными болезненными процессами. На базе совокупности таких синдромов создаётся определённая клиническая картина различных заболеваний психических.

Принято выделять следующие самые частые синдромы: апатический, астенический, галлюцинаторно-паранойяльный, депрессивный, ипохондрический, кататонический, Корсаковский (амнестический), маниакальный, парафренный, паранойяльный, паралитический, псевдопаралитический.

СИНДРОМ ПУЭРТОРИКАНСКИЙ – 498 491 817 – этноспецифический термин, означающий синдромные проявления бреда ревности, основанные на убеждённости в неверности партнёра. Сопровождается развитием галлюцинаторных представлений и кататонии.

СИНДРОМ РАСПАДА – 491518491 – сочетание любви к мёртвому, закоренелого нарциссизма и симбиозно-инцестуального влечения, – основа особенно вредной и опасной формы ориентирования, побуждающего разрушать ради разрушения и ненавидеть ради ненависти.

СИНДРОМ РОСТА – 491819 219 – сочетание любви к живому, любви к человеку и к независимости – основа ориентирования на движение в направлении жизни, добра и развития.

СИНЕРГИЯ – 58149861941 (синергизм) – 1. Вариант реакции организма на комбинированное воздействие двух или нескольких лекарственных средств, характерное тем, что результирующее действие превышает действие каждой компоненты в отдельности. 2. Вариант комбинированного совместного действия двух или нескольких агентов (действующих сил), характерный тем, что результирующее воздействие превышает воздействие каждого агента в отдельности, – проявляется свойство системности воздействия.

СИНЕРГИЯ МЫШЕЧНАЯ – 51891741981 – координация двигательных действий (ходьба, мимика). При высокой степени стандартизации они сохраняют ориентацию на достигаемый результат движения.

СИНЕСТЕЗИЯ – 518481512419 – явление, состоящее в том, что некий раздражитель, действуя на соответственный орган чувств, помимо воли субъекта вызывает не только ощущение, специфичное для данного органа чувств, но ещё и добавочное ощущение или представление, характерное для другого органа чувств.

СИНКРЕТИЗМ 54891758941 – в психологии – особенность мышления и восприятия – нерасчленённость функций психических на ранних этапах развития ребёнка (в возрасте раннем и дошкольном).

СИНТЕЗ – 58949131948 – мыслительная операция – включённый в акты взаимодействия организма со средой процесс практического или мысленного воссоединения целого из частей или соединения различных элементов, сторон объекта в единое целое. Являет собой необходимый этап познания.

Синтез неразрывно связан с анализом, они взаимодополняют друг друга. Как свойственные людям мыслительные операции, синтез и анализ исторически формируются в ходе их материально-преобразующей деятельности.

СИНТЕЗ АФФЕРЕНТНЫЙ – 5489172194 – синтез материала (запечатлённого в памяти), мотивации, информации о среде и стимула пускового с целью принятия решения. Здесь память трактуется как совокупность взаимосвязанных систем функциональных различных уровней иерархии, сформированных в ходе эволюции и в индивидуальном жизненном опыте, а мотивация – как конкретизация одной из потребностей организма. При синтезе афферентном благодаря мотивации актуализуются все системы, деятельность которых когда-либо приводила к удовлетворению данной потребности. Информация о среде помогает достигнуть требуемых в данной обстановке результатов. Окончательное решение принимается в момент, когда некоторое событие – стимул пусковой – даёт перевес одной из систем, уже выбранных под действием мотивации и обстановки. Подобно любому системному процессу, синтез афферентный происходит не в какой-то отдельной структуре мозга головного, но вовлекает различные уровни мозга и системы нервной вообще.

СИСТЕМА – 598 217 48 – сложный объект – совокупность качественно различных достаточно устойчивых элементов, взаимно связанных сложными и динамическими отношениями. Система как целое не сводится к «сумме своих частей», но проявляет системные свойства, которыми не обладает ни одна из составных частей системы. Она подчиняется особым законам, не сводимым и не выводимым из законов функционирования отдельных элементов или частных связей, между ними.

СИСТЕМА ВЕСТИБУЛЯРНАЯ – 514 489 49 – структурно-функциональная система, предназначенная для восприятия и анализа пространственной информации. Её основой выступает система распознания направления силы тяжести, имеющаяся уже у большинства беспозвоночных, в ходе эволюции оформленная в аппарат полукружных каналов, за счёт которого в мозг головной поступает информация о положении головы и тела и о направлении движения.

СИСТЕМА ИНДИКАЦИИ – 517518 49 491 – функциональная подструктура личности. Содержит те свойства, отношения и действия, в которых отражаются общественные помыслы и чувства реальных личностей и которые определяют их поведение. Сюда относятся гуманизм, коллективизм, оптимизм и трудолюбие.

Все компоненты системы индикации в своём развитии опираются на компоненты других структур – систем регуляции, стимуляции и стабилизации – и за счёт связи обратной оказывают на них влияние. Будучи вплетёнными в общую структуру личности, они не только выражают её отношение к людям и труду, но и выступают как субъективный фактор гармонического развития личности – всех четырёх её систем.

СИСТЕМА НЕРВНАЯ – 518 491 894 497 – совокупность нервных образований у позвоночных животных и человека, посредством которых реализуется восприятие действующих на организм раздражителей, обработка возникающих при этом импульсов возбуждения, формирование ответных реакций.

СИСТЕМА НЕРВНАЯ: ДИНАМИЧНОСТЬ – 514 819 497 817 – свойство системы нервной, характерное лёгкостью возникновения возбуждения и торможения в ходе выработки рефлексов, условных. Соотношение между показателями динамичности возбуждения и торможения определяется как баланс по динамичности.

СИСТЕМА НЕРВНАЯ: СВОЙСТВО – 514 498 819 49 – понятие для обозначения динамических, устойчивых особенностей системы нервной, влияющих – при прочих равных условиях – на индивидуальные психологические особенности. Большей частью они генетически детерминированы и определяют индивидуальные различия в поведении при реагировании на воздействия среды физической и социальной.

СИСТЕМА НЕРВНАЯ: СИЛА – 49189 – одно из основных

свойств системы нервной, отражает предел работоспособности клеток коры мозга головного – их способность выдерживать очень сильное, либо длительно действующее, хотя и не сильное возбуждение, не переходя в тормозное состояние (торможение).

СИСТЕМА НЕРВНАЯ: ТИП – 91849617491 (тип нервной системы; тип высшей нервной деятельности) – совокупность свойств системы нервной, составляющих физиологическую основу индивидуального своеобразия деятельности человека и поведения животных.

СИСТЕМА НЕРВНАЯ ВЕГЕТАТИВНАЯ – 481 491 471 891 – структуры системы нервной у высших животных и человека, работа которых обеспечивает управление вегетативными, или растительными, функциями организма (пищеварением, кровообращением, дыханием, обменом веществ и энергии, выделением) – за счёт контроля за моторной и секреторной деятельностью внутренних органов. Обслуживает мышцы внутренних органов и железы.

СИСТЕМА НЕРВНАЯ ПЕРИФЕРИЧЕСКАЯ – 517 489 472 841 – представлена афферентными (чувствительными) нервами, передающими импульсы от рецепторов к системе нервной центральной, и эфферентными (двигательными) нервами, передающими импульсы от системы нервной центральной к скелетным мышцам.

СИСТЕМА НЕРВНАЯ ЦЕНТРАЛЬНАЯ – 517 489 317 814 (ЦНС – центральная нервная система) – состоит из нервной ткани мозга головного и спинного, основными элементами которой являются нервные клетки – нейроны и клетки глиальные. Последние обеспечивают сохранение постоянства внутренней среды системы нервной и её трофику.

СИСТЕМА ПЕРВИЧНАЯ 481517 49 – особые исходные механизмы функционирования бессознательного, действующие в сновидениях и других психических процессах.

СИСТЕМА РЕГУЛЯЦИИ – 491 4871 – функциональная подструктура личности. В основе её лежит сформированный в ходе жизненного пути человека определённый комплекс сенсорно-перцептивных механизмов и процессов со связью обратной. Он обеспечивает постоянное взаимодействие внешних и внутренних причин и условий появления и развития деятельности психической, а также регуляцию поведения индивида как сознательного субъекта познания, общения и труда.

СИСТЕМА СИГНАЛЬНАЯ – 518 481 49716 – качество, выделяющее животные организмы из живого мира, характерное появлением ориентировки на признаки внешней среды. Определяет способы регуляции поведения живых существ во внешнем мире, свойства которого воспринимаются мозгом головным в виде сигналов.

СИСТЕМА СИГНАЛЬНАЯ ВТОРАЯ – 514 519 84951 – способ регуляции поведения живых существ во внешнем мире, свойства которого воспринимаются мозгом в виде сигналов, представленных в знаковой системе языка.

СИСТЕМА СИГНАЛЬНАЯ ПЕРВАЯ – 518 491 719 849 1 – способ регуляции поведения живых существ во внешнем мире, свойства которого воспринимаются мозгом в виде сигналов, непосредственно улавливаемых органами чувств как ощущения цвета, звука, запаха и пр. При её относительном преобладании складывается художественный тип личности.

СИСТЕМА СТАБИЛИЗАЦИИ – 51849 1 – функциональная подструктура личности. Её составляют направленность, способности, самостоятельность и характер.

СИСТЕМА СТИМУЛЯЦИИ – 819 91 918491 – функциональная подструктура личности. Содержит относительно устойчивые психологические образования, складывающиеся уже в первые годы продуктивной деятельности человека как сознательного субъекта. К ним относятся темперамент, интеллект, знания и отношения.

СИСТЕМА ТЕЙЛОРА – 518491 49 – система организации труда и управления производством. В её основе лежит разделение труда и максимальная рационализация движений. При её введении на предприятиях впервые была создана и внедрена система сдельной заработной платы.

СИСТЕМА «ЧЕЛОВЕК – МАШИНА»: НАДЁЖНОСТЬ – 219 31748491 (надёжность системы «человек – машина») – долгосрочный показатель работоспособности технических систем, актуально обслуживаемых людьми, во всевозможных условиях их функционирования.

СИСТЕМА ЭРРАТИЧЕСКАЯ – 517 8149817 – сложная целеустремленная система, включающая:

1) человека или группу людей; 2) устройство техническое – средство деятельности; 3) объект деятельности; 4) среду, где находится человек.

СИТУАЦИЯ - 516 21989714 – система внешних по отношению к субъекту условий, побуждающих и опосредующих его активность. К элементам ситуации могут относиться и состояния самого субъекта в предшествующий момент времени, если они обусловливают его последующее поведение. Полное описание ситуации подразумевает выделение требований, предъявленных индивиду извне или выработанных им самим, выступающих для него как исходные.

СИТУАЦИЯ ПОГРАНИЧНАЯ – 5183178191491 – ситуации существования индивидуального (бытия личного), в которых самосознание личности обостряется и человек непроизвольно познает себя.

СИТУАЦИЯ ПРОБЛЕМНАЯ – 51481421951 – возникающее при выполнении практического или теоретического задания осознание того, что ранее усвоенных знаний недостаточно, и появление субъективной потребности в новых знаниях, реализуемой в целенаправленной активности познавательной. Одно из центральных понятий обучения проблемного.

СИТУАЦИЯ РАЗВИТИЯ СОЦИАЛЬНАЯ – 51841721918 – специфическая для каждого возрастного периода система отношений субъекта в действительности социальной, отражённая в его переживаниях и реализуемая им в деятельности совместной с другими людьми.

СИТУАЦИЯ ТЕСТИРОВАНИЯ: ХАРАКТЕРИСТИКА РЕЛЕВАНТНАЯ - 514917212518 (релевантные характеристики ситуации психологического тестирования) – характеристики ситуации тестирования, от которых непосредственно зависят его результаты. Включают в себя восприятие испытуемыми ситуации тестирования, целей и задач тестирования, личности экспериментатора, его поведения и пр.

СКАНИРОВАНИЕ – 54851721951 – последовательное движение фокуса внимания по элементам поля зрительного при осмотре внешнего мира.

СКЛОННОСТЬ – 59842842917 – избирательная направленность индивида на определённую деятельность, побуждающая ею заниматься. Её основа – глубокая устойчивая потребность индивида в некоей деятельности, стремление совершенствовать умения и навыки, связанные с этой деятельностью. Появление склонности обычно является предпосылкой развития соответственных способностей, хотя бывают случаи несовпадения склонности и способностей.

СКОПТОФИЛИЯ – 54851781949 – любовь к созерцанию. Она впервые появляется, когда ребёнок желает проникнуть в спальню родителей, чтобы получить удовольствие от наблюдения за бессознательно запрещённым объектом и поведением.

СКРЕЩЕНИЕ ВЛЕЧЕНИЙ – 5198198941 – термин, означающий процесс и результат перехода удовольствия от собственного полового органа в удовольствие при разглядывании – в его активной и пассивной формах.

СЛЕПОГЛУХОНЕМОТА - 514812 519614 – врожденная либо приобретенная утрата зрительной и слуховой функций и – как следствие – нарушение речи (немота).

СЛОЖНОСТЬ – 489517 498 814 – 1. Составленность из нескольких частей; многообразность по составу входящих частей и связей между ними. 2. Трудность, запутанность. Противоположное понятие – простота.

СЛОЖНОСТЬ КОГНИТИВНАЯ – 514817 219 – психологическая характеристика сферы когнитивной. Отражает степень категориальной расчленённости, дифференцированности сознания индивида, которая способствует избирательной сортировке впечатлений о действительности, опосредующей его деятельность. Определяется количеством оснований классификации, которыми сознательно или неосознанно пользуется субъект при дифференциации объектов некоторой содержательной области.

СЛУЖБА ПСИХОЛОГИЧЕСКАЯ – 519317 81949 – особые подразделения в структуре предприятий и организаций, – система психологического сопровождения деятельности различных социальных институтов. Система практического использования психологии для решения комплексных задач экспертизы, диагностики и консультации психологической в сферах производства, транспорта, народного образования, медицины, культуры, спорта, охраны правопорядка и пр.

СЛУХ - 54891731949 – способность воспринимать звуки и ориентироваться по ним во внешней среде посредством анализатора слухового.

СЛУХ: НАРУШЕНИЕ - 51989519491 – соответственно степени нарушения (ослабления) слуха люди разделяются на три группы:

1) глухие, или глухонемые – имеют врождённые или приобретённые в раннем детстве нарушения слуха и не могут овладеть речью без специального обучения;

2) поздно оглохшие, потерявшие слух в возрасте дошкольном или школьном и сохранившие речь, сформированную до появления глухоты;

3) слабослышащие, или тугоухие – имеют частичную недостаточность слуха (с понижением до 75 дБ).

СЛУХ АБСОЛЮТНЫЙ – 581491 919817 – способность точного определения высоты звуков без соотнесения их с другими звуками известной высоты. Точность слуха абсолютного наибольшая в средних регистрах и наименьшая в крайних. При слухе абсолютном пассивном правильно определяется высота слышимого звука, но звук не может воспроизводиться голосом по заданному названию ноты. При слухе абсолютном активном звуки могут и называться, и воспроизводиться по названию.

СЛУХ БИНАУРАЛЬНЫЙ – 518421519712 – восприятие звуковой информации через оба уха. За счёт различий некоторых характеристик звуковых сигналов, поступающих на разные уши, источник звука локализуется в пространстве: звуковой образ смещается в сторону более сильного или раньше пришедшего звука. Наибольшая точность локализации достигается при интенсивности сигналов, на 70-100 дБ выше порога слышимости. Посредством слуха бинаурального строится картина мира звуковая.

СЛУХ МУЗЫКАЛЬНЫЙ – 49871281949 – способность различать музыкальные звуки, воспринимать, переживать и понимать содержание музыкальных произведений и воспроизводить их. Сложная многосоставная система, выполняющая познавательную и творческую функции. Многокомпонентность музыкально-слуховой системы обусловлена составом музыкальных звуков, сложностью строения, структуры и содержания музыкальных произведений, многообразием средств художественной выразительности.

СЛУХ ФОНЕМАТИЧЕСКИЙ - 517819317214 – способность человека к распознанию речевых звуков, представленных фонемами данного языка. Формирование слуха фонематического происходит у детей при восприятии речи устной окружающих людей и – одновременно – при собственном проговаривании слов соответственно воспринимаемым образцам.

СЛУХИ – 54852179149 – специфический вид коммуникации межличностной, в ходе которой сюжет, в известной мере отражающий некие реальные или вымышленные события, становится достоянием обширной диффузной аудитории.

СЛУШАНИЕ АКТИВНОЕ - 598481219317 – процесс слушания, характерный намеренно повышенной активностью восприятия и субъективного участия индивида в ситуации общения. Включает в себя:

1) восприятие устного речевого сообщения – на сенсорном уровне;

2) вычленение сигнальных звуков в составе слов и их опознание – на перцептивном уровне;

3) установление смысла предложения и всего сообщения в целом – на когнитивном уровне. Восприятие смысла при слушании активном значительно зависит от индивидуально-личностных особенностей слушающего, прежде всего – от гибкости мышления и направленности личности.

СЛУШАНИЕ ДИХОТИЧЕСКОЕ – 518312489514 – метод, используемый при исследовании памяти эхоической, избирательности внимания, асимметрии межполушарной мозга головного. Заключается в распознании испытуемым слуховой информации, поступающей через наушники по двум независимым каналам – на левое и правое ухо.

СМЕЩЕНИЕ – 5485249801131948 (сдвиг) – второй результат работы сновидения – искажение скрытого содержания сновидения путём перемещения акцентов с главного на второстепенное, незначительное или безразличное. Главное средство искажения сновидения.

СМЫСЛ - 48951231984 – в условиях деятельности коллективной впервые появляются операции, не направленные прямо на предмет потребности – биологический мотив, но на какой-то промежуточный результат, в рамках индивидуальной деятельности становящийся самостоятельной целью. Для субъекта цель деятельности отделяется от её мотива, и в деятельности выделяется – как её новая единица – действие. Это сопровождается переживанием смысла действия, ибо для того чтобы совершить действие, приводящее к промежуточному результату, нужно понять связь этого результата с мотивом – открыть для себя смысл действия.

СМЫСЛ ЗДРАВЫЙ – 51831721428 – совокупность общепринятых, часто неосознанных способов объяснения и оценки явлений внешнего и внутреннего мира. Суммирует значимые, нужные каждому в повседневной жизни фрагменты исторически доступного опыта. Наряду с информацией о природе и общественных отношениях, весьма значительную роль в смысле здравом играют представления, касающиеся взаимодействий межличностных.

СМЫСЛ ЛИЧНОСТНЫЙ – 51481721959 – субъективно воспринимаемая повышенная значимость предмета, действия или события, оказавшихся в поле действия мотива ведущего. Одна из главных образующих сознания, индивидуализованное отражение действительного отношения личности к объектам, ради которых развертывается её деятельность, осознаваемое как «значение – для – меня» усваиваемых безличных знаний о мире, включающих понятия, умения, действия и поступки, социальные нормы, роли, идеалы и ценности.

СНОВИДЕНИЕ – 48131931781 – субъективно переживаемые представления, преимущественно зрительной модальности, регулярно возникающие во время сна – преимущественно в фазе сна быстрого (парадоксального); психический процесс в периоде сна, сопровождающийся зрительными образами.

СНОВИДЕНИЕ: ВЫТЕСНЕНИЕ – 519317418914918 – («переоценка психических ценностей») происходящий во время сна своеобразный процесс маскировки истинного содержания сновидений ложной яркостью второстепенных образов.

СНОВИДЕНИЕ: ЗАВИСИМОСТЬ ПРИЧИННАЯ - 51849131819 (причинная зависимость в сновидении) – либо вовсе не выражается, либо замещается последовательностью во времени двух одинаково длинных частей сновидения. Часто это замещение бывает обратным.

СНОВИДЕНИЕ: ИЗУЧЕНИЕ – 51821731919 – одно из важнейших направлений деятельности психоаналитических исследований. Самый надежный путь к исследованию глубинных психических процессов.

СНОВИДЕНИЕ: ИНВЕРСИЯ – 54821721949 – процесс и результат перестановки элементов сновидений и их смыслов. Сюда относятся: «переворачивание смысла», замена противоположностью, изменения ситуаций, изменения порядка следования событий, полное изменение элементов сновидения.

СНОВИДЕНИЕ: ИСКАЖЕНИЕ – 54831721949 – процесс и продукт изменения мыслей сновидения под частичным влиянием цензуры сновидений. Главное средство его – смещение.

СНОВИДЕНИЕ: ИСТОЧНИК – 549214217 48 – ими могут быть:

1) свежее и психически свежее переживание, непосредственно передаваемое в сновидении;

2) несколько таких переживаний, соединённых сновидением в одно целое;

3) одно или несколько самых значительных переживаний, замещаемых в сновидении одновременным, но безразличным переживанием;

4) внутреннее значительное переживание (впечатление, мысль), которое затем постоянно замещается в сновидении свежим, но безразличным впечатлением.

СНОВИДЕНИЕ: КАТЕГОРИЯ – 549317 21918 (три категории

сновидения) – в отношении скрытого содержания сна к его явному содержанию различаются такие категории сновидений:

1) сновидения вполне осмысленные, понятные, – допускающие без затруднений объяснение с позиции нормальной душевной жизни;

2) сновидения, связанные и ясные по смыслу, но все же странные, – смысл которых не связывается с нашей душевной жизнью;

3) сновидения, лишенные смысла и непонятные, – представляющиеся бессвязными, спутанными и бессмысленными (большинство сновидений).

СНОВИДЕНИЕ: МЫСЛЬ СКРЫТАЯ - 51421721819 (латентные мысли сновидения) – собственно, бессознательное содержание сновидения, самый сильный элемент которого влечения вытесненные, скрывающиеся за искажёнными формами их выражения.

СНОВИДЕНИЕ: СИМВОЛИКА – 59849131959 – система символов, направленная на раскрытие содержания сновидений.

СНОВИДЕНИЕ: СИМВОЛИКА ПРЕДМЕТНАЯ – 519317419514 – набор предметов, изображаемых в сновидениях, невелик. Сюда относятся: человеческое тело в целом, родители, дети, братья, сестры, рождение, смерть, нагота и пр.

СНОВИДЕНИЕ: СОДЕРЖАНИЕ СКРЫТОЕ – 51857481917 – полученный при анализе сновидения материал, который характеризует истинное содержание сновидения.

СНОВИДЕНИЕ: СОДЕРЖАНИЕ ЯВНОЕ - 51947131989 – образы сновидения, являющиеся в ходе сна, – сновидение, как оно вспоминается, как запомнилось.

СНОВИДЕНИЕ: СХЕМА ВОЗНИКНОВЕНИЯ - 59149851916 (схема возникновения сновидения и психопатических представлений) – основная схема возникновения сновидений и психопатических представлений одна: вытеснение – ослабление цензуры – образование компромисса. В обоих случаях наблюдаются явления сгущения, смещения и поверхностные ассоциации.

СНОВИДЕНИЕ: ТОЛКОВАНИЕ -514128489 481 – один из важнейших методов психоанализа, позволяющий познать глубинные силы личности – преимущественно бессознательные – и объяснить истинные мотивы её поведения.

СНОВИДЕНИЕ: ЦЕНЗУРА - 548 81431918 – механизм искажения сновидения, реализующий пропуск, модификацию и перегруппировку материала сновидения.

СНОВИДЕНИЕ ДЕТСКОЕ - 519 814319 418 – сновидения периода детства; их общая черта – выполнение желаний, возникших за день и неудовлетворённых.

СНОВИДЕНИЕ ИСПОЛНЕНИЯ ЖЕЛАНИЙ – 518 491319 89 – группа сновидений, обеспечивающих галлюцинаторное исполнение желаний во время сна.

СНОВИДЕНИЕ НЕИСКАЖЁННОЕ – 518 497319 28 – сновидения, дающие прямое, неприкрытое исполнение невыполненных желаний бодрствования.

СНОВИДЕНИЕ ТЕЛЕПАТИЧЕСКОЕ – 519 48 919617514 (4 мин) – возможная разновидность сновидений, отличительный признак и главная характеристика которых – совпадение сновидения и события, возможно, обусловленное приёмом телепатического послания.

СНОВИДЕНИЕ УДОБНОЕ – 548948 514817 – стремящиеся устранить раздражение и продлить сон – например, жаждущим снится, будто они пьют.

СОВЕСТЬ - 514 918 719 12 – способность личности самостоятельно формулировать собственные нравственные обязанности и реализовать нравственный самоконтроль, требовать от себя их выполнения и производить самооценку совершаемых поступков; одно из выражений нравственного самосознания личности. Проявляется и в форме рационального осознания нравственного значения совершаемых действий, и в форме эмоциональных переживаний – например, угрызений совести.

СОВМЕСТИМОСТЬ – 549917 218 – человеческая способность работать совместно, успешно решать задачи, требующие согласованности действий и хорошего взаимопонимания.

СОВМЕСТИМОСТЬ ГРУППОВАЯ – 549 318497 – социально-психологический показатель сплочённости группы, отражающий возможность бесконфликтного общения и согласованности действий её членов в условиях деятельности совместной.

СОВМЕСТИМОСТЬ МЕЖЛИЧНОСТНАЯ – 549 319712 – взаимное приятие партнёров по общению и деятельности совместной, основанное на оптимальном сочетании – сходстве или взаимодополнительности – ориентации ценностных, установок социальных, интересов, мотивов, потребностей, характеров, темпераментов, темпа и ритма психофизиологических реакций и прочих значимых для взаимодействия межличностного индивидуально-психологических характеристик. Критерий совместимости межличностной – высокая непосредственная удовлетворённость результатом и, главное, процессом взаимодействия, когда каждый из партнеров оказался на высоте требований другого и не потребовались специальные усилия на установление взаимопонимания. Совместимость межличностная обычно сопровождается появлением взаимной симпатии, уважения, уверенности в благоприятном исходе будущих контактов.

© Грабовой Г.П., 2003

СОВМЕСТИМОСТЬ ПСИХОЛОГИЧЕСКАЯ – 219 317 895 49 – человеческая способность находить взаимопонимание, налаживать деловые и личные контакты, сотрудничать.

СОВМЕСТИМОСТЬ СЕКСУАЛЬНАЯ – 519 318 719 418 917 128 – соответствие поведения сексуального партнёров – результат интеграции социального, психологического, социально-психологического и биологического обеспечения взаимодействия в сфере интимных отношений. Социальное обеспечение совместимости сексуальной определяется степенью социализации сексуальности, уровнем общей и сексуальной культуры партнёров, усвоением сексуальных и общественных норм, что проявляется в выработке сексуальных установок, потребностей, в кинетике и позах полового акта, в отношении к оценке своей сексуальности. Психологическое обеспечение определяется наличием у партнёров соответствия во влиянии психических факторов и особенностей личностных на развитие и проявления сексуальности.

СОВОКУПНОСТЬ ГЕНЕРАЛЬНАЯ – 548319 31748 – множество субъектов, на которых распространяются результаты исследования. Противоположное понятие – выборка.

СОГЛАСИЕ ГРУППОВОЕ – 548 491 49718 – единство взглядов, характеризующее людей, объединённых в группу.

СОЗНАНИЕ – 548 917 818 (сознательное) – форма отражения объективной действительности в психике человека – высший уровень отражения психического и саморегуляции; обычно считается присущим только человеку как существу общественно-историческому. Характерно тем, что в качестве опосредующего, промежуточного фактора выступают элементы общественно-исторической практики, позволяющие строить объективные (общепринятые) картины мира.

СОЗНАНИЕ: ПАТОЛОГИЯ - 548 498 719489131819 – нарушения в деятельности сознания, при которых образы внешнего мира строятся неадекватно, причем поведение подстраивается под этот искаженный образ. Среди таковых выделяются: оглушение; аменция; онейроид; помрачение сознания сумеречное; кома.

СОЗНАНИЕ: СОСТОЯНИЕ – 519 419 818 49 – психология традиционно признаёт два состояния сознания:

1) сон, рассматриваемый как период отдыха;

2) бодрствование, или активное состояние.

СОЗНАНИЕ: СОСТОЯНИЕ ОНЕЙРОИДНОЕ – 519 491 819 194 (онейроидное состояние сознания) – расстройство сознания, характерное сочетанием образов реального мира и фантастических представлений. В качестве его физиологической основы указывается тормозное состояние коры мозга головного, при котором и сильные, и слабые раздражения вызывают одинаковую реакцию, или даже слабые раздражители приводят к более сильной реакции, чем сильные.

СОЗНАНИЕ НОРМАТИВНОЕ – 548 549 498 714 – сфера сознания, связанная с пониманием и осознанием, а также с принятием существующих в обществе норм и правил поведения.

СОЗНАНИЕ ОБЫДЕННОЕ – 589 498 491 98 – совокупность представлений, знаний, установок и стереотипов, основанных на непосредственном повседневном опыте людей и доминирующих в социальной общности, которой они принадлежат. Отличается от сознания, основу которого составляют научные знания. Сознанию обыденному свойственны ошибки, могущие препятствовать научному познанию мира, способствуя сохранению укоренившихся предрассудков. Вместе с тем фиксация многократно повторяющихся связей между вещами и людьми – народная мудрость, характерная для сознания обыденного, даёт возможность делать правильные выводы, что проверяется практикой повседневной жизни.

СОЗНАНИЕ ПОЛИТИЧЕСКОЕ – 518 419 317 819 498 – социально-психологические феномены, связанные с отношением человека к общественным институтам, прежде всего – институтам власти. К ним относятся как сознательные, так и не всегда осознаваемые предпочтения некоторого типа организации общественной жизни, распределения ответственности, установок по отношению к различным системам социальным, и пр.

СОЗНАНИЕ РЕЛИГИОЗНОЕ – 519 817 – с позиций материализма – фантастическое отражение людьми господствующих над ними природных и социальных сил в образах, представлениях, идеях, соотносимых с действием сверхъестественных сил. Имеет как познавательные, так и эмоциональные корни: страх перед непонятными силами природы, чувство бессилия перед болезнями, стихийными бедствиями, голодом и пр.

СОЗНАНИЕ ЭКСТРАВЕРТИРОВАННОЕ – 514819419 498 (сознание поверхностное) – в нём осознание внешнего мира и одновременно мира внутреннего меняется на протяжении дня. Восприятие событий в значительной мере зависит от состояния человека – напряжён он или расслаблен, бодрствует или полудремлет. Обработка информации меняется, подчас весьма существенно, в зависимости от уровня бодрствования и готовности к восприятию сигналов.

СОМАТИЧЕСКИЙ – 548 498 319517 – телесный, относящийся к телу: термин, применяемый для обозначения различных явлений в организме, связанных с телом, – в противоположность психике.

СОМАТОАГНОЗИЯ – 519 419 819 49 – вид тактильной агнозии;

проявляется в нарушении узнавания частей собственного тела, в нарушении представления о схеме тела.

СОМАТОПСИХОЛОГИЯ – 518 419819417 – в круг её проблем входит изучение личности, психологических вопросов диагностики, лечения, экспертизы больных различными заболеваниями, не относимыми к неврологическим и психическим.

СОМНАМБУЛИЗМ – 514819 498516 (лунатизм; снохождение) – форма сложного, внешне как бы целенаправленного, но неосознаваемого поведения; происходит при переходе от сна к гипнозоподобному состоянию.

СОМНЕНИЕ – 819 498 21931 – 1. Неуверенность в истинности чего-либо; отсутствие твердой веры в кого-либо, во что-либо. 2. Затруднительность, недоумение при разрешении некоторого вопроса.

СОМНЕНИЕ ПАТОЛОГИЧЕСКОЕ – 518 219 31748 – неадекватные тягостно-тревожные переживания нравственно-этического, ипохондрического и прочего содержания, несоответственные реальной и возможной неприятности или беде.

СОН - 518 419 – периодическое функциональное психическое состояние человека и животных со специфическими поведенческими проявлениями в сфере вегетативной и моторной, характерное значительной обездвиженностью и отключённостью от сенсорных воздействий внешнего мира, – состояние, в котором пропадает интерес к внешнему миру. У человека в снах наблюдается угнетение осознаваемой психической активности.

СОН: КАТЕГОРИЯ – 548 498 12 (три категории сна) – в отношении к выполнению желаний различаются три категории сна:

1) сны, являющие в незамаскированном виде такие желания, которые спящий не старался подавить, – детский тип сновидений,

редкий у взрослых;

2) замаскированные изображения подавленных желаний – огромное большинство сновидений;

3) сны, где то или иное подавленное желание выступает открыто или же в слегка замаскированном виде.

СОН БЫСТРЫЙ – 518 918 498 – (сон БДГ – «с быстрыми движениями глаз»; сон быстроволновый; сон «быстрый»; сон парадоксальный) одна из двух основных чередующихся фаз сна. Имеют сложную многоуровневую организацию, обеспечивающую развитие специфических активных процессов в мозге.

СОН МЕДЛЕННЫЙ – 498 9 (сон медленноволновый; сон «медленный») – одна из двух основных чередующихся фаз сна. Имеет сложную многоуровневую организацию, обеспечивающую развитие специфических активных процессов в мозге. В фазе сна медленного наблюдаются тонические (стойкие) изменения вегетативных и моторных показателей: снижается тонус мускулатуры, замедляется дыхание, сердечный ритм.

СОПЕРЕЖИВАНИЕ – 519817 48 – уподобление эмоционального состояния субъекта состоянию другого субъекта или группы социальной; при этом в индивидуальном сознании субъекта отражается отношение другого человека (группы социальной) к происходящим с ним (с нею) событиям.

СОПЕРНИЧЕСТВО – 519 48 31 – стремление к соревнованию с другими людьми; желание одержать над ними верх, превзойти.

СОПОСТАВИМОСТЬ – 318 419 48 – применительно тестов означает, что оценки, полученные посредством теста, можно сравнивать независимо от того, где, когда и кем они получены (если тест применялся правильно).

СОПРОВОЖДЕНИЕ НЕОСОЗНАВАЕМОЕ – 548 219 49 (сопровождение неосознаваемое действий сознательных) – такие процессы просто сопровождают действия. Сюда входят движения непроизвольные, тонические напряжения, мимика и пантомимика, и большой класс вегетативных реакций, сопровождающих действия и психические состояния.

СОПРОТИВЛЕНИЕ – 518 498 47854818 – сила и процесс, производящие вытеснение и поддерживающие его посредством противодействия переходу представлений и симптомов из бессознательного в сознание. Сопротивление – верный признак конфликта и исходит из тех же высших слоёв и систем психики, которые в своё время произвели вытеснение. Сопротивление может быть только выражением Я, которое в своё время произвело вытеснение, а теперь хочет его сохранить.

СОПРОТИВЛЕНИЕ БЕССОЗНАТЕЛЬНОГО – 548491698719 – процесс, происходящий после устранения сопротивления, состоящий в том, что Я приходится ещё преодолеть силу навязчивого воспроизведения – того притяжения, которым бессознательные прообразы влияют на вытесненный процесс влечения.

СОПРОТИВЛЕНИЕ БОЛЬНОГО ЛЕЧЕНИЮ – 548 498 319 317 – сила, препятствующая осознанию забытых воспоминаний, переведению их из бессознательного в сознательное для установления ассоциативных связей воспоминаний бессознательных и сознательных. В процессе психоаналитической терапии это сопротивление создает неосознаваемое противодействие клиента врачу и выздоровлению. Это сопротивление формируется под влиянием Я, не желающего прекратить вытеснения, и сексуальных влечений, не желающих отказаться от замещающего удовлетворения, пока не известно, даёт ли реальный мир что-то лучшее.

СОПРОТИВЛЕНИЕ ТОЛКОВАНИЮ СНОВИДЕНИЯ – 519 498 81 – сопротивление вытеснения, выступающее как признак цензуры сновидения.

СОСОЧЕК ВКУСОВОЙ – 519 319 498 714 – структуры, рассеянные по поверхности языка и содержащие вкусовые почки.

СОСРЕДОТОЧЕННОСТЬ – 51849131914 – 1. Направленность в одно место; собранность в одном месте.

2. Направленность, напряжённость, устремлённость на нечто одно; сконцентрированность внимания.

СОСТОЯНИЕ – 598 498 79849 – в самом общем виде – характеристика любой системы, отражающая её положение относительно координатных объектов среды. Состояние человека может быть внутренне и внешне наблюдаемым. Оно выступает регулятивной функцией адаптации к внешней ситуации и среде. Внутренне наблюдаемое состояние – это зафиксированное сознанием на определённый момент времени интегральное ощущение благополучия (неблагополучия), комфорта (дискомфорта) в некоторых подсистемах организма или всего организма в целом. Внешне наблюдаемое состояние-это степень благополучия (неблагополучия), комфорта (дискомфорта), определяемая по внешне читаемым признакам.

СОСТОЯНИЕ ВЫТЕСНЕНИЯ – 518 498 21948 – своеобразное психическое состояние, в силу которого бессознательные мысли не могли стать сознательными.

СОСТОЯНИЕ ГИПНОИДНОЕ – 548941498571 – особый вид душевного состояния, при котором возникают истерические симптомы.

СОСТОЯНИЕ ДИСКОМФОРТНОЕ – 319 498541589 – переживание нелокализованных отрицательных эмоций, характерных неприятными ощущениями (головная боль) и неблагоприятными психофизиологическими сдвигами.

СОСТОЯНИЕ НАВЯЗЧИВОЕ – 581 489671 49 – непроизвольные, внезапно появляющиеся в сознании тягостные мысли, представления или побуждения к действию, воспринимаемые как чуждые, эмоционально-неприятные. Могут проявляться в виде воспоминаний, сомнений, влечений, внешних действий. Часто связаны с болезненными переживаниями принуждения к их воспроизведению.

СОСТОЯНИЕ ПОГРАНИЧНОЕ – 514 819 318 481 – общее название ряда различных слабых, стертых форм нервно-психических расстройств, находящихся вблизи условной границы между психическим здоровьем и выраженной патологией.

СОСТОЯНИЕ ПСИХИЧЕСКОЕ – 518 491 318 498 194 – понятие, используемое для условного выделения в психике индивида относительно статичного момента – в отличие от понятия процесса психического, подчеркивающего динамические моменты психики, и понятия свойства психического, указывающего на устойчивость проявлений психики, их закреплённость и повторяемость в структуре личности. Интегральная характеристика системы деятельностей индивида, сигнализирующая о процессах их реализаций и их взаимосогласованности.

СОСТОЯНИЕ ПСИХОДЕЛИЧЕСКОЕ – 518 498 891 494 – изменения сознания, вызываемые введением в организм психоделиков.

СОСТОЯНИЕ РЕАКТИВНОЕ – 548 219 3187148 – особые состояния психические – психогении, в клинической картине которых отражается содержание травмы психической.

СОСТОЯНИЕ ФУНКЦИОНАЛЬНОЕ – 548 491 89148514 –

фоновая активность системы нервной, в условиях которой реализуются акты поведенческие. Является общей, интегральной характеристикой работы мозга, означающей общее состояние множества его структур.

СОХРАНЕНИЕ - 548 4986187142 – 1. фаза памяти, характеризующая долговременное хранение воспринятой информации в скрытом состоянии; процесс в памяти – удержание в ней информации.

2. Понятие, используемое в системе генетической психологии Ж. Пиаже для обозначения интеллектуальной операции, связанной с инвариантностью, постоянством свойств предметов внешней среды.

СОЦИАЛИЗАЦИЯ – 549 4893175481 – процесс и результат усвоения и активного воспроизводства индивидом социального опыта, прежде всего – системы ролей социальных. Реализуется в общении и деятельности – в семье, дошкольных учреждениях, школе, в коллективах трудовых и прочих.

СОЦИОБИОЛОГИЯ – 514 987 894 91 – Определяется как наука о биологических основах всех форм социального поведения. В представлениях о природе человека идёт гораздо дальше этологии и доходит до утверждения, что в основе всех форм поведения социального лежат врождённые структуры, присущие человеку так же, как и всем другим животным. Пытается синтезировать данные, собранные этологией и теорией эволюционной, обогащённой достижениями генетики.

СОЦИОБИХЕВИОРИЗМ – 481 491 497 81949 – особенно активно формировался в 60-е гг. Новым по отношению, к бихевиоризму выступает представление о том, что человек может овладеть поведением не путём собственных проб и ошибок, но наблюдением за опытом других и за подкреплениями, сопутствующими тому или иному поведению («научение через наблюдение», «научение без проб»).

Это важное отличие предполагает, что поведение становится когнитивным – содержит познавательную компоненту, в том числе символическую. Этот механизм оказывается важнейшим в ходе социализации, на его основе формируются способы поведения агрессивного и кооперативного. Наблюдение может не только формировать новые формы поведения, но и активизовать усвоенные, прежде не проявлявшиеся.

СОЦИОГЕНЕЗ – 519 498 497 819 497 – в психологии – происхождение, развитие высших функций психических, личности, отношений межличностных, обусловленные особенностями социализации в разных культурах и общественно-экономических формациях. Закономерности социогенеза – предмет психологии исторической, изучающей психологические особенности становления познания, мировосприятия, строя личности, усвоения обычаев и ритуалов в разные эпохи, и прочее, а также предмет этнопсихологии.

СОЦИОГЕНЕТИКА – 548 214 49851498 – согласно её концепциям, индивид – лишь временная оболочка бессмертных генов. Главное назначение жизни индивида – обеспечить сохранность генов и передачу их потомству. Все достижения эволюции и все индивидуальные достижения – лишь средства решения этой задачи.

СОЦИОГРАММА – 498 498817514 – графическое выражение математической обработки результатов, получаемых с помощью теста социометрического при исследовании отношений межличностных в группах малых. Социограмма позволяет наглядно представить структуру отношений в группе, сделать предположения о стиле лидерства, о мере организованности группы в целом. При построении социограммы используются такие понятия, как выбор, выбор взаимный, выбор ожидаемый, отклонение, отклонение взаимное, отклонение ожидаемое.

СОЦИОДРАМА 518491318491 – метод исследования и коррекции социальной, направленный на разрешение и устранение противоречий, напряжённости и конфликтов в целях гармонизации отношений межличностных в разнообразных группах здоровых людей. По идеям и принципам организации социодрама подобна психодраме.

СОЦИОМАТРИЦА 51849171849 – специальная таблица, где фиксируются результаты социометрического опроса. Применяется как основа расчета индексов, построения социограмм и графиков.

СОЦИОМЕТРИЯ – 548917319819 (микросоциология) – наука об обществе, психологическая теория общества и одновременно – экспериментальный метод, тест социально-психологический, обеспечивающие изучение и регуляцию отношений между людьми, применяемые для оценки связей межличностных эмоциональных в группе.

СОЦИОФОБИЯ – 548312498714 – вид невроза, характерный страхом публичности, боязнью публичных выступлений.

СОЮЗ СИМБИОТИЧЕСКИЙ – 519492 498317 – распространённый вид сожительства людей, реализуемый в двух формах:1) пассивной – подчинение, мазохизм; 2) активной – господство, садизм.

СПЛОЧЁННОСТЬ – 318491899174 (сплочённость группы, сплочённость коллектива) – характеристика системы внутригрупповых связей, показывающая степень совпадений оценок, установок и позиций группы по отношению к объектам, людям, идеям, событиям и прочему, особенно значимым для группы в целом.

СПЛОЧЁННОСТЬ ГРУППОВАЯ - 518472498519 – один из процессов динамики групповой, характеризующий степень приверженности к группе её членов. Как её конкретные показатели обычно рассматриваются:1) уровень взаимной симпатии в отношениях межличностных: чем большее количество членов группы нравятся друг другу, тем выше её сплочённость; 2) степень привлекательности (полезности) группы для её членов – чем больше число людей, удовлетворенных своим пребыванием в группе тех, для кого субъективная ценность приобретаемых благодаря группе преимуществ превышает значимость затрачиваемых усилий, – тем выше сила её притяжения и сплочённость.

СПОСОБНОСТЬ - 318471519891 – определяются как такие индивидуально-психологические особенности субъекта, которые выражают его готовность к овладению некоторыми видами деятельности и их успешному выполнению, являются условием их успешного выполнения. Под ними понимается высокий уровень интеграции и генерализации психических процессов, свойств, отношений, действий и их систем, отвечающих требованиям деятельности. Включают в себя как отдельные знания, умения и навыки, так и готовность к обучению новым способам и приёмам деятельности.

СПОСОБНОСТЬ: ПРОИСХОЖДЕНИЕ – 518317219498 – один из самых сложных вопросов: врождённые способности, или они формируются прижизненно. «Врождённый», «прирождённый» обычно понимаются в смысле «полученный от природы», «переданный по наследству»; но с научной позиции это не строго, и предпочтительнее термин «наследственный».

СПОСОБНОСТЬ: РАЗВИТИЕ – 5482172198949811 – очень

остро стоит проблема выявления механизмов формирования и развития способностей. Прежде всего – это данные о периодах сенситивных формированиях функций.

СПОСОБНОСТЬ ИЗОБРАЗИТЕЛЬНАЯ – 548916319498 – система врождённых и выработанных операциональных качеств, обеспечивающих успешное художественное творчество.

СПОСОБНОСТЬ МУЗЫКАЛЬНАЯ – 598791319498 – индивидуально-психологические особенности личности, включающие: 1) природную слуховую чувствительность, обусловливающую анализ естественных, речевых или музыкальных звуков; 2) развившееся в труде и социальном общении субъективное отношение к речевым и музыкальным интонациям, выраженное в виде эмоциональной реакции. В своём развитии они образуют систему со сложными динамическими связями между отдельными способностями.

СПОСОБНОСТЬ СПЕЦИАЛЬНАЯ – 548312819491 – психологические особенности индивида, обеспечивающие возможности успешного выполнения определённого вида деятельности – музыкальной, сценической, литературной и пр. Развитие способностей специальных опирается на соответственные задатки, – например, слух музыкальный и память.

СПОСОБНОСТЬ УМОЗАКЛЮЧЕНИЙ – 519317218491 (способность к умозаключениям) – способность, позволяющая решать задачи без предварительных пробных манипуляций. Появляется у высших млекопитающих, преимущественно у обезьян и человека. Позволяет улавливать связь между различными элементами ситуаций и выводить из неё правильное решение путём умозаключений, не прибегая к пробным действиям наугад.

СРАВНЕНИЕ – 518 491319517 – одна из логических операций

мышления. Задания на сравнение предметов, изображений, понятий широко применяются в психологических исследованиях развития мышления и его нарушений. Анализируются используемые основания для сравнений, легкость перехода от одного из них к другому и пр.

СРЕДСТВО ВОЗБУЖДАЮЩЕЕ – 548 21731949 – наркотик или лекарство, приём которого возбуждает, увеличивает энергию и активность индивида.

СРЕДСТВО ПСИХОТРОПНОЕ – 519 498319471 – лекарственные препараты – химические соединения и природные продукты, обладающие избирательной активностью по отношению к нормальной и нарушенной деятельности психической; их действие направлено на изменения в протекании процессов психических (процессов когнитивных, эмоций, поведения).

СТАДИЯ 514317318418 – период, ступень в развитии чего-либо, при достижении чего-либо.

СТАДИЯ ПРЕГЕНИТАЛЬНАЯ - 49821731948 – ранняя стадия особого рода организации детской сексуальности, которая характерна большой неустойчивостью, появлением садистских и анальных влечений, а также влечением к разглядыванию и познанию.

СТАНДАРТ – 517318 419 – 1. Образец, эталон, модель, принимаемые за исходные для сопоставления с ними прочих подобных объектов. 2. Нечто шаблонное, трафаретное, не содержащее в себе ничего творческого, оригинального, самобытного.

СТАНДАРТИЗАЦИЯ – 061489217218 298 – 1. Установление единых норм и требований – стандартов.

2. В психодиагностике различаются две формы стандартизации:
1) стандартизация и единообразие инструкций, процедуры обсле-

дования, материалов, способов регистрации и прочего при применении какого-то теста – в этом смысле все тесты стандартизованы;

2) стандартизация данных, полученных посредством конкретной методики, – соотнесение их со специально разработанной и обоснованной шкалой оценок.

СТАНДАРТИЗОВАННОСТЬ – 31481249871 – применительно тестов здесь понимается то, что они всегда и везде должны применяться одинаково, начиная от ситуации и инструкции – и кончая способами вычисления и интерпретации полученных показателей.

СТАРОСТЬ – 519 317 849 317 – заключительный период жизни, условное начало которого связано с отходом от непосредственного участия в производительной жизни общества.

Хронологическое определение границы, отделяющей старость от зрелости, не всегда оправданно из-за огромных различий индивидуальных в появлении признаков старения. Эти признаки выражаются в постепенном снижении функциональных возможностей человеческого организма. Кроме прогрессирующего ослабления здоровья, упадка физических сил старость характерна собственно психологическими изменениями – например, интеллектуальным и эмоциональным «уходом» во внутренний мир, в переживания, связанные с оценкой и осмыслением прожитой жизни.

Психология ставит проблему создания условий для активной, полноценной жизни в пожилом и преклонном возрасте, необходимости подготовки человека к наступлению старости.

СТАТИКА – 548471 489716 – состояние покоя или равновесия. Противоположное понятие – динамика.

СТАТИСТИКА – 548471319879 – 1. Наука, изучающая и обрабатывающая количественные показатели общественного развития общества и различных общественных явлений, их соотношения и изменения. 2. Количественный учет массовых явлений.

СТАТИСТИКА МАТЕМАТИЧЕСКАЯ – 51931721848 – область математики, основанная на теории вероятностей. Занимается поиском законов изменения и способов измерения величин случайных, а также обоснованием расчётных методов над этими величинами. Описывает закономерности, характеризующие взаимодействие случайных величин. Её методы широко применяются в психологии для обнаружения «статистически значимых» связей психических и поведенческих явлений с иными факторами, рассматриваемыми как их причины или следствия.

СТАТУС – 54931781949 – в психологии социальной – положение субъекта в системе отношений межличностных, определяющее его права, обязанности и привилегии. В различных группах один и тот же индивид может иметь разный статус. Существенные расхождения в статусе, который обретает индивид в группах, различающихся по уровню развития группового, содержанию деятельности и общения, нередко становятся причинами фрустрации, конфликта и пр.

СТАТУС СОЦИОМЕТРИЧЕСКИЙ – 319517819499 – показатель социально-психических свойств личности как объекта коммуникации в группе, фиксирующий позицию и величину престижа человека в его общении с другими.

СТЕНИЧНОСТЬ – 54831254848 – характеристика высокой работоспособности индивида, устойчивости к различным помехам, способности к длительной непрерывной деятельности – даже при лишении сна в течение нескольких суток. Противоположность стеничности – астения.

СТЕРЕОПСИС – 548421319417 – субъективное ощущение глубины пространства при зрении бинокулярном, обусловленное сетчаточной горизонтальной диспарантностью. При прочих равных условиях – чем больше диспарантность, тем больше видимая глубина.

СТЕРЕОСКОП – 54189218948 – оптическое устройство, которое. Позволяет независимо предъявлять правому и левому глазу два диспаратных изображения одного и того же предмета и тем самым создавать ощущение объемности изображения предмета.

СТЕРЕОТИП - 54893131848 – нечто, повторяемое в неизменном виде; шаблон действия, поведения и пр., применяемый без раздумий, рефлексии, даже неосознанно. Характерная черта стереотипа – высокая устойчивость.

СТЕРЕОТИП ДИНАМИЧЕСКИЙ – 54931721848 – понятие, отражающее интеграцию условно-рефлекторных процессов в коре больших полушарий мозга головного, которая достигается при многократном предъявлении одних и тех же положительных или тормозных раздражителей условных, следующих с постоянными интервалами времени. Система рефлексов условных, образуемых в ответ на устойчиво повторяющуюся систему раздражителей условных.

СТЕРЕОТИП СОЦИАЛЬНЫЙ – 21931721848 – относительно устойчивый и упрощённый образ объекта социального – группы, человека, событии, явления и прочего, складывающийся в условиях дефицита информации как результат обобщения личного опыта и представлений, принятых в обществе (нередко предвзятых).

СТЕРЕОТИП ЭТНИЧЕСКИЙ – 54852131948 – относительно устойчивые представления о моральных, умственных и физических качествах, присущих представителям различных общностей этнических. В из содержании обычно зафиксированы оценочные мнения об указанных качествах, но могут содержаться и предписания к действию в отношении людей данной национальности.

СТЕРЕОТИПИЗАЦИЯ – 528517219314 – восприятие, классификация и оценка объектов социальных (событий) путем распространения на него характеристик некоторой группы социальной и прочего на основе определённых представлений – стереотипов социальных. Как механизм взаимопонимания – классификация форм поведения и интерпретация их причин путём отнесения к уже известным или кажущимся известными явлениям, категориям, стереотипам социальным.

Одна из важнейших характеристик восприятия межгруппового и межличностного; отражает схематизированность и аффективную окрашенность, свойственную этой форме перцепции социальной в целом. С психологической позиции представляет собой процесс приписывания сходных характеристик всем членам некоторой группы социальной или общности без достаточного осознания возможных различий между ними.

СТЕРЕОЭФФЕКТ ПУЛЬФРИХА – 41981931941 – иллюзия зрительная, характерная субъективным ощущением глубины при неодинаковой освещенности глаз наблюдателя. В частности, если одним глазом смотреть на плоско качающийся маятник через красное стекло, а другим – через зелёное, то траектория качания маятника будет восприниматься как эллиптическая. Причина эффекта кроется в различии латентных периодов ощущений, вызванных воздействием света разной длины волны.

СТИЛЬ – 819817319489 – способ осуществления, выполнения чего-либо, характерный совокупностью своеобразных приёмов.

СТИЛЬ КОГНИТИВНЫЙ – 54854231948 – 1. Относительно

устойчивые индивидуальные особенности процессов познавательных субъекта, выражаемые в используемых им стратегиях познавательных. 2. Совокупность частных установок познавательных или видов контроля, устанавливаемых набором специально подобранных тестов.

СТИМУЛ – 542 489198 174 – воздействие, обусловливающее динамику состояний психических индивида (реакцию) и относящееся к ней как причина к следствию. В физиологии и психофизиологии это понятие тождественно понятию раздражения.

СТИМУЛ: ГЕНЕРАЛИЗАЦИЯ – 548317 819499 – приобретение многими стимулами, изначально не связанными с реакцией условной, способности вызывать таковую.

СТИМУЛ: МОДЕЛЬ НЕРВНАЯ – 819492 498714 – конфигурация следа, оставленного в системе нервной как результат повторения раздражителя с фиксированными параметрами. После многократного повторения стимула наблюдается избирательное угасание рефлекса ориентировочного только на этот стимул. На изменение любого из параметров стимула система нервная реагирует усилением рефлекса ориентировочного. Модель стимула нервная выполняет функцию самонастраивающегося многомерного фильтра, избирательно подавляющего рефлекс ориентировочный на многократно повторяющийся стимул.

СТИМУЛ КЛЮЧЕВОЙ – 519317319814 – специальные раздражители – внешние факторы, обусловливающие «запуск» инстинкта. В их роли могут выступать сигналы любой модальности: цвета, запахи, звуки, зрительные формы, движения и пр.

СТИМУЛЯЦИЯ – 517 489319 849 – 1. Процесс и результат применения, приложения стимула, стимулирующего воздействия. 2. Побуждение к действию, поощрение.

СТИМУЛЯЦИЯ ТРИГГЕРНАЯ – 549819317 498 – метод возбуждения мозга головного через анализатор зрительный посредством ритмического предъявления вспышек света с использованием связи обратной. За счёт синхронизации ритмов мозга и световых раздражений может выявляться скрытая склонность к эпилепсии.

СТРАДАНИЕ – 548317489417 – 1. Физическая или нравственная боль, мучение. Состояние боли, болезни, горя, печали, страха, тоски, тревоги и пр. 2. Претерпевание, противоположность деятельности.

СТРАДАНИЕ: ИСТОЧНИК – 318489519614 (три источника страданий) – основные источники страдания людей таковы:

1) превосходящие силы природы;

2) бренность человеческого тела;

3) недостатки интуиции, регулирующих взаимоотношения людей – в семье, обществе и государстве.

СТРАСТЬ – 318717918489 – сильное, стойкое, всеохватывающее чувство, доминирующее над другими побуждениями и приводящее к сосредоточению всех устремлений и сил на предмете страсти.

СТРАТА – 54821721931 – 1. В западной социологии – общественный слой, группа людей, объединенная некоторым общим социальным признаком – имущественным, профессиональным, уровнем образования и пр. Обычно противопоставляется понятию общественного класса.

2. Относительно некоторой группы, коллектива, общества – слой, подгруппа, подобщество, выделенное по определённому признаку.

СТРАТЕГИЯ – 819413 49851 – в психологии – общий план, процедура ведения психологических исследований, терапии и пр.; искусство их проведения.

СТРАТЕГИЯ СРЕЗОВ – 514813514814 – процедура исследования развития некоторой функции психической посредством сравнения показателей этой функции в группах детей, которые отличаются по возрасту, но по всем иным показателям максимально выравнены.

СТРАХ – 489 712 819 48 – эмоция, возникающая в ситуациях угрозы биологическому или социальному существованию индивида и направленная на источник действительной или воображаемой опасности.

СТРАХ ИНФАНТИЛЬНЫЙ – 519 489 319 12 – детский страх, который первоначально есть лишь выражение того, что недостаёт любимого человека. Он, однако, наблюдается и у взрослых как страх невротический, порождённый непосредственным преобразованием либидо в страх.

СТРАХ НЕВРОТИЧЕСКИЙ – 498 317 491 46 – разнообразные формы «бесцельного страха» невротиков; возникают из-за отвлечения либидо от нормального применения, либо из-за отказа психических инстанций.

СТРАХ РЕАЛЬНЫЙ – 498 471 816 – рациональное выражение инстинкта самосохранения как нормальная реакция на восприятие внешней опасности.

СТРАХ СВОБОДНЫЙ – 548 317 718 491 48 – общая неопределённая боязливость, готовая на время привязаться к любой появившейся возможности и выражаемая в состоянии «страха ожидания» или «боязливого ожидания». Страх беспредметный, не связанный с объектом, вызывающим этот страх. Высокие степени страха свободного всегда имеют отношение к заболеванию неврозом страха.

СТРАХ СМЕРТИ – 548 491 318 816 – один из основных видов страха; понимается как процесс, в ходе которого Я слишком широко расходует запас своего нарциссического либидо, как нечто, подобное кастрационному страху.

СТРЕМЛЕНИЕ – 317 841 491857 – мотив, который не представлен субъекту в его предметном содержании, в силу чего на первый план выступает динамическая сторона деятельности. Первичное побуждение, чувственное переживание потребности и тяготение к объекту, выражающееся как влечение и желание. В зависимости от меры осознания оно как динамическая тенденция выражается в виде влечения или желания.

СТРЕСС – 819471 – понятие для обозначения обширного круга состояний психического напряжения, обусловленных выполнением деятельности в особенно сложных условиях и возникающих в ответ на разнообразные экстремальные воздействия – стрессоры.

СТРЕССОР – 917489718 – разнообразные экстремальные воздействия, приводящие к развитию нежелательного функционального состояния – стресса.

СТРУКТУРА – 819 517816 919 – совокупность устойчивых связей между множеством компонент объекта, обеспечивающих его целостность и самотождественность.

СТРУКТУРАЛИЗМ - 498481 819471 – течение в психологии, воплощающее тот же подход, что обеспечил успех химии и физики: расчленение на составляющие элементы.

СТРУКТУРИРОВАНИЕ – 571 816 917 988514 – стратегия запоминания, при которой элементы запоминаемой информации связываются в целостные группы по некоторому логическому основанию.

СТРУКТУРНОСТЬ – 91861 – свойство восприятия объединять воздействующие стимулы в целостные, сравнительно простые структуры.

СТУПОР – 518 471 819317 – состояние резкой угнетённости, выражаемой в полной неподвижности, молчаливости. Наблюдается при некоторых психозах.

СТЫД - 51871631981514 – эмоция, возникающая в результате осознания несоответствия, реального или мнимого, своих поступков или некоторых индивидуальных проявлений принятым в данном обществе и им самим разделяемым нормам или требованиям морали. Стыд может быть связан с поведением или проявлением черт личностных других, как правило, близких людей (стыд за другого).

СУБКУЛЬТУРА - 548 483319 817 – некоторая относительно обособленная или же условно выделяемая по некоторым критериям органическая часть общей культуры.

СУБКУЛЬТУРА ДЕТСКАЯ – 517 497 548 814 – в широком смысле – всё, что создано человеческим обществом для детей и детьми; в более узком – смысловое пространство ценностей, установок, способов деятельности и форм общения, реализуемых в детских сообществах данной конкретно-исторической социальной ситуации развития.

СУБЛИМАЦИЯ - 319 491718 827 (сублимирование) – в психоанализе – процесс и механизм преобразования энергии сексуального влечения, характерный заменой сексуальной цели на цель более отдалённую и более ценную социально: энергия сексуального влечения преобразуется в социально приемлемые формы активности, в частности – творческую активность.

СУБЛИЧНОСТЬ - 514821314 498 – как бы относительно независимые, более или менее развитые личности внутри человека; они могут соответствовать ролям, которые человек играет в жизни.

СУБТЕСТ - 498 381498714 – часть теста или его подшкала, имеющая самостоятельное значение и оценивающая какое-то отдельное свойство.

СУБЪЕКТ – **49106485487148** – в психологии – индивид или группа как источник познания и преобразования действительности; носитель активности.

СУБЪЕКТИВНОСТЬ 418317814219 – отношение к чему-либо, определённое личными взглядами, интересами или вкусами субъекта; отсутствие объективности.

СУБЪЕКТИВНЫЙ – **317514819917** – 1. Свойственный лишь данному субъекту, лицу, – личный; относящийся к субъекту. 2. Односторонний, лишённый объективности, пристрастный, предвзятый.

СУБЪЕКТНОСТЬ ОТРАЖЁННАЯ – **314812219471** – идеальная представленность одного человека в другом, инобытие кого-либо в ком-либо. Отражаясь в других людях, человек выступает как деятельное начало, способствующее изменению их взглядов, формированию новых побуждений, появлению ранее не испытанных переживаний. Так человек открывается людям как значимый для них другой источник новых смыслов личностных.

СУГГЕРЕНД - **8489417319814** – объект гетеросуггестии; им может быть как отдельный человек, так и группа, социальный слой и пр.

СУГГЕСТОР – **481319519816** – источник внушения (суггестии); им может быть индивид, группа, средства массовой информации.

СУЕВЕРИЕ – **58942131975** – предрассудок, состоящий в том, что индивид принимает за реальность неведомые силы, способные предвещать события и даже влиять на них. Содержит допущение, часто неосознанное, что от этих сил можно найти защиту или вступить с ними в компромисс. Поэтому суеверие, как правило, проявляет себя на поведенческом уровне в редуцированных обрядовых формах: ношении талисманов, татуировке, магических жестах и пр. Особое место занимают приметы: определённым событиям приписывается прогностическое значение.

СУЖДЕНИЕ – 54931759851 – одна из логических форм мышления. Отражает связь между двумя понятиями – субъектом и предикатом. В логике разрабатываются классификации суждений. Психология изучает их развитие как формы мышления абстрактного, логического, а также – нарушения мышления логического. В психологической литературе даются интерпретации психологических механизмов, лежащих в основе взаимосвязи понятий.

СУИЦИД – 548 491 219 894 – акт самоубийства, совершаемый в состоянии сильного душевного расстройства либо под влиянием заболевания психического; осознанный акт самоустранения из жизни под воздействием острых психотравмирующих ситуаций, при которых собственная жизнь как высшая ценность теряет смысл. Причины суицида многообразны и коренятся не только в личностных деформациях субъекта и психотравмирующей обстановке, но и в социально-экономической и нравственной организации общества.

СУРДОПСИХОЛОГИЯ – 514817914319 (психология глухих) – раздел психологии специальной, изучающий развитие психическое глухих и слабослышащих людей, возможности его коррекции в условиях обучения и воспитания, в частности – в условиях специального обучения.

СФЕРА МОТИВАЦИОННАЯ – 491318519478 – образуется иерархической структурой мотивов, присущих индивиду. Если сравнить её со зданием, то у разных людей оно может иметь очень разную форму: и в виде пирамиды с одной или несколькими вершинами, и с узким или широким фундаментом, и высокое или низкое, и пр. Сферой мотивационной определяется масштаб и характер личности. Обычно иерархические отношения мотивов не осознаются полностью. Они проясняются в ситуациях конфликта мотивов.

СФЕРА МОТОРНАЯ – 548217319498 – одна из сфер проявления темперамента. Его проявления здесь можно рассматривать как частные выражения общей активности. К ним относятся темп, быстрота, ритм и общее количество движений.

СФЕРА ЭМОЦИОНАЛЬНАЯ – 317489218517 – одна из сфер проявления темперамента. Его проявления здесь выражаются в виде разнообразных эмоций.

СХЕМА – 59831421849 – типичная и повторяющаяся последовательность действий и операций, наблюдаемая в способах приспособления организма к условиям среды. Применительно человека – внутренняя интеллектуальная психологическая структура, управляющая организацией мышления и поведения в различных ситуациях.

СХЕМА КАУЗАЛЬНАЯ – 59431721989 – понятие психологии социальной. Означает:

1) принципы анализа причинности в сфере социального восприятия;

2) устойчивые представления о конкретных причинных связях.

СХЕМА МЫШЛЕНИЯ – 31781949849 – система понятий или логика рассуждений, привычно применяемая субъектом при встрече с незнакомым объектом или новой задачей.

СХЕМА ТЕЛА – 51849189971 – может рассматриваться как психофизиологический информационный аппарат, где постоянно формируются и сопоставляются динамический и статический образы тела, а также оперативные образы – образы будущего движения. На физиологическом базисе схемы тела создаётся личностная надстройка, с помощью которой образуются психологические и эстетические образы тела, несущие и оценочную функцию. На высшем, социально-психологическом уровне развития схемы тела формируются образы, связанные с такими представлениями, как полоролевые функции и мораль. Поэтому схема тела выступает как аппарат не только самопознания, но и самосознания.

Т

Т-ГРУППА – 489517374548 – группа, создаваемая для воздействия на её членов в системе отношений межличностных – с целью развития у них социально-психологической компетентности, навыков общения и взаимодействия.

ТАБЛИЦА ИЗОХРОМАТИЧЕСКАЯ – 548217917218 – таблицы, служащие для проверки зрения цветового, на которых среди пятен одного цвета находятся пятна (цифры, буквы, фигуры) другого цвета – с той же яркостью и насыщенностью. При дефектах зрения цветового эти пятна не различаются. Один из вариантов подобных таблиц – таблицы Е. Б. Рабкина.

ТАБУ – 57432854871 – запрет или система запретов светского или религиозного характера, налагаемые на какой-либо предмет, действие, слово и прочее, нарушение которого влечёт социальные или религиозно-мистические санкции в виде наказания, болезни или смерти.

ТАКСИС – 48931721849 – инстинктивная форма пространственной ориентации животных, механические ориентирующие компоненты актов поведенческих, врождённые способы пространственной ориентации: 1) в сторону жизненно благоприятных условий и раздражений внешней среды (таксисы положительные); 2) прочь от неблагоприятных (таксисы отрицательные). Например, движение по направлению ко всему, что похоже на пищу, и от всего, что неприятно. У растений аналогичные реакции выражаются в изменениях направления роста и называются тропизмами.

ТАКСОН – 51489131948 – совокупность дискретных (раздельных) объектов, связанных определённой общностью свойств и признаков, характеризующих эту совокупность.

ТАЛАНТ – 5984971841 – высокий уровень развития способностей, проявляемых в творческих достижениях, важных в контексте развития культуры, прежде всего – способностей специальных. О наличии таланта следует судить по результатам деятельности, которые должны отличаться принципиальной новизной, оригинальностью подхода.

ТАНАТОС – 519 498 819 471 – влечение к смерти, инстинкт смерти, агрессии и разрушения.

ТАНГОРЕЦЕПТОР – 498171317819 – вид рецепторов тактильных, реагирующих только на прикосновения.

ТАХИСТОСКОП – 914512319489 – прибор, позволяющий предъявлять стимулы зрительные (изображения) на строго определённое, в том числе очень короткое время.

ТВОРЧЕСТВО 519417 – 418614 – психический процесс создания новых ценностей, как бы продолжение и замена игры детской. Деятельность, результат которой – создание новых материальных и духовных ценностей.

ТВОРЧЕСТВО КОМПЬЮТЕРНОЕ – 548 42131949 – вид творческой деятельности, выполняемой посредством компьютера. При правильной организации использования компьютера существенно расширяются возможности человеческого творчества, связанные с постановкой и решением новых задач. Эти задачи могут быть составной частью научного, технического, художественного, организационного творчества, что открывает возможность классифицировать творчество компьютерное. Существенное значение имеет организация диалога между компьютером, реализующим алгоритмические процедуры, и человеком как субъектом творчества компьютерного.

ТЕКСТ – 548517199897 – законченное, целостное содержательно и структурно речевое произведение; продукт порождения (производства) речи, отчуждённый от субъекта речи (говорящего); в свою очередь, является основным объектом её восприятия и понимания. Любой текст, воспринимаемый как «нормальный», обладает признаками цельности и связности. Под связностью понимается семантическая, синтаксическая, интонационная и прочие взаимозависимости отдельных компонент текста (высказываний), обеспечиваемая в разных языках (и разных текстах) разными средствами.

ТЕЛЕ – 518517319418 – термин, означающий простейшую единицу чувств – вчувствований, возникающих между людьми, передаваемых между ними и определяющих количество и качество отношений, межличностных.

ТЕЛЕПАТИЯ – 519489 491848 – явление передачи на расстоянии – без помощи достоверно известных науке способов общения – информации о состоянии одного человека другому, или же некоторых мыслей или образов.

ТЕМБР – 519 317 814 – субъективно воспринимаемая особенность звука в виде его окраски, связанная с одновременным воздействием разночастотных звуковых колебаний, входящих в состав сложного звука.

ТЕМПЕРАМЕНТ – 548 917 319818 – устойчивое объединение индивидуальных особенностей, связанных с динамическими, а не содержательными аспектами деятельности; те индивидуальные свойства, что в наибольшей мере зависят от природных способностей человека. Темперамент – индивидная характеристика субъекта со стороны динамических особенностей его деятельности психической: интенсивности, скорости, темпа, ритма психических процессов и состояний.

ТЕМПЕРАМЕНТ: КЛАССИФИКАЦИЯ – 919 317918498 – в различных классификациях темпераментов в основу полагаются разные их свойства:

1) скорость и сила реакций эмоциональных;

2) уровень активности и преобладающий чувственный тон;

3) шкалы экстраверсии / интроверсии и невротизма / стабильности эмоциональной;

4) реактивность и активность;

5) активность психическая общая, историка и эмоциональность.

ТЕМПЕРАМЕНТ: ТИП – 519817319498 – согласно учению древнегреческого врача Гиппократа (VI в. до н. э.), имеется четыре типа темперамента. Считалось, что в организме имеется четыре основных жидкости, или «сока»: кровь, слизь, жёлтая желчь и чёрная желчь. Смешиваясь в определённых пропорциях, они составляют его темперамент. Конкретное название типы темперамента получили по преобладающей в организме жидкости: темперамент меланхолический, сангвинический, флегматический и холерический.

ТЕМПЕРАМЕНТ: УЧЕНИЕ ПСИХОЛОГИЧЕСКОЕ - 59847231949 (психологическое учение о темпераменте) – Подход к темпераменту, характерный для этого учения, – идти от анализа только поведения. При определении темперамента, как правило, не фигурирует признак врождённых, или органических основ, а главная нагрузка – на признаке «формально-динамических свойств поведения», которые абстрагируются из целостных поведенческих актов.

ТЕМПЕРАМЕНТ: УЧЕНИЕ ФИЗИОЛОГИЧЕСКОЕ – 51931721849 (физиологическое учение о темпераменте) – на протяжении давней и сложной истории учения о темпераменте он всегда связывался с физиологическими особенностями организма.

ТЕМПЕРАМЕНТ:| ХАРАКТЕР – 217 28949871 (темперамент и характер) – хотя в психологии они различаются, чёткой границы между ними нет. В самом общем и приблизительном смысле темперамент продолжает пониматься либо как «природная основа», либо как «динамическая основа» характера.

ТЕНДЕНЦИЯ - 319516 49878 – 1. Направленность во взглядах и действиях; склонности, свойственные кому-либо или чему-либо.

2. Направление, в котором идёт развитие какого-то явления.

3. Идея, направленность мысли, высказывания, произведения.

4. Предвзятая идея, мысль, мнение, навязываемые кому-либо.

ТЕНДЕНЦИЯ ДЕТЕРМИНИРУЮЩАЯ – 598716 919712 – понятие означает состояние психическое, возникающее при постановке задачи, в котором определяется направленность и избирательность мышления.

ТЕОРИЯ – 319817914216 – теория научная – это систематизированное описание, объяснение и предсказание явлений; попытка целостного представления закономерностей и существенных свойств определённых областей действительности, возникающая на базе широко подтверждаемых гипотез. Существует до тех пор, пока не накапливается определённое количество противоречащих ей данных, требующих пересмотра теории или даже отказа от неё.

ТЕОРИЯ АВТОМАТИЗМА 319 821491 216 – основана на принципе параллелизма психофизического: если физиологические процессы не зависят от психических, то всю жизнедеятельность человека можно описать средствами физиологии.

ТЕОРИЯ АКТОВ КОММУНИКАТИВНЫХ – 319 217898 617 – относится к группе теорий соответствия когнитивного. Проводит идею о том, что средство преодоления дискомфорта, вызванного несоответствием между отношением человека к другому человеку и его отношением к общему для них объекту, – это развитие коммуникации между партнёрами, в ходе которой позиция одного из них изменяется и тем самым восстанавливается соответствие.

ТЕОРИЯ БАЛАНСА СТРУКТУРНОГО – 498 217598 248 – относится к группе теорий соответствия когнитивного. Базируется на идее соответствия и идее атрибуции; рассматривает состояние сбалансированности когнитивной структуры человека в ситуации восприятия им другого человека и построения двух рядов отношений: к этому человеку и к объекту, общему для двух партнёров по общению.

ТЕОРИЯ БЕССОЗНАТЕЛЬНОГО – 319 371819498 – согласно ей в психике существуют три сферы (области): сознание, предсознание (предсознательное) и бессознательное.

ТЕОРИЯ ДЕЯТЕЛЬНОСТИ – 518317598491 – Основа её – представления о строении деятельности, хотя они не исчерпывают теорию полностью. Одно из существенных отличий теории деятельности от предшествующих концепций – признание неразрывного единства сознания и поведения. Это единство заключено уже в главной единице анализа – действии.

ТЕОРИЯ ДИССОНАНСА КОГНИТИВНОГО – 517319489371 – социально-психологическая теория, одна из концепций западной психологии социальной, объясняющая влияние на человеческое поведение системы когнитивных элементов – верований, мнений, ценностей, намерений и пр.

ТЕОРИЯ ИГРЫ – 54851791946 – дополнение теории игры К. Гросса, где акцент при анализе игры был смещен с операционного аспекта на мотивационный. Стремление к игре, заключаемой в повторении одних и тех же действий, может поддерживаться только положительными эмоциями, порождаемыми самим процессом деятельности. Это было названо функциональным удовольствием.

ТЕОРИЯ КОНВЕРГЕНЦИИ – 319485498713 – теория развития психического ребёнка, предложенная В. Штерном, в которой сделана попытка примирить два подхода:

1) преформистского – где ведущим фактором признавалась наследственность;

2) сенсуалистического – где упор делался на внешних условиях. В этой теории приоритетность отдаётся наследственным факторам, а бреда рассматривается как фактор, влияющий на темпы развития, ускоряя или тормозя проявления биологически обусловленных качеств. Само развитие психическое трактовалось как созревание изначально заложенных свойств. Соответственно этой методологической установке, периодизация детского развития трактовалась на базе закона биогенетического.

ТЕОРИЯ КОНГРУЭНТНОСТИ - 319317875498 – относится к

группе теорий соответствия когнитивного. Заключается в том, что для достижения соответствия в когнитивной структуре человека как воспринимающего субъекта он одновременно изменяет свое отношение и к другому человеку, и к объекту, который они оба оценивают. Так, если субъект положительно относится к другому субъекту, но отрицательно – к оцениваемому объекту, то в случае позитивного отношения второго субъекта к объекту первый субъект, уменьшая «негативность» своего отношения к этому объекту, уменьшает вместе с тем и «позитивность» своего отношения ко второму субъекту. Здесь соответствие («конгруэнтность») восстанавливается за счёт одновременного изменения этих двух рядов отношений, иногда – за счёт изменения знака отношения.

ТЕОРИЯ КОНСТРУКТОВ ЛИЧНОСТНЫХ – 519 71331849 –в центре теории – представление о том, что главное – то, какими средствами располагает человек для описания мира, для прогнозирования будущих событий. Согласно этой теории, человек строит образ реальности на основе особых – индивидуальных – понятийных шкал, позволяющих установить сходства и различия между событиями. Эти шкалы – «конструкты личностные», – включённые в сложные взаимоотношения, образуют системы, позволяющие выдвигать гипотезы о мире; неподтверждение гипотез влечет отказ от конструкта либо перестройку отношений между конструктами. Личностные сложности обусловлены неадекватностью конструктов и трудностями в их перестройке; на это и направляется коррекция психическая. Применяется также так называемая терапия роли фиксированной.

ТЕОРИЯ КРУГА ФУНКЦИОНАЛЬНОГО – 549 31721849 – модель концептуальная, предложенная Я. Икскюлем (1864 – 1944) в рамках его субъективно-идеалистического учения о мире. Служит для объяснения взаимодействия организма и внешней среды. Исходит из предпосылки, что окружающий мир (Umwelt) существует для живого организма лишь в тех аспектах, что соответствуют его потребностным состояниям. Реализация этих потребностных состояний предполагает согласование двух сторон представленного субъекту мира.

ТЕОРИЯ КУЛЬТУРНО-ИСТОРИЧЕСКАЯ – 549 217 218 98 – концепция психического развития человека. Согласно этой теории, главная закономерность онтогенеза психики состоит в интериоризации ребёнком структуры его внешней, социально-символической – совместной со взрослым и опосредованной знаками – деятельности. В итоге прежняя структура функций психических как «натуральных» изменяется – опосредуется интериоризованными знаками, психические функции «окультуриваются». Внешне это проявляется в том, что они становятся осознанными и произвольными. Так интериоризация выступает и как социализация. В ходе интериоризации структура внешней деятельности трансформируется и «сворачивается», с тем чтобы вновь трансформироваться и «развернуться» в ходе экстериоризации, когда на основе функции психической строится «внешняя» социальная деятельность. Как универсальное орудие, изменяющее психические функции, выступает языковой знак – слово. Здесь намечается возможность объяснения вербального и символического характера процессов когнитивных у человека.

Для проверки основных положений теории была разработана «методика двойной стимуляции», с помощью которой моделировался процесс знакового опосредования, прослеживался механизм вращивания знаков в структуру функций психических – внимания, памяти, мышления.

ТЕОРИЯ ЛИЧНОСТИ – 548 317318498 – система представлений, в которых решающая роль в появлении особенностей личности и психологических расстройств приписывается отношениям межличностным. Типичные межличностные ситуации выступают некоторыми матрицами для формирования определённого типа личности, понимаемой как совокупность социальных масок. Признается, что при изменении отношений социальных (межличностных) можно достигнуть гармонизации личности, что и ставится целью психотерапии.

ТЕОРИЯ ЛИЧНОСТИ ИМПЛИЦИТНАЯ – 518 483319514818 (наивная концепция личности; теория личности здравого смысла) – 1. В широком смысле – совокупность неявных представлений человека или группы людей о структуре и механизмах функционирования личностных образований. 2. В узком смысле – неявные представления о связях между чертами личностными.

Теория личности имплицитная позволяет сформировать целостное впечатление о другом человеке на основании частичной, иногда отрывочной информации о его личностных особенностях. Описывает такие свойства черт личностных, как иерархичность (центральность), оценочность, дифференцированность (сложность когнитивная), степень реалистичности (адекватности), устойчивость.

ТЕОРИЯ ЛИЧНОСТИ МЕРРЕЯ – 514812317314 – её ключевое положение – принцип взаимодействия диадического. Поскольку личность не существует вне окружения социального, объектом анализа должна стать некоторая единица их взаимодействия – система потребность-давление.

В понимании природы фантазии и структуры личности почти

без изменений применяются основные положения психоанализа классического.

ТЕОРИЯ НАУЧЕНИЯ – 517318419817 – общее понятие, означающее совокупность психологических и физиологических концепций, объясняющих, каким образом люди и животные обретают жизненный опыт.

ТЕОРИЯ НАУЧЕНИЯ СОЦИАЛЬНОГО – 51842181949 – представлена сторонниками бихевиоризма в 70-е годы. В ней делается особый упор на то, что многие действия человека формируются под влиянием среды социальной. По мнению сторонников этой теории, одна из главных причин, сделавших людей такими, каковы они есть, связана с человеческой склонностью подражать поведению других с учётом того, насколько благоприятны для индивида могут быть результаты такого подражания. Итак, на индивида влияют не только внешние условия, но он должен также предвидеть последствия своего поведения путём его самостоятельной оценки.

ТЕОРИЯ НЕВРОЗА ТРЁХФАЗНАЯ - 51431721949 (трёхфазная теория возникновения невроза) – модель концептуальная, описывающая развитие невроза как системы выученных поведенческих реакций. Первая стадия: происходит какое-то событие, закономерно вызывающее сильную эмоциональную реакцию, например страх.

Вторая стадия: близко во времени к этому событию происходит другое событие, изначально нейтральное; оно ассоциативно связывается с первым, травмирующим событием и с эмоциональным откликом на него.

Третья стадия: если подкрепление не наступает, то есть первая ситуация не повторяется, происходит угасание эмоциональной реакции. Но если ситуация повторяется, то возникает невроз, в котором эмоциональная реакция запускается уже событиями нейтральными, но ассоциированными с травмирующими событиями.

ТЕОРИЯ НЕПРЕРЫВНОСТИ РЯДА СЕНСОРНОГО КЛАССИЧЕСКАЯ – 54821939871 (классическая теория непрерывности сенсорного ряда) – одна из двух основных теорий классической психофизики, характерная отвержением понятия порога сенсорного. Основной постулат этой теории состоит в положении, что сенсорный ряд не является дискретным, структурированным порогами сенсорными, но строится континуально и являет собой непрерывный ряд различных степеней ясности. Согласно этой теории, в каждый момент времени на систему сенсорную действует множество различных факторов, благоприятных или неблагоприятных для распознания данного стимула. В таких условиях появление ощущения зависит и от интенсивности раздражителя, и от бывшего в момент его действия соотношения побочных факторов.

ТЕОРИЯ ОПОСРЕДОВАНИЯ ДЕЯТЕЛЬНОСТНОГО ОТНОШЕНИЙ МЕЖЛИЧНОСТНЫХ - 398714298517 (теория деятельностного опосредования межличностных отношений) – социально-психологическая теория коллектива. В ней постулируется, что в развитой группе происходит опосредование отношений межличностных содержанием, целями и задачами деятельности, выполняемой группой. При изменении целей изменяется структура отношений межличностных. Итак, опосредование деятельностное выступает системообразующим признаком коллектива.

В рамках этой теории исследован ряд социально-психологических феноменов: самоопределение коллективное, единство ценностно-ориентационное, мотивационное ядро межличностных выборов, действенная групповая эмоциональная идентификация, референтность.

ТЕОРИЯ ОТНОШЕНИЙ – 598472898471 – одна из авторитетных теорий в отечественной психологии. Система отношений рассматривается как психологическое ядро личности. Через это понятие оказалось возможным рассмотреть различные психические явления.

ТЕОРИЯ ПАМЯТИ – 549317489319 – концепция, выделяющая два вида памяти:

1) память-привычка, или память тела – основой которой служат физиологические мозговые процессы; 2) память-воспоминание, или память духа – не связанная с деятельностью мозга головного.

ТЕОРИЯ ПОИСКА СМЫСЛА ЖИЗНЕННОГО - 5484983194815 (теория поиска смысла жизни) – психокоррекционная и психотерапевтическая теория личности, объясняющая психологические проблемы потерь человеком смысла жизненного. Направляет процедуры психокоррекции и психотерапии на поиск утраченного смысла жизни.

ТЕОРИЯ ПОЛЯ – 491489 49719 – Понятие поля связывается с системой объектов-побудителей, существующих «здесь и сейчас» в субъективном пространстве человека. Поле напряжено, когда возникает нарушение равновесия между индивидом и средой. Напряжение нуждается в разрядке, что реализуется как выполнение намерения. При выполнении намерения объекты, в которых человек более не испытывает потребности, теряют побудительную силу.

Ситуации, в которых поведение определяется объектами поля, называются поведением полевым; его нормальный вариант предполагает, что объект управляет поведением в силу соответствия потребности. Но возможны варианты, когда человек подчиняется случайным объектам, просто оказавшимся в его окружении. Ситуативно такое поведение бывает у каждого, но, став стилем поведения, является признаком патологии.

ТЕОРИЯ ПОРОГОВАЯ – 51491731981 – теоретические модели, призванные объяснить принцип работы систем сенсорных. Основная проблема, решаемая при этом, – существование и сущность порогов сенсорных. В одних теориях считается, что системы сенсорные работают по дискретному (пороговому) принципу, в других – по непрерывному (континуальному).

ТЕОРИЯ ПОРОГОВАЯ ФЕХНЕРА – 4983174817 – модель, созданная Г. Т. Фехнером, призванная объяснить принцип работы систем сенсорных. В ней выделяется четыре этапа процесса отражения чувственного:

1) раздражение – процесс физический;

2) возбуждение – процесс физиологический;

3) ощущение – процесс психический;

4) суждение – процесс логический.

Порог сенсорный понимается как переход от возбуждения к ощущению. При рассмотрении количественных соотношений Фехнер, исключив из рассмотрения физиологический план, попытался выявить непосредственную зависимость между раздражением и ощущением. Благодаря этому был выведен закон психофизический основной.

ТЕОРИЯ ПОТОКА СОЗНАНИЯ – 481 48731947 – создана У. Джемсом, представлявшим душевную жизнь как непрерывный поток ощущений, поток опытов из которых сознание отбирает то, что соответствует потребностям, и как бы оформляет внутренний мир человека.

ТЕОРИЯ ПРОТОТИПА – 498517914218 – концепция психологии когнитивной, в которой распознание стимула описывается как соотнесение его с некоторым прототипом, хранимым в памяти и являющим собой абстрактную репрезентацию набора стимулов, образованных множеством сходных форм одного и того же паттерна.

ТЕОРИЯ РАВНОВЕСИЯ – 54847139857 – когнитивная теория отношений межличностных, основанная на допущении, что несбалансированные, противоречивые системы когнитивные автоматически стремятся к достижению большей уравновешенности.

ТЕОРИЯ РАЗВИТИЯ ВЕРОЯТНОСТНАЯ - 37149859491 (теория развития стохастическая) – теория, согласно которой развитие психическое на каждой стадии определяется случайным сочетанием факторов и зависит лишь от уровня, достигнутого на предыдущей стадии развития.

ТЕОРИЯ РАЗВИТИЯ ГРУППОВОГО – 564841 – психоаналитически ориентированная теория развития групп социальных, принимающая как основные моменты развития смену ориентации ценностных, нормативных характеристик и доминирование различных членов группы. Согласно теории, в развитии группы выделяются две фазы:

1) фаза зависимости, или фаза власти;
2) фаза взаимозависимости, или фаза межличностная.

ТЕОРИЯ РАЗВИТИЯ ФУНКЦИОНАЛЬНАЯ - 54149831947 (функциональная теория психического развития) – теория, утверждающая, что развитие какой-либо функции психической прямо зависит от частоты и интенсивности её практического жизненного применения.

ТЕОРИЯ РАЗВИТИЯ ЭВОЛЮЦИОННАЯ – 54849131941 – теория, утверждающая, что в ходе психического и поведенческого развития ребёнка всё – или почти всё – определяется его генотипом, и что в развитии не появляется ничего, не бывшего изначально заложенным хотя бы в зародыше.

ТЕОРИЯ РОЛЕЙ – 59831731948 – социально-психологическая теория личности и отношений межличностных, опирающаяся на понятие роли социальной. Представляет их в терминах поведения ролевого.

ТЕОРИЯ САМОАКТУАЛИЗАЦИИ – 481489319 817 – гуманистическая теория психологии личности. Утверждает, что развивающейся личности свойственно стремление к самоактуализации, которая вместе являет собой высший уровень личностного самосовершенствования.

ТЕОРИЯ СВЯЗИ ДВОЙНОЙ – 598491 319819 (теория двойной связи) – Объясняет появление и развитие шизофрении особенностями общения в семьях больных. Поскольку любое общение может вестись разными способами и на разных уровнях (например, на уровне вербального текста, уровне телесной экспрессии и пр.), возникает возможность противоречия между разноуровневыми сообщениями, исходящими от участников общения. В нормальной ситуации такое противоречие отслеживается собеседниками, и они имеют принципиальную возможность выйти на мета-уровень и обсудить правила своих коммуникаций.

ТЕОРИЯ СЕКСУАЛЬНО-ЭКОНОМИЧЕСКАЯ – 519489 598694 – общее обозначение совокупности идей и концепций В. Райха, направленных на создание науки о «сексуальной экономии», основанной на социальных идеях К. Маркса и психологических идеях З. Фрейда. Фрейдо-марксистская теория сексуально-экономическая должна была объяснить современную сексуальную ситуацию и создать соответственные предпосылки для революции сексуальной, направленной на всемерное освобождение людей от экономических, социальных и псевдоморальных оков буржуазного общества.

ТЕОРИЯ СИСТЕМ ФУНКЦИОНАЛЬНЫХ 519317489714 – концепция организации процессов в целостном организме, взаимодействующем со средой. В её основе – представление о функции как достижении организмом приспособительного результата во взаимодействиях со средой.

ТЕОРИЯ СООТВЕТСТВИЯ КОГНИТИВНОГО - 514817319516 – класс теорий, разработанных в рамках когнитивистского направления западной психологии социальной в 50-е гг. XX в. Имеют целью дать объяснение соотношения логичного и алогичного в поведении человека. Основная идея всех теорий соответствия когнитивного – в том, что когнитивная структура человека не может быть несбалансированной, дисгармоничной; если же дисбаланс появляется, то немедленно возникает тенденция вновь восстановить внутреннее соответствие системы когнитивной. Эта идея по разному представлена в различных теориях.

ТЕОРИЯ УРОВНЕЙ ОБРАБОТКИ – 518498719471 – концепция психологии когнитивной, в которой объём запоминания связывается с некоторым уровнем обработки информации: чем глубже уровень обработки, тем длительнее и лучше запоминание. На поверхностном уровне происходит сенсорный и нелегальный анализ стимула; на следующем уровне стимул опознаётся и определяется его значение; на ещё более глубоком уровне стимул связывается с долговременными ассоциациями.

ТЕОРИЯ УРОВНЕЙ ПОСТРОЕНИЯ ДВИЖЕНИЙ – 514891319488 – по своему значению выходит за рамки проблемы организации движений; есть многочисленные попытки применения её положений к процессам восприятия, внимания, мышления и пр.

ТЕОРИЯ УСТАНОВКИ – 514892319514 – общепсихологическая система представлений, выделяющая в качестве центрального объяснительного понятия принцип установки. Установка, это «целостная модификация субъекта», его готовность к восприятию будущих событий и совершению в определённом направлении действий, что является основой его целесообразной избирательной активности. Установка возникает при «встрече» двух факторов – потребности и ситуации удовлетворения потребностей, определяя направленность любых проявлений психики и поведения субъекта. Когда импульсивное поведение наталкивается на какие-то препятствия, оно прерывается и начинает функционировать специфический для сознания человека механизм объективации, благодаря которому человек выделяет себя из действительности и начинает относиться к миру как объективному и независимому от него.

ТЕОРИЯ ФОРМИРОВАНИЯ ДЕЙСТВИЙ ПЕРЦЕПТИВНЫХ – 518419488511 – концепция, в которой восприятие трактуется как овладение всё более сложными видами действий перцептивных, основанных на сопоставлении свойств воспринимаемых объектов с системами эталонов сенсорных, которыми ребёнок овладевает в детстве. Первоначально происходит овладение внешнедвигательными формами обследования объектов, базируемое на эталонах материальных. Затем, после интериоризации, образуются собственно действия перцептивные, состоящие из всё более свернутых движений воспринимающих органов; при этом эталоны материальные сменяются представлениями эталонными.

ТЕОРИЯ ФОРМИРОВАНИЯ ДЕЙСТВИЙ УМСТВЕННЫХ - 578491319572 (теория поэтапного формирования умственных действий, – теория планомерного формирования умственных действий) концепция, представляет собой общие психологические основы формирования знаний, умений и навыков с предзаданными свойствами на базе определённого плана и программы их поэтапного развития – как управляемого извне процесса образования представлений и понятий об объектах на основе действий внешних.

ТЕОРИЯ ЧЕРТ ЛИЧНОСТНЫХ – 549317318498 (теория черт личности) – теория личности, основанная на научно определённом понятии черты личностной. Рассматривает строение, происхождение, формирование и развитие личности как системы черт личностных.

ТЕОРИЯ ЭЛЕМЕНТОВ СОЗНАНИЯ – 489317219482 – теория, созданная В. Вундтом, который задачей психологии считал изучение элементов сознания (как ощущения и «простые чувствования» типа удовольствие-неудовольствие, покой-беспокойство и пр.) и выявление законов, по которым образуются связи между элементами.

ТЕОРИЯ ЭМОЦИЙ ДЖЕМСА – ЛАНГЕ - 34818519891 – Согласно ей появление эмоций обусловлено вызываемыми от внешних воздействий изменениями как в произвольной сфере двигательной, так и в сфере непроизвольных актов сердечной, сосудистой и секреторной деятельности. Совокупность ощущений, связанных с этими изменениями, и есть эмоциональное переживание. Согласно теории, человек печален потому, что плачет; боится потому, что дрожит; радуется потому, что смеётся. Эмоции рассматриваются как субъективное отражение органических процессов, утверждается их производность от процессов, происходящих в организме.

ТЕОРИЯ ЭМОЦИЙ ИНФОРМАЦИОННАЯ – 519421899478

– концепция, согласно которой эмоции определяются некоторой актуальной потребностью и возможностью её удовлетворения, характеризуемой вероятностью достижения цели. Субъект оценивает эту вероятность на базе врождённого и ранее обретённого индивидуального опыта, непроизвольно сопоставляя информацию о средствах, времени, ресурсах, предположительно надобных для удовлетворения потребности, с текущей информацией. Вероятность достижения цели может прогнозироваться и на осознаваемом, и на неосознаваемом уровне. Возрастание вероятности при поступлении новой информации порождает положительные эмоции, падение вероятности ведёт к отрицательным эмоциям. Стремление максимизовать – усилить, продлить, повторить положительные эмоции и минимизовать – ослабить, прервать, предотвратить отрицательные, определяет регуляторные функции эмоций, их роль в организации поведения целенаправленного.

ТЕОРИЯ ЭМОЦИЙ КЕННОНА – БАРДА - 548317481894 – утверждает, что эмоции суть результат переработки сигналов, поступающих в мозг из среды внешней и внутренней. Переключаясь в таламусе на нервные пути, одновременно идущие к коре мозга головного и к внутренним органам, эти сигналы порождают эмоции и сопутствующие им органические изменения.

ТЕОРИЯ ЭТАЛОНА - 514812319498 – концепция, разработанная в психологии когнитивной, где распознание стимула трактуется как сравнение вызванного им нервного паттерна с хранимыми в памяти внутренними эталонами. При совпадении паттерна вызванного и эталонного стимул распознается.

ТЕРАПИЯ АНАЛИТИЧЕСКАЯ ГРУППОВАЯ - 518471319488 – совокупность психоаналитически ориентированных методов анализа и групповой психотерапии, направленных на избавление клиента от психических конфликтов, обусловивших появление заболеваний, и на достижение соответственного терапевтического эффекта.

ТЕРАПИЯ ВЗАИМОДЕЙСТВИЯ ГРУППОВАЯ – 419 218419 – вид терапии групповой. Анализирует взаимодействие между клиентами с целью установления разыгрываемых игр психологических и оказания на них соответственного воздействия.

ТЕРАПИЯ ИГРОВАЯ – 489517 498 21 (психотерапия игровая) – метод психотерапии, основанный на использовании игры ролевой как одной из самых сильных форм воздействия на развитие личности.

ТЕРАПИЯ ИГРОВАЯ: ДЕТИ АУТИЧЕСКИЕ – 514813 498 714 (игровая терапия аутических детей) – метод психотерапии, основанный на игровых занятиях с аутическими детьми, ориентированных прежде всего на установление между детьми и терапевтом положительного контакта эмоционального. При этом используются рисование, игры с разнообразными игрушками, водой, песком. В ходе терапии корректируются подавляемые ребёнком негативные эмоции (страхи, неуверенность в себе); он становится более открытым к общению; у него увеличивается диапазон доступных действий с предметами.

ТЕРАПИЯ КАУЗАЛЬНАЯ – 498 716 71849 – врачевание, направленное на устранение причин болезни, а не её симптомов.

ТЕРАПИЯ КРИКА УТРОБНОГО – 498 717519 818 – форма психотерапии. Целью ставится избавление клиента от «первичной боли», о которой свидетельствует то или иное физическое или психологическое напряжение.

ТЕРАПИЯ МУЗЫКАЛЬНАЯ – 598 481319 88 (музыкотерапия) – метод психотерапии, основанный на целительном действии музыки на психологическое состояние субъекта. Применяется для лечения больных с нервно-психическими заболеваниями.

ТЕРАПИЯ ПЕРВИЧНАЯ – 491 81891789481 – В основе теории лежит положение о том, что в результате неудовлетворения базовых потребностей – биогенных и потребностей, связанных с взаимоотношениями – накапливается «первичная боль», воплощаемая в физическом и психическом напряжении. Для разрядки напряжения необходимо в терапевтическом процессе вновь пережить события отдалённого прошлого, положившие начало первичной боли. Именно в них кроется причина основных расстройств.

ТЕРАПИЯ ПОВЕДЕНЧЕСКАЯ – 518 491319 88 (терапия поведения) – При этом психические и эмоциональные расстройства рассматриваются как нарушение адаптации индивида к существующим условиям. Задача терапии поведения усматривается в формировании привычек, облегчающих конформное приспособление к действительности. Разница между нормальным и «ненормальным» поведением определяется лишь степенью приспособленности индивида к среде, поэтому несогласие с социальными условиями и любые действия протеста против них порой тоже трактуются как «ненормальность», требующая, подобно неврозам, «исправления» методами терапии.

ТЕРАПИЯ РАЦИОНАЛЬНО-ЭМОТИВНАЯ – 519 317318498 – форма психотерапии когнитивной. Основана на устранении иррациональных суждений клиента, страдающего неврозом.

ТЕРАПИЯ РОЛИ ФИКСИРОВАННОЙ – 548 491319 819 – метод коррекции психической, в ходе которой клиенту предлагается – на базе соответственных приёмов – смотреть на мир глазами другого человека и соответственно вести себя.

ТЕРАПИЯ СЕМЕЙНАЯ – 548 491319 4781 (психотерапия семейная) – комплекс психотерапевтических методик разного рода, направленных на гармонизацию взаимоотношений семейных.

ТЕРАПИЯ СИНТЕТИКО-ГЕРМЕНЕВТИЧЕСКАЯ – 514 813318 489 – метод психотерапии предназначен для содействия процессу индивидуализации клиента. Характерная его черта – то, что после обсуждения с клиентом его актуальных проблем психотерапевт переходит к проблемам мировоззренческого плана. При этом одной из центральных среди таких проблем – особенно если клиент перешагнул сорокалетний рубеж – становится проблема отношения к религии.

ТЕРАПИЯ ТЕЛЕСНО-ОРИЕНТИРОВАННАЯ – 548 49319498 – в центре концепции – оргон, или энергия оргонная, требующая в индивиде свободного выражения.

ТЕРАПИЯ ФОРМООБРАЗОВАНИЯ - 389 716819 49 – метод психотерапии творческого самовыражения. Предназначен для содействия индивидуации клиента. При его проведении фиксируются все неадекватные переживания клиента, которые затем становятся содержанием символического выражения. Для такого выражения используются различные изобразительные средства: пантомима, танец, исполнение музыкальных отрывков, драматические формы, живопись и пр.

ТЕРАПИЯ ХОЛОТРОПНАЯ – 514 48549 719 – методика психотерапии, основанная на результатах психоделических исследований, в которых были выявлены некоторые уровни человеческой психики. К таким уровням отнесены: 1) опыт сенсорный – образованный сильными переживаниями, не имеющими личностного значения; 2) опыт психодинамический, или биографический – представленный личностно значимыми событиями; 3) опыт перинатальный, или добиографический – содержание которого соответствует переживаниям умирания, смерти и повторного биологического рождения; 4) опыт трансперсональный, или сверхбиографический – связанный с расширением сознания и переживаниями опыта филогенетического.

ТЕРМОРЕЦЕПТОР – 518 491489 14 – рецепторы, расположенные на кожной поверхности и во внутренних органах, служащие для контроля за температурными изменениями. Наиболее плотно распределены на лице, наименее – на подошве ног. Из них выделяются рецепторы холодовые – с оптимумом чувствительности 28 – 38 градусов, и тепловые – с оптимумом 35 – 43 градуса. При этом кожные рецепторы холодовые представлены значительно большим количеством, чем тепловые, и располагаются ближе к поверхности. Существуют особые терморецепторы, контролирующие температуру крови; они расположены в гипоталамической области мозга головного.

ТЕСТ - 918491 319 89 – система специальных заданий, позволяющих измерить уровень развития или состояние определённого психологического качества или свойства отдельного индивида – объекта наблюдения.

ТЕСТ: ХАРАКТЕРИСТИКА – 914 481 219 91 – к таковым относятся: адаптированность социокультурная, валидность, достоверность, надёжность, однозначность, сопоставимость, стандартизованность, точность.

ТЕСТ АДДИТИВНЫЙ – 519 818319 49 – относятся к тестам проективным. Среди этой группы тестов популярны методики, предусматривающие завершение фразы и завершение истории. Существуют многочисленные варианты. Фразы предлагаются исходя из того, какие свойства личности подлежат выявлению согласно замыслу автора теста, и призваны стимулировать активность клиента для ответов в нужном направлении. Методики типа завершения истории предполагают завершение неоконченных рассказов или сказок, что часто имеет и психотерапевтическое значение, позволяя отреагировать подавленные переживания в творчестве. Эти тесты несколько схожи с тестом апперцептивным тематическим, и результаты часто интерпретируются аналогично, хотя из-за меньшей неопределённости исходной ситуации можно четче прогнозировать область отреагирования.

ТЕСТ АППАРАТУРНЫЙ – 519 814219 817 – тест, предполагающий применение специальной аппаратуры – различных технических устройств для предъявления тестовой информации или обработки результатов теста. В качестве аппаратуры может выступать аудиотехника, видеотехника, компьютеры и пр.

ТЕСТ АППЕРЦЕПЦИИ ДЕТСКОЙ – 548 714218 91 – относится к тестам проективным, к группе тестов интерпретативных. В различных вариантах в качестве персонажей выступают дети или животные, а ситуации моделируют детские проблемы.

ТЕСТ АППЕРЦЕПТИВНЫЙ ТЕМАТИЧЕСКИЙ – 491 816218 917 (ТАТ) – одна из методик проективных, относящаяся к группе методик интерпретации. Является средством выявления доминирующих потребностей, конфликтов и актуальных эмоциональных состояний невротической личности.

ТАТ состоит из стандартного набора таблиц с изображением достаточно неопределённых ситуаций. Каждая таблица, предполагает актуализацию переживаний определённого типа или отношений к определённым ситуациям и допускает неоднозначную интерпретацию; специально выделяются таблицы, провоцирующие суицид, агрессию, сексуальную перверсию, доминирование-подчинение, сексуальные и семейные конфликты и пр. Часть таблиц предъявляется только мужчинам или только женщинам; есть таблицы для подростков.

ТЕСТ БИНЕ – СИМОНА – 519 49871949 – средство для диагностики развития интеллекта. Сначала тест состоял из 30 вербальных, перцептивных и манипулятивных задач, сгруппированных по критерию повышения трудности в соответственные возрастные когорты: каждая задача данной возрастной когорты должна была решаться 75% детей этого возраста с нормальным интеллектуальным развитием. По количеству правильно решённых ребёнком задач определялся его возраст умственный.

ТЕСТ БЛАНКОВЫЙ - 518 419719 89414871 – тест, основу которого составляют различные бланки с текстами, схемами, рисунками и пр. Сюда относятся анкеты, опросники, таблицы и пр.

ТЕСТ ДОСТИЖЕНИЙ - 498315 419712 – одна из методик психодиагностики; в отличие от тестов интеллекта, измеряют преимущественно сформированность тех или иных свойств – способностей, умений, навыков и знаний – в связи с конкретными программами подготовки. Выявляют степень владения испытуемым конкретными знаниями, умениями, навыками. Служат для определения уровня учебных или профессиональных знаний, умений и навыков в конкретных дисциплинах, для оценки достижений в каком-то виде деятельности, какой-то сфере познания.

ТЕСТ ИМПРЕССИВНЫЙ - 514 481219 818 – относятся к тестам проективным. Требуют выбора, предпочтения одних стимулов другим.

© Грабовой Г.П., 2003

ТЕСТ ИНТЕЛЛЕКТА - 491 898319 491 (тест способностей общих) – одна из особенно популярных и распространённых разновидностей тестов. Методика психодиагностики, предназначенная для выявления умственного потенциала индивида. Служат для оценивания уровня развития мышления (интеллекта) и его отдельных процессов когнитивных: восприятия, внимания, воображения, памяти, речи и пр., – а также для определения особенностей развития интеллектуального.

ТЕСТ ИНТЕРПРЕТАТИВНЫЙ - 481 498219 821 – относятся к тестам проективным. Предполагают толкование, интерпретацию событий, предлагаемых ситуаций, изображений. Среди них особенно популярен тест апперцептивный тематический (ТАТ), считающийся одним из авторитетных. На сходных принципах строится ряд других тестов – тест апперцепции детской, тест руки и пр.

ТЕСТ КАТАРТИЧЕСКИЙ - 519 317814 914 – относятся к тестам проективным. Предполагают творческую деятельность в особо организованных условиях. Яркий пример – психодрама, чаще рассматриваемая как метод психотерапии, но применяемая и для психодиагностики.

ТЕСТ КЕРНА – ЙЕРАСЕКА - 514 897381 498 – диагностический метод для определения уровня психологической готовности к школьному обучению. Содержит три субтеста:

1) рисунок человека – свидетельствующий об уровне общего развития психического;

2) срисовывание схемы расположения точек – показывающее умение действовать по формальному правилу;

3) списывание предложения – по которому можно судить, сформировалось ли представление о делении речи на слова и отдельные

буквы.

По суммированным данным трёх субтестов выдается суждение об уровне готовности или неготовности к школьному обучению.

ТЕСТ КЕТТЕЛЛА - 541 317218 88 – тест личности, основанный на понятии черты личностной. Количественно оценивает 16 различных базисных, независимых черт личностных (факторов) – степень их развитости у обследуемого.

ТЕСТ КОНСТИТУТИВНЫЙ – 519 516719 89 – относятся к тестам проективным. Содержание работы испытуемого – придание смысла материалу, его структурирование.

ТЕСТ КОНСТРУКТИВНЫЙ – 519 818719 31 – относятся к тестам проективным. Предполагают создание, конструирование целого из отдельных деталей. Среди, них известен тест мира.

ТЕСТ КРЕАТИВНОСТИ – 514 812719 917 – совокупность методик для изучения и оценки способностей творческих личности – креативности.

ТЕСТ КРИТЕРИАЛЬНО – ОРИЕНТИРОВАННЫЙ - 519 481391 917 – методики психодиагностики, выявляющие, насколько испытуемый владеет знаниями, навыками умственных действий, необходимыми и достаточными для выполнения определённых классов учебных или профессиональных заданий. Критерием служит наличие или отсутствие этих знаний. Тестирование критериально-ориентированное позволяет обнаружить при анализе результатов конкретные недочёты развития умственного как индивидов, так и целых групп, и наметить меры для их устранения.

ТЕСТ ЛИЧНОСТНЫЙ – 598 317498514 (тест личности) – методы психодиагностики, посредством которых измеряются различные стороны личности: установки, ценности, отношения; свойства эмоциональные, мотивационные и межличностные; типичные формы поведения. Связаны с диагностикой устойчивых индивидуальных особенностей субъекта, определяющих его поступки. Служат для определения выраженности мотивации, интересов, эмоций и отношений индивида, а также особенностей его поведения в определённых ситуациях.

ТЕСТ ЛЮШЕРА – 514 897219 317 (тест предпочтений цветовых) – относится к тестам проективным, к группе тестов импрессивных. В самом распространённом варианте материал представляет набор цветных карточек. Полный набор содержит 73 карточки 25-ти разных цветов, но чаще применяется неполный набор из восьми разноцветных карточек. Все они предъявляются одновременно на белом фоне, и клиенту предлагается расположить их в порядке предпочтения.

При интерпретации исходят из того, что каждый цвет имеет определённое символическое значение и что позиции цветов в ряду имеют определённое функциональное значение, отражая цели личности, способы достижения целей, подавленные потребности и пр.

ТЕСТ МЕЖЛИЧНОСТНЫЙ – 489 821481317 – тесты, позволяющие оценивать взаимоотношения в различных группах социальных, – например, тест социометрический, тест социально-психологической самоаттестации группы как коллектива.

ТЕСТ МИРА – 518493514845 – применяет одну из методик проективных, относящуюся к группе методик конструирования. Относится к тестам проективным, к группе тестов конструктивных. Обследуемому предлагается более 200 моделей разнообразных предметов – людей, животных, машин, домов и прочего, и он по своему усмотрению создает из моделей какой-то мир, не обязательно используя их все. При анализе учитывается, какие предметы выбираются первыми, какого типа предметы использованы, форма конструкций мира, освоенное пространство и пр. Определено несколько типов подхода к конструированию мира, с которыми соотносится работа клиентов.

ТЕСТ ПРОЕКТИВНЫЙ – 51849131971 (тест прожективный) – совокупность методик целостного изучения личности, основанного на психологической интерпретации результатов проекции; тесты, служащие для определения личностных особенностей посредством фиксации реакций на неопределённые и многозначные ситуации.

ТЕСТ ПРОЦЕССУАЛЬНЫЙ – 518414317489 – тесты, основная задача которых состоит в изучении познавательных, поведенческих и прочих процессов психологических, которым в результате дается достаточно точная качественная или количественная характеристика. Применяются, когда исследователь интересуется особенностями протекания у испытуемых процессов психических и поведенческих.

ТЕСТ ПЯТЕН РОРШАХА – 319471219894 (тест пятен чернильных) – одна из методик проективных, относящаяся к группе методик структурирования. Тест диагностирует структурные характеристики личности: особенности аффективно-потребностной сферы и деятельности познавательной (стиль когнитивный), внутриличностные и межличностные конфликты и меры борьбы с ними (механизмы защитные), общую направленность личности (тип переживания) и пр.

ТЕСТ РИСУНКА ЧЕЛОВЕКА – 518498512714 (тест рисования фигуры человека) – одна из методик проективных, относящаяся к группе методик изучения продуктов творчества – к группе тестов экспрессивных. В основном варианте теста обследуемому предлагается на листе бумаги нарисовать человека, а затем – человека противоположного пола. Потом следует опрос относительно нарисованного – пол, возраст, привычки и пр.

При интерпретации исходят из положения о том, что в рисунке выражаются особенности личности клиента, и их можно выявить по предложенной системе критериев. Большое внимание уделяется изображению деталей фигуры, их пропорциям; они трактуются символически – как воплощение отношения к определённым сторонам жизни.

ТЕСТ РИСУНОЧНЫЙ – 54851231948 – относится к тестам проективным, к группе тестов экспрессивных. Отличительный признак – задание клиенту выполнить рисунок на заданную или свободную тему. Сюда относятся тест рисования дерева, тест рисования дома, тест рисования фигуры человека и пр.

ТЕСТ РУКИ – 5984231941 – относится к тестам проективным, к группе тестов интерпретативных. Клиенту предлагается приписать определённое значение различным положениям кисти руки, предъявляемым на изображениях.

ТЕСТ САМОАТТЕСТАЦИИ КОЛЛЕКТИВА - 51931731849 (тест социально-психологической самоаттестации группы как коллектива, тест СПСК) – тест, предназначенный для оценки уровня социально-психологического развития группы малой как коллектива. Представляет системы существующих в группе отношений коллективистских в виде индексов и диаграмм.

ТЕСТ СОСТОЯНИЙ - 51931721918 (тест состояний и свойств) – тесты, предназначенные для диагностики устойчивых состояний и свойств субъекта как личности: черт личностных, свойств темперамента, способностей и пр.

ТЕСТ СОЦИОМЕТРИЧЕСКИЙ - 564801598129 – система специальных вопросов и критериев, направленных на определение отношений людей в пределах изучаемой группы и на поведение самой группы.

ТЕСТ СПОСОБНОСТЕЙ - 81421091429 – тесты для определения уровня развития способностей общих и специальных, определяющих успешность деятельности учебной и профессиональной. Выделяются тесты интеллекта, тесты креативности, тесты способностей специальных (математических, художественных, музыкальных, спортивных).

ТЕСТ СПОСОБНОСТЕЙ СПЕЦИАЛЬНЫХ - 21931748951 – в отличие от тестов интеллекта, соотносятся с конкретными видами деятельности и направлены на диагностику тех характеристик, которые обеспечивают эффективность в конкретной обособленной области (способности музыкальные, математические, моторные, технические и пр.).

ТЕСТ СТАНДАРТИЗОВАННЫЙ - 51971431959 – имеются в виду всякие тесты, ориентированные на какую-либо оценку получаемых показателей, хотя они заведомо являются стандартизованными. Называются так в противоположность тестам проективным и подобным им, которые не предусматривают оценку показателей.

ТЕСТ ЭКСПРЕССИВНЫЙ - 51861731918 – относятся к тестам проективным. Предполагают рисование или подобную деятельность на свободную или заданную тему. Из таковых широко распространены так называемые тесты рисуночные.

ТЕСТИРОВАНИЕ - 59842189848 – метод психодиагностики, использующий стандартизованные вопросы и задачи – тесты, имеющие определенную шкалу значений. Применяется для стандартизованного измерения различий индивидуальных. Позволяет с известной вероятностью определить актуальный уровень развития у индивида нужных навыков, знаний, личностных характеристик и пр.

ТЕСТИРОВАНИЕ: ПРАВИЛО - 53189851964 – правила, строго определяющие процедуры тестирования, обработки и интерпретации результатов.

ТЕТА-РИТМ - 59871261481 – биоритмы мозга головного с частотой 4 – 8 Гц и амплитудой 10 – 200 мкВ. Тета-ритм низкой амплитуды (25 – 35 мкВ) входит как компонента в нормальную энцефалограмму. Активность познавательная приводит к увеличению мощности и пространственной синхронизации тета-волн.

ТЕХНИКА - 51481731949 – совокупность процедур, приёмов и навыков в каком-то виде деятельности.

ТЕХНИКА ПСИХОАНАЛИТИЧЕСКАЯ: ЦЕЛЬ - 51831431948 – она двояка:

1) открыть клиенту неограниченный доступ к его бессознательному; 2) сберечь труд врача.

ТИП - 31951631948 – 1. Вид, форма чего-либо, обладающая определеёными признаками; модель, образец, которому соответствует некая группа объектов, явлений или процессов.

2. Разряд категория людей, объединённых некоторых внешних или внутренних черт, признаков.

3. Образ, содержащий характерные, обобщённые черты какой-то группы субъектов.

4. Индивид, отличающийся некоторыми характерными свойствами, приметами.

ТИП ЧЕЛОВЕКА СОВРЕМЕННОГО - 51831751451 – особый тип человека, созданный бюрократически-индустриальной цивилизацией современной Европы и Северной Америки. Характерные черты этого типа: человек организации, человек-автомат, человек механический, отвращающийся от жизни.

ТИПИЗАЦИЯ - 51481831731 – один из способов создания образов воображения, особенно сложный, граничащий с творческим процессом. Например, художник при изображении конкретного эпизода вмещает в него массу аналогичных, делая его как бы их представителем.

ТИПИЗАЦИЯ ПОЛОРОЛЕВАЯ - 51481231948 – усвоение и приобретение индивидом черт психологических и форм поведения социального, типичных для представителя данного пола.

ТИПОЛОГИЯ - 31941731948 – классификация, подразделение на типы объектов, явлений или процессов по общности некоторых признаков.

ТИФЛОПСИХОЛОГИЯ - 51485141859 (психология слепых) – раздел психологии специальной, изучающий закономерности развития деятельности психической индивида с полностью или частично нарушенным зрением: 1) развитие психическое слепых и слабовидящих людей;

2) пути и способы его коррекции при обучении и воспитании;

3) возможности компенсации нарушений восприятия зрительного с помощью других анализаторов – слуха и осязания. Также исследуются психические особенности восприятия, памяти и мышления в условиях дефицита информации, связанного с отсутствием зрения или его слабостью. Использование результатов тифлопсихологии позволяет на научной основе строить процесс обучения, воспитания и деятельности трудовой слепых и слабовидящих.

ТОЛЕРАНТНОСТЬ - 59917518514 – отсутствие или ослабление

реагирования на некоторый неблагоприятный фактор в результате снижения чувствительности к его воздействию.

ТОЛКОВАНИЕ - 54889814717517489 – процедура раскрытия и объяснения скрытого смысла различных симптомов и символов.

ТОЛПА - 489418519517 – бесструктурное скопление людей, лишённых ясно осознаваемой общности целей, но взаимно связанных сходством эмоционального состояния и общим объектом внимания.

ТОПИКА ПСИХИЧЕСКАЯ - 51848931749 (топика психики) – схематизированное «пространственное» представление основных систем психики в виде различных инстанций.

ТОРМОЖЕНИЕ - 317489517421 – процесс нервный, направленный на ослабление или полное прекращение какого-то вида деятельности организма.

ТОРМОЖЕНИЕ БЕЗУСЛОВНОЕ - 51841751948 (торможение запредельное) – разновидность торможения коркового; в отличие от торможения условного наступает без предварительной выработки. Включает в себя: 1) торможение индукционное (внешнее) – экстренное прекращение условно-рефлекторной деятельности при воздействии посторонних стимулов; его биологическое значение – преимущественное обеспечение реакции ориентировочной на неожиданно возникший раздражитель;

2) торможение запредельное (охранительное) – возникает при действии стимулов, возбуждающих соответственные корковые структуры выше им присущего предела работоспособности, и тем обеспечивает возможность её сохранения или восстановления.

ТОРМОЖЕНИЕ ПРОАКТИВНОЕ - 548481957 (торможение прогрессивное) – затормаживание запоминания под влиянием предшествующей деятельности – тем больше, чем более схож новый материал с тем, что был уже заучен; интегральный процесс нервный, замедляющий научение вследствие того, что ответы, относящиеся к предыдущим элементам материала, тормозят ответы, относящиеся к последующим его элементам. Влияние торможения проективного на ответ тем сильнее, чем больший объём материала заучен до текущего элемента и чем более сложной и сходной с текущей была предыдущая деятельность.

ТОРМОЖЕНИЕ РЕТРОАКТИВНОЕ - 54931721814 (торможение регрессивное) – негативное влияние деятельности, шедшей вслед заучиванию, на последующее воспроизведение заученной информации. Обусловлено интегральным процессом нервным, замедляющим научение в результате того, что ответы на последующие элементы запоминаемого материала оказывают тормозящее влияние на ответы, относимые к предшествующим его элементам – происходит забывание ранее полученного материала под влиянием последующего заучивания.

ТОРМОЖЕНИЕ УСЛОВНОЕ 58131721914 – наблюдается при угасании рефлексов условных, а также их дифференцировании при образовании запаздывающих и следовых рефлексов условных.

ТОТЕМ - 51485419517 – существо, предмет или явление – чаще всего животные или растения – находящееся «в родстве» с конкретной группой людей. Предмет почитания или культа группы людей, считающих его своим покровителем и верящих в общее происхождение и кровную близость с ним.

Наличие тотема служит основой для зарождения и развития классификационной функции, существенной для мышления и процессов когнитивных вообще. Кроме того, что тотем служит предметом почитания общины, носящей его имя, тотемизм психологически шире, чем религиозный культ, ибо включает в себя элементы экологического сознания и филогенетически выступает как форма и стадия формирования сознания общественного.

ТОТЕМИЗМ - 51482153148 19 – с позиций материализма, являет собой проекцию на природу кровнородственных отношений, характерных для родо-племенных общественных структур.

ТОЧНОСТЬ - 594 819 194857 – применительно методик психодиагностических означает их качество, отражающее способность тонко реагировать на малые изменения оцениваемого свойства, происходящие в ходе обследования; её способность достаточно точно оценивать степень развития у испытуемых тех психологических качеств, на диагностику которых она нацелена. Чем точнее методика, тем тоньше можно оценивать градации и оттенки измеряемого качества.

ТРАВМА: ФИКСАЦИЯ - 51931741948 (фиксация на травме) – закрепление жизненной установки на каком-то определённом отрезке или событии собственного прошлого, в силу чего настоящее и будущее остаются для человека в какой-то степени чуждыми. Общая и практически очень значимая черта всякого невроза.

ТРАВМА ПОЛОВАЯ - 51481331849 – своеобразные психические повреждения, аффективные переживания, возникающие в связи с подавлением влечения полового.

ТРАВМА ПСИХИЧЕСКАЯ - 49851431918 – разнообразные повреждения психики, нарушающие её нормальное состояние, порождающие психический дискомфорт и выступающие в качестве причины появления неврозов и иных заболеваний. Причины и симптомы психонервных заболеваний, образующиеся как остатки, осадки и следы аффективных переживаний, мощно воздействующих на психику на деятельность психики и поведение личности.

ТРАДИЦИЯ - 418519317218 – исторически сложившиеся, передаваемые через поколения формы деятельности и поведения, а также сопутствующие им обычаи, правила, ценности, представления.

Традиция складывается на основе тех форм деятельности, что неоднократно подтвердили свою общественную значимость и личностную пользу. С изменением ситуации социального развития некоторой общности традиция может разрушаться, трансформироваться и замещаться новой. Традиции – важный фактор регуляции жизнедеятельности, составляют основу воспитания. В этнопсихологии понятие связки или пучка традиций – одна из характеристик национальной общности.

ТРАДИЦИЯ ПОВЕДЕНЧЕСКАЯ - 519516317489 – явление передачи нового, «изобретённого» каким-нибудь животным способа поведения другим особям популяции, а затем и последующим поколениям. От поведения видотипичного отличается тем, что такие действия присущи не всем особям вида, но лишь тем, что живут на общей ограниченной территории.

ТРАНС 58947121849 – 1. Состояние субъекта во время гипноза, характерное автоматическим выполнением сложных актов поведенческих без осознания цели поступков и внешней ситуации.

2. Расстройство сознания, проявляемое в автоматическом выполнении сложных актов поведенческих на протяжении нескольких минут или более длительного времени, без осознания внешней ситуации и целей своих поступков.

ТРАНСВЕСТИЗМ - 5197175194 – форма перверсии половой, характерная тем, что субъект испытывает половое удовлетворение при надевании одежды противоположного пола.

ТРАНССЕКСУАЛИЗМ - 94851721914 – устойчивое следование индивида поло-ролевым стереотипам поведения, противоположным его биологическому полу. Связан с убеждённостью в неадекватности своего пола и желанием принадлежать к противоположному полу.

ТРАНСФЕР - 4895148194 – применяемый в психоанализе термин, означающий перенос на психотерапевта эмоционального отношения клиента к значимым для него людям – отцу, матери и пр.

ТРЕВОГА - 54857121918 – отрицательные эмоциональные переживания, обусловленные ожиданием чего-то опасного, имеющие диффузный характер» не связанные с конкретными событиями. Эмоциональное состояние, возникающее в ситуациях неопределённой опасности и проявляемое в ожидании неблагополучного развития событий. В отличие от страха как реакции на конкретную угрозу, представляет собой генерализованный, диффузный или беспредметный страх. Обычно связана с ожиданием неудач во взаимодействии социальном и часто обусловлена неосознанностью источника опасности.

ТРЕВОГА ЛОЖНАЯ - 54931731981 – понятие, используемое в психофизиологии для названия ситуации, когда испытуемый сообщает о восприятии сигнала при отсутствии последнего.

ТРЕВОГА ОЖИДАНИЯ - 548493319317– ожидание беды, связанное, благодаря идее возмездия, с внутренним ощущением искушения.

ТРЕВОЖНОСТЬ - 51949131948 (готовность к страху) – состояние целесообразного подготовительного повышения сенсорного внимания и моторного напряжения в ситуации возможной опасности, обеспечивающее соответственную реакцию на страх. Черта личностная, проявляемая в лёгком и частом появлении состояний тревоги. Склонность индивида к переживанию тревоги, характерная низким порогом появления тревоги; один из основных параметров различий индивидуальных.

ТРЕМОР - 59854131748 – непроизвольные быстрые (с частотой около 10 Гц.) ритмические колебательные движения конечностей или туловища, вызванные мышечными сокращениями и связанные с временной задержкой корректирующей афферентной импульсации, в силу чего реализация движения и сохранение позы происходит за счёт постоянной подстройки движений к какому-то среднему значению.

ТРЕНАЖЕР - 54831721888 – технические средства обучения, реализующие модель системы эрратической и обеспечивающие контроль за качеством деятельности обучаемого.

ТРЕНИНГ ОБЩЕНИЯ ДЕЛОВОГО - 548 2172184951 489 – вид тренинга социально-психологического, направленный на приобретение знаний, умений и навыков, на коррекцию и формирование установок, нужных для успешного общения при деятельности профессиональной.

ТРЕНИНГ ПЕРЦЕПТИВНЫЙ - 541312 811 49 – вид тренинга социально-психологического, направленный на развитие способности адекватного и полного познания себя, других людей и отношений, складывающихся в ходе общения. Получаемые в нем новые сведения побуждают человека к переосмыслению сложившихся представлений о себе и о других людях, в конечном счёте побуждают к самосовершенствованию.

ТРЕНИНГ ПРИВИВКОЙ СТРЕССА - 189 317 21948 – психотерапевтический приём в рамках психотерапии когнитивной. Процедура проведения состоит в том, что клиент – после овладения новыми способами осознания и оценивания происходящих событий – помещается в типичные стрессогенные ситуации, моделируемые психотерапевтом в контролируемых условиях. Этот приём распространён прежде всего при лечении страхов и для устранения реакций гнева или агрессии.

ТРЕНИНГ СОЦИАЛЬНО-ПСИХОЛОГИЧЕСКИЙ - 491 481219679 – область психологии практической, ориентированная на использование активных методов групповой психологической работы с целью развития компетентности в общении.

ТРЕНИРОВКА АВТОГЕННАЯ - 519 917914898 (тренировка аутогенная) – метод самовнушения. Используется для психологической саморегуляции, применяется и как психотерапевтический метод – прежде всего для лечения неврозов, депрессивных состояний, заболеваний психосоматических.

Его ядро составляют приёмы погружения в релаксационное состояние и самовнушение, за счёт чего происходит овладение навыками произвольного взывания ощущений тепла, тяжести, покоя, расслабления. Овладение сознательным контролем над подобными функциями приводит к нормализации и активизации основных психофизиологических процессов.

ТРЕТИЙ СТРАДАЮЩИЙ - 594518 498517 – обозначение одного из типов любовного выбора у мужчин, суть которого – в том, что субъект указанного типа никогда не выбирает объектом любви свободную женщину, но только такую, на которую может доказать права другой мужчина.

ТРИТАНОПИЯ - 548 217364 271 – форма частичной слепоты цветовой, характерная отсутствием ощущений цветовых в сине-фиолетовой области спектра.

ТРОПИЗМ - 598 841319 82 – изменения направления в движении частей растения под воздействием биологически значимых раздражителей; рост растений в определённых направлениях, вызванные односторонним, благоприятным либо неблагоприятным воздействием факторов среды – света, земного притяжения, химических веществ.

ТРОПИЗМ: СИСТЕМА - 598 49131748 (система тропизмов) – психоаналитическая классификация первичных мотивов человеческого поведения. Существуют следующие виды тропизмов:

1) генотропизм – базовый тропизм – являет собой некую энергию, обусловленную прежде всего генетическими факторами, которая служит основой для притяжения людей друг к другу и выступает фактором избирательности в контактах.

2) либидо-тропизм – выступает как побуждение к выбору сексуального партнера;

3) идеало-тропизм – ведет к поиску и выбору друга, схожего психологически;

4) оперо-тропизм – побуждает к выбору определённого профессионального занятия;

5) морбо-тропизм – обусловливает «решение» жизненных проблем путём ухода в какую-либо болезнь;

6) танато-тропизм – стремление к смерти.

ТРУД: ОРГАНИЗАЦИЯ НАУЧНАЯ - 549 831719 88 (научная организация труда – НОТ) – дисциплина управления производственным процессом на базе анализа системного. К задачам, решаемым в её рамках, относятся;

1) совершенствование форм разделения труда;

2) улучшение организации рабочих мест;

3) рационализация методов труда;

4) оптимизация нормирования труда;

5) подготовка рабочих кадров.

ТРУД ВЛОЖЕННЫЙ - 598 497488 89 – психологический феномен, состоящий в том, что субъект в большей мере, чем другими компонентами (затраченным временем и пр.), дорожит вкладываемым в деятельность личностно значимым отношением к ней, реализующим его возможности, особенно творческие. Вследствие своей социальной сущности он испытывает потребность в том, чтобы ценимое и переживаемое им как труд вложенный стало предметом признания и положительной оценки со стороны других. При игнорировании обществом труда вложенного у личности падает мотивация, появляется равнодушие, безразличие; последующая деятельность выполняется формально, без мотивационного напряжения, нужного для высокого уровня достижений.

ТРУД КОЛЛЕКТИВНЫЙ - 561 718918 917 – в его условиях впервые появляются такие операции, которые не направлены прямо на предмет потребности – биологический мотив, но на какой-то промежуточный результат.

ТРУДОЛЮБИЕ - 489 713894 814 – черта характера, состоящая в положительном отношении к процессу деятельности трудовой. Проявляется в активности, инициативности, добросовестности, увлечённости и удовлетворённости самим процессом труда.

ТУПОСТЬ - 516 714319 818 – 1. Переносно – несообразительность, умственная ограниченность; лишённость острого ума, восприятия. 2. Переносно – безропотность, безответность, состояние притерпения к чему-либо неприятному.

ТУПОСТЬ ЭМОЦИОНАЛЬНАЯ - 215 495 81 – отсутствие памяти эмоциональной.

У

УБЕЖДЕНИЕ - 497 317 894514 – 1. Осознанная потребность личности, побуждающая её действовать согласно своим ориентациям ценностным. Представления о нормативном поведении, ставшие внутренней мотивацией. Содержание потребностей, выступающих в форме убеждений, отражает определённое понимание природы и общества. Образуя упорядоченную систему взглядов- политических, философских, эстетических, естественнонаучных и прочих, – совокупность убеждений выступает как мировоззрение. 2. Используемый в коммуникации метод воздействия на сознание личности через обращение к её собственному критическому суждению. Основу метода убеждений составляет отбор, логическое упорядочение фактов и выводов согласно единой функциональной задаче. Метод убеждений – основной в полемике научной и в педагогии.

УБЕЖДЁННОСТЬ - 517318319 917 – особое качество личности, определяющее общую направленность всей её деятельности и ориентации ценностных и выступающее регулятором её сознания и поведения. Выражается в субъективном отношении личности к своим поступкам и убеждениям, связанном с глубокой и обоснованной уверенностью в истинности знаний, принципов и идеалов, которыми она руководствуется. Осознанные на основе убеждённости потребности личные, ориентации ценностные и нормы социальные органически включаются в содержание форм жизнедеятельности и определяют поведение личности.

УВЕРЕННОСТЬ В СЕБЕ 517 489719 841 – готовность субъекта решать достаточно сложные задачи, причём уровень притязаний не снижается из-за одних опасений неудачи. Если уровень способностей значительно ниже требуемого для намеченного действия, то имеет место самоуверенность.

УДОВЛЕТВОРЕНИЕ - 548 714317512 – то, что удовлетворяет раздражение влечения.

УДОВЛЕТВОРЕННОСТЬ - 517 491319618 – состояние удовлетворения-чувства удовольствия, испытываемого субъектом, чьи потребности, желания удовлетворены, исполнены.

УДОВЛЕТВОРЕННОСТЬ ТРУДОМ - 571 89 91498 – эмоционально-оценочное отношение личности или группы к выполняемой работе и условиям её протекания. От удовлетворенности трудом, совершенствования форм его организации, гуманизации содержания зависит экономическая эффективность труда.

УЗНАВАНИЕ - 584 31 21472 – опознание воспринимаемого объекта как уже известного по прошлому опыту. Его основа-сличение наличного восприятия с соответственными следами памяти, выступающими в качестве эталонов опознавательных признаков воспринимаемого предмета.

УКРУПНЕНИЕ - 594817 985 97 – мнемоническая стратегия при запоминании. Состоит в переводе по определённым правилам – исходной информации к форме с меньшим количеством составляющих элементов.

УМ 58961431798 – обобщённая характеристика познавательных возможностей человека (в отличие от чувств и воли). В более узком смысле – индивидуально-психологическая характеристика мыслительных способностей.

УМЕНИЕ - 598713314271 – освоенный субъектом способ выполнения действия, обеспечиваемый совокупностью приобретённых знаний и навыков; способность выполнять какое-то действие по определённым правилам, причём действие ещё не достигло автоматизированности. Формируется путем упражнений и создает возможность выполнения действия не только в привычных, но и в изменившихся условиях.

УМОЗАКЛЮЧЕНИЕ - 5148216797851494854 – одна из логических форм мышления, характерная выводом на базе правил логических заключения или следствия из нескольких суждений (посылок). Реализуется в словесной форме, за счёт чего оказывается возможен выход из-под влияния поля перцептивного.

УМОЗАКЛЮЧЕНИЕ БЕССОЗНАТЕЛЬНОЕ - 794175319618 – Здесь слово умозаключение употребляется метафорически, ибо процесс подобен умозаключению лишь по результату, но по природе отличается от умозаключения и проходит бессознательно. Субъект как бы рассуждает – на самом деле подобную работу выполняет неосознаваемый перцептивный процесс. Умозаключения бессознательные происходят при иллюзиях восприятия, когда путём их «использования» восприятие как бы убеждает себя в том, что именно оно воспринимает, хотя эти «рассуждения» приводят его к неверным выводам. Однако в силу бессознательности этого процесса сознательные усилия не могут повлиять на него: субъект может понимать, что его восприятие ошибочно, но не может воспринимать иным образом.

УНИЧТОЖЕНИЕ - 548 483314895 –механизм защитный, ликвидирующий предшествующий акт последующим актом.

УПРАЖНЕНИЕ - 419471918517 – повторное выполнение действия с целью его усвоения. В различных условиях обучения упражнение – это: 1) либо единственная процедура, в рамках которой выполняются все компоненты процесса учения (научения) – уяснение содержания действия, его закрепление, обобщение и автоматизация; 2) либо одна из процедур – наряду с объяснением и заучиванием, предшествующим упражнению и обеспечивающим первоначальное уяснение содержания действия и его предварительное закрепление; здесь упражнение обеспечивает завершение уяснения и закрепления, а также обобщения и автоматизации; в итоге это приводит к полному овладению действием и превращению его (в зависимости от достигнутой меры автоматизации) в умение или навык.

УПРЯМСТВО - 548319316891 – особенность поведения, в устойчивых формах – черта характера; выступает как дефект сферы волевой индивида, выражаемый в стремлении непременно поступать по-своему, вопреки разумным доводам, просьбам, советам или указаниям других людей. Поведение, характерное активным отвержением индивидом требований других людей, обращённых к нему. При этом поведение переходит из предметного плана в межличностный и получает поддержку от мотивов самоутверждения.

УРАВНОВЕШЕННОСТЬ - 514319893714 – Спокойствие, ровность характера, поведения.

УРОВЕНЬ КОНТРОЛЯ СУБЪЕКТИВНОГО - 54931721948 (уровень субъективного контроля – УСК) – способность субъекта контролировать себя и своё поведение, управлять им, брать на себя ответственность за происходящее с ним и вокруг.

УРОВЕНЬ ПРИТЯЗАНИЙ - 31631859847 – понятие для обозначения стремления индивида к цели такой сложности, которая, по его мнению, соответствует его способностям. Соответствует достижениям в некотором виде деятельности и некоторой сфере общения, на которые рассчитывает человек при оценке своих способностей и возможностей.

УСВОЕНИЕ - 549314836489 – основной путь обретения индивидом общественно-исторического опыта. В процессе усвоения он овладевает социальными значениями предметов и способами действия с ними, нравственными основаниями поведения и формами общения. Усвоению подлежат все содержательные компоненты поведения и побудительно-мотивационные, и операциональные.

Усвоение значений предметов материальной и духовной культуры и способов действия с ними составляет основное внутреннее содержание процесса обучения. Стержень воспитания – усвоение нравственных норм поведения.

УСЛОВИЕ «ПОСТРАДАВШЕГО ТРЕТЬЕГО» - 48131798949 – составная часть одного из мужских типов выбора сексуального объекта любовной жизни, суть которого – в том, что субъект никогда не выбирает объектом любви свободную женщину, но лишь такую, на которую может доказать права другой мужчина.

УСЛОВИЕ РАЗВИТИЯ - 89431731849 – факторы, от которых зависит развитие человека. Сюда входят люди, окружающие его с детства, их взаимоотношения, предметы материальной и духовной культуры, и многое пр.

УСТАЛОСТЬ - 5196173194891 – комплекс субъективных переживаний, сопутствующих развитию состояния утомления. Характерен чувствами слабости, вялости, бессилия, ощущениями дискомфорта физиологического, осознанием нарушений в протекании процессов психических, потерей интереса к работе, преобладанием мотивации на прекращение деятельности, негативными реакциями эмоциональными.

УСТАНОВКА - 854 219 488 19 (аттитюд) – готовность, предрасположенность субъекта к восприятию будущих событий и действиям в определённом направлении; обеспечивает устойчивый целенаправленный характер протекания соответственной деятельности, служит основой целесообразной избирательной активности человека. Речь идёт именно о готовности к предстоящему действию.

УСТАНОВКА НЕОСОЗНАВАЕМАЯ - 514 831 31894 (иллюзия установки) – для них характерны проявления двух иллюзий: 1) иллюзии контрастной; 2) иллюзии ассимилятивной.

УСТАНОВКА УМСТВЕННАЯ - 548 717319 894 – пример – когда даётся математический пример с применением тригонометрических символов, создаётся установка решать его с помощью формул тригонометрии, хотя решение может свестись к простым алгебраическим преобразованиям.

УСТАНОВКА ЭТНИЧЕСКАЯ - 601 264519 089 – готовность личности воспринимать явления национальной жизни и отношений межэтнических и соответственно этому восприятию действовать в конкретной ситуации. Фокусируют в себе убеждения, взгляды, мнения людей об истории и современной жизни их общности этнической и взаимосвязей с другими народами, с людьми иных национальностей.

УТОМЛЕНИЕ - 518491498 – временное снижение работоспособности под влиянием длительного воздействия нагрузки. Возникает от истощения внутренних ресурсов и рассогласования в работе обеспечивающих деятельность систем.

Ф

ФАВОРИТИЗМ - 51984951951 – 1. Порядки, при которых действия руководителя, высокопоставленного лица или правителя обусловливаются влиянием их любимцев, фаворитов. 2. Выдвижение, поощрение фаворитов.

ФАВОРИТИЗМ ВНУТРИГРУППОВОЙ - 514918319712 – стремление некоторым образом благоприятствовать членам собственной группы в противовес членам другой группы. Может проявляться как во внешне наблюдаемом поведении в различных ситуациях социального взаимодействия, так и в процессах социального восприятия, например, при формировании оценок, мнений и прочего, относящихся к членам собственной и другой группы.

ФАГОФОБИЯ - 5493172184989148 – вид невроза, характерный патологическим страхом перед едой – из опасения подавиться.

ФАЗА - 58931721849 – момент, отдельная стадия в развитии некоего природного или общественного явления или процесса.

ФАКТ - 49851421947 – 1. Действительное, невымышленное явление, происшествие, событие. 2. Твердо установленное знание, данное в опыте, служащее для некоторого заключения, вывода, для проверки какого-то предположения, гипотезы. 3. Действительность, реальность; нечто, существующее реально.

ФАКТ АССОЦИАЦИИ - 514218598318 – взаимосвязь восприятий в памяти, связующим звеном которой преимущественно является совпадение восприятий во времени.

ФАКТ НАЧАЛА ДВУКРАТНОГО - 54821939481 – один из феноменов психосексуального развития – перерыв этого развития за счёт периода латентного. В нём, видимо, заключается условие способности человека к развитию высшей культуры, но также его склонности к неврозу.

ФАКТ ПСИХОЛОГИЧЕСКИЙ - 314897519317 – под ними подразумевается гораздо более широкий – по сравнению с явлениями психологическими – круг проявлений психики, в том числе их объективные формы, как акты поведения, телесные процессы и прочее, которые также используются для изучения психики.

ФАКТОР - 319489488516 – понятие статистики математической, означающее общую причину многих случайных изменений совокупности величин переменных, событий и пр. Факторы выявляются путем применения специальной математической процедуры – анализа факторного.

ФАКТОР ПРОДОЛЖЕНИЯ ХОРОШЕГО - 54821758947 – объединение в гештальте тех элементов, что в совокупности образуют особенно простые, напрашивающиеся конфигурации.

ФАКТОР РАЗВИТИЯ - 49131951961 – система факторов, определяющих психическое и поведенческое развитие ребёнка. Включают содержание обучения и воспитания, педагогическую подготовленность воспитывающих и обучающих людей, методы и средства обучения и воспитания, и многое пр.

ФАКТОР РИСКА - 48543154821 – психогенный фактор изменённых, непривычных условий существования, характерных наличием угрозы для жизни. Оказывает существенное влияние на переживание ситуации экстремальной.

ФАКТОР СУДЬБЫ ОБЩЕЙ - 54131971961 – объединение в гештальт элементов, имеющих общую динамику функционирования, развития и пр. Примером может быть выделение трёх точек, движущихся в одном направлении, среди множества других, движущихся разнонаправленно.

ФАКТОР ТРАВМАТИЧЕСКИЙ 51961731948 – в психоанализе – состояние, при котором усилия принципа удовольствия терпят неудачу.

ФАКТОР ЧЕЛОВЕЧЕСКИЙ - 5196173194 – 1. В широком смысле – понятие, используемое в социально-экономических дисциплинах для характеристики комплекса факторов, оказывающих определяющее влияние на эффективность общественного производства, связанных с мотивацией, системой ценностей, материальными и духовными условиями существования человека.

2. В узком смысле – понятие, означающее интегральные характеристики связи человека и технического устройства, проявляемые в конкретных условиях их взаимодействия при функционировании системы эргатической.

ФАНАТИЗМ - 589314318 42 – непоколебимая и отвергающая альтернативы приверженность определённым убеждениям, выражаемая в деятельности и общении. Сопряжён с готовностью к жертвам. Преданность идее сочетается с нетерпимостью к инакомыслящим, пренебрежением к этическим нормативам, препятствующим достижению общей цели. Фанатизм – феномен психологии групповой.

ФАНТАЗИРОВАНИЕ - 581319461578 – мечтание, выдумывание, «сочинение» фантазий – чего-то невозможного, неправдоподобного, невероятного.

ФАНТАЗИРОВАНИЕ НАЗАД - 51431848516 – тип ретроспективных, обращённых к прошлому мечтаний и фантазий, особенно характерный для невротиков.

ФАНТАЗИЯ - 561319314817 – 1. Синоним воображения. 2. Продукт воображения.

Фантазия изменяет облик действительности, отраженной в сознании; для неё характерна транспозиция (перестановка) элементов реальности. Фантазия позволяет найти новую точку зрения на уже известные факты и потому обладает огромной художественной и научно-познавательной ценностью. Творческая активность, порождающая фантазия, в значительной мере спонтанна, связана с личной одарённостью и индивидуальным опытом человека, складывающимся в процессе деятельности.

ФАНТАЗМ - 31754829471 – продукт воображения, приводящий к осуществлению бессознательных побуждений несимволическим или символическим путем.

ФАНТОМ КОНЕЧНОСТИ - 441851 489 – иллюзорное чувство наличия утраченной конечности, долгое время сохраняемое после ампутации.

ФАСЦИНАЦИЯ - 58961331948 – специально организованное вербальное воздействие, предназначенное для уменьшения потерь семантически значимой информации при восприятии сообщения реципиентами, за счёт чего возрастает возможность её воздействия на их поведение.

ФАЦИЛИТАЦИЯ СОЦИАЛЬНАЯ - 37149858461 (фасилитация) – повышение скорости или продуктивности деятельности индивида вследствие воображаемого или реального присутствия другого человека или группы людей (без вмешательства в его действия), выступающих в качестве соперника или наблюдателя за его действиями.

ФЕМИНИННОСТЬ - 48931281961 (феминность) – комплекс психологических и характерологических особенностей, традиционно приписываемых женщинам. К ним относятся мягкость, готовности помочь, уступчивость и пр.

ФЕНОМЕН - 514218 21948 – 1. Явление, постигаемое в чувственном опыте. 2. Объект чувственного созерцания – в отличие от его сущностной основы (ноумена – как предмета интеллектуального созерцания). 3. Редкое, необычное явление; выдающийся в каком-то отношении индивид.

ФЕНОМЕН АУБЕРТА - 51451631854 – эффект более лёгкого обнаружения светлых объектов на тёмном фоне, нежели тёмных на светлом – при одинаковых величинах контраста яркостного.

ФЕНОМЕН АУБЕРТА – ФЕРСТЕРА - 54851319498 – зависимость остроты периферического зрения от абсолютной удалённости объектов наблюдения. При одинаковых угловых размерах маленькие и близкие объекты распознаются лучше, чем большие и удаленные. Но при опознании формы этот эффект сменяется обратным.

ФЕНОМЕН АУБЕРТА – ФЛЯЙШЛЯ - 514813319388 – эффект переоценки скорости движущегося объекта в 1.5 – 2 раза при фиксированном взоре, лишённом возможности выполнять следящие движения, ориентированные на скорость и траекторию движущегося объекта.

ФЕНОМЕН БЕЦОЛЬДА – БРЮККЕ - 51849219471 – эффект изменения воспринимаемого цветового тона при увеличении интенсивности, свойственный для всех цветовых тонов, за исключением трех спектральных (476 нм, 507 нм, 575 нм) и одного смешанного – пурпурно-малинового.

ФЕНОМЕН БРОКА-ЗУЛЬЦЕРА - 51482131979 – эффект нарушения закона Блоха, характерный тем, что при выходе продолжительности светового стимула за пределы какото-то критического значения ощущение яркости, пройдя максимум, начинает падать: несколько коротких световых вспышек заметнее по сравнению с равными по интенсивности и суммарному времени, но более продолжительными вспышками. Продолжительность действия светового стимула, при которой видимая яркость максимальна, зависит от интенсивности стимула и от его цветности: медленнее достигается критическая точка при синем цвете, быстрее – при красном.

ФЕНОМЕН НЕСОХРАНЕНИЯ - 561488599712 – факты, говорящие о том, что при невладении ребенком принципом сохранения он ориентируется преимущественно на перцептивные признаки ситуации. Это проявляется, например, в том, что два равных по весу пластилиновых шарика перестают восприниматься равными, как только у одного из них существенно меняется форма.

ФЕНОМЕН ПАНУМА - 54821213499 – стереоскопический феномен. Состоит в том, что при стереоскопическом предъявлении двух изображений, на первом из которых представлена одна вертикальная линия, а на втором – две, субъективно воспринимаются две вертикальные линии, разнесённые по глубине.

ФЕНОМЕН ПИАЖЕ - 548213548314 – психологические явления, связанные с развитием интеллекта детей, впервые обнаруженные Ж. Пиаже у детей среднего возраста дошкольного. Проявляются в ошибочных суждениях детей об абстрактных характеристиках предметов, связанных с их измеримыми качествами (количество, размер, объём и пр.). Объясняются неспособностью детей этого возраста овладеть обратимостью операций, непониманием законов сохранения вещества и количества предметов при изменениях их формы или взаимного расположения.

ФЕНОМЕН СТАБИЛЬНОСТИ МИРА - 451489319712 (феномен стабильности видимого мира) – свойство восприятия зрительного, благодаря которому даже при движении наблюдателя положение объектов воспринимается достаточно константно. Обеспечивается тем, что совокупность предметного окружения некоторого предмета играет роль неподвижной системы отсчета.

ФЕНОТИП - 51842831947 – любой поддающийся наблюдению признак организма – морфологический, физический, поведенческий. Фенотип – продукт взаимодействия генотипа и среды, но на разных уровнях организации – клеточном, органном, организменном – соотношение фенотипа и генотипа различно.

ФЕТИШ - 54831248951 – 1. Некий предмет, наделённый, по представлениям верующих, магической силой и служащий предметом своеобразного поклонения. Отношение к фетишу двойственно: его ублажают и «кормят, когда хотят добиться от него желаемого, и наказывают, когда он „не выполняет" просьбы.

2. Предмет слепого поклонения.

ФЕТИШИЗМ - 51942859878714 – 1. Религиозное поклонение фетишам – общий и постоянный элемент многих религий. 2. Слепое поклонение чему-либо. 3. Один из видов перверсий половых, характерный тем, что половое влечение связывается с различными предметами, по своему биологическому статусу не имеющими эротического значения. Эти предметы (как правило, предметы туалета противоположного пола и пр.) лишь символизируют сексуальный объект – полового партнера, и половое удовлетворение достигается посредством различных манипуляций и контактов с этими символами, которые сами по себе лишены эротического значения. Фетиш замещает объект любви, и взаимоотношения с реальным партнером нарушаются или совершенно прекращаются.

ФИГУМ - 59835145857 – внешнее очертание, форма чего-либо. Некое изображение предмета.

ФИГУРА - 5484131972 (фигура и фон) – различение, возникшее в искусстве изобразительном и введенное в психологию в начале XX в. датским психологом Э. Рубином. Здесь фигурой называется замкнутая, выступающая вперёд, привлекающая внимание часть феноменального паля, имеющая «вещный» характер. А фон окружает фигуру и кажется непрерывно продолжающимся за ней.

ФИЗИОГНОМИКА - 5145648491 – учение об однозначности связи внешнего облика человека с типом его личности, благодаря чему по внешним признакам можно установить психологические характеристики индивида. Возникло в древности на основе представления о предопределённости психического (нравственного) и телесного в человеке тем, что ему изначально предписано природой.

ФИЗИОЛОГИЯ - 58931759861 – наука, изучающая: жизнедеятельность организмов; процессы, протекающие в их системах, органах, тканях, клетках и их структурных элементах; регуляцию функций. Раскрывает законы функционирования организма как целого в его единстве и взаимодействии со средой, в его приспособлении к изменчивым условиям среды, в его развитии.

ФИЗИОЛОГИЯ АКТИВНОСТИ 547189648517 – концепция, трактующая поведение организма как активное отношение к среде, определяемое потребной организму моделью будущего – искомого результата.

ФИКСАЦИЯ - 54831721849 – особенно тесная привязанность влечение к объекту.

ФИЛОГЕНЕЗ - 31949189851 – историческое формирование группы организмов. В психологии филогенез понимается как:1) процесс появления и исторического развития, эволюции психики и поведения животных; 2) процесс появления и эволюции форм сознания в ходе истории человечества.

ФЛАГЕЛЛЯЦИЯ - 54647151892 – бичевание – способ полового возбуждения и получения сексуального наслаждения с помощью бичевания. Реализуется в активной и пассивной формах.

ФЛАГЕЛЛЯЦИЯ ПАССИВНАЯ - 59831951642 – вид мазохизма, при котором субъект испытывает половое удовлетворение при его наказании плетьми.

ФЛЕГМАТИК - 59867131942 – субъект, обладающий одним из четырех основных типов темперамента (в классификации Гиппократа). Человека флегматического темперамента можно охарактеризовать как медлительного, невозмутимого, с низким уровнем активности психической, с устойчивыми стремлениями и более или менее постоянным настроением, со слабым внешним выражением душевных состояний (невыразительностью мимики). Он трудно переключается с одного вида деятельности на другой и приспосабливается к новой обстановке. Преобладает спокойное, ровное настроение. Чувства и настроения обычно постоянны. При неблагоприятных условиях у флегматика может развиться вялость, бледность эмоций, склонность к выполнению однообразных привычных действий.

ФОБИЯ - 59873189849 – навязчивые состояния при заболеваниях психических – болезненные навязчивые неадекватные переживания страхов конкретного содержания, охватывающих субъекта в определённой – фобической – обстановке и сопровождающихся вегетативными дисфункциями – сердцебиением, обильным потом и пр.

ФОБИЯ – РАДИОФОБИЯ - 195987318984964 – комплекс нервно-соматических психических и физиологических расстройств, выражающихся в боязни различных источников облучения

© Грабовой Г.П., 2003

радиацией.

ФОБИЯ – АГОРАФОБИЯ - 1959873189849719 – боязнь открытого пространства; страх скопления людей, которые могут потребовать неожиданных действий; бессознательный страх, испытываемый при прохождении без провожатых большой площади или безлюдной улицы. Проявляется в бессознательном виде, как защитный механизм. Эта фобия может быть получена в реальной жизни из-за страха чего-то, что связано с людьми и эмоциональными травмами от людей. Боязнь мест или событий, где бегство невозможно или когда помощь недоступна, и боязно оставить безопасное место.

ФОБИЯ – АКВАФОБИЯ - 8731898491714 – страх воды, который характеризуется тем, что человек боится купаться. Данный страх может проявляться в виде повышенного сердцебиения, сухости во рту и других симптомов. Аквафобия как правило возникает у лиц, которые пережили сильную травму, связанную с водой. Боязнь воды , при наводнениях , ураганах или цунами.

ФОБИЯ – ВЕРМИНОФОБИЯ - 4199873189849 – боязнь бактерий, микробов, заражения.

ФОБИЯ – ПИРОФОБИЯ - 9198731898498 – навязчивый страх, боязнь огня, пожара.

ФОБИЯ – ХЕМОФОБИЯ - 5159873189849 – боязнь отравления пищевыми продуктами, загрязненным воздухом, инновационными предметами быта, строительными материалами, боязнь токсичности химических веществ.

ФОБИЯ – СЕЙСМОФОБИЯ - 319914 81918 – 1. навязчивый страх землетрясения; 2. любой страх землетрясения, например, у лиц, ставших свидетелями или пострадавшими от разрушительного землетрясения; 3. страх во время землетрясений.

ФОРМИРОВАНИЕ РЕАКЦИИ - 48982131657 – механизм защитный, обеспечивающий преувеличение противоположной тенденции.

ФРЕЙДИЗМ - 54842131947 – философско-психологическое учение австрийского психолога З. Фрейда и его последователей, объясняющее развитие и структуру личности иррациональными, антагонистическими сознанию психическими факторами и использующее основанную на этих представлениях технику психотерапии. Основано на комплексе психоаналитических идей и их развитии. Процедура излечения состояний невротических заключается в доведении до сознания клиента истинных причин его болезненных переживаний и состояний.

ФРЕЙДО-МАРКСИЗМ 598491214918 (фрейдомарксизм) – общее обозначение различных течений, стремящихся объединить фрейдизм и марксизм, но руководствующиеся разнообразными идеями, ориентациями и принципами. Особенно типичны стремления к объединению на основе общности отдельных положений, объединению по принципу равновесной дополнительности, дополнению фрейдизма марксизмом или наоборот.

ФРЕЙМ - 541319365497 – 1. Минимальное описание некоего явления, факта или объекта, обладающее свойством целостности: удаление из этого описания любой составляющей приводит к тому, что данное явление перестает правильно опознаваться (классифицироваться). 2. Эталон, с которым сравниваются изображения, подлежащие классификации – фрейм-классификатор.

ФРЕНОЛОГИЯ - 54854131948 – Учение о связи психических особенностей человека или животного с наружной формой черепа. Основная идея: кора мозга головного состоит из ряда центров, и в каждом локализована определённая способность. При сильном развитии этой способности соответственный центр тоже очень развит, что отражается на конфигурации черепа, позволяя составить с помощью специальных измерений френологическую карту, отражающую: «шишки способностей» к музыке, поэзии, живописи; «бугры» честолюбия, скупости, храбрости и пр.

ФРИГИДНОСТЬ - 5148222 – сексуальная холодность женщины, проявляемая в снижении или отсутствии либидо, сексуальной возбудимости, специфических сексуальных ощущений и оргазма.

ФРОТТАЖ - 561 4981949 – отклонение сексуальное – использование давки в транспорте для прикосновения к лицу противоположного пола с целью получения сексуального удовлетворения.

ФРУСТРАЦИЯ - 598718 49871 – психическое состояние переживания неудачи, обусловленное невозможностью удовлетворения некоторых потребностей, возникающее при наличии реальных или мнимых непреодолимых препятствий на пути к какой-то цели. Может рассматриваться как одна из форм психологического стресса.

ФРУСТРАЦИЯ ДЕТСКАЯ - 598614219718 – негативное состояние психическое у ребёнка, обусловленное невозможностью решения специфических задач возрастного развития. Причиной может быть невозможность овладеть желаемым предметом, запрет со стороны взрослого на выполнения какого-то действия и пр. Наличие фрустрации может обусловить формирование таких черт характера, как агрессивность, возбудимость, пассивность.

ФУНКЦИОНАЛИЗМ - 3195171248918491949 – направление в психологии. С позиции сторонников функционализма, проблема – не в том, чтобы узнать, из чего построено сознание, но в том, чтобы понять его функцию и роль в выживании индивида. Они выдвинули гипотезу, согласно которой роль сознания состоит в том, чтобы дать индивиду возможность приспосабливаться к различным ситуациям, постоянно возникающим перед ним, – или повторяя уже выработанные формы поведения, или изменяя их по требованию обстоятельств, или же осваивая новые действия.

ФУНКЦИЯ - 59412289931 – В физиологии – специфическая деятельность живого организма, его органов и пр.

ФУНКЦИЯ ВЕГЕТАТИВНАЯ - 59861731947 – функции, относящиеся к непроизвольной физиологической активности организма.

ФУНКЦИЯ ПСИХИЧЕСКАЯ: КОМПЕНСАЦИЯ - 598371988749 – возмещение недоразвитых или нарушенных функций психических путем использования сохранных или перестройки частично нарушенных функций. При этом возможно вовлечение в её реализацию новых нервных структур, ранее не участвовавших в осуществлении данных функций. Эти структуры функционально объединяются на основе выполнения общей задачи.

ФУНКЦИЯ ПСИХИЧЕСКАЯ: ЛОКАЛИЗАЦИЯ - 517319817488 (локализация психических функций, свойств и состояний) – представленность в структурах мозга головного мест расположения основных функций, состояний и свойств психических; их связывание с конкретными анатомо-физиологическими отделами и структурами мозга.

ФУНКЦИЯ ПСИХИЧЕСКАЯ ВЫСШАЯ - 31947551849 – сложные, прижизненно формирующиеся системные процессы психические, социальные по происхождению – особый вид функций психических, полностью отсутствующий у животных. Сюда относятся внимание произвольное, память произвольная, мышление логическое и пр.

ФУНКЦИЯ ПСИХИЧЕСКАЯ ВЫСШАЯ: ВОССТАНОВЛЕНИЕ - 594861471218 (восстановление высших психических функций) – раздел нейропсихологии, посвящённый изучению механизмов и методов восстановления функций психических высших, нарушенных вследствие поражений локальных мозга головного.

ФУНКЦИЯ ПСИХИЧЕСКАЯ ВЫСШАЯ: ЛОКАЛИЗАЦИЯ - 31971281949 – отнесение функций психических высших к конкретным мозговым структурам.

ФУНКЦИЯ ПСИХИЧЕСКАЯ НАТУРАЛЬНАЯ - 51464831971 (функция психическая низшая) – понятие дополняет понятие функции психической высшей. Для каждого процесса психического выделяются два уровня – «натуральный» и «высший». Критерии противопоставления бывают различными: неосознанные – осознанные; неопосредованные знаками – опосредованные знаками; непроизвольные – произвольные; рассматриваемые как «природные», биологические – или как «искусственные», культурные, и пр.

Различение этих функций имеет методологическое значение – показывает принципиальную «онтологическую неоднородность» психики. Оно позволяет содержательно охарактеризовать процесс психического развития как процесс качественных изменений.

К функциям психическим натуральным относятся непроизвольные функции – сенсорная, моторная, мнемическая и пр.

ФУНКЦИЯ ПСИХОФИЗИОЛОГИЧЕСКАЯ - 319812499718 – в теории деятельности под ними понимаются физиологические обеспечения процессов психических. Сюда относится ряд способностей организма, как способность к ощущению, к образованию и фиксации следов прошлых воздействий, моторная способность и пр. Соответственно говорится о функциях сенсорной, мнемической и моторной. К этому уровню относятся и врожденные механизмы, закрепленные в морфологии системы нервной, и те, что созревают в первые месяцы жизни.

ФУНКЦИЯ СЕМИОТИЧЕСКАЯ - 518312418714 – в психологии – способность человека создавать и использовать системы знаковые – символы, представляющие или замещающие реальные объекты, и оперировать ими как соответственными реальными объектами.

Х

ХАРАКТЕР - 51486710964 849 – Характер – определяется как индивидуальная, достаточно устойчивая система привычных способов поведения человека в определённых условиях, – как совокупность устойчивых свойств индивида, в которых выражаются способы его поведения и эмоционального реагирования. Черты характера помогают – или мешают – личности устанавливать правильные взаимоотношения с людьми, проявлять выдержку и самообладание в решении сложных жизненных вопросов, отвечать за свои действия и поведение в обществе. Познание характера позволяет со значительной долей вероятности предвидеть поведение индивида и так корректировать ожидаемые действия и поступки.

ХАРАКТЕР: АКЦЕНТУАЦИЯ - 518917319489 – чрезмерное усиление и выраженность отдельных черт характера или их сочетаний, проявляемое в избирательном отношении личности к психологическим воздействиям определённого рода при хорошей или даже повышенной устойчивости к другим.

ХАРАКТЕР: АКЦЕНТУАЦИЯ: ТИП - 518219319 489614 –

поскольку акцентуации характера граничат с соответственными видами психопатических расстройств, их типология основана на детально разработанной в психиатрии классификации психопатий, хотя отражает и свойства характера психически здорового человека. Типы акцентуаций в основном совпадают с типами психопатий, но их список шире.

ХАРАКТЕР: СТРУКТУРНОСТЬ - 589717319489 – характер – это сложное психическое образование, состоящее из многочисленных устойчивых свойств личности, которые выражают отношение человека к внешнему миру, деятельности, к другим людям и самому себе. Эти отношения закрепляются в привычных для человека формах поведения, общения и деятельности, становятся типичными для него и проявляются в различных условиях его жизни и деятельности. Однако типичность не исключает индивидуально-своеобразного проявления этих свойств соответственно неповторимости каждой индивидуальности. Характер – не простая совокупность, случайный набор изолированных особенностей и черт. Его различные свойства взаимосвязаны, взаимозависимы и образуют целостное структурное образование. Закономерные связи и взаимосвязи между отдельными чертами характера выражают его структурность. Структурность характера позволяет, зная ту или иную его черту, предполагать у данного человека наличие ряда других черт, связанных с нею.

ХАРАКТЕР: ТИП - 598481219497 (характер: ориентация: тип) (типы характера; типы ориентации характера) – каждый тип характера – не случайный конгломерат свойств: в их сочетаниях проступает определённая закономерность, определённая логика. Прослеживание этой логики – важная часть исследований психологических.

Почти во всех описаниях типов характера можно найти сочетания очень разнородных, лучше сказать, разнопорядковых свойств: в них не расчленено - содержатся и свойства характера, и свойства личности.

ХАРАКТЕР: ТИПОЛОГИЯ - 51984219498 – практически все авторы типологий подчеркивали, что характер может быть более или менее выражен. Если на оси изобразить интенсивность проявлений характера, степень его выраженности, то обозначатся три зоны:1) зона абсолютно «нормальных» характеров; 2) зона выраженных характеров; подразделяются на акцентуации скрытые и акцентуации явные; 3) зона сильных отклонений характера, или психопатии. Первые две зоны – относятся к норме (в широком смысле), третья – к патологии характера. Акцентуации характера – крайние варианты нормы. Различие между патологическими и нормальными характерами, включая акцентуированные, очень важно.

ХАРАКТЕР АВТОРИТАРНЫЙ - 59847139861 – термин означающий тип характера садомазохистской личности, для которой характерны одновременно восхищение властью и желание подчиниться ей – и стремление самой стать властью и подчинять других. Также свойственна любовь к ограничивающим свободу условиям, охотное подчинение судьбе.

ХАРАКТЕР АСТЕНО-НЕВРОТИЧЕСКИЙ - 518941319488 – один из типов акцентуации характера. Свойственны быстрая утомляемость, раздражительность, склонность к депрессиям и ипохондрии.

ХАРАКТЕР БИОФИЛЬНЫЙ - 548841219 814 – форма структуры характера, выступающая в виде развитой формы продуктивного («генитального») характера. Для него типичны: любовь к жизни и живому; стремление поддерживать рост, развитие и прогресс; конструктивность, продуктивность, созидательность; стремление творить добро, и пр.

ХАРАКТЕР ГИПЕРТИМНЫЙ - 548518519417 – один из типов акцентуации характера. Отличается почти всегда хорошим, даже слегка приподнятым настроением, брызжущей энергией, неудержимой активностью. Постоянно стремление к лидерству – неформальному. Хорошее чувство нового сочетается с неустойчивостью интересов, большая общительность – с неразборчивостью в знакомствах. Гипертимы легко осваивается в незнакомой обстановке. Склонны переоценивать свои возможности и строить чрезмерно оптимистические планы на будущее.

ХАРАКТЕР ДИСТИМНЫЙ - 8184219194 – один из типов акцентуации характера. Свойственны преобладание пониженного настроения, склонность к депрессии, сосредоточенность на мрачных и печальных сторонах жизни.

ХАРАКТЕР ИСТЕРОИДНЫЙ - 8485163194 (характер демонстративный) – один из типов акцентуации характера. Для истероидного акцентуанта труднее всего переносить невнимание к его особе. Он стремится к похвалам, славе, лидерству, но из-за деловой незрелости скоро теряет позиции и тогда очень страдает. Оставить истероида в покое – значит создать ситуацию психологического дискомфорта или даже стресса. Его «слабое звено» – удары по эгоцентризму, невозможность быть в центре внимания, вызвать всеобщий интерес к себе.

ХАРАКТЕР КОНФОРМНЫЙ - 54814 48941 – один из типов акцентуации характера. Свойственны чрезмерная подчинённость и зависимость от мнения других, недостаток критичности и инициативности, консерватизм.

ХАРАКТЕР ЛАБИЛЬНЫЙ - 518 9483194 — один из типов акцентуации характера. Свойственны резкая смена настроения в зависимости от ситуации.

ХАРАКТЕР НАВЯЗЧИВЫЙ - 491319 81949 — термин для названия характера лиц, тяготеющих к действиям навязчивым.

ХАРАКТЕР НЕКРОФИЛЬНЫЙ - 548519819418 — злокачественная форма структуры характера, доброкачественная форма которого описана как характер анальный. Типичны:

1) страх перед жизнью;
2) влечение к мертвечине;
3) интерес к болезням и смерти;
4) особого рода безжизненность и отчуждённость;
5) установка на обладание, власть и силу;
6) ориентация на прошлое;
7) механическое восприятие жизни;
8) принудительный педантизм, садизм;
9) преклонение перед техникой;
10) разрушение жизни, и пр.

ХАРАКТЕР НЕУСТОЙЧИВЫЙ - 5941893194 — один из типов акцентуации характера. Свойственны: склонность поддаваться чужому влиянию, поиск новых впечатлений, поверхностная общительность.

ХАРАКТЕР НОРМАЛЬНЫЙ - 819 9485194 — это характер без отклонений. Перечисляя его свойства, пришлось бы перечислить все основные черты, отличающие известные типы акцентуаций, отметив, что они выражаются «не слишком». Получится, что такой характер – «золотая середина» целого ряда качеств.

ХАРАКТЕР ПАРАНОЙЯЛЬНЫЙ - 519419 81948 (характер застревающий) – один из типов акцентуации характера. Свойственны повышенная подозрительность и обидчивость, стойкость отрицательных аффектов, стремление к доминированию, неприятие чужих мнений и высокая конфликтность.

ХАРАКТЕР ПСИХАСТЕНИЧЕСКИЙ - 59831748981 – один из типов акцентуации характера. Свойственны высокая тревожность, мнительность, нерешительность, склонность к самоанализу, постоянным сомнениям и рассуждательству, тенденция к образованию обсессий и ритуальных действий.

ХАРАКТЕР СЕНСИТИВНЫЙ - 31948131964 – один из типов акцентуации характера. Свойственны повышенная впечатлительность, боязливость, обостренное чувство собственной неполноценности.

ХАРАКТЕР СОЦИАЛЬНЫЙ - 51987131948 – совокупность черт характера, которая присутствует у большинства членов данной группы социальной и возникла в результате общих для них переживаний и образа жизни; ядро структуры характера, свойственное большинству представителей данной культуры – в противоположность индивидуальному характеру, отличающему людей одной и той же культуры друг от друга. Понятие характера социального – ключевое для понимания общественных процессов, ибо этот характер – основной элемент функционирования общества и в то же время – промежуточное звено между социально-экономической структурой и господствующими в обществе идеями и идеалами.

ХАРАКТЕР ЦИКЛОИДНЫЙ - 51481791849 – один из типов акцентуации характера. Свойственно чередование фаз хорошего и плохого настроения с различным периодом.

ХАРАКТЕР ШИЗОИДНЫЙ - 481317219488 – один из типов акцентуации характера. Главные черты – замкнутость и недостаток интуиции в общении. Трудно устанавливаются неформальные эмоциональные, контакты, нередко эта неспособность тяжело переживается. Быстрая истощаемость в контакте приводит к ещё большему уходу в себя. Недостаток интуиции проявляется неумением понять чужие переживания, угадать желания других, догадаться о невысказанном. Их внутренний мир почти всегда закрыт для других и заполнен увлечениями и фантазиями, предназначенными только для самого себя; они служат утешению честолюбия или эротичны. Увлечения отличаются силой, постоянством, нередка несбыточностью, изысканностью. Для лиц с таким характером труднее всего вступать в эмоциональные контакты с людьми. Поэтому они дезадаптируются там, где нужно неформально общаться.

ХАРАКТЕР ЭПИЛЕПТОИДНЫЙ - 5485193194851 – один из типов акцентуации характера. Свойственны склонность к злобно-тоскливому настроению с накоплением агрессии, конфликтность, вязкость мышления, скрупулезная педантичность.

ХАРАКТЕРОЛОГИЯ - 31961751988 – 1. Одно из направлений немецкой психологии XX в. трактующее человеческую индивидуальность как душевно-телесную целостность, первичную по отношению к миру, где она живет, и определяемую в поведении изначально присущими ей свойствами. 2. В широком смысле – учение о характерах, дисциплина, посвящённая исследованию сущности характера и средствам выявления его типов.

ХАРИЗМА - 491718594817 – приписывание личности богоданных свойств, вызывающих преклонение перед ней и безоговорочную веру в её особые способности и возможности. Феномен характерен для групп малых и особенно для больших, склонных персонифицировать свои идеалы в процессе сплочения.

ХИРОМАНТИЯ - 591318419816 – одна из древнейших систем гадания об индивидуальных особенностях человека, чертах характера, пережитых событиях и грядущей судьбе по кожному рельефу ладоней – капиллярным и особенно флексорным линиям.

ХОЛЕРИК - 519814 918591 – субъект, обладающий одним из четырех основных типов темперамента (в классификации Гиппократа). Человека холерического темперамента можно охарактеризовать как быстрого, порывистого, резкого, стремительного, с силой и быстрым темпом движений, с высоким уровнем активности психической, энергичностью действий, способного отдаваться делу со страстностью, но неуравновешенного, склонного к бурным эмоциональным вспышкам и резким сменам настроения. Он склонен к резким сменам настроения, вспыльчив, нетерпелив, подвержен эмоциональным срывам, иногда бывает агрессивным.

ХРОМАТОПСИЯ - 548 918714 – искажение ощущений цветовых, характерное восприятием лишь одного из основных цветов. Так, при эритропсии все воспринимается как окрашенное красным светом (например, при отравлении йодом); при ксантопсии – жёлтым светом (при отравлении сантонином); при цианопсии – синим светом (при отравлении грибами).

Ц

ЦВЕТ АХРОМАТИЧЕСКИЙ - 514318219717 – цвета, восприятие которых возможно посредством системы зрения ночного. К ним относятся цвета белый, чёрный и все оттенки серого. Противоположное понятие – цвет хроматический.

ЦВЕТ ИНДУЦИРОВАННЫЙ - 598 61971849 (Фехнеровские цвета) – субъективные ощущения цвета, которые можно получить при вращении со скоростью 5 – 20 оборотов в секунду диска Бэнхема, состоящего из белой и чёрной половин, причём на белой половине нанесены концентрические черные дуги. Цвет, воспринимаемый наблюдателем, зависит от расположения дуг относительно центра диска.

ЦВЕТ ХРОМАТИЧЕСКИЙ - 49856139812 – цвета, восприятие которых возможно лишь при наличии зрения цветового (все цвета, кроме белого, чёрного и оттенков серого). Противоположное понятие – цвет ахроматический.

ЦВЕТОВОСПРИЯТИЕ - 379 612 89047 (восприятие цвета) – может сводиться к оценке:

1) светлоты (или видимой яркости) цветового тона – то есть собственно цвета;

2) насыщенности – как показателя отличия данного цвета от серого цвета равной светлоты. При этом основные механизмы цветовосприятия являются врождёнными и действуют за счёт структур, локализованных на уровне подкорковых образований мозга головного.

ЦВЕТОСМЕШЕНИЕ - 59864871947 (смешение цвета, смешение цветов) – получение качественно нового субъективно воспринимаемого цвета при совместном воздействии двух или более раздражителей цветовых.

ЦВЕТОСМЕШЕНИЕ АДДИТИВНОЕ - 5943198194 – слияние в один цвет нескольких световых раздражителей разного цвета при попадании на близкие участки сетчатки глаза.

ЦВЕТОСМЕШЕНИЕ АДДИТИВНОЕ: ЗАКОН - 591 498798517

(законы аддитивного смешения цветов) – правила получения определённых цветов за счёт их смешения сформулированные первоначально И. Ньютоном:

1) для каждого цвета существует единственный другой цвет (дополнительный), при смешении с которым получается ахроматический серый цвет;

2) субъективно одинаково воспринимаемые цвета при смешении с другими цветами дают тоже одинаково воспринимаемые цвета – независимо от их спектрального состава;

3) при смешении двух разных цветов получается цвет, промежуточный между исходными, так что при смешении этого промежуточного цвета с одним из исходных нельзя получить другой исходный цвет;

4) при смешении двух разных цветов получаемый цвет всегда менее насыщен, чем хотя бы один из исходных. На базе этих законов была создана «Международная система спецификации цвета» в терминах «Стандартного наблюдателя» (МКО-31), впервые введенная Грассманом в 1856 г.

ЦЕЛЕОБРАЗОВАНИЕ - 818 91894816481 – процесс порождения новых целей в деятельности человека, одно из проявлений мышления. Бывает и непроизвольным, и произвольным; характеризуется временной динамикой. Основа формирования цели у человека его предметно-материальная, трудовая деятельность, направленная на преобразование окружения.

ЦЕЛОСТНОСТЬ - 514918598461 (целостность восприятия) – свойство восприятия, состоящее в том, что всякий объект, а тем более пространственная предметная ситуация воспринимаются как устойчивое системное целое, даже если его некоторые части в данный момент нельзя наблюдать (например, тыльная часть вещи): актуально не воспринимаемые признаки все же оказываются интегрированными в целостный образ этого объекта.

ЦЕЛЬ - 594817398614892 – осознанный образ предвосхищаемого, желаемого результата, на достижение которого направлено действие человека; заранее мыслимый результат сознательной деятельности. Здесь имеется в виду сознательный образ результата: он удерживается в сознании всё время, пока выполняется действие. Цель – всегда сознательна. В психологии понятие цели употребляется и в иных значениях:1) формальное описание конечных ситуаций, к достижению которых стремится любая саморегулируемая функционирующая система; 2) предвосхищаемый полезный результат, определяющий целостность и направленность поведения организма. Представление о цели как предвосхищаемом полезном результате используется при анализе биологической предыстории появления осознаваемой цели и исследовании психофизиологических механизмов регуляции целенаправленных актов поведенческих. Понятие о цели как осознаваемом образе предвосхищаемого результата применяется при изучении произвольных преднамеренных действий, представляющих специфическую черту человеческой деятельности.

ЦЕЛЬ СЕКСУАЛЬНАЯ - 549897319481 – термин, означающий поступок, к осуществлению которого стремится половое влечение; иначе – действие, на которое толкает половое влечение.

ЦЕЛЬ СЕКСУАЛЬНАЯ ИНФАНТИЛЬНАЯ - 897 91849874917 – цель сексуальная ребёнка; состоит в том, чтобы получить удовлетворение путём соответственного раздражения некоторой избранной зоны эрогенной.

ЦЕЛЬ СЕКСУАЛЬНАЯ НОРМАЛЬНАЯ - 546 978981491 – нормальное соединение гениталий в акте совокупления, ведущем к разрешению сексуального напряжения и к временному угасанию сексуального влечения (удовлетворение, подобное насыщению при голоде).

ЦЕЛЬ СЕКСУАЛЬНАЯ ОКОНЧАТЕЛЬНАЯ - 5485464851 481 – стремление к разрядке сексуального напряжения.

ЦЕЛЬ СЕКСУАЛЬНАЯ ПРЕДВАРИТЕЛЬНАЯ - 4719854916 – промежуточный процесс отношения к объекту сексуальному – на пути к совокуплению – как ощупывание и разглядывание, что само по себе дает наслаждение, а с другой стороны – повышает возбуждение, которое должно длиться до достижения цели сексуальной окончательной.

ЦЕНЗУРА 517489516 914 – функционально-образное представление сил и тенденций, фильтрующих бессознательные импульсы и препятствующие их проникновению в сознание. Роль цензуры могут играть различные вытесняющие тенденции, предсознательное и прочие, проявляемые и действующие в зоне перехода от бессознательного к сознательному. Всё, отклонённое цензурой, находится в состоянии вытеснения. Во время сна влияние цензуры ослабляется. Цензура служит для опосредования отношения бессознательного с другими уровнями. Она вытесняет осуждаемые личностью чувства, мысли и желания в область бессознательного и не допускает обратный прорыв в сознание вытесненного содержания. Но бессознательное всё же проявляется в поведении и психике человека – в обмолвках, описках, ошибках памяти, сновидениях, несчастных случаях, неврозах.

ЦЕННОСТЬ - 584917985491 – понятие, используемое в философии и социологии для обозначения объектов, явлений, их свойств, а также абстрактных идей, воплощающих в себе общественные идеалы и выступающих благодаря этому как эталон должного.

ЦЕНТРАЦИЯ - 51748918519498516 417 – Эффект, обнаруженный в гештальт-психологии при исследовании иллюзий зрительных; состоит в том, что элементы, на которых фиксируется взгляд, переоцениваются по сравнению с остальными: поле восприятия как бы расширяется в зоне фокуса внимания – при одновременном сжатии и некотором искажении периферийной части поля. Следствие центрации – частичная деформация воспринимаемого объекта, возможность появления «систематических ошибок» в оперировании с его образом и практической деятельности с ним.

ЦЕПКОСТЬ - 548461498719 – психический феномен способности к фиксации ранних впечатлений сексуальной жизни.

ЦИКЛОГРАММА - 586 489719471 – метод для исследования движений. Основан на использовании циклографии – то есть фотографирования в затемнённом помещении через дозированные промежутки времени положения светящихся меток, находящихся на подвижных частях тела испытуемого.

Ч

ЧАСЫ БИОЛОГИЧЕСКИЕ - 817498 8612194 – внутренние генетически запрограммированные механизмы регуляции биологических ритмов организма, служащие для временного упорядочения биологических функций и поведения.

ЧЕЛОВЕК - 518849889814981 – существо, воплощающее высшую ступень развития жизни на Земле, субъект общественно-исторической деятельности. Как субъект и продукт деятельности трудовой в обществе является системой, где физическое и психическое, генетически обусловленное и прижизненно сформированное, природное и социальное образуют нерасторжимое единство. Психология изучает в человеке психику и ее развитие, его индивидуально-психологические особенности, роли, выполняемые им в социальной жизни, его деятельность и общение. Практически вся психология обращена к проблеме человека как индивида, включённого в социальные связи, его развития в процессах обучения и воспитания, его формирования в деятельности и общении. В психологии вечного развития человек рассматривается как вечность организованная мышлением человека и его духовным началом, то есть вечность самоорганизованная из начального уровня мысли и знаний о вечности.

ЧЕЛОВЕК: БИОТИП - 8193179148891497 – одна из разновидностей типологии человека, выделяемая по нейрогуморальному основанию и основанная на особенности реагирования системы симпатико-адреналовой человека на воздействия среды, что внешне проявляется в определённых особенностях поведения.

ЧЕЛОВЕК: КОНСТИТУЦИЯ - 8184194851648198 – система генетически обусловленных морфологических, физиологических и психических особенностей индивида, позволяющая отнести его к одному из ряда определённых типов. Как было показано – прежде всего на клиническом материале – между телосложением, внешним видом и определёнными психическими свойствами личности имеются некоторые корреляции.

ЧЕЛОВЕК: ОНТОГЕНЕЗ - 581489916901849 – специфически человеческий путь онтогенеза – усвоение, или присвоение общественно-исторического опыта. У животных он полностью отсутствует. Отсюда обучение и воспитание – это общественно выбранные способы передачи человеческого опыта, обеспечивающие «искусственное развитие ребёнка» (в противовес «естественному развитию детеныша животного»). Генеральный путь онтогенеза человека – присвоение искусственного, культурно созданного опыта, а не развертывание естественно заложенного. Этот путь и определяет социальную природу психики человека.

ЧЕЛОВЕК: ОРИЕНТИРОВАНИЕ - 5188918849814901684 (три ориентирования человека) – формы и способы ориентации и проявления фундаментальных тенденций человека – некрофилии, нарциссизма и влечения инцестуального, – которые в злокачественных проявлениях обнаруживают стремление к «схождению».

ЧЕЛОВЕК: ПОДХОД КОМПЛЕКСНЫЙ - 819318489416981 (комплексный подход к человеку) – систематическое изучение целостного индивидуально-психологического становления человека на всех этапах его пути жизненного. Согласно принципам подхода комплексного к человеку, индивидуальное развитие человека выступает в трёх планах:1) онтопсихологическая эволюция психофизиологических функций – характеристика человека как индивида; 2) становление деятельности и истории развития человека как субъекта труда – характеристика человека как субъекта деятельности; 3) путь жизненный человека – характеристика человека как личности. Результат объединения всех свойств индивида, личности и субъекта деятельности образует психологическую неповторимость человека, его индивидуальность.

ЧЕЛОВЕКОВОСПРИЯТИЕ - 81454671 948917 (восприятие человека человеком) – понятие, используемое в психологии социальной. Означает процесс построения индивидом образа другого человека, разворачиваемый при непосредственном общении с ним. Включает в себя все уровни отражения психического.

ЧЕРТА ЛИЧНОСТНАЯ - 519391819491 (черта личности) – устойчивые, повторяющиеся в различных ситуациях особенности поведения индивида. Их обязательные свойства:

1) степень выраженности у разных людей;

2) трансситуативность – проявляемость в любых ситуациях;

3) потенциальная измеримость – доступность измерению с помощью специально разработанных опросников и тестов. В психологии личности экспериментальной особенно полно исследованы такие черты личностные, как экстраверсия – интроверсия, тревожность, ригидность, импульсивность.

ЧЕСТОЛЮБИЕ - 51648 917917 – выраженность в личности мотивов достижения первенства, стремление к славе, к получению наград, к почётному положению в какой-то области деятельности, сфере жизни общественной. Гипертрофированное честолюбие усиливается тщеславием – высокомерным отношением к другим.

ЧТЕНИЕ ГУБНОЕ - 54861739781949148 (чтение с губ) – распознание речи путем восприятия зрительного видимых движений органов речи.

ЧУВСТВИТЕЛЬНОСТЬ - 561497589 917218941 – 1. В психофизике – величина, обратно пропорциональная порогу ощущения. Соответственно различаются чувствительность абсолютная и дифференциальная (разностная). 2. В психологии дифференциальной и характерологии – повышенная готовность к реакциям аффективным. 3. Общая способность к ощущению – способность организмов активно реагировать на раздражения, отражать воздействия, биологически нейтральные, но объективно связанные с биотическими свойствами. Появляется в филогенезе, когда организмы начинают реагировать на факторы среды, выполняющие сигнальную функцию в отношении к имеющим прямое биологическое значение воздействиям.

ЧУВСТВИТЕЛЬНОСТЬ ВИБРАЦИОННАЯ - 561 9178199481610491 – чувствительность к колебательным воздействиям на кожу. Предполагается, что она является переходной формой между чувствительностью тактильной и слуховой. С ее помощью воспринимаются воздействия в диапазоне 1 – 10000 Гц; особенно высока чувствительность к частотам 200 – 250 Гц. Более развита чувствительность вибрационная у дистальных частей конечностей, благодаря чему возможно обучение глухих звуковой речи.

ЧУВСТВИТЕЛЬНОСТЬ НОЦИЦЕПТИВНАЯ - 51631982198491 – чувствительность, позволяющая распознавать вредоносные для организма воздействия. Этот вид чувствительности субъективно может представляться в виде боли, или же в виде различных интерорецептивных ощущений, – таких как изжога, тошнота, головокружение, зуд, онемение.

ЧУВСТВИТЕЛЬНОСТЬ ПРОТОПАТИЧЕСКАЯ - 561 918 97548 – форма кожной чувствительности, характерная этапу восстановления после травмы кожной поверхности, когда слабое прикосновение к коже либо вовсе не вызывает ощущения, либо вызывает ощущение болевое.

ЧУВСТВО - 916 918 81794889149 – одна из основных форм переживания своего отношения к предметам и явлениям действительности, – эмоциональные переживания, в которых отражается устойчивое отношение индивида к определённым предметам или процессам внешнего мира.

ЧУВСТВО: АМБИВАЛЕНТНОСТЬ 549 496719891494 (амбивалентность чувств) – Несогласованность, противоречивость нескольких одновременно испытываемых чувств по отношению к какому-то объекту; противоречивое отношение субъекта к объекту – одновременная направленность на один и тот же объект противоположных чувств. Комплекс состояний эмоциональных, связанных с двойственностью отношений – с одновременным принятием и отвержением.

ЧУВСТВО АСТЕНИЧЕСКОЕ - 491219 849589461 – негативные эмоциональные состояния (подавленность, уныние, печаль, нелокализованный страх и пр.), свидетельствующие об отказе от борьбы с трудностями в ситуациях повышенной эмоциональной нагрузки. О переживании субъектом чувств астенических может свидетельствовать, например, то, что он сутулится, дыхание замедляется, глаза тускнеют. Противоположны чувствам стеническим.

ЧУВСТВО ВИНЫ - 3175196148569419 – одно из чувств психических, могущее быть понятым как разногласие между Я и Сверх-Я. Большая часть чувства вины нормально бывает бессознательной и являет собой топологическую разновидность страха, которая в более поздней стадии полностью совпадает со страхом перед Сверх-Я.

ЧУВСТВО ВИНЫ: ПРЕДСУЩЕСТВОВАНИЕ - 548567498195491 – особое чувство вины, имеющее источником комплекс Эдипа, которое существует до проступка или преступления и, в целях самореализации, заставляет человека искать наказание. То есть не чувство это возникло из проступка, но наоборот, проступок обусловлен этим чувством. Это чувство – не следствие, но мотив преступления.

ЧУВСТВО ВИНЫ БЕССОЗНАТЕЛЬНОЕ - 319615819491 –

неосознаваемое переживание некоторой виновности, играющее в большинстве неврозов решающую роль и создающее сильнейшее препятствие к выздоровлению.

ЧУВСТВО ВИНЫ МОРАЛЬНОЕ - 319 614 89918 – состояние, возникающее в результате напряжения между Я и Сверх-Я.

ЧУВСТВО ГОЛОДА - 31749318516 – органическое ощущение, связанное с возбуждением центра пищевого в мозге головном, представленного клетками, расположенными в вентромедиальной части среднего отдела гипоталамуса, которые реагируют на изменение состава омывающей их крови – на изменение концентрации продуктов углеводного, жирового и белкового обмена. Чувство голода проецируется на область желудка, специфические движения которого вызывают характерные ощущения в подложечной области.

ЧУВСТВО ЖАЖДЫ - 561318598471 – органическое ощущение, связанное с возбуждением центра питьевого мозга головного, представленного клетками, расположенными в основании септальной области мозга головного и в примыкающих участках передней гипоталамической области.

ЧУВСТВО МАЛОЦЕННОСТИ - 516914 918591 – одно из чувств психических; результат разногласия между Я и Сверх-Я. Характерно тем, что личность ощущает саму себя как нечто малоценное.

ЧУВСТВО МЫШЕЧНОЕ - 518 948317491 – комплекс ощущений, возникающих благодаря работе мышечной системы организма. Благодаря чувству мышечному, предполагающему активные действия организма, человек научается сравнивать объекты, производить простейшие операции анализа и синтеза, – проходит начальную школу мышления предметного.

ЧУВСТВО НЕПОЛНОЦЕННОСТИ - 594 968598781 – устойчивая форма переживания человеком своей реальной или воображаемой ущербности, формируемое, когда человек замечает, что нелюбим.

ЧУВСТВО СТЕНИЧЕСКОЕ - 51949131982 – положительные эмоциональные состояния, связанные с повышением уровня жизнедеятельности. Характерны ощущением возбуждения, радостного волнения, подъёма, бодрости; дыхание становится более частым, глубоким и лёгким, активизируется работа сердца; в целом организм подготавливается физиологически к большим затратам энергии. Противоположны чувствам астеническим.

ЧУВСТВО ЮМОРА - 88 916 01451947 – в обычном словоупотреблении – способность подмечать в явлениях комические стороны, эмоционально откликаясь на них. Неразрывно связано с умением обнаруживать противоречия в окружении – например, замечать, а иногда и утрировать противоположность положительных и отрицательных черт в каком-то человеке, чью-то кажущуюся значительность и несоответственное ей поведение и пр. По отношению к объекту юмора, как бы подвергаемому своеобразной эмоциональной критике, сохраняется дружелюбие.

Ш

ШИЗОАНАЛИЗ - 548 4894719859841 – одно из новейших направлений в философии и социологии, преимущественно во Франции. Исходя из нетрадиционного понимания шизофрении и шизофренического опыта как явлений и процессов особого мира индивидуальных и групповых человеческих желаний, теоретики шизоанализа исследуют ряд бессознательных феноменов, определяющих и предопределяющих жизнь отдельных людей и социальных групп.

ШИЗОИД - 549317589497 – пограничный тип личности – между здоровым состоянием и психозом; отличается рядом характерологических особенностей: замкнутостью, серьёзностью, холодностью и пр.

ШИЗОФРЕНИЯ - 1858541 – психическое заболевание, многообразное в проявлениях и характерное раздвоением личности, замыканием в себе, нарушением контакта с другими людьми и внешним миром.

ШКАЛА - 547 4918645941 – инструмент для измерения непрерывных свойств объекта; представляет собой числовую систему, где отношения между различными свойствами объектов выражены свойствами числового ряда. В психологии и социологии различные шкалы применяются для изучения разных характеристик социально-психологических явлений.

ШКАЛА ВЕКСЛЕРА - 548 491818598016897 – тест для измерения интеллекта, разработанный Д. Векслером в 1937 г. с целью максимально устранить влияние уровня школьного образования в шкалах совместно с тестами вербальными использовались тесты невербальные и тесты действия.

ШКАЛА МЕТРИЧЕСКАЯ ОЗЕРЕЦКОГО - 548 891 492 81697129891 – методика, составленная для диагностики уровня развития психомоторного. Включает в себя:

1) пробу статической и динамической координации движений;

2) пробу скорости движений;

3) пробу возможности одновременно выполнять несколько движений;

4) пробу силы движений и синкинезии. Может применяться как один из методов отбора профессионального.

ШКАЛА ОЦЕНОК - 516 91 – методический приём, позволяющий распределить совокупность изучаемых объектов по степени выраженности общего для них свойства. Такое распределение основывается на оценках субъективных данного свойства, усреднённых по группе экспертов.

ШКАЛА УСТАНОВОК - 818 919 91 – приём, позволяющий сравнивать индивидов по величине, интенсивности и устойчивости их отношения к изучаемому явлению. В прикладной социологии и психологии социальной шкала установок применяется как одно из главных средств анализа, ибо здесь объект измерения, прежде всего, – качества личностные.

ШКАЛИРОВАНИЕ - 516 28 4914788961 – метод моделирования реальных процессов с помощью числовых систем. В науках социальных – антропологии, социологии психологии и прочих – шкалирование является одним из важнейших средств анализа математического изучаемого явления, а также способом организации эмпирических данных, получаемых посредством наблюдения, изучения документов, опроса анкетного, экспериментов или тестирования.

ШКОЛА - 516 9185710642187 64217 – 1. Переносно – выучка, опыт, достигнутый в чём-либо, а также то, что эту выучку и этот опыт обеспечивает. 2. Направление в области науки, искусства и пр.

ШКОЛА: СЛУЖБА ПСИХОЛОГИЧЕСКАЯ - 284 561 482 178546 (психологическая служба в школе) – специализованное подразделение в системе народного образования, основная задача которого – обеспечение условий, способствующих полноценному психическому и личностному развитию каждого ребёнка, нарушение которых мешает своевременной реализации возрастных и индивидуальных возможностей учащихся и влечёт необходимость психолого-педагогической коррекции. Деятельность службы выполняется практическим психологом, работающим в учебно-воспитательном учреждении или в психологическом кабинете при отделе народного образования, оказывающем консультативную помощь всем учебно-воспитательным учреждениям региона

ШКОЛА АВСТРИЙСКАЯ - 581 482 4951614 (школа Грацкая) – В постановке и разработке проблемы целостности сознания школа исходила из концепции Ф. Брентано. Было введено понятие гештальт-качества как обозначение целостности психического образа и сознания в целом, его несводимости к сумме составляющих его ощущений. Гештальт-качество считалось высшим представлением, возникающим на основе низших представлений – ощущений и прочего – в результате особого продуктивного духовного акта.

ШКОЛА АНТРОПОЛОГИЧЕСКАЯ АНГЛИЙСКАЯ 584 496 71 84 (английская антропологическая школа) – научное направление в этнографии и антропологии культурной, внесшее идею эволюции в изучение культуры. Была проведена параллель развития так называемых примитивных народов – на основе анализа их обычаев, верований, искусства, нравственности и прочего – с развитием процессов психических у современного человека. В силу этого сопоставления анимистические представления первобытного общества объяснялись неправильным применением мыслительных приёмов, характерных и для современного человека (ассоциации идей, принципа причинности, аналогии и пр.), в условиях недостаточного опыта.

ШКОЛА ВЮРЦБУРГСКАЯ - 518496 47891484841 – Школа Вюрцбургская ввела в психологию экспериментальную как новый объект анализа выполнение заданий интеллектуального характера (изучение логических суждений, ответов на вопросы, требующие умственных усилий, и пр.). Было выявлено, что мышление – это психический процесс, закономерности которого не сводятся ни к законам логики, ни к законам образования ассоциаций.

ШКОЛА ЖЕНЕВСКАЯ 198721 8491967481 – Предмет изучения – происхождение и развитие интеллекта у ребёнка; главная задача – исследование механизмов деятельности познавательной ребёнка, скрытых за внешней картиной его поведения; основной метод исследования – беседа (интервью) клиническая, ориентированная не на фиксацию внешних признаков явления, а на процессы, приводящие к их появлению.

ШКОЛА ЛЕЙПЦИГСКАЯ - 194 8213194987961421 – психологическое направление, существовавшее в Германии с конца 10-х гг. до середины 30-х гг. XX в. Основой направления выступала ориентация на изучение психики и сознания в их целостности.

ШКОЛА НАУЧНАЯ 514318894516 – в психологии – способ и форма организации кооперированной научной деятельности, реализующей единство процессов познания и передачи накопленных знаний. Под школой научной понимаются:

1) школа научно-образовательная, формирующая будущих исследователей;

2) исследовательский коллектив, группа учёных, совместно разрабатывающих под руководством лидера – главы шкалы – созданную им исследовательскую программу;

3) направление в науке, возникающее благодаря установлению определённой традиции, охватывающей целый ряд учёных и исследовательских коллективов.

ШКОЛА СОЦИОЛОГИЧЕСКАЯ ФРАНЦУЗСКАЯ -

581 498518917 (французская социологическая школа) – социологическое направление, характерное общественно-историческим подходом к психике человека.

ШКОЛА ХАРЬКОВСКАЯ - 51489 491517589614 (харьковская психологическая школа) – неформальная организация психологов, работавших в 30-е гг. в научных учреждениях Харькова над развитием идей Л. С. Выготского и формулированием на их базе основ деятельностного подхода.

Э

ЭВОЛЮЦИЯ - 317 498598614 2197185496198 – во взглядах на её механизм неодарвинисты не всегда едины. По мнению одних, она – результат ряда последовательных мелких сдвигов от случайных мутаций согласно сиюминутным потребностям. Другие считают, что эволюция имеет определённую внутреннюю тенденцию, которой следует развитие видов, подчиняющееся некоторым ориентирам, уже заложенным в генах. По мнению третьих, эволюция совершается скачками, начинаясь с крупных переделок, возникающих в каких-то избранных, узловых точках эволюционного пути, где происходит дифференциация видов.

ЭВРИСТИКА - 561894 0196485197984 – 1. В широком смысле – наука о творчестве. 2. В узком, более современном – теория и практика организации избирательного поиска при решении сложных задач интеллектуальных.

ЭГО-ПСИХОЛОГИЯ 5184913196197194981 (эгопсихология) – одно из направлений психоанализа, возникло как реакция на ортодоксальный фрейдизм. В отличие от последнего, рассматривающего инстинкты и влечения как доминирующую часть личности, эго-психология считает, что Я играет более важную и независимую роль.

ЭГОИЗМ - 51064812 618 08491 – ориентация ценностная субъекта, характерная преобладанием в жизнедеятельности своекорыстных личных интересов и потребностей безотносительно интересов других людей и групп социальных. Проявлениям эгоизма присуще отношение к другому человеку как объекту и средству достижения своекорыстных целей.

ЭГОЦЕНТРИЗМ - 584916819 97894141 – неспособность индивида, сосредоточиваясь на собственных интересах, изменить исходную познавательную позицию по отношению к какому-то объекту, мнению или представлению даже при наличии противоречащей его опыту информации.

ЭЙДЕТИЗМ - 571 81461989491 – способность некоторых индивидов (эйдетиков) к сохранению и воспроизведению чрезвычайно живого и детального образа воспринятых ранее предметов и сцен.

ЭЙДЕТИК - 518319498191 – индивид, характерный выраженной способностью к эйдетизму – то есть к сохранению и воспроизведению в памяти весьма живых и детальных образов ранее воспринятых предметов и сцен. Такими способностями обладают – до определённого возраста – практически все психически нормально развитые дети.

ЭЙДЕТИК: ТИПОЛОГИЯ - 418614318546 – классификация людей, способных к представлениям эйдетическим:

1) «Т-тип» эйдетиков («Tetanoider Type») – у них представления эйдетические весьма стойки и не пропадают даже после длительной посторонней стимуляции, иногда обретая характер навязчивости; название типа дано по аналогии с названием мышечных спазмов <tetanie>;

2) «В-тип» («Basedowider») – другой тип эйдетиков – оказывается способным к произвольному пробуждении представлений эйдетических и сознательному вмешательству в их развертывание – соответственно своим намерениям.

ЭЙФОРИЯ - 914 897 219714811 – радостное, весёлое настроение, состояние благодушия и беспечности, несоответственное объективным обстоятельствам, не имеющее объективных причин появления и достаточно стойкое. В поведенческом плане наблюдается мимическое и общее двигательное оживление, многословие, иногда психомоторное возбуждение.

ЭКЗОГЕННЫЙ 491 964 978397181648 – внешнего происхождения, вызываемый внешними причинами. Противоположное понятие – эндогенный.

ЭКЗОПСИХИКА - 318613519497814 – совокупность отношений личности к природе, обществу, духовным ценностям, к собственной душевной жизни.

ЭКЛЕКТИЦИЗМ - 81896731941851491 (подход эклектический) – наибольшие успехи в психологии были достигнуты в результате столкновения идей, выдвинутых различными школами. Среди этих противоречивых направлений немало таких, что сошли со сцены в первой половине XX в. Появление и развитие множества разногласий между школами достигли максимума в 50-е годы; затем споры стали стихать и к настоящему времени угасли. Наступает согласие по ряду важных вопросов, различия сглаживаются по мере углубления знаний. Теперь психологи отбирают из различных теорий и используют те концепции, что представляются самыми ценными или глубокими. Такой подход приводит к тому, что главным становится уже не стремление доказать обоснованность идей, принадлежащих определённому направлению, но скорее желание выявить самые подходящие способы решения проблем, существующих в жизни общества, и оказания эффективной помощи нуждающимся.

ЭКСПЕКТАЦИЯ - 51631849181918 – система ожиданий или требований относительно норм исполнения индивидом ролей социальных; представляет собой разновидность санкций социальных, упорядочивающих систему отношений и взаимодействий в группе. В отличие от официальных предписаний, должностных инструкций и прочих регулятивов поведения в группе, характер экспектаций неформализован и не всегда осознаваем.

ЭКСПЕРИМЕНТ - 518714397516 – исследовательская стратегия, в которой выполняется целенаправленное наблюдение за некоторым процессом в условиях регламентированного изменения отдельных характеристик условий его протекания. При этом происходит проверка гипотезы. В психологии – один из основных, наряду с наблюдением, методов научного познания вообще и исследования психологического в частности.

ЭКСПЕРИМЕНТ АССОЦИАТИВНЫЙ - 584612819319719514 – метод и тест проективный предназначенные для исследования мотивации личности – ориентированные на фиксацию, диагностику и психотерапию скрытых аффективных комплексов и других психических феноменов. Базируется на изучении содержания, формы и скорости реакции клиента, предъявляющего в ответ на слова аналитика первое пришедшее в голову слово. Первоначально разрабатывался для задач психиатрии, позднее стал применяться для исследовательских и психодиагностических целей.

ЭКСПЕРИМЕНТ ЕСТЕСТВЕННЫЙ - 684 812317948 – экспериментальная стратегия - характерна проведением в условиях, близких к обычной деятельности испытуемых, причем они не знают, что участвуют в исследовании. За счёт этого достигается большая чистота эксперимента. Метод исследования, промежуточный между наблюдением и экспериментом лабораторным, при котором психолог может активно влиять на ситуацию, но в формах, не нарушающих её естественности для испытуемых. Основными методами являются наблюдение и беседа с испытуемым, результаты которых обрабатываются качественно. Вариантом эксперимента естественного является эксперимент психолого-педагогический, или экспериментальное обучение, в котором изучение психических особенностей школьника, подлежащих формированию, производится в ходе обучения и воспитания.

ЭКСПЕРИМЕНТ КОНСТАТИРУЮЩИЙ - 218613914217 – к развитию психики можно подходить как к явлению, относительно независимому от обучения и воспитания, тогда задачей оказывается констатация связей, складывающихся в ходе развития.

ЭКСПЕРИМЕНТ ЛАБОРАТОРНЫЙ - 016974219591 – методическая стратегия, направленная на моделирование деятельности индивида в специальных условиях – разновидность эксперимента, проводимого в специально оборудованных лабораториях, что обеспечивает особенно строгий контроль переменных независимых и зависимых.

ЭКСПЕРИМЕНТ ПОЛЕВОЙ - 319671819284 – предполагает использование минимума оборудования в ситуации, близкой к естественной.

ЭКСПЕРИМЕНТ ПРОЕКТИВНЫЙ - 549317219817 – формальные принципы построения (проективность): «глухая» инструкция, отсутствие оценки экспериментатора, акцент на мотивационном аспекте деятельности. Очень важна спокойная, дружелюбная атмосфера. В проективном исследовании моделируются – в обобщенно-схематической форме – самые распространенные жизненные ситуации. Но именно потому, что они для испытуемого – не реальность, он обладает большей свободой поведения в них, чем в жизни; значит, в подобных ситуациях проявляются не только привычные стереотипы реагирования, не только потребности и мотивы, проявляемые каждодневно, но также и оставшиеся нереализованными.

ЭКСПЕРИМЕНТ ПРОИЗВОДСТВЕННЫЙ - 319418518411 – эксперимент естественный, проводимый в обычных для испытуемого условиях труда. При этом сам работник может не знать о проведении эксперимента. При ином подходе он становится активным участником эксперимента, что важно, например, при изменении структуры деятельности трудовой.

ЭКСПЕРИМЕНТ ФОРМИРУЮЩИЙ - 561318518491 (эксперимент психолого-педагогический; эксперимент обучающий; воспитывающий; преобразующий; развивающий) – применяемый в психологии возрастной и педагогической метод прослеживания изменений психики ребёнка в ходе активного воздействия исследователя на испытуемого.

ЭКСПЕРТИЗА - 819412 918491 – исследование некоего вопроса, требующего специальных знаний, с представлением мотивированного заключения. Для её проведения привлекаются эксперты, т.е. опытные специалисты в данной области.

ЭКСПЕРТИЗА СУДЕБНО-ПСИХОЛОГИЧЕСКАЯ - 516 428319471 – одна из главных форм практического применения специальных психологических познаний в уголовном процессе. Проводится по постановлению следователя или определению суда согласно нормам уголовно-процессуального кодекса в отношении психически здоровых обвиняемых, свидетелей и потерпевших. Общий предмет экспертизы судебно-психологической – особенности психической деятельности, исследование которых значимо для установления истины по уголовным делам.

ЭКСПРЕССИВНЫЙ - 819417 619491 – выразительный, способный отразить эмоциональное состояние.

ЭКСПРЕССИЯ - 318617918498 – выразительность; сила проявления чувств, переживаний. Экспрессивные реакции являются внешним проявлением эмоций и чувств человека – в мимике, пантомимике, голосе и жестах.

ЭКСТАЗ - 818914 506971 – состояние крайней степени восторга, доходящего до исступления.

ЭКСТЕРИОРИЗАЦИЯ 516898319 18 – процесс порождения внешних действий, высказываний и прочего на основе преобразования ряда внутренних структур, сложившихся на основе интериоризации внешней социальной деятельности человека. Своего рода «перевод» внутренних структур на «внешний» язык.

ЭКСТЕРНАЛИЗАЦИЯ - 514819519617 – полностью или частично осознанное вплетение в рассказ теста апперцептивного тематического событий собственной жизни. Иногда может обнаруживаться как озарение.

ЭКСТЕРНАЛЬНОСТЬ - 814 916319498 (экстернальность и интернальность) – предрасположение индивида к определённой форме локуса контроля. Если ответственность за события, происходящие в жизни, человек в большей мере принимает на себя, объясняя их своим поведением, характером, способностями, это говорит о наличии у него внутреннего (интервального) контроля. Если же доминирует склонность приписывать причины происходящего внешним факторам – внешней среде, судьбе или случаю – это говорит о наличии у него внешнего (экстернального) контроля.

ЭКСТЕРОЦЕПТОР - 518417319497 (экстерорецептор) – специализированные рецепторы, воспринимающие внешние раздражения. Расположены на поверхности тела, в том числе слизистых оболочках носа, рта и языка, – либо диффузно, рассеянно, либо входя в состав особых органов чувств.

ЭКСТРАВЕРСИЯ - 814917219648 – обращённость сознания и внимания субъекта преимущественно на то, что происходит вне его, вокруг него. Одна из базовых черт личностных. Противоположное понятие – интроверсия.

ЭКСТРАПУНИТИВНОСТЬ - 819617219318 – склонность перекладывать вину за неудачи на других людей.

ЭКСТРАСПЕКЦИЯ - 489861319617 – так можно назвать отчеты испытуемых о своих ощущениях – о том, что они видят, слышат и пр.

ЭКСХИБИЦИОНИЗМ - 314815219478 (эксгибиционизм) – форма перверсии половой, характерная тем, что субъект испытывает половое удовлетворение при демонстрации лицам противоположного пола своих половых органов в обычных бытовых ситуациях.

ЭКСХИБИЦИОНИЗМ СЛОВЕСНЫЙ - 518916518914 – вариация эксхибиционизма, характерная тем, что сексуальное удовлетворение достигается при нашептывании непристойностей или интимных подробностей лицам противоположного пола.

ЭМОЦИОНАЛЬНОСТЬ - 819471319488 – свойство человека, характеризующие содержание, качество и динамику его эмоций и чувств. Одна из основных составляющих темперамента. Свойства эмоциональности как одной из сфер проявления темперамента – впечатлительность, чувствительность, импульсивность и пр.

ЭМОЦИЯ - 318491519614 – состояния, связанные с оценкой значимости для индивида действующих на него факторов и выражаемые прежде всего в форме непосредственных переживаний удовлетворения или неудовлетворения его актуальных потребностей. Психическое отражение в форме непосредственного пристрастного переживания смысла жизненного явлений и ситуаций, обусловленного отношением их объективных свойств к потребностям субъекта.

ЭМОЦИЯ АСТЕНИЧЕСКАЯ 918561318499 – эмоции, переживание которых снижает общий тонус организма, его активность, работоспособность и пр. Сюда относятся состояния подавленности, отчаяния, грусти и пр.

ЭМОЦИЯ БАЗАЛЬНАЯ - 319471819517 – теоретический конструкт, объединяющий минимальный набор эмоций, на базе которых формируется всё многообразие эмоциональных процессов и состояний. К базальным относятся эмоции радости, горя (печали), страха, гнева, удивления, отвращения. Именно они проявляются при электрической стимуляции различных подкорковых зон мозга головного.

ЭМОЦИЯ ПЕРВИЧНАЯ - 316519419481 – генотипически обусловленные простейшие эмоциональные переживания: удовольствие-неудовольствие, боль, страх, гнев и пр.

ЭМОЦИЯ СТЕНИЧЕСКАЯ - 318496899314 – эмоции, переживание которых повышает общий тонус организма, его активность, работоспособность и пр.

ЭМПАТИЯ - 816498917314 – постижение эмоционального состояния, проникновение, вчувствование в переживания другого человека. Способность индивида к параллельному переживанию тех эмоций, что возникают у другого индивида в ходе общения с ним. Понимание другого человека путем эмоционального вчувствования в его переживания.

ЭМПИРИЗМ - 518618497394 – направление в философской теории познания, сводящее его к чувственному опыту.

ЭНДОГЕННЫЙ - 398641818584 – внутреннего происхождения, вызываемый внутренними причинами. Противоположное понятие – экзогенный.

ЭНДОПСИХИКА - 218016914848 – совокупность внутренних психических и психофизических функций: темперамент, характер, умственная одарённость и пр.

ЭНЕРГИЯ - 818918888841498 – 1. Общая мера различных видов движения и взаимодействия. 2. Мера движения, мера способности производить работу, – одно из основных свойств материи. 3. Деятельная сила, настойчивость, решительность в действиях, в достижении цели.

ЭНЦЕФАЛОГРАММА - 518642 489064 – запись электрической активности мозга головного или его отдельных участков в течение некоторого промежутка времени, выполненная посредством специального прибора – энцефалографа (электроэнцефалографа).

ЭНЦЕФАЛОГРАФИЯ - 894512478679 – метод исследования деятельности мозга головного путём регистрации его суммарной биоэлектрической активности, фиксируемой посредством электродов, размещаемых на коже головы или непосредственно на мозге.

ЭОНИЗМ - 549621319471 – отклонение сексуальное – возбуждение от одежды противоположного пола.

ЭПИЛЕПСИЯ - 589712 498 164 – заболевания неврологического происхождения, характерное периодическими приступами судорог, сопровождающимися различными нарушениями психическими, в, том числе – потерей сознания.

ЭПИЛЕПТОИД - 614 917898516 – характерные признаки – крайняя раздражительность, доходящая до приступов ярости и гнева, периодические расстройства настроения с примесью тоски, страха, гнева, а также определённые моральные дефекты. Эпилептоиды – люди крайне эгоистичные, напряженно деятельные, настойчивые и очень аффективные. Они – страстные любители острых ощущений. У них могут также наблюдаться скрупулезная мелочность, педантизм, скопидомство. Ещё им свойственны лицемерие и ханжество. Во всех их проявлениях содержатся элементы раздражительности, озлобленности, гнева, что делает их чрезвычайно тяжелыми для окружающих. Они агрессивны, мелочно обидчивы, придирчивы, готовы всё критиковать и исправлять, крайне злопамятны и мстительны. Физиологическая основа эпилептоидного характера, как предполагается, – сила примитивных влечений и вязкость процессов нервных.

ЭПИСТЕМОЛОГИЯ - ГЕНЕТИЧЕСКАЯ 316914 819512 – направление в исследованиях мышления. В центре внимания стоит исследование психологических механизмов, обусловливающих структуру и развитие знания (эпистемология – теория познания).

ЭПИФЕНОМЕН - 918516319314 – придаток к явлению – феномену; побочное явление, сопутствующее другим явлениям, но не оказывающее на них влияния.

ЭПИФЕНОМЕНАЛИЗМ - 51412131948 – учение, согласно которому психика не играет активной роли в жизни и деятельности и есть лишь избыточный продукт материальных (физиологических) процессов. С позиций материализма, эпифеноменализм отвергается;

психика же рассматривается как активное отражение реальности, регулирующее процесс жизнедеятельности.

ЭРГОГРАФИЯ - 54981691487 – метод графической регистрации мышечной работы.

ЭРГОНОМИКА - 314216819417 – общее название группы наук, занимающихся комплексным изучением человека в деятельности производственной и оптимизацией средств и условий труда. В состав эргономики включаются прикладные разделы: психологии инженерной; психологии, физиологии и гигиены труда; антропологии; некие аспекты организации труда научной, эстетики технической, кибернетики, теории систем общей, теории управления автоматического и пр. Эргономика теснейшим образом связана с дизайном (художественным конструированием) техники, рабочих мест, интерьеров, средств и систем транспорта, визуальных коммуникаций и пр.

ЭРЕЙТОФОБИЯ - 914317594016 – вид невроза, характерный патологической боязнью покраснеть в присутствии людей.

ЭРОС - 648718 819491 – одно из обозначений влечения сексуального, инстинкта сексуального и инстинкта жизни.

ЭРОТИКА - 694185398717 – чувственность, обращённость, склонность к половой жизни, её изображению и пр.

ЭРОТИКА АНАЛЬНАЯ - 514185 81949 – эротические ощущения, связанные с раздражением заднепроходного отверстия (ануса), являющего собой одну из зон эрогенных.

ЭРОТИКА УРЕТРАЛЬНАЯ - 51869131989 – понятие, означающее совокупность эротических ощущений, связанных с раздражением протокообразного органа, соединяющего в себе части мочевого и полового аппарата, – согласно психоанализу, одной из зон эрогенных.

ЭРОТОГРАФОМАНИЯ - 298 714 319814981 – форма перверсии половой, характерная тем, что субъект испытывает половое возбуждение и удовлетворение при написании любовных писем. Названа по имени греческого бога любви.

ЭТАЛОН - 49851789841 – 1. Образцовая мера для воспроизведения, хранения и передачи единиц измерения с требуемой или наивозможной точностью. 2. Мерило, образец – обычно для сравнения с чем-либо.

ЭТАЛОН СЕНСОРНЫЙ - 61421851841 – понятие, разработанное в рамках теории формирования действий перцептивных. Означает системы чувственных качеств предметов, которые выделились в ходе общественно-исторического развития и затем предлагаются ребёнку для усвоения и использования в качестве сенсорных образцов – при обследовании объектов, анализе их свойств, построении объектов. В качестве таковых могут рассматриваться геометрические фигуры, речевые фонемы и пр.

ЭТАП - 619517818917 – стадия в развитии некоего явления, процесса.

ЭТАП ПОЛУГОДИЯ ВТОРОГО - 317418516491 – период жизни ребёнка между достижением полугодовалого возраста и кризисом первого года. В это время деятельностью ведущей является деятельность предметно-манипулятивная, и преимущественно для её нужд происходит общение со взрослым, которое становится ситуативно-деловым. В рамках этого ситуативно-делового общения со взрослым ребёнок овладевает культурно зафиксированными действиями с предметами.

ЭТАП ПОЛУГОДИЯ ПЕРВОГО - 614512814217 – период жизни ребёнка между новорожденностью и достижением полугодовалого возраста. На этом этапе происходит овладение ребёнком экспрессивно-мимическими средствами общения, которые проявляются как комплекс оживления. В это время складывается система аффективно-личностных связей с близкими взрослыми, требуемых для нормального дальнейшего развития. Также развивается активность познавательная, в рамках которой ребёнок овладевает зрительными, оральными и мануальными познавательными действиями.

ЭТИКА - 819317018451 – 1. Учение о морали как одной из форм общественного сознания – о её сущности, роли, законах развития. Одна из форм идеологии. 2. Совокупность, система норм нравственного поведения отдельной личности, общественной или профессиональной группы.

ЭТИКА НОРМАТИВНАЯ - 979 074 319 18 – философское учение о должном поведении. Терапевтическая попытка, старание посредством веления Сверх-Я достичь того, что пока не удалось достичь иными усилиями культуры, в первую очередь – устранения конституциональной склонности к агрессии.

ЭТИОЛОГИЯ - 164851319712 – раздел медицины, посвящённый изучению причин и условий возникновения болезней.

ЭТНОПСИХОЛОГИЯ - 914871 829631 – междисциплинарная отрасль знания, изучающая и разрабатывающая:

1) особенности психики людей различных народов и культур;

2) проблемы характера национального;

3) проблемы национальных особенностей мировосприятия;

4) проблемы национальных особенностей взаимоотношений;

5) закономерности формирования и функции самосознания национального, стереотипов этнических;

6) закономерности формирования сообществ, и пр.

ЭТОГРАММА - 918671219016 – зафиксированное наблюдение за поведением животных, в котором учтены все возможные подробности.

ЭТОЛОГИЯ - 398571489671 – наука о поведении животных, о «биологии поведения», об общебиологических основах и закономерностях поведения животных. Рассматривает соотношение врождённого поведения инстинктивного и влияния среды. Одно из авторитетных направлений современной биологии, распространяет свои принципы и на человека; исследования этологов непосредственно интересны и для зоопсихологии (иногда даже рассматривается как вариант зоопсихологии).

ЭФФЕКТ АВТОКИНЕТИЧЕСКИЙ - 4 891 49 91 – иллюзорное, кажущееся движение фактически неподвижного объекта – например, светящейся точки в темноте при длительной фиксации на ней взора – при отсутствии других видимых объектов.

ЭФФЕКТ АУДИТОРИИ - 719 61231981 – присутствие публики, даже пассивной, само по себе влияет на скорость обучения испытуемого или на выполнение задачи. Во время обучения присутствие зрителей скорее смущает испытуемого, но если решение освоено или в тех случаях, когда требуется физическое усилие, присутствие публики облегчает дело.

ЭФФЕКТ БАРНУМА - 694 918517 – именем Барнума названа склонность людей принимать за чистую монету описания или общие оценки своей личности, если они преподносятся под научным, магическим или ритуальным соусом.

ЭФФЕКТ БУМЕРАНГА - 901 498648 21 498 – состоит в том, что при некоторых воздействиях источника информации на аудиторию или отдельных лиц получается результат, обратный ожидаемому; наблюдается преимущественно в психологии пропаганды и психологии педагогической. Как правило, он возникает, если: 1) подорвано доверие к источнику информации; 2) передаваемая информация долгое время носит однообразный характер, несоответственный изменившимся условиям; 3) субъект, передающий информацию, вызывает неприязнь у воспринимающих эту информацию, и пр.

ЭФФЕКТ ВПЕЧАТЛЕНИЯ ПЕРВОГО - 601 9485149879514 – выражается в том, что очень часто при оценке некоторого человека или черт его характера, придается наибольшее значение первому впечатлению. Дело доходит до того, что все последующие сведения о нём, противоречащие созданному образу, отбрасываются как случайные и нехарактерные.

ЭФФЕКТ ДЕЙСТВИЯ НЕЗАВЕРШЕННОГО - 104 98131561859614 (эффект Зейгарник) – явление, характеризующее влияние на процессы памяти перерывов в деятельности. Эффект действия незавершённого зависит от многих переменных:1) от возраста испытуемых; 2) от отношения числа завершённых задач к числу незавершённых;3) от времени решения каждой задачи; 4) от относительной трудности задач; 5) от отношения субъекта к прерванной деятельности; 6) от его заинтересованности в выполнении задания, и пр.

ЭФФЕКТ КРАЯ - 581498591361 – явление, состоящее в том, что из расположенного в ряд заучиваемого материала элементы, находящиеся в начале и конце, запоминаются быстрее, чем находящиеся в середине.

ЭФФЕКТ НЕДАВНОСТИ - 698517 819314 (эффект новизны) – увеличение вероятности припоминания последних элементов расположенного в ряд материала по сравнению со средними элементами ряда. Изучается в контексте исследований памяти, процессов научения и перцепции социальной. Установлено, что эффект недавности зависит не от длины запоминаемого ряда и темпа его предъявления, а от характера деятельности, выполняемой непосредственно после предъявления ряда: если решается задача на обнаружение сигнала, то он сохраняется; если же решается вербальная задача, то он отсутствует.

ЭФФЕКТ ОРЕОЛА - 581398798491 – распространение общего оценочного впечатления о человеке на восприятие его поступков и качеств личностных (в условиях дефицита информации). Иначе, первое впечатление о человеке определяет его последующее восприятие и оценку, пропуская в сознание воспринимающего лишь то, что соответствует первому впечатлению, и отсеивая противоречащее.

ЭФФЕКТ ПЕРВИЧНОСТИ - 948217598641 – более высокая вероятность припоминания нескольких первых элементов расположенного в ряд материала по сравнению со средними элементами. Изучается в контексте исследований памяти, процессов научения и перцепции социальной.

ЭФФЕКТ ПИГМАЛИОНА - 516481489 813 (эффект Розенталя) – связан с ожиданиями экспериментатора. Когда он глубоко убежден, что реакции испытуемых изменятся, то, даже при его стремлении сохранить объективность, весьма велика вероятность, что он как-то невольно и незаметно передаст свои ожидания испытуемым, и это может повлиять на их поведение.

ЭФФЕКТ ПЛАЦЕБО - 019894 514871 (плацебо-эффект) – изменение в физиологическом или психологическом состоянии субъекта, вызываемое приёмом плацебо. Показывает психотерапевтическое действие самого факта приёма лекарства и применяется, когда нужно установить степень участия внушения в лечебном действии нового препарата.

ЭФФЕКТ ПУРКИНЬЕ - 498712319471 – смещение спектральной светочувствительности глаза при переходе от зрения дневного, для которого максимум соответствует длине волн жёлто-зелёных тонов (555 нм), к зрению сумеречному, для которого максимум соответствует голубовато-зелёным тонам (500 нм). Поэтому при сумеречном освещении цвета предметов холодеют: красные и жёлтые оттенки становятся тусклее, а голубые и зелёные – ярче.

ЭФФЕКТ РАНШБУРГА - 914831519478 – частный случай интерференции в памяти, исследованный венгерским психологом П. Раншбургом. Характерен затруднениями запоминания, возрастающими по мере увеличения сходства заучиваемого материала с материалом, уже известным.

ЭФФЕКТ СВЕРХАДДИТИВНЫЙ - 109489594712 – результат деятельности групповой, более высокий количественно и качественно по сравнению с индивидуальной работой. Возникает в группе малой при её приближении уровнем развития к коллективу – вследствие более чёткого разделения обязанностей, координации действий и установления хороших деловых и личных взаимоотношений между сотрудниками.

ЭФФЕКТ СТАЙЛСА-КРОУФОРДА - 548491198671 – феномен различия субъективной яркости света, имеющего одну и ту же интенсивность, в зависимости от угла, под которым он попадает в центральную ямку сетчатки. Свет воспринимается как более яркий, если проходит через центр зрачка, и. как менее яркий – если через его периферические отделы.

ЭФФЕКТ УХА ЛЕВОГО 51818671849 – состоит в том, что у правшей больший объём и точность воспроизведения неречевых стимулов достигается при их предъявлении на левое ухо.

ЭФФЕКТ УХА - ПРАВОГО 91849431981 – состоит в том, что у левшей больший объём и точность воспроизведения стимулов речевых достигается при их предъявлении на правое ухо.

ЭФФЕКТ ХОТОРНА - 109946894182 – если испытуемым известна принятая экспериментатором гипотеза, то вполне вероятно, что они непроизвольно или намеренно будут вести себя соответственно ожиданиям экспериментатора. Вообще, одно лишь участие в эксперименте оказывает на испытуемых такое влияние, что очень часто они ведут себя так, как ожидают от них экспериментаторы. Частный случай эффекта Хоторна – эффект плацебо.

Для устранения эффекта Хоторна достаточно держать испытуемых в неведении о принятых гипотезах и давать им инструкции как можно более безразличным тоном.

ЭФФЕКТИВНОСТЬ - 59867139874 – способность производить определённый эффект, действенность; мера производимого эффекта.

ЭФФЕКТОР - 5981 648917 – органы или системы органов, реагирующие (посредством нейрогуморальных механизмов) на действие раздражителей внешних или внутренних и выступающие в роли исполнительного звена акта рефлекторного. Например, сокращаемая под действием света круговая мышца радужной оболочки глаза является эффектором рефлекса зрачкового.

ЭФФЕРЕНТНЫЙ - 184374298671 (эффекторный) – характеристика центробежности процессов нервного возбуждения – их направленности по системе нервной от центра к периферии – от системы нервной центральной, в частности – мозга головного, – к периферии тела.

ЭХОЛАЛИЯ - 8914549317 – неконтролируемое автоматическое

© Грабовой Г.П., 2003

повторение слов, услышанных в чужой речи. Наблюдается у детей и взрослых при некоторых заболеваниях психических (шизофрении, поражении долей лобных мозга головного и пр.), но иногда встречается у нормально развивающихся детей как один из ранних этапов развития и становления речи.

ЭХОПРАКСИЯ - 401964898517 – неконтролируемое подражательное, автоматическое повторение движений и действий других людей. Может проявляться в различных формах; чаще всего больной повторяет сравнительно простые движения, совершаемые перед его глазами, – например, поднятие руки, хлопанье в ладоши и пр. Наблюдается при шизофрении, поражении долей лобных мозга головного, органических заболеваниях мозга. Одна из форм эхопраксии – эхолалия.

Ю

ЮНОСТЬ - 981492581478 – период развития человека, соответственный переходу от возраста подросткового к самостоятельной взрослой жизни.

Я

Я (эго) - 198 294897397 – сфера личности, характерная внутренним осознанием самой себя и осуществлением приспособления личности к реальности. Результат выделения человеком самого себя из среды, позволяющий ему ощущать себя субъектом своих физических и психических состояний, действий и процессов, переживать свою целостность и тождественность с самим собой – в отношении прошлого, настоящего и будущего. Я формируется в деятельности и общении.

Я-ГРАНИЦА - 168971284549 (границы Я) – психоаналитическое понятие, выражающее степень доступности сознанию воздействий, внешних относительно него. Выделяются:

1) Я-границы внутренние – разделяют сознание и бессознательное, препятствуя прорыву в сознание угрожающих элементов бессознательного; при гипнозе могут разрушаться;

2) Я-границы внешние – выполняют функцию контроля за поступающей через органы чувств информацией из внешнего мира, позволяя оценивать её соответственно принципу реальности; при их разрушении предметы восприятия обретают черты нереального и причудливого, что характерно состоянию дереализации.

Я-ИДЕАЛ - 188317498 841 – одно из обозначений и функция сферы личности, выступающий как наследник комплекса Эдипа и выражение самых мощных движений Оно и судеб его либидо. Этот термин применяется в психоанализе как синоним Сверх-Я.

Я-КОНЦЕПЦИЯ - 164801489516 – относительно устойчивая, более или менее осознанная, переживаемая как неповторимая система представлений индивида о самом себе, на основе которой он строит взаимодействие с другими людьми и относится к себе. Целостный, хотя и не лишенный внутренних противоречий образ собственного Я, выступающий как установка по отношению к самому себе.

Я-ЛИБИДО 109518489485 (либидо нарциссическое) – либидо, отнятое от объектов и вернувшееся к Я. Похоже на большой резервуар, из которого высыпаются привязанности к объектам и в который они снова возвращаются. Иногда отождествляется с влечением к самосохранению. Будучи обращенным на сексуальный объект, превращается в объект-либидо.

ЯВЛЕНИЕ - 918548319712 –1. Приход, появление. 2. Возникновение, начало. 3. То, в чём сказывается, обнаруживается сущность. 4. Всякое проявление чего-либо; событие, случай.

ЯВЛЕНИЕ МАССОВИДНОЕ - 984317219617 (массовидные явления психики) – социально-психологические явления, возникающие в человеческих массах (группа, толпа, население, нация и пр.). Совпадающие оценки и установки, принятые стереотипы и внушённые образцы поведения, связанные с более или менее одновременно переживаемыми психическими состояниями людей, как результат коммуникаций в группах больших. Сюда относятся многообразные виды поведения толпы, истерия массовая и паника массовая, слухи, моды, подражание, заражение, внушение и пр., а также социально-психологические особенности народов, настроения общественные, мнение общественное и пр.

ЯВЛЕНИЕ ПСИХИЧЕСКОЕ - 81849131942 – субъективные переживания или элементы внутреннего опыта субъекта.

ЯВЛЕНИЕ СУБЪЕКТИВНОЕ - 19891898161 – их фундаментальное свойство – непосредственная представленность субъекту. Это означает, что человек не только чувствует, мыслит, вспоминает, желает, но и знает, что знает, что чувствует, мыслит и прочее; не только стремится, колеблется или принимает решения, но и знает об этих стремлениях, колебаниях и пр.

ЯВЛЕНИЕ ТРЕВОЖНОЕ - 648581498717 (явления тревожного ряда) – понятие для обозначения смены состояний эмоциональных при нарастании тревожности. При относительно небольшой степени тревожности возникают ощущения внутренней напряжённости, насторoженности, дискомфорта. После этого состояние повышенной чувствительности сменяется состоянием внутренней напряжённости, раздражительности, когда ранее нейтральные стимулы становятся значимыми и окрашиваются отрицательными эмоциями.

ЯДРО КРИСТАЛЛИЗАЦИИ ЧУВСТВ - 504917 319648 – понятие означает интенциональные представления, служащие основой, на которую накладываются различные, соответственные им эмоциональные состояния. Воспроизведение этих представлений влечёт за собой воспроизведение всей гаммы связанных с ними эмоций.

ЯЗЫК - 5843718986419 – система знаков, служащая средством человеческого общения, деятельности мыслительной, способом выражения самосознания личности, передачи от поколения к поколению и хранения информации. Язык – носитель общественного сознания. Язык существует и реализуется через речь.

ЯСНОВИДЕНИЕ - 818 8849482167 – получение знаний о некоторых событиях без использования известных органов чувств или логических суждений.

ЯЩИК ЧЁРНЫЙ - 101408 094851 – модель описания, основанная на сопоставлении наблюдаемых реакций объекта на внешние воздействия при отвлечении от анализа его внутреннего устройства. Проще говоря, так именуется любой объект, живой или неживой, рассматриваемый как нечто «непрозрачное»: о нём и о его внутреннем содержании можно судить, только оказывая на него некоторые воздействия (подавая сигналы на вход «ящика») и наблюдая его реакцию (считывая сигналы с выхода «ящика»).

Грабовой Григорий Петрович

ЧИСЛОВЫЕ РЯДЫ ПСИХОЛОГИЧЕСКОГО НОРМИРОВАНИЯ

ТРУД «ЧИСЛОВЫЕ РЯДЫ ПСИХОЛОГИЧЕСКОГО НОРМИРОВАНИЯ» СОЗДАН ГРАБОВЫМ ГРИГОРИЕМ ПЕТРОВИЧЕМ В 2003 ГОДУ ДОПОЛНЕН ГРАБОВЫМ Г. П.

2012

© Грабовой Г.П., 2003